Eheschließung und Eheauflösung im indischen Familienrecht

Europäische Hochschulschriften
Publications Universitaires Européennes
European University Studies

**Reihe II**
**Rechtswissenschaft**

Série II Series II
Droit
Law

**Bd./Vol. 3989**

PETER LANG
Frankfurt am Main · Berlin · Bern · Bruxelles · New York · Oxford · Wien

Alexandra von Oppen

# Eheschließung und Eheauflösung im indischen Familienrecht

## Rechtsvergleichung und *ordre public*

PETER LANG
Europäischer Verlag der Wissenschaften

**Bibliografische Information Der Deutschen Bibliothek**
Die Deutsche Bibliothek verzeichnet diese Publikation in der Deutschen Nationalbibliografie; detaillierte bibliografische Daten sind im Internet über <http://dnb.ddb.de> abrufbar.

Zugl.: München, Univ., Diss., 2003

Gedruckt auf alterungsbeständigem,
säurefreiem Papier.

D 19
ISSN 0531-7312
ISBN 3-631-51731-9



Printed in Germany 1 2 3 4 6 7

www.peterlang.de

Meinem Mann
und meinen Eltern

## Vorwort

Die vorliegende Arbeit wurde im Sommersemester 2003 von der Juristischen Fakultät der Ludwig-Maximilians-Universität München als Dissertation angenommen. Das Manuskript wurde im März 2003 abgeschlossen. Gesetzgebung, Rechtsprechung und Schrifttum sind bis zu diesem Zeitpunkt berücksichtigt.

Zahlreiche Personen haben mir während der Entstehung dieses Werkes mit Rat und Tat zur Seite gestanden. Erwähnen möchte ich für die deutsche Veröffentlichung insbesondere Dr. Dirk Otto, der den entscheidenden Anstoß zu der Arbeit gegeben hat, Dr. Werner Menski von der School of Oriental and African Studies der Universität London und die Mitarbeiter des Max-Planck Institutes für Rechtsvergleichung in Hamburg. Mein Dank gilt auch Prof. Dr. Michael Coester für die Übernahme der Arbeit, seine Anregungen und die rasche Erstellung des Erstgutachtens sowie Prof. Dr. Stephan Lorenz für die zügige Zweitbegutachtung. Prof. Dr. Peter Schlosser danke ich herzlich dafür, daß er mir neben meiner Assistentenzeit an seinem Lehrstuhl in großzügiger Weise Zeit für mein eigenes wissenschaftliches Vorhaben und auch danach noch seine Unterstützung gewährt hat.

Danken möchte ich auch meiner Familie. Meine Eltern standen und stehen mir immer mit Rat und Tat zur Seite und haben stets meine Ausbildung in jeder Hinsicht unterstützt. Durch unsere gemeinsamen Jahre in Indien haben sie mir den Zugang zu diesem faszinierenden Land ermöglicht und durch den Aufenthalt dort sowie in Ghana und Südafrika meine für die Arbeit notwendigen Englischkenntnisse gefördert. Nicht zuletzt danke ich Ihnen für das Korrekturlesen und für die liebevolle Betreuung unserer während der Fertigstellung dieser Arbeit geborenen Tochter Anna-Sophia. Ganz besonders aber danke ich meinem Mann für seine vielfältige inhaltliche und technische Hilfe, für seine immense Geduld und Ausdauer mit mir und meiner Arbeit.

In Liebe und Dankbarkeit widme ich ihm und meinen Eltern dieses Buch.

# INHALTSVERZEICHNIS

# A. Einleitung

Gerade im Bereich des Familienrechts spielen ausländische Rechtsordnungen auch in der Bundesrepublik Deutschland eine entscheidende Rolle. Bei etwa 10 % aller in Deutschland lebenden Ehepaare ist wenigstens ein Partner Ausländer[1]. Es heiraten aber auch deutsche Staatsbürger außerhalb der Bundesrepublik oder es lassen sich Ehepaare, von denen keiner die deutsche Staatsangehörigkeit besitzt, nach einer Trauung im Ausland in Deutschland nieder. Besteht in diesen Fällen eine Berührung zur Indischen Republik, so können die deutschen Kollisionsnormen bezüglich Eheschließung und Eheauflösung auf das indische Recht verweisen.

Das indische Recht kennt allerdings kein einheitliches Familienrecht. Es gelten verschiedene Teilrechtsordnungen nebeneinander, die grundsätzlich an die Religionszugehörigkeit anknüpfen. Diese Rechtsvielfalt hat eine lange Tradition in der Geschichte Indiens. Sie beginnt mit der sich entwickelnden muslimischen Vorherrschaft ab dem 8. Jahrhundert n. Chr. Auch während der islamischen Herrschaft der Großmoguln, die von 1526 bis ins 18. Jahrhundert reichte, wurde in familien- und erbrechtlichen Fragen das religiöse Recht der Hindubevölkerung weiter angewandt[2]. Insbesondere unter dem bedeutendsten Mogulherrscher Akbar (1556 - 1605 n. Chr.), der selbst Sohn einer (hinduistischen) Rajputenprinzessin war, wurde eine Politik der Toleranz gegenüber allen Religionen verfolgt. Auch der erste Generalgouverneur der Britisch-Ostindischen Handelsgesellschaft, Warren Hastings, verfügte bereits 1772, daß Hindus und Moslems in Streitigkeiten, die das Ehe- oder Erbrecht, Kastenwesen und andere religiöse Institutionen und Gebräuche betrafen, nach ihren jeweiligen eigenen Gesetzen zu beurteilen seien[3]. Allerdings be-

---

[1] Laut Mitteilung des statistischen Bundesamtes vom 10.07.2001 und 20.09.2001 waren insgesamt bei 10,8 % der in der Bundesrepublik Deutschland lebenden Ehepaare mindestens ein Partner Ausländer.

[2] *Diwan* Private International Law S. 60. *David/Grasmann* S. 579 weist allerdings darauf hin, daß das Hindurecht zwar weiter von den Versammlungen der Kasten angewandt wurde, aber daß es sich insofern nicht mehr weiterentwickeln konnte, als seine Geltung nicht mehr durch ein Tätigwerden der Staatsverwaltung oder der staatlichen Gerichte gestärkt wurde.

[3] Art. 27 der Verordnung II. Siehe zum Verhalten der Briten im rechtlichen Bereich in Indien genauer *Pearl* S. 27 ff., *S.N.Jain* in Sardesai S. 24; *Zweigert/Kötz* S. 310 f. und kritisch

gann im selben Jahr durch die Errichtung sog. „Adalatsgerichte"[4] ein staatlicher Einfluß auf die religiösen Rechte. Die Adalatsgerichte bestanden aus englischen Richtern, denen einheimische Rechtsberater, sog. Pandits zur Seite standen[5]. Im Zuge der Auflösung der Ostindischen Handelskompanie 1858 und der Unterstellung Indiens direkt unter die englische Krone wurden die Adalatsgerichte aufgelöst. Das einheimische Recht wurde nun ausschließlich durch im englischen Rechtssystem ausgebildete Richter angewandt. Diese stützten sich auf Präzedenzfälle der Adalatsgerichte, ergänzt durch die Grundsätze von „justice, equity and good conscience"[6]. Parallel dazu erfolgten erste Kodifikationen im Eherecht für die Glaubensgemeinschaft der Christen und der Parsen. Wohl um den Widerstand in der Bevölkerung zu vermeiden[7], wurde jedoch nie der Versuch unternommen, auch das Eherecht der Hindus oder Moslems zu kodifizieren oder gar ein einheitliches Familienrecht zu erlassen[8].

Der 1947 entstandene unabhängige indische Staat hat im Bereich des Eherechts die interreligiöse Spaltung beibehalten. Zwar wurde in der Verfassung vom 26.11.1949 als Staatsziel die Schaffung eines einheitlichen Zivilgesetzbuches und damit eines einheitlichen Ehegesetzes verankert, doch ist dies bislang, vor allem aufgrund des Widerstands der verschiedenen religiösen Gruppen[9], nicht realisiert worden[10]. Der indische Gesetzgeber hat allerdings im

---

zur Anwendung des Hindurechts unter der britischen Herrschaft *David/Grasmann* S. 579 ff.

[4] Siehe hierzu auch *Otto* S. 38.

[5] *Zweigert/Kötz* S. 311; *David/Grasmann* S. 580.

[6] *Otto* S. 39.

[7] *Otto* StAZ 1993 39 (39).

[8] Es wurden lediglich einzelne Gesetze in Bereichen erlassen, die sehr weit von britischen Vorstellungen abwichen, wie beispielsweise 1856 der *Hindu Widows Remarriage Act*, der das im traditionellen hinduistischen Recht bestehende Wiederverheiratungsverbot von Witwen aufhob, vgl. unten B.II.2.a), S. 23, und C.I.7.a)(1), S. 187 f.; der *Child Marriage Restraint Act* 1929, der sich gegen Kinderehen richtete, vgl. u. C.I.3, S. 125 f., und der *Hindu Marriage Disabilities Removal Act* 1946, der das Ehehindernis der Kastenverschiedenheit beseitigte, vgl. unten C.I.6.a)(1)(b), S. 180.

[9] *Otto*, Goa 124 (129); *ders.* StAZ 1993 39 (39).

[10] Siehe hierzu allerdings die viel diskutierte Shah Bano-Entscheidung *Mohd. Ahmed Khan v. Shah Bano Begum* AIR 1985 S.C. 945 ff., in der der Supreme Court anmahnt, diesen Verfassungsauftrag des Art. 44 zu verwirklichen und ein einheitliches Zivilgesetz (Uniform Civil

Hinblick auf jenen Verfassungsauftrag ein fakultatives ziviles Eherecht geschaffen. Danach kann jeder Inder unabhängig von der Zugehörigkeit zu einer Glaubensgemeinschaft alternativ nach dem *Special Marriage Act, 1954 (SMA)* oder dem *Foreign Marriage Act, 1969 (FMA)* auch eine Zivilehe schließen. Der FMA findet nur bei Eheschließungen im Ausland vor indischen Konsularbeamten Anwendung.

So besteht in der Republik Indien heute ein Nebeneinander aus zivilen und religiösen Eherechten[11]. Für die Glaubensgemeinschaft der Hindus, Buddhisten, Jainas und Sikhs gilt der *Hindu Marriage Act, 1955 (HMA)*, für Christen der *Indian Christian Marriage Act, 1872 (ICMA)* sowie der *Indian Divorce Act, 1869 (IDA)*. Auf die Parsen findet der *Parsi Marriage and Divorce Act, 1936 (PMaDA)* Anwendung. Für die muslimische Bevölkerung ist nur ein Scheidungsgesetz für Frauen erlassen worden, der *Dissolution of Muslim Marriage Act, 1939 (DoMMA)*, ansonsten ist das muslimische wie auch das jüdische Eherecht in Indien nicht kodifiziert worden. Innerhalb des ungeschriebenen Eherechts der Moslems erfolgt des weiteren eine Aufteilung danach, welcher Rechtsschule eine Partei angehört. In den ehemaligen französischen und portugiesischen Kolonien gelten darüber hinaus zum Teil der französische Code Civil bzw. der portugiesische Código Civil.

Gegenstand der nachfolgenden Untersuchung ist es daher, in einem ersten Schritt die verschiedenen Rechte, so wie sie in der indischen Rechtspraxis angewandt werden, darzustellen[12]. Es wird versucht, anhand der Kodifikationen, anhand von Fällen aus der Rechtsprechung[13], der wissenschaftlichen Literatur und eigener Erfahrung die verschiedenen Personalrechte zu ermitteln und durch die Brille eines deutschen Juristen mit seiner abstrakten Begrifflichkeit systematisch darzustellen. Dabei sind die spezifisch in den jeweiligen Glau-

---

Code - UCC) zu erlassen, sowie aus der Literatur insbesondere *Tulzapurkar* AIR 1987 J. 17 (17 ff.); *Singhal* AIR 1998 J. 164 (164 ff.).

[11] Eine deutsche Übersetzung der verschiedenen Gesetzestexte ist auszugsweise abgedruckt in Bergmann/Ferid, Länderteil Indien.

[12] Siehe *Samtleben* NJW 1992 3057 (3060); Staudinger-*v. Bar/Mankowski* Vorbem. zu Art. 13 ff. Rn. 32 f. Das deutsche Gericht ist nach § 293 S. 2 ZPO verpflichtet, den Inhalt des indischen Rechts von Amts wegen zu ermitteln. Bezüglich des Wegs bei Erfüllung dieser Pflicht und seiner Grenzen siehe genauer *Kronke* IPRax 1992 S. 303 ff.

[13] In jedem Bundesstaat besteht ein Obergericht (High Court) über den ordentlichen Gerichten; oberstes Appellationsgericht ist der Supreme Court, der Verfassungsverstöße im Wege der Normenkontrolle oder individuellen Beschwerde prüft.

bensgemeinschaften wurzelnden Vorstellungen, aber auch der Einfluß vor allem englischer Rechtsgedanken zu beachten[14]. Denn das indische Eherecht ist eine faszinierende Vielfalt aus hinduistischem, muslimischem, christlichem, parsischem, jüdischem aber auch aus englischem sowie aus französischem und portugiesischem Gedankengut.

Das so ermittelte Recht ist allerdings in Deutschland nicht uneingeschränkt anwendbar, sondern unterliegt der Kontrolle hinsichtlich des ordre public. Daher werden die in Indien geltenden Rechte in einem zweiten Schritt untereinander und mit dem deutschen Recht verglichen, um dann in einem dritten Schritt die mit dem deutschen Recht nicht übereinstimmenden Bestimmungen über Art. 6 EGBGB bzw. über die spezielle ordre public Klausel des Art. 13 Abs. 2 EGBGB insbesondere am Kontrollmaßstab des Grundgesetzes zu messen. Nicht jede vom deutschen Gesetz abweichende Regelung widerspricht dem ordre public. Vielmehr ist unter anderem durch Auslegung des entsprechenden deutschen Gesetzes festzustellen, ob dieses nach Wortlaut, Sinn und Zweck für jede Anwendung hoheitlicher Gewalt in der Bundesrepublik Geltung beansprucht, oder ob es bei Sachverhalten mit Auslandsberührungen Differenzierungen zuläßt oder sogar verlangt[15].

---

[14] Gerichtssprache ist auch heute noch Englisch, indische Juristen studieren zum Teil auch heute noch in Großbritannien.

[15] BVerfGE 31, 58 (77).

## B. Allgemeiner Teil

### I. Relevanz des indischen Ehe- und Ehescheidungsrechts nach deutschem IPR

In Deutschland kann das indische Ehe- und Ehescheidungsrecht in folgenden Situationen Bedeutung erlangen: Zunächst, wenn eine Ehe in Deutschland geschlossen werden soll und mindestens einer der Nupturienten die indische Staatsangehörigkeit besitzt. Des weiteren, wenn als Vorfrage zu entscheiden ist, ob eine wirksame Ehe besteht. Schließlich kann das indische Recht als Scheidungsstatut Bedeutung erlangen. Bei Ehen mit Berührung zum indischen Recht ist aus deutscher Sicht daher wie folgt zu differenzieren:

### 1. Eheschließung in Deutschland

#### *a) Kollisionsrechtliche Anknüpfung*

Wollen zwei Verlobte in Deutschland die Ehe schließen und ist ein Heiratsaspirant indischer Staatsangehöriger, so verweist in Ermangelung eines Staatsvertrages, der gem. Art. 3 Abs. 2 EGBGB Vorrang genießen würde, Art. 13 Abs. 1 EGBGB hinsichtlich der *materiellen Voraussetzungen* auf das indische Recht. Da es sich gem. Art. 4 Abs. 1 EGBGB um eine Gesamtnormverweisung handelt, ist zunächst das indische Internationale Privatrecht heranzuziehen[16] und zu prüfen, ob dieses eine Rück- oder Weiterverweisung vorsieht[17]. Da es jedoch kein einheitliches indisches Kollisionsrecht gibt, ist mangels innerindischer Regeln zur Bestimmung des anwendbaren Partikular-IPR gem. Art. 4 Abs. 3 S. 2 EGBGB zu prüfen, mit welcher innerindischen Rechtsordnung die engste Verbindung besteht[18]. Besteht diese zur ehemaligen portugiesischen Enklave Goa, Daman & Diu oder zur ehemals französischen

---

[16] Eine Darstellung des indischen Internationalen Privatrechts würde den Rahmen dieser Arbeit übersteigen. Es sei jedoch auf die Ausführungen bei *Diwan* Private International Law pass. und *Chavan* Indian Private International Law, pass., insbesondere S. 8 - 105 hingewiesen.

[17] Anders offensichtlich OLG Hamburg FamRZ 2001 916 (916), das im Rahmen von Art. 13 Abs. 1 EGBGB keinerlei Überlegung hierzu vornimmt. Im Ergebnis ist dieser Entscheidung jedoch insoweit zuzustimmen, als der indische Ehepartner muslimischen Glaubens war und das islamische Recht keine Rück- oder Weiterverweisung kennt.

[18] Ebenso *Otto*, Goa S. 140; aA *Spellenberg* IPRax 1992 233 (236).

Kolonie Pondicherry[19], so wird die Verweisung stets angenommen, da beide Gebiete in ihrem IPR dem Staatsangehörigkeitsprinzip folgen[20]. In den übrigen Gebieten der Indischen Republik gibt es im Bereich des Eherechts grundsätzlich keine kodifizierten Normen des Internationalen Privatrechts[21]. Nach der indischen Rechtsprechung und Literatur wird die Verweisung bei einem Eheschließungsort im Ausland grundsätzlich nur angenommen, wenn ein indisches antenuptiales Domizil[22] bejaht werden kann[23]. Hierbei ist des weiteren zu prüfen, in welchem Bundesstaat das Domizil liegt, da dies entscheidend dafür ist, ob territoriale Besonderheiten gelten[24]. Allein das nicht

---

[19] Hinsichtlich des einstigen französischen Gebietes ist allerdings zusätzlich erforderlich, daß der Nupturient ein sog. Renonçant ist, d.h. jemand, der selbst bzw. für den ein Vorfahre für die Anwendung des Code Civil optiert hat, vgl. hierzu ausführlich unten B.III.4.b)(2), S. 50 f.

[20] Siehe hierzu auch *Joao Gloria Pires v. Mrs. Ana Joaquina Rodrigues e Pires* AIR 1967 Goa 113 ff.; *Smt. Mandakini Pundalik Salkar v. Chandrasen Raikar* AIR 1986 Bom. 172 (178 f.); sowie *Otto* S. 77 ff.; *ders.*, Goa 124 (133f .).

[21] Allerdings enthält sec. 52 Abs. 2 PMaDA eine ausdrückliche Sonderkollisionsnorm, nach der für Parsen, die unter dem PMaDA geheiratet haben, bei Eheschließung und Scheidung ausschließlich der PMaDA gilt, siehe *Otto* S. 58.

[22] Das Domizil *(domicile)* eines Menschen befindet sich dort, wo er sich mit einem Rechtsgebiet verbunden fühlt. Dies ist in der Regel der Ort des gewöhnlichen Aufenthalts, wobei die Absicht hinzukommen muß, von dort nicht wegzugehen. Jede Person hat ein Geburtsdomizil *(domicile of origin)*, das durch Begründung eines neuen Wahldomiziles *(domicile of choice)* ersetzt werden kann. Dazu muß ein neuer Wohnsitz mit der Absicht begründet werden, sich für immer dort niederzulassen. Durch die Eheschließung erwirbt die Frau nicht (mehr) automatisch das Domizil ihres Ehemannes. Siehe zum Domizil genauer auch folgende Entscheidungen: *Central Bank of India v. Ram Narain* AIR 1955 S.C. 36 (39ff.); *D.P. Joshi v. State of Madhya Bharat* 1955 (1) SCR 1215 (1223); *Sankaran Govindan v. Lakshmi Bharathi* AIR 1974 S.C. 1764 (1769, 1774 f.); *Y. Narasimha Rao v. Y. Venkata Lakshmi* 1991 (3) SCC 451 (463) sowie *Diwan* Private International Law S. 149 ff.; *Chavan* S. 37 ff.; *Saha* S. 29 f.; *Otto* S. 47 ff.

[23] Sie folgen im wesentlichen dem englischen Domizilprinzip. Anders als das englische Recht trennt das indische IPR jedoch grundätzlich zwischem anwendbaren Recht und *jurisdiction*, so daß es nicht zu einer versteckten Rückverweisung kommen kann; siehe *Otto* IPRax 1992 309 (309 f.) m. Hinw. auf *Delhi Cloths & General Mills Co. v. Harnam Singh* AIR 1955 S.C. 590 (599); *ders.* StAZ 1993 39 (44); zu ungenau daher AG Heidelberg IPRax 1992 327 (327).

[24] Zum Landesdomizil genauer *Otto* S. 86 f.; siehe auch *Abdurahim Haji Ismail Mithu v. Halimabai* MLJ 30 (1916) 227 (230); dieser Entscheidung des Privy Councils folgend *D.P. Joshi v. State of Madhya Bharat* SCR 1955 (1) 1215 (1225).

kodifizierte muslimische Recht kennt keine Rück- oder Weiterverweisung, da es für seine Glaubensangehörigen universale Geltung beansprucht[25].

Hinsichtlich der *Form* bestimmt Art. 13 Abs. 3 S. 1 EGBGB, daß für eine Trauung in der Bundesrepublik Deutschland grundsätzlich nur deutsches Recht anzuwenden ist. Handelt es sich allerdings um eine Trauung vor einem Vertreter des indischen diplomatischen oder konsularischen Dienstes, ermöglicht Art. 13 Abs. 3 Satz 2 EGBGB eine Eheschließung in der Form des Foreign Marriage Act.

### b) Anwendbares Sachrecht

Bei einer Inlandstrauung ist hinsichtlich der *Form* das deutsche Recht heranzuziehen, das in §§ 1310, 1311 BGB bestimmt, daß beide Eheschließenden bei persönlicher und gleichzeitiger Anwesenheit vor dem Standesbeamten ihren Ehekonsens erklären müssen.

Fraglich ist dagegen, welches indische Sachrecht – wenn das indische Recht die Verweisung annimmt – hinsichtlich der *materiellen Eheschließungsvoraussetzungen* zur Anwendung kommt. In Indien folgt das materielle Eherecht stets der Eheschließungsform. Danach würden sich die materiellen Eheschließungsvoraussetzungen bei einer Ziviltrauung in Deutschland immer nach dem indischen zivilen Eherecht richten[26]. Problematisch ist hierbei allerdings, daß es in Deutschland – anders als in Indien – keine Möglichkeit gibt, für eine andere als die zivile Eheschließungsform zu optieren. Es ist bislang unklar, ob dieser in Deutschland bestehende Zwang zur zivilen Form der Eheschließung die Freiheit zur Wahl eines religiösen Eherechts ausschließt. Indische Gerichte verneinen dies wohl und wenden auf Eheschließungen in Ländern mit obligatorischer Zivilform das jeweilige religiöse Sachrecht an[27].

---

[25] Siehe auch AG Korbach FamRZ 2002 612 (613); *Pauli* S. 19.

[26] So im Ergebnis OLG Hamburg FamRZ 2001 916 (917). Über das Argument des Antragsgegners, daß der SMA nur anwendbar sei, wenn seine Form gewählt worden sei, setzt sich das Oberlandesgericht mit Hinweis auf Art. 27 FMA hinweg. Weshalb sec. 27 FMA den Schluß zuläßt, daß bei Ehen von Indern in ausländischer Rechtsform der SMA hinsichtlich der materiellen Ehevoraussetzungen Anwendung findet, wird allerdings nicht klar.

[27] Siehe hierzu jüngst die Entscheidung des High Court von Andhra Pradesh, wiedergegeben in FamRZ 2001 916 (916). Obwohl die Eheschließenden in Deutschland vor einem

Um diese Unklarheiten zu vermeiden, sollten indische Heiratsaspiranten bei Eheschließungen in Deutschland im Antragsverfahren explizit gefragt werden, ob sie für die Anwendung des Zivilrechts optieren wollen. Bejaht ein indischer Verlobter dies, so ist der Special Marriage Act mit seinen Eheschließungsvoraussetzungen und Ehehindernissen heranzuziehen[28]. Verneint er dies jedoch, so sollte das jeweilige religiöse Sachrecht berücksichtigt werden.

Ist keiner der Verlobten deutscher Staatsangehöriger, so kann die Ehe gem. Art. 13 Abs. 3 S. 2 EGBGB auch vor einem Vertreter des indischen diplomatischen oder konsularischen Dienstes geschlossen werden. Dabei wird der Foreign Marriage Act angewandt, der mit dem Special Marriage Act inhaltlich nahezu[29] übereinstimmt.

## 2. Eheschließung im Ausland

Stellt sich für den deutschen Rechtsanwender hingegen die Frage, ob eine bereits geschlossene Ehe, die einen Bezug zur Indischen Republik aufweist, gültig ist, so ist diese Vorfrage selbständig anzuknüpfen[30]. Dabei ist wie folgt zu differenzieren:

### *a) Kollisionsrechtliche Anknüpfung*

Ist der indische Ehepartner muslimischen Glaubens, so ist wegen des universalen Geltungsanspruchs des islamischen Rechts eine Rück- oder Weiterver-

---

Standesbeamten geheiratet hatten, wandte das Gericht auf den Ehepartner, der indischer Staatsangehöriger muslimischen Glaubens war, das muslimische Recht an.

[28] Vgl. im einzelnen unten C.I.1.a)(5), S. 102 (Verbot der Mehrehe); C.I.2.a)(5), S. 119 ff. (Verbot der Verwandtschaft oder Schäwgerschaft); C.I.3.a)(5), S. 140 f. (Ehemündigkeitsalter); C.I.4.a)(1)(e), S. 154 f. (Einsichts- und Urteilsfähigkeit); C.I.4.a)(2)(e), S. 161 (körperliche Fähigkeiten); C.I.5.a)(5), S. 175 f. (Ehewillenserklärung/Willensmängel); C.I.7.a)(5), S. 192 (Eheverbot der Wartezeit). Zur Legalisation indischer Ehefähigkeitsbescheinigungen (*Certificate of Marriageability*) nach dem SMA siehe *Schmidt* StAZ 1993 155 (155); *Demmeler* StAZ 1992 49 f. Zur Legalisation indischer Personenstandsurkunden siehe genauer die Darstellung der Deutschen Botschaft Neu Delhi in StAZ 1995 276 (276).

[29] Nur hinsichtlich der Anforderungen an die geistigen Fähigkeiten bei der Abgabe der Ehewillenserklärung gibt es einen geringfügigen Unterschied, vgl. unten C.I.4.a)(1)(e), S. 154 f.

[30] Ganz herrschende Meinung, siehe nur Staudinger-*v. Bar/Mankowski* Art. 17 Rn. 73 m.w.H.

weisung nicht zu prüfen. Ansonsten nimmt das indische Recht die Verweisung des Art. 13 Abs. 1 EGBGB hinsichtlich der auf den indischen Ehepartner anwendbaren *materiellen Voraussetzungen* der Eheschließung stets an, wenn die engste Verbindung zu dem Gebiet der ehemaligen portugiesischen oder französischen Kolonien[31] zu bejahen ist. Im übrigen wird die Verweisung angenommen, wenn der Eheschließungsort in Indien lag oder wenn ein indisches Domizil bejaht werden kann[32]. Auch hier ist in einem zweiten Schritt zu prüfen, welches innerindische Domizil im Hinblick auf territoriale Besonderheiten relevant ist.

Bezüglich der *Form* ist nach Art. 11 Abs. 1 EGBGB zu unterscheiden. Gilt indisches Recht als lex loci celebrationis i.S.v. Art. 11 Abs. 1 Alt. 2 EGBGB, so handelt es sich um eine Sachnormverweisung, so daß das indische Kollisionsrecht nicht heranzuziehen ist. Ist hingegen indisches Recht lex causae i.S.v. Art. 11 Abs. 1 Alt. 1 EGBGB, so ist dies aus deutscher Sicht eine Gesamtnormverweisung. Das indische Kollisionsrecht knüpft hinsichtlich Formfragen im Gegensatz zum deutschen IPR stets an das Ortsrecht an[33], so daß es hier zu einer Weiterverweisung kommen kann.

### *b) Anwendbares Sachrecht*

Ist indisches Recht anwendbar, so ist in einem weiteren Schritt die Religionszugehörigkeit festzustellen und zu fragen, ob eine ausdrückliche Wahl des zivilen Eherechts zum Zeitpunkt der Trauung stattgefunden hat bzw. ob eine spätere Registrierung als Zivilehe erfolgt ist. Das so ermittelte Recht entscheidet dann über alle materiellen und formellen Fragen.

---

[31] Hinsichtlich der zusätzlichen Voraussetzung der Option für den Code Civil vgl. oben Fn. 19.

[32] Die wohl meisten Autoren entnehmen aus sec. 1 Abs. 2 HMA und sec. 1 Abs. 2, sec. 4 (e) SMA den Grundsatz, daß dann, wenn der Eheschließungsort in Indien liegt, unabhängig vom Domizil indisches Recht angewandt werden kann – *Diwan* Private International Law S. 265, 246, siehe allerdings auch S. 39, 43, *Spellenberg* IPRax 1992 233 (234 f.); *Pinto* S. 45 (für den SMA); *Beri* S. 12 f. (für den HMA); siehe auch *Prem Singh v. Sm. Dulari Bai* AIR 1973 Cal. 425 (426 ff.).

[33] In Rechtsprechung und Literatur unstreitig akzeptierter Grundsatz, der seinen Niederschlag auch in sec. 17 Abs. 1 (a) FMA gefunden hat – *Jessie Grant Khambatta v. Mancherji Cursetji Khambatta* AIR 1934 Bom. 93 (94); *Chavan* S. 17, 74; *Diwan* Private International Law S. 39, 43, 266 ff.; *Deavadason* S. 21; siehe auch *Spellenberg* IPRax 1992 233 (235).

## 3. Scheidung/gerichtliche Trennung

Auch im Hinblick auf die Auflösung der Ehe kann der deutsche Rechtsanwender mit dem indischen Recht in Berührung kommen. Voraussetzung der Scheidung bzw. gerichtlichen Trennung ist zunächst, daß eine Ehe besteht, da nur eine Ehe im Rechtssinne geschieden bzw. getrennt werden kann. Bejaht man diese Vorfrage, so ist nach Art. 17 Abs. 1 S. 1 EGBGB bei einer Scheidung bzw. einer gerichtlichen Trennung[34] indisches Recht dann anzuwenden, wenn dieses zum Zeitpunkt des Eintritts der Rechtshängigkeit des Scheidungsantrags[35] für die allgemeinen Wirkungen der Ehe nach Art. 14 Abs. 1 EGBGB maßgebend ist[36]. Da Art. 17 Abs. 1 S. 1 EGBGB auch auf Art. 14 Abs. 2 und 3 EGBGB verweist, ist gegebenenfalls die Wahl indischen Rechts von Bedeutung. Nur im Falle einer Festlegung des Scheidungsstatuts durch Rechtswahl ist gem. Art. 4 Abs. 2 EGBGB eine Rück- oder Weiterverweisung nicht zu prüfen. Ansonsten handelt es sich gem. Art. 4 Abs. 1 EGBGB auch bei Art. 17 Abs. 1 S. 1 EGBGB um eine Gesamtnormverweisung[37]. Nimmt das indische Recht die Verweisung an[38], so ist erneut nach der Religionszugehörigkeit zu differenzieren, es sei denn, die Ehe wurde als Zivilehe geschlossen bzw. als solche später registriert.

---

[34] Daß auch die dem deutschen Recht unbekannte gerichtliche Trennung nach Art. 17 Abs. 1 EGBGB über dessen Wortlaut hinaus anzuknüpfen ist, ist unstreitig; siehe nur BGH FamRZ 1987 793 (793) sowie Staudinger-*v. Bar/Mankowski* Art. 17 Rn. 461 f. m.w.H. Während *Henrich* S. 146 sich für eine analoge Anwendung des Art. 17 Abs. 1 S. 1 EGBGB ausspricht, lehnen Staudinger-*v. Bar/Mankowski* aaO. dies zu Recht ab.

[35] Vertiefend hierzu Staudinger-*v. Bar/Mankowski* Art. 17 Rn. 140 ff.

[36] Indisches Recht kommt dann zur Anwendung, wenn entweder beide Ehepartner indische Staatsangehörige sind oder wenn sie während der Ehe zuletzt indische Staatsangehörige waren und einer von ihnen auch immer noch ist. Hilft diese Anknüpfung nicht weiter, so ist indisches Recht berufen, wenn beide ihren gewöhnlichen Aufenthalt in Indien haben bzw. zuletzt hatten und zumindest einer ihn auch dort noch hat. Hilft weder die Anknüpfung an die Staatsangehörigkeit noch an den gewöhnlichen Aufenthalt weiter, so ist indisches Recht schließlich dann anzuwenden, wenn sich beide Parteien mit Indien am engsten verbunden fühlen.

[37] Siehe allerdings *Henrich* S. 127, der eine Rück- oder Weiterverweisung im Falle der engsten Verbindung, Art. 17 Abs. 1 S. 1 i.V.m. Art. 14 Abs. 1 Nr. 3 EGBGB, mit dem Argument, daß dies gem. Art. 4 Abs. 1 S. 1 HS 2 EGBGB dem Sinn der Verweisung widerspräche, wohl ausschließen will.

[38] Auch hier folgt das indische Recht vorwiegend dem Domizilprinzip; siehe auch sec. 18 Abs. 3 FMA und sec. 2 Abs. 2 IDA.

Kann die Ehe nach dem über Art. 17 Abs. 1 S. 1 EGBGB berufenen indischen Recht nicht geschieden werden, so ist zu prüfen, ob gegebenenfalls über die Inländerschutzklausel des Art. 17 Abs. 1 S. 2 EGBGB deutsches Recht zur Anwendung gelangt[39] oder der allgemeine ordre-public-Vorbehalt eingreift.

---

39 Siehe hierzu im einzelnen genauer nur Staudinger-*v. Bar/Mankowski* Art. 17 Rn. 163 ff.

## II. Die einzelnen Religionen in Indien und ihre Ehekonzeptionen

Häufig wird man nach deutschem IPR zu den religiösen Eherechten Indiens gelangen. Um diese besser zu verstehen, werden im folgenden die verschiedenen Religionen, an deren Zugehörigkeit diese Eherechte anknüpfen, und deren Ehekonzeptionen dargestellt.

### 1. Religionen[40], die im Bereich des Eherechts in Indien Bedeutung haben

#### *a) Religionen im Anwendungsbereich des Hindu Marriage Act (HMA)*

Der staatliche HMA knüpft an die Zugehörigkeit zum Hinduismus, Buddhismus, Jainismus und Sikhismus an und übernimmt zum Teil in diesen Religionen wurzelnde Vorstellungen. Ungefähr 80 % aller Inder sind Hindus, 0,7 % Buddhisten, 0,5 % Jainas und 1,1 % Sikhs[41].

##### (1) Hinduismus

Der Hinduismus entstand um 1500 v. Chr. aus einer Verschmelzung der polytheistischen Religion der arischen Einwanderer mit den Religionen des Industals. Im Unterschied zu anderen Religionen hat der Hinduismus keinen Stifter, sondern wird als „ewige Religion“ von göttlichen Inkarnationen und heiligen Männern verkündet. Der Hinduismus besitzt auch keine in sich geschlossene dogmatische Lehre oder ein gemeinsames Bekenntnis zum Glauben an einen bestimmten Gott bzw. an bestimmte Götter, so daß es zu einem Nebeneinander von Polytheismus, Monotheismus, Atheismus und Panentheismus mit verschiedensten Kulten und Lebensformen kommt[42]. Am häufigsten werden die Götter Brahma, der Schöpfer der Welt, Vischnu, der Er-

---

40 Vgl. allerdings *Scheftelowitz*, S. 6, 56, nach dessen Auffassung nur das Judentum, das Christentum und der Islam Religionen im eigentlichen Sinne sind, während er u.a. den Hinduismus sowie den Buddhismus als theosophische Weltanschauungen bezeichnet.

41 Fischer Weltalmanach 2003, Indien S. 371 (Daten von 1991).

42 Siehe auch *Zweigert/Kötz* S. 306.

halter[43], und Schiva, der Zerstörer, verehrt[44]. Vereint werden die Hindus durch die Anerkennung der Veden[45] und den Glauben an die Wiedergeburt nach der vom vorherigen Leben abhängigen geburtsmäßigen Zugehörigkeit (*Karma*[46]) in eine bestimmte Kaste[47]. Es gibt vier Haupt-Kasten: die Priester (*Brahmanen*), die Krieger (*Ksatriyas*), die Ackerbauer (*Vaisyas*) und die dienende Klasse (*Sudras*). Jede dieser Kasten besteht wiederum aus mehreren Unterkasten und Sippen, die ihrerseits mehrere Großfamilien umfassen. Außerhalb des Kastensystems stehen die sog. Unberührbaren (*Parias*).

Das Recht der Hindus[48] beruht auf den Offenbarungen (*Sruti*)[49], die vor allem in den vier Veden[50] enthalten sind, alten Sagen und göttlichen Vorschriften (*Smriti*)[51] sowie den örtlichen, kastenmäßigen oder familiären Bräuchen und Gewohnheiten[52]. Sowohl unter der Herrschaft der Moguln als auch der Engländer ist das Familienrecht der Hindus weitgehend unangetastet geblieben. Erst die unabhängige Republik Indien hat am 18. Mai 1955 das Eherecht umfassend im Hindu Marriage Act (HMA) kodifiziert[53]. Gem. sec. 4 HMA tritt

---

43 Vischnu erscheint in zehn Inkarnationen auf der Erde; große Verehrung findet seine achte irdische Erscheinungsform als Krischna.

44 Siehe zu diesen Göttern genauer *Knappert*, Stichwort Brahma, Vischnu, Schiva.

45 Die Veden sind eine aus Versen und Prosa bestehende Sammlung religiöser Hymnen, Sprüche und Erzählungen; die ältesten Teile stammen aus der Zeit vor dem ersten Jahrtausend v. Chr.

46 Kausale Vergeltung aller Taten, die den ganzen Kosmos beherrscht.

47 Siehe hierzu genauer *Zweigert/Kötz* S. 307.

48 Das klassische Recht der Hindus, im Sanskrit *dharmasastra*, d.h. Lehre vom geschuldeten Verhalten, genannt, wird hier nur sehr verkürzt dargestellt. Siehe als weiterführende Literatur die gute Darstellung für den deutschsprachigen Raum in *David/Grasmann* S. 574 ff. und *Zweigert/Kötz* S. 308 ff.

49 „Was offenbart wurde"; sie sollen unmittelbar von dem Gott Varuna an Seher bzw. weise Männer übermittelt worden sein; siehe zu den *Srutis* genauer *Otto* S. 27 ff.

50 Rig Veda (Hymnen), Yajur Veda (Opfersprüche), Sama Veda (Lieder) und Atharva Veda (Zauberlieder).

51 „Woran man sich erinnert". Bedeutende *Smritis* sind die Gesetzesbücher von Manu (200 v. Chr. - 200 n. Chr.) und Yajnavalkyas (4. Jhd. n. Chr.). Die genaue zeitliche Einordnung des Manusmriti ist schwierig, siehe hierzu *Lingat* S. 104, *Otto* S. 34 Fn. 50.

52 Vgl. auch Smt. Parayankandryal Eravath Kanapravan Kalliani Amma AIR 1996 S.C. 1963 (1969).

53 Umfangreiche Änderungen erfolgten insbesondere in den siebziger Jahren.

dieses Gesetz in Fragen der Eheschließung und Trennung weitgehend an die Stelle des alten Hindurechtes[54].

### (2) Buddhismus

Stifter der nach ihm benannten Religion ist Siddharta Gautama Buddha[55], der um 560 bis 480 v. Chr. im nördlichen Vorderindien lebte. In Abkehr vom Hinduismus lehnte Buddha die Autorität der Veden und das Kastensystem ab. Er übernahm jedoch die Lehre vom Kreislauf der Geburten, die dem *Karma* unterworfen sind. Im Kosmos herrscht damit ein dauerndes Werden und Vergehen, ohne daß es ewige unvergängliche Substanzen, einen Weltherren oder ein unpersönliches Absolutes gäbe. Die Existenz des Menschen im Kosmos ist nur eine Station auf dem Weg in das *Nirwana*[56], in dem es keine quälenden Lebenstriebe mehr gibt. Im Mittelpunkt von Buddhas Predigten stehen die „vier edlen Wahrheiten" vom Leiden, von den Ursachen des Leidens, von der Überwindung des Leidens und von dem achtteiligen Weg, der dazu führt.

Buddha selbst hat keine Schriften hinterlassen[57]. Im Einklang mit seiner Lehre vom kurzfristigen, vergänglichen Übergangszustand des Menschen hat der Buddhismus auch kein eigenes Recht entwickelt. Da der Buddhismus von seinen Anhängern nicht den Austritt aus anderen Religionsgemeinschaften verlangt, hat in Indien eine immer stärkere Anpassung an den Hinduismus stattgefunden, so daß es dort heute kaum noch Buddhisten gibt[58]. Schon vor 1955 wurde auf sie hinduistisches Recht angewandt. Seit 1955 gilt in Indien in Fragen der Eheschließung und ihrer Auflösung der Hindu Marriage Act auch für die Buddhisten.

---

[54] Das Eherecht gehört zu den Gegenständen der konkurrierenden Gesetzgebung, so daß durch das Unionsgesetz die 1955 im Bereich des Eherechts bestandenen Gesetze einzelner Bundesstaaten grundsätzlich aufgehoben worden sind, vgl. auch Fn. 253, S. 51.

[55] Sanskrit: der Erwachte, der Erleuchtete, der Erwählte.

[56] Verwehen, Verlöschen aller vergänglichen Daseinsfaktoren.

[57] Bedeutend ist jedoch die Tipitaka, eine schriftliche Sammlung aus dem ersten Jahrhundert v. Chr., die u.a. die Worte und Predigten Buddhas wiedergibt.

[58] Mit der Besetzung Tibets durch China sind allerdings viele buddhistische Flüchtlinge nach Indien gekommen, die vorwiegend im Himalaya-Gebiet leben.

### (3) Jainismus

Nach der Überlieferung der Jainas[59] sollen 24 *Tirthankaras*[60] auf der Erde erschienen sein; der letzte, Mahavira[61], war ein Zeitgenosse Buddhas. Wie die Buddhisten glauben die Jainas nicht an die Existenz eines Gottes und lehnen die Veden ab[62]. Ebenso wie die Buddhisten und die Hindus gehen auch die Jainas davon aus, daß die Seelen entsprechend ihrem Karma als Menschen, Pflanzen oder Tiere in einem ständigen Kreislauf wiedergeboren werden. Dies sehr ernst nehmend, fallen Jainas in Indien dadurch auf, daß sie jede Verletzung von Lebewesen vermeiden. Dies führt zum Teil dazu, daß sie beim Gehen mit einem Besen vor ihren Füßen kehren, um nicht unbeabsichtigt ein Tier zu zertreten, oder daß sie einen Mundschutz tragen, um nicht versehentlich ein Insekt zu verschlucken.

Auch für die Jainas galt schon vor 1955 hinduistisches Recht[63], da der Jainismus als Abspaltung vom Hinduismus angesehen wurde[64]. Seit der Kodifizierung des HMA unterfallen die Jainas hinsichtlich Eheschließung und Trennung dem Hindu Marriage Act.

### (4) Sikhismus

Der Sikhismus entstand Ende des 15. Jahrhunderts als Reformbewegung im Hinduismus. Sein Gründer Nanak (1469 - 1539 n. Chr.) wollte Hindus und Muslime in Indien einigen. Im Gegensatz zu den Hindus sind Sikhs monotheistisch. Sie lehnen alle hinduistischen Formen der bildhaften Götterverehrung und das Kastenwesen ab. Vom Hinduismus übernommen haben sie al-

---

[59] Sanskrit: Sieger.

[60] Bedeutung: Furtbereiter, d.h. Auffinder einer Furt zur Befreiung aus dem Strom des Geburtenkreislaufs.

[61] Mahawira bedeutet großer Held; Mahawira, der eigentlich Wardhamana hieß, war ein Königssohn aus dem Gebiet des heutigen Bihars; auch Mahavira hinterließ keine schriftlichen Aufzeichnungen; erst seine Schüler verfassten heilige Schriften.

[62] Ihr wichtigstes Werk ist das Agama, ein Kanon heiliger Schriften, den die Schüler Mahaviras aufgrund seiner Predigten verfaßt haben.

[63] *Diwan* Hindu Law S. 4; *Saha* S. 22; *Ambabai Bhaichand Gujar v. Keshav Bandochand Gujar* AIR 1941 Bom. 233 ff.; *Suganchand Bhikamchand v. Mangibai Gulabchand* AIR 1942 Bom. 185 ff.

[64] Siehe jedoch die Entscheidung des High Court von Madras in *Bobbaladi Gettappa v. Bobbaladi Eramma* ILR 1926 Mad. 228 (229 f.).

lerdings die Karmalehre und den Geburtenkreislauf. Ihr heiliges Buch ist der im Goldenen Tempel von Amritsar verwahrte Granth. Auffälliges äußeres Zeichen der männlichen Anhänger des Sikhismus ist ihr aufgrund eines Verbotes ihrer Religion nicht geschnittenes Haar. Der Bart wird in der Regel hochgerollt unter einem feinen Netz befestigt, das Haupthaar zu einem Knoten gebunden unter einem Turban getragen.

Auch die Sikhs, die in Indien stets als eine Abspaltung von der hinduistischen Glaubensrichtung angesehen wurden, unterstanden schon vor 1955 hinduistischem Recht[65]. Seit 1955 gilt für sie deshalb im Eherecht ebenfalls der Hindu Marriage Act.

### b) Islam

Stifter des Islam ist Abu l-Kasim Muhammad ibn Abd Allah, genannt Mohammed[66] (570 bis 632 n. Chr.[67]). Bereits 712 n. Chr. kam der Islam mit der Eroberung von Sind durch Muhammad b. Qasim erstmals auch nach Indien[68]. Er breitete sich vor allem unter der Herrschaft der Moguln im 16. und 17. Jahrhundert aus. Heute bekennen sich ca. 11 % der Menschen in Indien (das sind rund 110 Millionen) zum muslimischen[69] Glauben[70]. Sie leben vorwiegend in den Bundesstaaten Jammu & Kaschmir (dort sind 2/3 der Bevölkerung Moslems), Assam, Bihar, Kerala und dem Unionsterritorium Laskdweep. Rund 8 % der Bevölkerung sind Sunniten, 3 % sind Schiiten[71].

---

65 *Diwan* Hindu Law S. 4; *Mahmood* HMA S. 25; *Saha* S. 22. Zumindest politisch bestehen zwischen Hindus und Sikhs allerdings starke Spannungen, die 1984 in der Erstürmung des goldenen Tempels in Amritsar durch die indische Armee und die Ermordung Indira Gandhis durch Sikhs gipfelten.

66 Arabisch: der Gepriesene.

67 Daten werden hier in christlicher Zeitrechtnung angegeben; die islamische Zeitrechnung beginnt mit der *Hedschra*, dem Auszug Mohammeds aus Mekka am 15.6.622 nach Medina.

68 *Fyzee* Cases Einleitung XVII.

69 Die Bezeichnung Mohammedaner/mohammedanisch wird z.T. entschieden als Ausdruck der britischen Kolonialherrscher abgelehnt, vgl. insbesondere *Mahmood* Muslim Law S. 5 ff.

70 Fischer Weltalmanach 2003, Indien S. 371 (Daten von 1991).

Schiiten und Sunniten sind wiederum in verschiedene Rechtsschulen unterteilt[72]. Doch auch innerhalb ein und derselben Rechtsschule gibt es Meinungsverschiedenheiten[73]. Hinzu kommt, daß ein Muslim jederzeit von einer zur anderen wechseln[74], ja sich sogar nur für einen bestimmten Rechtsakt einer Schule anschließen kann[75]. In Indien ist die sunnitisch-hanafitische[76] Rechtsschule die bedeutendste[77], so daß in Indien eine doppelte widerlegbare Vermutung dahingehend gilt, daß ein Muslim Sunnit hanafitischer Ausrichtung ist[78].

Der muslimische Glaube ruht auf fünf Säulen[79]: dem Bekenntnis zur Einheit Gottes und der Prophetenschaft Mohammeds (*schahada*), dem fünf Mal täg-

---

[71] Fischer Weltalmanach 2003, Indien S. 371 (Daten von 1991). Die Schiiten erkennen nur Ali ibn Abi Talib, den vierten Kalifen, und seine Nachkommen aus der Ehe mit Mohammeds Tochter Fatima als rechtmäßigen Nachfolger des Propheten an – siehe z.B. *Fyzee* S. 43 f.

[72] Die Sunniten sind in vier Rechtsschulen geteilt: die Hanafiten, die Malikiten, die Schafiiten und die Hanbaliten – siehe hierzu genauer *Juynboll* S. 27 ff; *Nasir* S. 14 ff.; *Pauli* S. 7 f.

[73] *Bousquet* S. 33; *Pauli* S. 8 Fn. 1.

[74] *Mahmood* Islamic Law S. 334; *Milliot/Blanc* S. 14; einschränkend allerdings *Juynboll* S. 30 f.

[75] *Milliot/Blanc* S. 14. Der Wechsel von einer Rechtsschule in die andere erfolgt freiwillig und nicht beispielsweise automatisch durch Eheschließung, siehe *Nasrat Husain v. Hamidan* ILR 4 (1882) All. 205 (205 f.).

[76] Die Hanafiten leiten sich von Abu Hanifa (ca. 699-767 n.Chr.) ab; Hauptrechtswerke der Hanafiten sind die im 12. Jahrhundert von Burhanuddin Marghiani verfaßte *Hedaya* (die indische Rechtsprechung verwendet heute vorwiegend die Übersetzung von Charles Hamilton) und die im 17. Jahrhundert unter dem Mogulkaiser Aurangzeb gesammelten Rechtsgutachten *Fatawa Alamgiri* (wobei sich indische Juristen heute zumeinst auf die Ausarbeitung Baillies, Digest of Muhammadan Law, stützen).

[77] *Diwan* Family Law S. 10; *Pearl* S. 35; abweichend insoweit *Scheftelowitz* S. 50.

[78] *Amina v. Hassan Koya* KLT 1985 596 (612); *Kuttialikutty Marakkar Haji v. Thazhatil Kandankutty* AIR 1967 Ker. 78 (79); anders z.T. *Mahmood* Islamic Law S. 95 f., der für bestimmte Gegenden Indiens von der generellen Vermutung Ausnahmen machen will, was heute angesichts der Migrationsbewegungen zu Unsicherheiten und Prozeßverzögerungen führen würde. Wichtigste Rechtsschule der Schiiten in Indien ist die Ithna-Ashari-Schule, so daß, wenn feststeht, daß ein Muslim Schiit ist, die (widerlegbare) Vermutung gilt, daß er deren Rechtsauffassung untersteht.

[79] Siehe hierzu etwa *Yücelen* S. 14 ff; *Hartmann* S. 65 ff.

lich zu verrichtenden Gebet gen Mekka gewandt (*salat*), dem Spenden von Almosen (*zakat*), dem Fasten im Monat Ramadan (*saum*) und einer Wallfahrt nach Mekka (*hadsch*).

Die Scharia, das islamische Recht, stellt für jeden Muslimen verbindliche Ge- und Verbote auf. Sie sind Bestandteile einer Pflichtenlehre, die alle Lebensbereiche umfaßt[80]. Die Scharia beruht auf:

- dem Koran[81], dem heiligen Buch, das die dem Propheten Mohammed verkündete Botschaft enthält[82],
- der Sunna, den Worten und Taten des Propheten Mohammed (gesammelt in der *Hadith*)[83]
- und dem *Idjma*, der Übereinstimmung aller Rechtsgelehrten[84].

Hinsichtlich des *Idjma* beginnt sich etwa ab dem 10. Jahrhundert der Gedanke durchzusetzen, daß der Rechtsstoff erschöpfend behandelt sei. Nach sunnitischer Auffassung hat sich die Pforte der Auslegung durch die Gelehrten seither geschlossen[85]. Nach sunnitischer Überzeugung gibt es allerdings noch eine vierte Rechtsquelle, den *Kiyas*, die Analogie[86]. Nach indisch-muslimischer

---

[80] *Wiedensohler* RabelsZ 35 (1971) 632 (632); *Hartmann* S. 51 f.

[81] In arabischer Sprache; eingeteilt in 114 Kapitel (Suren), die aus Versen bestehen. Im Rahmen dieser Arbeit wird die deutsche Übersetzung von *Max Hennings* verwendet. Sie entstand zwar bereits um 1900 (erschienen in der Universal-Bibliothek), wird jedoch nach wie vor als eine der besten deutschen Übersetzungen des Korans angesehen, so daß sich der Reclam-Verlag Stuttgart 1960 zu einer unveränderten neuen Herausgabe entschloß. Texte, die in runden Klammern – (...) – stehen, sind Zusätze des Übersetzers, um den Sinn verständlicher zu machen.

[82] Der Koran ist nach allen Schulen die erste Rechtsquelle; er behandelt allerdings Rechtliches in weniger als 10 % seiner Verse. Siehe zum Koran als Rechtsquelle genauer *Milliot/Blanc* S. 83 ff.; *Juynboll* S. 7ff.; *Schacht* S. 10 ff.

[83] Siehe zu dieser Rechtsquelle genauer: *Fyzee* S. 20; *Pauli* S. 10 f.; *Wiedensohler* RabelsZ 35 (1971) 632 (635 f.); *Anderson* RabelsZ 30 (1966) 241 (241 f.); *Goldziher* S. 11.

[84] Beruhend vor allem auf dem Wort Mohammeds: „Meine Gemeinde wird niemals in einem Irrtum übereinstimmen"; siehe *Fyzee* S. 21; *Wiedensohler* RabelsZ 35 (1971) 632 (636 f.). Auf wessen Konsens es ankommt und wie weit dieser gehen muß, ist allerdings umstritten, siehe *Milliot/Blanc* S. 108 f.; *Nasir* S. 22

[85] *Coulson* S. 80 f.; *Schacht* S. 69 ff.; *Pauli* S. 13.

[86] Siehe hierzu genauer *Pauli* S. 13 f.; *Wiedensohler* RabelsZ 35 (1971) 632 (637) lehnt die übliche Übersetzung mit „Analogie" als zu eng ab und befürwortet stattdessen den Ausdruck „logische Deduktion".

Auffassung ist schließlich, wenn nicht dem Koran oder der Sunna widersprechend, auch das Gewohnheitsrecht von entscheidender Bedeutung[87].

In nahezu allen Ländern der islamischen Welt spielt das muslimische Recht heutzutage im Bereich des Familien- und Erbrechts seine entscheidende Rolle[88]. Dies liegt vor allem auch daran, daß der Koran zu diesen Gebieten die meisten verbindlichen Regeln aufgestellt hat[89]. Auch in Indien ist die Scharia vor allem im Familienrecht von Bedeutung. Denn das Familienrecht der Muslime ist von der staatlichen Gesetzgebung weder unter der britischen Herrschaft noch durch den 1947 unabhängig gewordenen indischen Staat in nennenswertem Umfang berührt worden. Die Anhänger des muslimischen Glaubens sind bis heute in Indien damit die einzige bedeutende Religionsgemeinschaft[90], deren Eheschließungsrecht nicht staatlich kodifiziert worden ist. Eine Normierung ihres Rechtes ist insofern problematisch, als der Koran, anders als die Veden, die, obgleich göttlichen Ursprungs, schon immer durch Gewohnheitsrecht überlagert werden konnten[91], als Verbalinspiration gilt[92]. In diesen sensiblen Bereich einzugreifen, ist insbesondere für einen Staat, der wie Indien überwiegend hinduistisch ist und sich zudem in religiös beeinflußten Auseinandersetzungen um die Region Kaschmir befindet, äußerst schwierig. Eine Ausnahme bildet jedoch der Dissolution of Muslim Marriage and Divorce Act (DoMMA) aus dem Jahre 1939[93], der den muslimischen Frauen unter gewissen Umständen eine Scheidung ermöglicht.

---

87 *Mahmood* Islamic Law S. 142.

88 Vgl. *Scheftelowitz* S. 50 f.; *Anderson* Reform S. 38 f.

89 *Rohe* StAZ 2000 161 (162).

90 Auch für Juden existiert kein staatlich kodifiziertes Recht. Wegen der Zahl ihrer Anhänger ist diese Glaubensgemeinschaft in Indien jedoch nahezu bedeutungslos, siehe B.II.1.e), S. 23.

91 *Madhavrao Raghavendra v. Raghavendrarao* AIR 1946 Bom. 377 ff.; *Diwan* Muslim Law S. 1.

92 Siehe hierzu auch *Schimmel* S. 5, 10, 15.

93 Und seine territorial nachgebildete Gesetze in Kaschmir 1942 und Mysore 1943; der DoMMA stützt sich interessanterweise vorwiegend auf die malikitische Rechtsschule, obwohl diese in Indien kaum Anhänger hat; sie kennt jedoch das liberalste Scheidungsrecht für Frauen; siehe hierzu genauer Bergmann/Ferid-*Prader*, Islam S. 20 ff. Darüber hinaus wurde 1986 der Muslim Women Protection of Rights on Divorce Act verabschiedet, der ebenso wie der DoMMA in einem Teilbereich, nämlich nachehelicher Unterhalt, die Rechte der Frauen stärkt.

Abgesehen vom DoMMA stützen sich die indischen Gerichte bei ihren Entscheidungen daher nicht auf ein parlamentarisch verabschiedetes Eherecht, sondern vorwiegend auf Standardwerke einiger indisch-muslimischer Autoren[94] sowie auf Präzedenzfälle. Allerdings werden in Übereinstimmung mit der rechtlichen und sozialen Tradition die meisten familienrechtlichen Auseinandersetzungen in der muslimischen Glaubensgemeinschaft außerhalb der staatlichen Gerichte ausgetragen[95]. Dies führt dazu, daß das muslimische Recht in der indischen Rechtsprechung kaum in Erscheinung tritt, und wenn, dann überwiegend vor 1947, als Britisch-Indien noch nicht in die überwiegend hinduistische Republik Indien und die vorwiegend muslimischen Staaten Pakistan und Bangladesch geteilt war. Der Einfluß des Common Law und der Prinzipien des Equity führt dazu, daß man oft von einem „anglo-islamischen“[96] Recht spricht, besser wäre allerdings heute die Bezeichnung „indisch-muslimisches“ Recht[97].

### c) Christentum

Der Legende nach kam bereits der Apostel Thomas bis nach Indien und taufte vor allem im Süden des Landes viele Einheimische[98]. Auch heute leben die Christen in Indien vorwiegend im südlichen Bundesstaat Kerala. Ihre An-

---

[94] Insbesondere auf: *Mulla: Principles of Mahomedan Law*, inzwischen herausgegeben von *Hidayatullah, Mohammad* und seinem Sohn *Arshad*, ein Werk, das von den indischen Gerichten zum Teil beinahe wie ein Gesetz angewandt; siehe hierzu beispielsweise jüngst *Musstt. Rahima Khatoon v. Musstt. Saburjanessa* AIR 1996 Gau. 33 (34), wo sich die Richter auf sec. 252 „Mahomedan Law“ stützen und damit die (oft als sec. zitierte) Stelle aus Mulla meinen; insgesamt kritisch zu der Anwendung Mullas *Mahmood* Islamic Law S. 462 f., der darauf hinweist, das das Werk 1906 von einem sehr guten, allerdings parsischen Juristen zusammengestellt worden ist, der nie die orginal islamischen Texte gelesen habe. Die Gerichte stützen sich neben Mulla u.a. auch auf *Mahmood* (siehe seine eigene Aufzählung indischer Gerichtsentscheidungen, die sich auf ihn stützen, in Islamic Law S. 474 ff.), *Ameer Ali*, *Fyzee* und *Verma*.

[95] *Pearl/Menski* S. 45.

[96] So *Dilger* RabelsZ 37 (1973) 827 (827). Siehe zum Einfluß des englischen Rechts auf das indisch-muslimische auch *Fyzee* Cases Einleitung XIX ff.

[97] Siehe auch *Magnus* StAZ 1977 248 (252).

[98] *Beri* S. 30.

zahl beträgt rund 2,4 % der Gesamtbevölkerung[99]. Infolge der politischen Unabhängigkeit von Großbritannien schloß sich die anglikanische Kirche 1947 im Süden Indiens mit einigen protestantischen Glaubensgemeinschaften zur Kirche von Süd-Indien zusammen. Im Norden des Landes haben sich die anglikanische und einige evangelische Kirchen 1971 zur Kirche Nord-Indiens zusammengetan.

Für alle Christen gleich welcher Konfession gilt der aus dem Jahre 1872 stammende Indian Christian Marriage Act (ICMA) sowie der 1869 erlassene Indian Divorce Act (IDA). Beide Gesetze aus der Zeit der britischen Herrschaft lehnen sich stark an das damalige britische Eherecht an[100]. Obwohl letzteres zwischenzeitlich fundamentale Änderungen erfahren hat, ist das indisch-christliche Ehe- und Scheidungsrecht bis heute im wesentlichen unverändert geblieben. Es sind weder gesellschaftliche Änderungen noch Schwierigkeiten, die sich schon bald bei der Anwendung dieser Gesetze in der Praxis herausgestellt haben, berücksichtigt worden. Die Anwendung des christlichen Eherechts wirft daher heute große Probleme auf[101].

### *d) Parsismus/Zoroastrismus*

Die Parsen kamen überwiegend aus einer Provinz genannt „Pars“ oder „Pers“, von der nicht nur die Bezeichnung für das ehemalige persische Reich, sondern auch das Wort Parse abgeleitet worden ist. Nach der arabisch-islamischen Eroberung Persiens im Jahre 642 n. Chr. wanderten sie allmählich nach Indien aus, um religiösen Verfolgungen zu entgehen[102]. Die erste urkundliche Erwähnung einer parsischen Ortschaft in Indien findet sich im Jahre 716 n. Chr. Der hinduistische Herrscher Jadi Rana hatte ihnen die Ansiedlung unter vier Bedingungen gestattet: Sie mußten die Landessprache annehmen, ihre

---

[99] Fischer Weltalmanach 2003, Indien S. 371 (Daten von 1991). Die Christen in Indien sind überwiegend Katholiken. Sie leben heute außer in Kerala vor allem in den ehemaligen portugiesischen und französischen Gebieten.

[100] Siehe zur Geschichte des indisch-christlichen Eherechts auch *Aquiar* AIR 1997 J. 30 (30 f.).

[101] Siehe auch *Pinto*, insbesondere S. 179 ff.; *Ramanathan* AIR 2000 J. 12 ff. (zum Indian Divorce Act). Mehrere Versuche, das christliche Eherecht zu reformieren, sind bislang gescheitert, siehe hierzu ausführlicher *Pinto* S. 187 ff.

[102] Siehe zur Geschichte der Parsen auch *Irani* S. 273 ff.; *Grandinger* S. 154 f.; *Diwan* Family Law S. 7 f.; Brockhaus, Stichwort: „Parsen“.

Frauen mußten sich nach hinduistischer Tradition kleiden, den Männern war das Tragen von Waffen verboten und sie durften ihre Eheschließungen nur in Übereinstimmung mit den hinduistischen Bräuchen und Riten vornehmen.

Die Parsen brachten ihre Religion mit nach Indien, nämlich den nach seinem Stifter Zarathustra[103] benannten Zoroastrismus. Ihre heilige Schrift ist das Avesta. Gekennzeichnet ist der Zoroastrismus durch einen Dualismus, nach welchem dem guten Gott Ahura Masda und seinen Schutzgeistern, den Amescha spentas, der böse Geist Angra Mainyu gegenübersteht.

Von den mitgebrachten Gesetzen und Gewohnheiten der Parsen ist wenig bekannt. Denn sie sind im Laufe der Jahrhunderte immer stärker hinduistischen Traditionen gefolgt[104]. Bereits 1865 wurde ein für alle Parsen geltendes Ehe- und Scheidungsrecht erlassen. Die Parsen waren damit die erste Glaubensgemeinschaft in Indien, deren Eherecht kodifiziert wurde. 1936 wurde das Gesetz von 1865 durch den Parsi Marriage and Divorce Act (PMaDA) ersetzt, der mit einigen Änderungen im Jahre 1988 bis heute gültig ist. Das parsische Ehegesetz nimmt insofern eine Sonderrolle unter den indischen Personalrechten ein, als es, anders als das hinduistische, christliche oder muslimische Recht, kaum noch im Religiösen wurzelt. Seine Bestimmungen sind primär ein Konglomerat aus hinduistischem Gewohnheitsrecht und englischen Common Law-Regeln[105].

Das parsische Recht gilt für die kleinste religiöse Gruppe in Indien. Ihre Zahl wird auf ca. 120 000 geschätzt[106], 70 % davon leben in Bombay. Bekannt sind sie für ihre Weltaufgeschlossenheit und ihren Wohlstand. Sichtbares Zeichen ihrer Wohnstätten sind die „Türme des Schweigens“, die der Luftbestattung von Verstorbenen dienen.

---

103 Die Lebensdaten Zarathustras sind historisch nicht eindeutig geklärt. Es wird weitgehend angenommen, daß er etwa 1300 v. Chr. gelebt und gelehrt hat.

104 *Peshotam Homasji Dustoor v. Meherbai* ILR 13 (1888) Bom. 302 (311); *Beri* S. 48; *Grandinger* S. 154.

105 Die Gerichte greifen deshalb bei der Auslegung des parsischen Eherechts immer wieder auf das englische Common Law zurück, siehe *Philomena Mendoza v. Dara Nusserwanji Mishy* AIR 1943 Bom. 338 ff.

106 Fischer Weltalmanach 2003, Indien S. 371 (Daten von 1991). Man schätzt, daß es weltweit ca. 150.000 Parsen gibt.

### e) *Judentum*

Die Anzahl der Juden in Indien ist verschwindend gering, in statistischen Erhebungen werden sie deshalb meist gar nicht aufgeführt[107]. Bis auf wenige Entscheidungen[108] spielt das jüdische Recht in Indien im Bereich der Eheschließung weder in der Rechtsprechung noch in der Literatur eine Rolle. Kommt es jedoch zu Streitigkeiten, so ist mangels eigenständiger Kodifizierung das jüdisch-religiöse Recht anzuwenden[109]. Da sich keinerlei indische Besonderheiten herausgebildet haben, wird auf das Personalrecht der Juden im Rahmen dieser Arbeit nicht näher eingegangen[110].

## 2. Religiöses Eheverständnis

### a) *Hinduismus*

Da der HMA in den weit überwiegenden Fällen auf Hindus Anwendung findet, lehnt er sich auch an deren Ehekonzeption an[111]. Nach traditioneller hinduistischer Überzeugung ist die Ehe ein Sakrament[112], eine unauflösliche Ver-

---

[107] Nach Bergmann/Ferid-*Agrawal* S. 2, Stand 1989, beträgt ihre Anzahl 12.000.

[108] *Rachel Benjamin v. Benjamin Solomon Benjamin* 28 BomLR (1926) 328 ff.; *David Sasson Ezekiel v. Najia Noori Reuben* 33 BomLR (1931) 725 ff. – beide Entscheidungen stammen also noch aus der Zeit Britisch-Indiens; siehe auch *Jude v. Jude* AIR 1949 Cal. 563 (564).

[109] Nach sec. 2 Abs. 1 (c) HMA sind die Angehörigen der jüdischen Glaubensgemeinschaft ebenso wie Moslems, Christen und Parsen ausdrücklich aus dem Anwendungsbereich des HMA ausgenommen. Siehe auch *Otto* S. 94, S. 149 Fn. 544, der allerdings darauf hinweist, daß zunächst auf das Gewohnheitsrecht zurückzugreifen ist; nur weil dies kaum nachweisbar ist, ist davon auszugehen, daß die religiösen Rechtsvorschriften das geltende Gewohnheitsrecht wiedergeben.

[110] Vgl. als weiterführende Literatur *Scheftelowitz* S. 34 ff., insbesondere S. 37 ff.; Bergmann/Ferid-*Prader*, Juden; *Falk* S. 28 ff., insbesondere S. 40 ff.; *Grandinger* S. 155 f.

[111] Zum traditionellen Ehebild der Buddhisten siehe genauer *Saha* S. 9 f.

[112] I.S.v. heilige Sache, lat. sacramentum; nicht im Sinne von, wie im deutschen Sprachraum zumeist verwendet, eines von Christus eingesetzten Gnadenmittels – *Boodapati Ankamma v. Boodapati Bamanappa* AIR 1937 Mad. 332 (334); *Veerappa Chettiar v. Michael* AIR 1963 S.C. 933 (942); *Rabindra Nath Dutta v. The State* AIR 1969 Cal. 55 (58); *Rajaram Vishwakarma v. Deepabai* AIR 1974 M.P. 52 (53); *Smt. Parayankandryal Eravath Kanapravan Kalliani Amma v. K. Devi* AIR 1996 S.C. 1963 (1965); *Subba Rao* S.99; *S.C.Jain* S. 73; *Derrett*

einigung von Mann und Frau, die ewig fortbesteht[113]. Sie ist ein heiliger Bund, der geschlossen werden muß, um einen Sohn zu empfangen[114], der die Schuld gegenüber den Ahnen tilgt, um so die Erlösung der Seelen zu erlangen[115].

Vor diesem Hintergrund hat der Wille der Eheschließenden selbst nie eine entscheidende Rolle gespielt. Im Gegenteil, es galt als Unrecht, sich seinen Partner selbst auszusuchen[116]. In Fortführung der Ahnenreihe waren es die Eltern, die die Ehe für ihre Kinder arrangierten, ohne auf deren Willen oder auch nur die Fähigkeit, einen solchen bilden zu können[117], Rücksicht nehmen zu müssen. Persönliche Neigungen und Gefühle hatten sich der Notwendigkeit unterzuordnen, daß die Nupturienten vor allem hinsichtlich Kaste, familiärem Hintergrund, Ausbildung und Sternzeichen zueinander und zu den Familien passen mußten[118].

Nach hinduistischer Auffassung verläßt die Tochter mit der Eheschließung das elterliche Heim und löst jede Verbindung, so als wäre sie niemals in ihre leibliche Familie hineingeboren, und wird statt dessen ganz Teil der Familie ihres Mannes[119]. Von der patria potestas kommt sie in die ihres Mannes, dem sie sich von nun an unterzuordnen hat. Sie hat ihm zu folgen, wo immer er hingeht[120]. Nach den Gesetzesbüchern Manus[121] ist der Ehemann der Herr

---

§ 208; *Gour* S. 61; Bergmann/Ferid-*Agrawal* S. 23; *Nair* S. 16, 261; *Diwan* Hindu Law S. 63 ff.

113 *Diwan* Hindu Law S. 65; *Qureshi* Marriage S. 39 f.; *Gour* S. 86; *Ramamurti* S. 6; *Scheftelowitz* S. 98.

114 Es bestand daher eine Pflicht zur Geschlechtsgemeinschaft. Kam der Mann dieser nicht nach, so beging er die Sünde der Tötung eines Embryos; verweigerte sich die Frau ohne rechtfertigenden Grund, so wurde ihr Vergehen im ganzen Ort verkündet und sie wurde in Schande aus dem Haus verstoßen, siehe *Qureshi* Marriage S. 82.

115 Siehe *Diwan* Hindu Law S. 65; *Nigam* S. 99, 261; *Agarwala* S. 25; *Gour* S. 61; *Qureshi* Marriage S. 39; *Nair* S. 16, 261. Nach dem im Sanskrit verwendete Wort *samskara* bedeutet Ehe Reinigung der Seelen.

116 *Coester-Waltjen/Coester* S. 4.

117 So waren Kinderehen oder Ehen von Personen in einem die freie Willensbestimmung ausschließenden Zustand krankhafter Störung der Geistestätigkeit zulässig. Siehe hierzu ausführlicher unten C.I.3.a)(1), S. 126 ff. und C.I.4.a)(1), S. 147 ff.

118 Siehe auch *Derrett/Iyer* S. 81.

119 *Gour* S. 90; *Nair* S. 17; *Vishnupriya* MLJ 1990 (2) J. 37 (37).

120 *Tekait Mon Mohini Jemadai v. Basanta Kumar Singh* ILR 28 (1901) Cal. 751 (760 ff.); *Derrett* § 267.

und Gebieter seiner Frau. Sie hat ihn wie einen Gott zu verehren, selbst wenn er ohne jede Tugend ist. Sie hat ihm zu gehorchen und ihm auch über den Tod hinaus treu ergeben zu sein[122]. Doch nicht nur das daraus resultierende Verbot der Wiederheirat von Witwen[123], sondern auch die grundsätzliche Unauflösbarkeit der Ehe[124] traf vor allem die Frau hArt. Zwar konnte keiner der Partner der Verbindung entfliehen, selbst wenn der andere geistesgestört war, an einer ansteckenden Krankheit litt, unfruchtbar oder gar verstorben war. Für den Mann stellte sich die Situation allerdings insofern besser dar, als er dem Ehebund faktisch dadurch entweichen konnte, daß er jederzeit das Recht hatte, weitere Frauen zu heiraten.

Vor allem mit der Verabschiedung des HMA verbesserte sich die rechtliche Situation der Frau, aber auch des Mannes im Bereich der Eheschließung und Auflösung erheblich. Denn 1955 wurden mit der Verabschiedung des HMA vertragliche Elemente in die Eheschließung einbezogen und ihre Unauflöslichkeit beseitigt. Der Wille der Eheschließenden selbst wurde durch die Normierung bestimmter Mindestanforderungen an die geistige Einsichts- und Urteilsfähigkeit sowie an das Alter und die Zulassung der Berufung auf gewisse Willensmängel in den Vordergrund gerückt. Mit der Erlaubnis für Witwen, erneut zu heiraten, und der Zulassung von Ehenichtigkeits- und Aufhebungsklagen, von Klagen auf gerichtliche Trennung und Scheidung ist die Ehe nicht mehr unauflöslich weder zu Lebzeiten noch nach dem Tod des Ehepartners. Auf der anderen Seite hat das Ehegesetz von 1955 auch religiöse Elemente, insbesondere bei den Formerfordernissen, aufgenommen[125]. Damit ist die Ehe seit der Normierung eines Eherechtes für Hindus vom gesetzgeberischen Standpunkt des HMA aus eine Mischung aus vertraglichen und tra-

---

121 Siehe oben Fn. 51, S. 13.

122 Siehe *Tekait Mon Mohini Jemadai v. Basanta Kumar Singh* ILR 28 (1901) Cal. 751 (758); *Diwan* Hindu Law S. 64 m. Hinw. auf Manu V 147-54; Manu I 15, 4-6; Manu V, 151.

123 Um mit ihrem verstorbenen Mann vereint zu bleiben, wurden in manchen Gegenden die Witwen zusammen mit ihrem Mann verbrannt (Sanskrit: *Sati*). Unter der britischen Herrschaft wurde die Witwenverbrennung verboten. Am 05.12.1988 erließ die indische Regierung ein Gesetz, wonach die Beihilfe zur Witwenverbrennung zur Todesstrafe führen kann, was zeigt, daß bis heute Witwenverbrennungen, insbesondere in ländlichen Gegenden, vorkommen.

124 In einigen Gegenden war die Trennung allerdings auch vor 1955 kraft Gewohnheitsrechts möglich; siehe hierzu unten B.IV.2.a)(5), S. 68.

125 Siehe sec. 7 sowie auch sec. 5 (iv), (v), sec. 29 Abs. 2 HMA.

ditionell-religiösen Elementen[126]. Der Gesetzgeber hat damit einen Weg gefunden, einerseits der Eheschließungsfreiheit in Form der freien und selbstbestimmten Eheschließung und gegebenenfalls auch Trennung zum Durchbruch zu verhelfen, andererseits aber auch auf die tiefverwurzelten religiösen Gefühle Rücksicht zu nehmen.

Trotz Normierung des Hindu Marriage Act darf nicht übersehen werden, daß sich die Rechtswirklichkeit teilweise nach wie vor anders darstellt. Auch heute noch werden in Indien die meisten Ehen nach Kriterien wie Religion, Kaste, familiärer Hintergrund u.ä. von den Eltern arrangiert[127]. Eine Scheidung kommt äußerst selten vor[128], u.a. auch deshalb, weil sich eine geschiedene Frau in Indien massiven Problemen ausgesetzt sieht. Die Bande zu ihrer Familie gelten mit der Eheschließung als getrennt. Auf dem freien Markt aber findet eine geschiedene Frau kaum Wohnung oder Arbeit. Auch gesellschaftlich wird sie gemieden[129]. Zu bedenken ist, daß der Gesetzgeber einen bedeutenden Schritt gegangen ist – von der selbst durch Tod nicht auflösbaren Verbindung bis hin zur Scheidung, die ihrerseits stark an das englische Recht mit seiner ganz anderen Geschichte und Gesellschaftsstruktur angelehnt ist.

### b) Islam

Bis auf die Möglichkeit für die muslimische Frau, sich nach dem DoMMA scheiden zu lassen, ist mangels weiterer Kodifizierung des muslimischen Eherechts das religiöse Eheverständnis auch heute noch weitgehend entscheidend.

---

126 *Rajinder Singh v. Smt. Pomilla* AIR 1987 Del. 285 (298); *Nigam* S. 8, 33; *Mahmood* HMA S. 54; *Diwan* Private International Law S. 237 f.

127 Siehe jüngst wieder *V. Shankar Ram v. Mrs. Sukanya* AIR 1997 Mad. 394 ff.

128 Die meisten Hindus betrachten ihre Ehe weiter als sakralen, unauflöslichen Bund, vgl. *Diwan* Hindu Law S. 63 ff.

129 Vgl. auch *S. v. R.* AIR 1968 Del. 79 (83); *Smt. Guru Bachand Kaur v. Pretam Singh* AIR 1998 All. 140 (143).

### (1) Ehe auf Lebenszeit *(nikah)*

Nach muslimischer Auffassung ist die Ehe im wesentlichen ein privater Vertrag[130]. Denn wie bei jedem Vertragsschluß ist Kernelement auch der Eheschließung das Angebot der einen Seite *(ijab)*, das die andere Seite aufgrund ihres freien Willensentschlusses annehmen kann *(qabul)*. Ferner ist essentieller Bestandteil des Ehevertrages die Vereinbarung einer Morgengabe *(mahr)*[131], einer Geldsumme, die die Frau in Anbetracht der Eheschließung von ihrem Mann erhält. In der Regel wird der eine Teil der Summe bei Eheschließung gezahlt, so daß man diesen als eine Art Kaufpreis betrachten kann[132], der andere Teil wird bei Auflösung der Ehe durch Tod oder Scheidung fällig und dient damit der sozialen Sicherung der Frau. Grundsätzlich ist die Festlegung einer Morgengabe allerdings keine sachliche Eheschließungsvoraussetzung[133]. Nur nach malikitischem Recht ist die Morgengabe Gültigkeitsvoraussetzung für die Eheschließung[134].

---

130 Vgl. auch *Jessie Grant Khambatta v. Mancherji Cursetji Khambatta* AIR 1934 Bom. 93 (96); *Jaygun Nessa Bibi v. Mahhammed Ali* AIR 1938 Cal. 71 (73); *Abual Kasim v. Jamila Khatun Bibi* AIR 1940 Cal. 251 (253); *Mt. Ghulam Sakina v. Falak Sher Allah Baksh* AIR 1950 Lah. 45 (47); *Batoolan v. Zahoor Shah Roshan Shah* AIR 1952 M.P. 30 (31); *Musstt. Rahima Khatoon v. Musstt. Saburjanessa* AIR 1996 Gau. 33 (34). Kritisch zum Eheverständnis in *Musstt. Rahima Khatoon v. Musstt. Saburjanessa* AIR 1996 Gau. 33 ff. *Mahmood* Islamic Law S. 444 f. In *Abdul Kadir v. Salima* (1886) 8 Allahabad 149 (Full Bench), abgedruckt in *Fyzee* Cases 103 (103) spricht Richter Mahmood von der Ehe als rein zivilem Vertrag; diese Entscheidung wird auch heute noch immer wieder zitiert und kritisiert, ist aber wohl in Abgrenzung zum damaligen hinduistischen Eheverständnis zu sehen, so daß das Wort „rein" nicht überzubewerten ist. Siehe auch die Literatur: *Ameer Ali* S. 97; *Diwan* Muslim Law S. 43; *Nigam* S. 342; *Pearl/Menski* S. 139.

131 Wird zum Teil auch mit Brautgabe übersetzt; siehe zur *mahr* genauer *Krüger, H.* FamRZ 1977 114 ff.

132 *Saburannessa v. Sabdu Sheikh* AIR 1934 Cal. 693 (694); *Beri* S. 41; *Saksena* S. 149; vgl. auch *Scheftelowitz* S. 53 Fn. 176, S. 89; siehe auch Koran 4 Vers 28, 38: der Bräutigam kauft seine Frau aus ihrer Familie frei; die *mahr* ist die Vergütung für die körperliche Hingabe der Frau.

133 Bergmann/Ferid-*Prader*, Islam S. 12; *Rohe* StAZ 2000 161(167); *Krüger, H.* FamRZ 1977 114 (115). Nach den übrigen sunnitischen und den schiitischen Rechtsschulen ist die *mahr* eine vermögensrechtliche Ehewirkung.

134 *Elwan* IPRax 85 305 (306). Nach *Forstner* StAZ 1987 197 (205, Fn. 78) ist zwar für den Fall, daß die *mahr* nicht erwähnt wird, die Ehe fehlerhaft, aber durch Vollzug heilbar. Nach *Krüger, H.* FamRZ 1977 114 (115 f.) und Soergel-*Schurig* Art. 13 Rn. 11 ist die Ehe nur dann ungültig, wenn eine *mahr* ausdrücklich ausgeschlossen ist.

Anders als in der Glaubensgemeinschaft der Hindus wurde die Ehe im Islam nie als Sakrament betrachtet[135], wenngleich die Eheschließung als heilige Pflicht (des Mannes) gilt[136] und die Trauungszeremonie oft religiöse Elemente enthält. Zweck der Eheschließung ist die Zeugung legitimer Nachkommen, oder, anders betrachtet, die Unterbindung außerehelichen Geschlechtsverkehrs, um die Gesellschaft vor Unreinheit zu schützen und so die Fortdauer der menschlichen Rasse zu sichern[137]. Denn nach islamischen Verständnis ist jede außereheliche geschlechtliche Verbindung eine schwere Sünde (sog. *Zina*-Sünde)[138].

Im Gegensatz zur hinduistischen Überlieferung ist die Ehe nach muslimischer Ansicht nicht unauflösbar. Die Ehepartner sind als Vertragspartner nicht nur hinsichtlich der Vereinbarung zur Eingehung einer Ehe, sondern auch bei ihrer Auflösung grundsätzlich frei. Für die Frau besteht diese Freiheit allerdings nur sehr eingeschränkt. So verlangen einige Rechtsschulen hinsichtlich der Eingehung einer Ehe, daß selbst eine volljährige Braut ihre Zustimmung durch ihren Ehe-Vormund, in der Regel ihren Vater, erklären muß. Bei der Auflösung hat sich die Frau dem Willen ihres Ehemannes unterzuordnen[139]. Dies wird mit der „physischen und intellektuellen Überlegenheit des Mannes“ gerechtfertigt[140]. In der Ehe selbst hat die Frau ihrem Mann treu und gehorsam ergeben zu sein[141]. Die Frau erhält zwar einerseits ein Wohnrecht im Haus des Mannes, andererseits ist sie aber auch verpflichtet, bei ihm zu leben. Der Mann hat das Recht zu bestimmen, wo sie hingeht und wo sie sich aufhält[142]. Gehorcht sie ihm nicht, darf er sie angemessen züchtigen[143].

---

135 *Beri* S. 41; *Verma* S. 73 f.; *Anderson* Encyclopedia S. 57.

136 *Qureshi* Muslim Law S. 55. Mohammed sprach sich gegen die Ehelosigkeit aus, vgl. *Fyzee* S. 89.

137 Siehe *Joygun Nessa Bibi v. Mahammad Ali Biswas* AIR 1938 Cal. 71 (73); *Saksena* S. 147, 153; *Fyzee* S. 89 f.; *Mulla* Ch. XIV S. 250; *Qureshi* Muslim Law S. 57; *Chavan* S. 82.

138 *Bousquet* S. 87.

139 Siehe insbesondere zum Verstoßungsrecht des Mannes (*Talaq*) ausführlich unten B.IV.2.b), S. 69 ff.

140 *Diwan* Muslim Law S. 42.

141 *Qureshi* Muslim Law S. 93; *Diwan* Muslim Law S. 47; *ders.* Family Law S. 88; *Nair* S. 169; *Scheftelowitz* S. 54.

142 *Diwan* Muslim Law S. 47; aber *ders.* Family Law S. 88 geht davon aus, daß dieses Recht im heutigen Indien keine Gültigkeit mehr besitzt; *Verma* S. 110; *Saksena* S. 148.

Indisch-muslimische Autoren verteidigen sich immer wieder gegenüber Angriffen hinsichtlich dieser Stellung der Frau. Sie führen an, daß Mohammed die Situation der Frauen erheblich verbessert habe, indem er beispielsweise die Polygamie beschränkt und die Scheidung mißbilligt habe und den Frauen in der Rolle als Mutter und Tochter zu einer Position verholfen habe, die sie bis dahin niemals in der Geschichte innehatten[144].

### (2) Befristete Ehe *(muta)*

Unter der schiitischen Rechtsschule Ithna Ashari[145] geht die Vertragsfreiheit sogar soweit, daß das Ende der Ehe bereits bei Vertragsabschluß durch Schließung einer befristeten Ehe (sog. *muta*-Ehe) vereinbart werden kann[146]. Dabei einigen sich die Partner von Anfang an auf eine bestimmte Dauer ihrer Ehe, die von einigen Stunden, über Tage, Monate bis Jahre reichen kann. Nach Ablauf der festgesetzten Zeit endet die Ehe automatisch (ipso facto). Sie kann allerdings auch vor Zeitablauf beendet werden, und zwar sowohl einvernehmlich als auch einseitig durch den Mann, allerdings nicht in der Form der *Talaq*-Scheidung[147]. Neben der Festlegung der Ehedauer sind die Voraussetzungen für eine wirksame *muta*-Ehe im wesentlichen dieselben wie

---

143 Siehe Koran Sure 4, Vers 34: „[...] Diejenige aber, für deren Widerspenstigkeit ihr fürchtet - warnet sie, verbannet sie in die Schlafgemächer und schlagt sie. [...]". Siehe auch *Verma* S. 117; *Fyzee* S. 115; *Diwan* Muslim Law S. 47; *Qureshi* Marriage S. 99, siehe aber auch S. 179 f.; *Saksena* S. 148; Bergmann/Ferid-*Parder*, Islam S. 13.

144 Siehe *Batoolan v. Zahoor Shah Roshan Shah* AIR 1952 M.P. 30 (31); *Ahmad* AIR 1995 J. 145 (145 f.); *Saksena* S. 137 ff.; *Qureshi* Muslim Law XIV, XVII; *ders.* Marriage S. 107 f.; vgl. allerdings auch S. 34. Immer wieder wird auch betont, daß die Frau nach muslimischem Recht ihr Eigentum und ihren Mädchennamen behält.

145 Erst der Kalif Omar hatte sich nachhaltig gegen die befristete Ehe ausgesprochen; die Ithna Ashari akzeptieren als Schiiten jedoch die ersten drei Kalifen, so auch Omar, nicht.

146 Siehe hierzu *Mulla* Ch. XIV S. 269; *Diwan* Muslim Law S. 45 ff.; *ders.* Family Law S. 37 f.; *Qureshi* Muslim Law S. 89 ff.; *Ameer Ali* S. 109 ff.; *Nair* S. 173; *Anderson* Encyclopedia S. 57, 65; *Fyzee* S. 117 ff.

147 Sondern durch *hiba-i-muddat*; siehe *Mulla* Ch. XIV S. 269; *Diwan* Muslim Law S. 47; *ders.* Family Law S. 38; *Fyzee* S. 120. AA *Ameer Ali* S. 110, der die Ansicht vertritt, daß eine *muta*-Ehe vor Zeitablauf nur einverständlich aufgelöst werden kann. Da die *muta*-Ehe unbestritten zumindest nicht durch *Talaq* beendet werden kann, wird sie insbesondere von Familien aus gehobenen Schichten bevorzugt, die für ihre Töchter eine Ehe von beispielsweise 100 Jahren vereinbaren; siehe hierzu auch *Papadimas* S. 12 Fn. 1; *Grandinger* S. 149.

bei einer Lebenszeitehe des muslimischen Rechts. Insbesondere muß ein Vertrag mit Angebot und Annahme geschlossen werden[148]. Auch für die Nupturienten einer *muta*-Ehe gelten die Verbote der Verwandtschaft und Schwägerschaft des muslimischen Rechts. Anders als bei der Ehe auf Lebenszeit gilt das strenge schiitische Verbot der Religionsverschiedenheit für die befristete Ehe allerdings nicht[149]. So kann der Mann nach der Rechtsschule der Ithna Ashari auch mit einer Christin, Jüdin oder einer Parsin[150] zumindest eine Ehe auf Zeit schließen[151]. Auch das grundsätzliche Verbot, mit mehr als vier Frauen gleichzeitig verheiratet zu sein[152], gilt für die *muta*-Ehe nicht[153].

Die *muta*-Ehe entfaltet nur zum Teil dieselben Rechtswirkungen wie die Lebenszeitehe. Wichtigste übereinstimmende Ehewirkung ist, daß die Kinder aus einer befristeten Ehe als ehelich gelten und demzufolge die Frau, falls die Ehe vollzogen wurde, nach ihrer Beendigung die Wartezeit *(iddat)* einhalten muß[154]. Im Gegensatz zur unbefristeten Ehe haben die Parteien einer *muta*-Ehe allerdings kein gegenseitiges Erbrecht[155] und die Frau hat keine Unterhaltsansprüche. Mit Vollzug der Ehe hat sie allerdings Anspruch auf die volle Morgengabe[156].

---

148 *Diwan* Muslim Law S. 45.

149 Hierzu genauer unten C.I.6.a)(2), S. 181 ff.

150 Vgl. *Fyzee* S. 97; *Mulla* Ch. XIV S. 259; wohl auch *Scheftelowitz* S. 53; siehe auch *Otto* S. 187 Fn. 696. Die Zulässigkeit einer Eheschließung mit einer Parsin läßt sich wohl damit erklären, daß die Parsen historisch gesehen ja aus Persien stammen, das heute überwiegend schiitisch ist, es mithin gemeinsame Ahnen geben mag. In der englischsprachigen Literatur werden die Parsen oft als *fire worshippers* bezeichnet.

151 *Syed Amanullah Hussain v. Rajamma* AIR 1977 A.P. 152 (153 ff.); *Verma* S. 89, 103; *Diwan* Muslim Law S. 45; *ders.* Family Law S. 37.

152 Hierzu genauer unten C.I.1.a)(2), S. 94 ff.

153 *Diwan* Muslim Law S. 45; *ders.* Family Law S. 37; *Qureshi* Muslim Law S. 90 (nach *Qureshi* aaO. kann der Mann in einer *muta*-Ehe mit so vielen Frauen verbunden sein, wie „seine physischen Kräfte ihm dies erlauben“); *Anderson* Encyclopedia S. 57; *Saksena* S. 161.

154 *Diwan* Muslim Law S. 47; *ders.* Family Law S. 38; *Qureshi* Muslim Law S. 89, 92 f.

155 *Syed Amanullah Hussain v. Rajamma* AIR 1977 A.P. 152 (155); *Ameer Ali* S. 110; *Diwan* Muslim Law S. 46; *ders.* Family Law S. 38; *Qureshi* Muslim Law S. 92; *Beri* S. 46; *Otto* S. 161.

156 *Mulla* Ch. XIV S. 269; *Diwan* Muslim Law S. 46; *Fyzee* S. 120. Wurde die *muta*-Ehe nur für wenige Stunden vereinbart, so nimmt sie in diesen Fällen die Rolle legalisierter Prostitution ein; die Auszahlung der Morgengabe nach Vollzug ist dann das Prostitutionsentgelt.

Es ist umstritten, ob eine *muta*-Ehe mit diesen Rechtswirkungen auch vorliegt, wenn eine Fristbestimmung bei der Eheschließung unterblieben ist. Während einige Autoren in diesen Fällen eine (fehlerhafte) *muta*-Ehe bejahen[157], gehen Rechtsprechung und Teile der Literatur von einer regulären unbefristeten *nikah*-Ehe aus[158]. Denn der fundamentale Unterschied zwischen einer befristeten und einer unbefristeten Ehe ist eben die Festlegung einer Ehedauer. Wird keine Frist festgelegt, so ist vom Grundsatz auszugehen, daß eine *nikah*-Ehe auf Lebenszeit geschlossen wird.

### c) Christentum

Gestützt vor allem auf die Aussage Jesu in Matthäus 19, 4 - 6 und Markus 10, 5 - 9 wird die Ehe, je nach Konfessionszugehörigkeit, sowohl als Sakrament[159] als auch als eine von Gott sanktionierte Institution bzw. ein (besonderer) Vertrag gesehen[160]. Die Ehe ist nach christlichem Verständnis die Vereinigung eines Mannes und einer Frau, die auf das Wohl der Ehegatten sowie auf die

---

[157] Fehlerhaft wäre diese *muta*-Ehe insofern, als sie unbefristet wäre, siehe *Fyzee* S. 120; *Qureshi* Muslim Law S. 92; sie argumentieren, daß eine *muta*- und eine *nikah*-Ehe aliuds sind; würde man eine nicht ordnungsgemäß abgeschlossenen *muta*-Ehe automatisch zur *nikah*-Ehe werden lassen, würde man sich über den Willen der Ehevertragsparteien hinwegsetzen.

[158] *Shazada Qanum v. Fakher Jung* AIR 1953 Hyd. 6 (7); *Mulla* Ch. XIV S. 269; *Diwan* Muslim Law S. 46; *ders.* Family Law S. 37 f.; *Beri* S. 46; *Subba Rao* S. 369; *Nigam* S. 349.

[159] So nach der kanonischem Recht, siehe can. 1055 Codex Iuris Canonici (CIC). Die Ehe ist allerdings nach römisch-katholischer Lehre auch vertraglicher Natur, was sich insbesondere daran zeigt, daß dieses Sakrament nicht von einem Geistlichen, sondern von den Eheleuten sich gegenseitig gespendet wird. Schon Papst Nikolaus I hat 866 ausdrücklich den consensus facit nuptias hervorgehoben; im neuen CIC (1983) wird allerdings in can. 1055 § 1 der Ausdruck Vertrag vermieden und stattdessen foedus (Bund) verwendet. Auch die meisten Ostkirchen zählen die Ehe zu den Sakramenten, siehe genauer Bergmann/Ferid-*Prader*, Orthodoxe S. 4 f.

[160] So die Auffassung der anglikanischen und der meisten anderen protestantischen Kirchen. Martin Luther hat die Ehe als „äußerlich weltlich Ding" bezeichnet, das „wie Kleider und Speise, Haus und Hof weltlicher Obrigkeit unterworfen ist" – aus „Von Ehesachen", Martin Luthers Werke, Weimarer Ausgabe, 1883 ff., Bd. 30/3, S. 205; Luther spricht aber auch von der Ehe als dem „allergeistlichsten Stand" – Das siebente Kapitel, Paulus zu den Corinthern, Weimarer Ausgabe, Bd. 12, S. 105. Siehe genauer auch: *Galling* S. 314 ff., insbesondere S. 329 f. sowie Bergmann/Ferid-*Prader*, Protestanten S. 2 ff.

Zeugung und Erziehung von Nachkommenschaft hingeordnet ist[161]. Sie dient danach auch der Regulierung der Sexualität[162]. Sie kann grundsätzlich nur durch den Tod beendet werden. Das kanonische Recht kennt bis heute keine Möglichkeit der Scheidung[163].

Die indisch-christlichen Ehegesetze von 1872 bzw. 1869 lehnen sich stark an das religiöse Eheverständnis an. So kennen sie beispielsweise nur sehr eingeschränkte Scheidungsmöglichkeiten.

### d) Parsismus

Nach parsischem Verständnis ist die Ehe wohl vorwiegend ein Vertrag[164]. Ansonsten ist von einer im Parsismus selbst wurzelnden Ehekonzeption wenig bekannt. Dies beruht auf der Geschichte ihrer Verfolgung, die dazu führte, daß sich die Parsen zunächst den hinduistischen, dann den christlichen Herrschern unterordneten. Bereits seit dem achten Jahrhundert mußten sie, wie dargestellt[165], bei ihren Eheschließungen dem Hinduismus folgen. Seit Mitte des letzten Jahrhunderts haben sie ein Eherecht, das sich stark an das christlich geprägte Recht der Engländer anlehnt.

## 3. Anwendung in Deutschland

Dem deutschen Recht unbekannt sind im Hinblick auf die verschiedenen indischen Ehekonzeptionen insbesondere zwei Institutionen des muslimischen Rechts. Zu Schwierigkeiten bei der Anwendung in Deutschland könnte zum einen die befristete Ehe und zum anderen die Vereinbarung einer Morgengabe führen.

---

161 Siehe auch can. 1055 § 1 CIC.

162 Vgl. 1. Brief des Apostel Paulus an die Korinther 7, 9.

163 Can. 1056, 1141 CIC. Es gibt allerdings die Möglichkeit der Trennung bei bleibendem Eheband (separatio tori, mensae ac habitationis perpetua aut temporaria) sowie – unter bestimmten Voraussetzungen – der Aufhebung durch die Signatura Apostolica.

164 *Chavan* S. 81; *Diwan* Family Law S. 24.

165 Vgl. oben B.II.1.d), S. 21 ff.

### a) befristete Ehe

Eine befristete Ehe ist dem deutschen Recht fremd. Eine gesetzliche Definition der Ehe existiert zwar nicht[166], allerdings wird ein Ehebegriff zugrundegelegt, der auf der abendländisch-christlichen Tradition beruht[167]. Aus den verschiedenen Bestimmungen ergibt sich mosaikartig das Ehebild, von dem der deutsche Gesetzgeber ausgeht. Gem. § 1353 Abs. 1 S. 1 BGB wird eine Ehe auf Lebenszeit geschlossen. Folge eines Verstoßes gegen jenes Lebenszeitprinzip war bis Juli 1998[168] gem. §§ 13 Abs. 2, 17 Abs. 1 EheG die Nichtigkeit der Ehe[169]. Nach dem jetzt geltenden § 1311 S. 2 BGB ist eine solche Ehe gem. § 1314 Abs. 1 BGB nur noch aufhebbar. Außerdem ist eine derart fehlerhafte Ehe gem. § 1315 Abs. 2 Nr. 5 BGB heilbar, so daß fraglich ist, ob das Verbot einer Befristung tatsächlich noch ein wesentlicher Grundsatz des deutschen Rechts ist[170]. Vor allem ist zu bedenken, daß die grundsätzlich jederzeitige Scheidungsmöglichkeit, von der heute bei rund jeder dritten Ehe Gebrauch gemacht wird, zu einer Aufweichung des Lebenszeitprinzips führt. Das deutsche Recht geht allerdings grundsätzlich davon aus, daß eine Ehe

---

[166] § 5 des Familiengesetzbuches der DDR vom 20.12.1965 kannte hingegen eine Umschreibung des Ehebegriffs. Nach Artt. 119, 120 der Weimarer Reichsverfassung war die Ehe die Grundlage der Erhaltung und Vermehrung der Nation; die Erziehung des Nachwuchses war die oberste Pflicht der Eltern.

[167] Siehe zum Eheverständnis in Deutschland genauer MünchKomm-*Koch* Bd. 7 Einl. Rn. 1 ff.; *Gernhuber/Coester-Waltjen* S. 25 ff. sowie *Papadines* S. 3 ff. Auch das deutsche Ehebild ist seit Inkrafttreten des BGB 1900 einem starken Wandel insbesondere im Hinblick auf die Rolle der Frau unterworfen; so wurde beispielsweise in den Motiven des Entwurfs des Bürgerlichen Gesetzbuches für das Deutsche Reich (Amtliche Ausgabe 1888, Bd. 4, S. 563) die Ehe als „Grundlage der Gesittung und Bildung, auf deren Festigkeit die höhere Bildung des weiblichen Geschlechts beruht", betrachtet, und in dem Bericht der Reichstagskommission über den Entwurf eines Bürgerlichen Gesetzbuches (1896 S. 123 f.) ist zu lesen: „wolle die Frau sich dem Mann nicht unterordnen, so bedeute das eine bedenkliche Lockerung der Familienbande und einen ganz annormalen Zustand der Familie".

[168] Zum 01.07.1998 trat das Eheschließungsreformgesetz (EheschlRG v. 04.05.1998, BGBl. I 883) in Kraft, das das EheG (Gesetz des Alliierten Kontrollrats vom 20.02.1946, BGBl. III 404-1) aufhob und die Bestimmungen unter Änderungen wieder in das BGB überführte.

[169] AA *Ramm* JZ 1963 47 (52): sie ist gültig.

[170] In Deutschland kam bislang kein Fall einer *muta*-Ehe vor Gericht; wohl aber wurde bis zur Gesetzesänderung 1998 diskutiert, ob eine Scheinehe gegen das Verbot einer Bedingung/Befristung verstoße.

„hält“ und ihr Ende nicht schon vorsätzlich bei der Schließung eingeplant wird. Problematisch ist die Befristung der *muta*-Ehe nicht nur im Hinblick auf das Lebenszeitprinzip der §§ 1353 S. 1, 1311 S. 2 BGB, sondern auch deshalb, weil die Auflösung der Ehe ohne staatliche Kontrollmöglichkeit automatisch erfolgt.

Man sollte daher in Deutschland wie folgt differenzieren: Wurde eine befristete Ehe *in Indien* geschlossen und auch dort durch Fristablauf wieder aufgelöst, so ist dies vor allem im Hinblick auf den Schutz der Frau und eventueller Kinder grundsätzlich anzuerkennen[171]. Denn hier kommt es zu keinem Konflikt mit Art. 17 Abs. 2 EGBG und dem deutschen Scheidungsmonopol; für einen Verstoß gegen das auch in Deutschland ebenfalls nicht stringent verfolgte Lebenszeitprinzip ist der Inlandsbezug zu gering. Anders verhält es sich nur, wenn eine der Parteien der in Indien geschlossenen *muta*-Ehe deutscher Staatsangehöriger ist. Da die Frage der Befristung *prinzipiell* eine Frage des materiellen Eheschließungsrechts ist, bedarf es allerdings nicht des Einsatzes des ordre public, da hier deutsches Recht über die Regelanknüpfung des Art. 13 Abs. 1 EGBGB berufen ist[172]. *In Deutschland* selbst kann hingegen vor dem Standesbeamten keine *muta*-Ehe geschlossen werden, da eine solche, insbesondere wenn sie nur für wenige Stunden gewollt ist, gegen wesentliche Grundsätze des deutschen Rechts verstößt. Qualifiziert man § 1311 S. 2 BGB zumindest *auch* als Formvorschrift[173], so scheitert eine *muta*-Ehe in Deutschland an Art. 13 Abs. 3 S. 1 EGBGB i.V.m. § 1311 S. 2 BGB[174].

Problematisch sind die Fälle, in denen in Indien eine *muta*-Ehe geschlossen worden ist, deren zeitliches Ende in der Bundesrepublik Deutschland eintreten würde. Hier ist wie folgt zu unterscheiden: Der abgeschlossene Vorgang der Eingehung einer *muta*-Ehe in Indien wird in Deutschland anerkannt. Bei der automatischen Eheauflösung, die in der Bundesrepublik Deutschland eintreten soll, ist der Inlandsbezug allerdings stark genug, daß diese am Scheidungsmonopol des Art. 17 Abs. 2 EGBGB scheitert, der eine automatisch eintretende privat gestaltete Scheidung ohne wichtigen Grund in Deutschland

---

[171] So auch Staudinger-*v. Bar/Mankowski* Art. 13 Rn. 793; aA wohl *Papdiamas* S. 11 f., der die Anerkennung der *muta*-Ehen generell ablehnt.

[172] Staudinger- *v. Bar/Mankowski* Art. 13 Rn. 793.

[173] So *Rohe* StAZ 2000 161 (167); Staudinger-*v. Bar/Mankowski* Art. 13 Rn. 794.

[174] So auch MünchKomm-*Coester* Art. 13 Rn. 34; Staudinger-*v. Bar/Mankowski* Art. 13 Rn. 794; *Rohe* StAZ 2000 161 (167); zu denken wäre allerdings daran, eine *muta*-Ehe als nichteheliche Lebensgemeinschaft vertraglich auszugestalten.

nicht zuläßt. Zwar ist der Beendigungsgrund bereits zum Zeitpunkt der Eheschließung angelegt, so daß hier daran gedacht werden könnte, die Befristung wie einen Mangel, der der Eheschließung von Anfang an anhaftet, zu behandeln und demzufolge über Art. 13 Abs. 1 EGBGB nach indischem Recht zu beurteilen. Doch ist die Vereinbarung einer Befristung nach indischem Recht eine erlaubte Rechtsausübung, also kein der Eheschließung als solcher anhaftender Mangel. Die automatische Auflösung ist vielmehr als Scheidung zu qualifizieren. Denn wie bei dieser ist die Auflösung der Ehe mit ex-nunc-Wirkung bei der *muta*-Ehe von den Parteien selbst gewollt. Zum selben Ergebnis gelangt man auch unter Heranziehung des Gedankens des § 1315 Abs. 2 Nr. 2 BGB, nach dem die gelebte Ehe den Verstoß gegen das Lebenszeitprinzip heilt, womit die *muta*-Ehe in Deutschland als unbefristet gelten würde.

### b) Morgengabe

Auch die Vereinbarung einer Morgengabe[175] ist dem deutschen Recht unbekannt[176]. Allerdings ist dies im Hinblick auf den ordre public unproblematisch, denn die Anwendung des indischen Rechts führt insoweit nicht zu einem Ergebnis, das mit wesentlichen Grundsätzen des deutschen Rechts offensichtlich unvereinbar ist[177]. Vielmehr ist die Vereinbarung einer *mahr* auch in Deutschland insofern gerechtfertigt[178], als sie die vermögensrechtliche

---

[175] Siehe zur Qualifikation der Morgengabe genauer *Heßler* IPRax 1988 95 (95 ff.); *Otto* S. 319 ff. und OLG Düsseldorf FamRZ 1998 623 f.; siehe auch BGH FamRZ 1999 217 f.

[176] Im frühen Mittelalter wurde die Ehe allerdings erst rechtsgültig, wenn die Braut am Morgen nach der Hochzeitsnacht in Gestalt der Morgengabe eine Art Witwenversorgung erhielt, *Lück* FamRZ 1999 1549 (1550).

[177] BGH FamRZ 1987 463 ff.; AA wohl MünchKomm-*Coester* Art. 13 Rn. 60; LG Köln IPRspr. 80 Nr. 83 (zum iranischen Recht).

[178] Ebenso *Krüger, H.* FamRZ 1977 114 (118); *Rohe* StAZ 2000 161 (167). Das LG Köln IPRspr. 80 Nr. 83 hat in der Anwendung der Regeln über die *mahr* zum einen deshalb einen ordre public Verstoß bejaht, weil die Hälfte für die Gewährung des Geschlechtsverkehrs gezahlt und damit die intimste Beziehung einer finanziellen Betrachtung unterzogen werde. Zum anderen sei die *mahr* ordre-public-widrig, da die zweite Hälfte Druck auf den Mann ausüben solle. Gegen das letzte Argument ist jedoch einzuwenden, daß gerade dieser Druck vor dem Hintergrund eines anderen Eherechts, das ein unbeschränktes Scheidungsrecht des Mannes, aber kaum ein Scheidungsfolgerecht kennt, sehr wohl gerechtfertigt ist. Auch im deutschen System des nachehelichen Unterhalts liegt ein gewisses – zweifellos gerechtfertigtes – Druckelement. Gegen das erste Argument ist erneut der Unterschied zum deutschen Recht mit seiner finanziellen Absicherung der Ehefrau hervorzuheben. Des weiteren ist zu bedenken, daß auch das deutsche Recht inzwischen Verein-

Stellung der Frau sichert und geringe nacheheliche Unterhaltsansprüche, fehlenden Zugewinnausgleich, weitgehend fehlende Alterssicherungssysteme und Nichtgewährung eines Erbrechtes kompensieren kann. Darüber hinaus bietet eine hohe *mahr* einen gewissen Schutz vor der einseitigen Macht des Mannes, die Scheidung herbeizuführen[179].

---

barungen über sexuelle Handlungen gegen Entgelt als wirksam ansieht, vgl. Art. 1 § 1 ProstG (Gesetz zur Regelung der Rechtsverhältnisse der Prostituierten vom 20.12.2001, BGBl. I S. 3983). Die frühere Sichtweise, daß Forderungen Prostituierter wegen Sittenwidrigkeit unwirksam sind, ist damit explizit aufgegeben worden, vgl. die Gesetzesbegründung in BT-Drs. 14/5958, S. 4 ff., 6.

179 Siehe unten B.IV.2.b), S. 69 ff.

## III. Anwendungsbereich der indischen Eherechte

### 1. Personaler Anwendungsbereich der religiösen Rechte

#### *a) Hindu Marriage Act 1955*

Gem. sec. 2 Abs. 1 (a) und (b) HMA gilt der Hindu Marriage Act für Hindus[180] und für Buddhisten, Jainas und Sikhs[181]. Die Zugehörigkeit zu einer dieser Religionen erlangt man grundsätzlich durch *Geburt*. Sie richtet sich für eheliche und nichteheliche Kinder nach der Religionszugehörigkeit beider Eltern[182]. Ist diese verschieden, so hängt die Zugehörigkeit davon ab, in welcher Glaubensgemeinschaft das Kind aufgezogen wird[183]. Im Zweifel ist darauf abzustellen, in welchem Teil der Familie das Kind aufwächst[184]. Die Zugehörigkeit kann auch durch *Annahme* eines Glaubens erfolgen[185], indem man sich entweder selber zum Hinduismus, Buddhismus, Jainismus oder Sikhismus bekehrt oder indem die Eltern in Ausübung des elterlichen Sorgerechtes ihr Kind (mit-) konvertieren[186]. Eine allgemein anerkannte förmliche Aufnahmezeremonie existiert allerdings zumindest für die nicht institutionalisierte hinduistische Glaubensgemeinschaft nicht[187]. Entscheidend ist daher letztlich das Bekenntnis des Einzelnen (bzw. der Eltern) und sein Verhal-

---

180 Vgl. genauer oben B.II.1.a)(1), S. 12 ff. und folgende Entscheidungen des Supreme Court: *Yagnapurushdasji v. Muldas* AIR 1966 S.C. 1119 ff.; *Commissioner of Wealth Tax, Madras v. Late R. Sridharan by Lrs.*, S.C. 1976, Awasthi 226 (229 ff.). Er gilt auch für Kastenlose, obwohl deren Zugehörigkeit zum Hinduismus vom religiösen Standpunkt bezweifelt wird, siehe *Derrett/Iyer* S. 80.

181 Sie unterfielen bereits vor Kodifizierung des HMA hinduistischem Recht – vgl. oben B.II.1.a)(2) bis (4), S. 14 ff.

182 Explanation (a) zu sec. 2 Abs. 1 HMA.

183 Explanation (b) zu sec. 2 Abs. 1 HMA; nach traditionellem hinduistischen Recht richtet sich die Religionszugehörigkeit illegitimer Kinder hingegen immer nach der Mutter, siehe *Lingappa Goundan v. Esudasan* ILR 27 (1904) Mad. 13 ff.

184 Siehe *Diwan* Hindu Law S. 7; *Rosa Marie v. Commissioner of Wealth Tax* AIR 1970 Mad. 249 (253).

185 Explanation (c) zu sec. 2 Abs. 1 HMA; nach religiöser Auffassung der Hindus muß man hingegen als Hindu geboren sein; siehe hierzu *Nair* S. 14; *Scheftelowitz* S. 92.

186 *Diwan* Hindu Law S. 7.

187 *Durgaprasada Rao v. Sudarsanaswami* AIR 1940 Mad. 513 (515); *Diwan* Hindu Law S. 5 f.; es haben sich jedoch zum Teil lokale Bräuche herausgebildet.

ten[188], bei Hindus im religiösen Sinne die Anerkennung der Veden[189]. Im Zweifel stellen die indischen Gerichte auf die Anerkennung als „Hindu“ durch andere Hindus ab[190].

Der Anwendungsbereich des HMA erstreckt sich gemäß sec. 2 Abs. 1 (c) aber auch auf alle sonstigen Personen, die nicht Moslems, Christen, Parsen oder Juden sind oder nicht nachweisen können, daß für sie ein vom Hindurecht abweichendes Gewohnheitsrecht gegolten hätte[191]. Mithin hat lediglich eine Negativprüfung stattzufinden. Ergibt sich dabei, daß die Person nicht einer dieser vier Religionen angehört, so wird vermutet, daß sie in den Anwendungsbereich des HMA fällt, es sei denn, Gegenteiliges i.S.v. sec 2 (c) kann nachgewiesen werden. Der HMA dient damit als Auffangrecht.

Keine Anwendung findet der HMA gem. sec. 1 Abs. 2 HMA jedoch im Bundesstaat Jammu & Kaschmir[192]. Von seinem Anwendungsbereich ausgenommen sind gem. sec. 2 Abs. 2 HMA ferner die Angehörigen bestimmter, i.S.v. Art. 366 Ziff. 25 der Verfassung eingetragener Stämme[193], sofern nicht die Regierung durch Bekanntmachung im Amtsblatt etwas anderes bestimmt. Für den deutschen Rechtsanwender hat sec. 2 Abs. 2 HMA allerdings keine prak-

---

188 *Perumal v. Ponnuswami* AIR 1971 S.C. 2352 (2352).

189 Im HMA werden ausdrücklich als zum Hinduismus dazugehörig genannt: die Virashaivas, Lingayats und die Anhänger der Brahmanen, Prarthana und Arya Samaj. Vgl. zu den verschiedenen Ausformungen und Gruppierungen innerhalb des Hinduismus genauer *Diwan* Hindu Law S. 2 ff., insbesondere auch S. 4, Fn. 9 - 13; *Saha* S. 20 f.; *Shastri Yagnapurushdasji v. Muldas Bhundardas Vaisnya* AIR 1966 S.C. 1119 (1131 ff.) zur Swaminarayan Sekte.

190 *Durgaprasada Rao v. Sudarsanaswami* AIR 1940 Mad. 513 (515); *Vermani v. Vermani* AIR 1943 Lah. 51 (51); *Seethalakshmi Ammal v. Ponnuswamy Nadar* ILR 1966 (2) Mad. 373 (378); *Commissioner of Wealth Tax, Madras v. Late R. Sridharan by Lrs.*, S.C. 1976, Awasthi 226 (231 f.); siehe auch Fachausschuss StAZ 1985 281 (281) zur Glaubensgemeinschaft der Sikhs.

191 Die Wort Hindu hatte ursprünglich einen territorialen Inhalt, denn es bezeichnete die Bewohner des Indus Tales. Schon vor der Kodifizierung des HMA wurde der Ausdruck nicht im strikt-religiösen Sinn verwendet, sondern ein Hindu wurde oft negativ definiert als jemand, der nicht Moslem, Parse, Christ oder Jude war; siehe hierzu genauer *Nagpal* S. 2 ff. *Diwan* Hindu Law S. 1.

192 Siehe hierzu genauer sogleich B.III.4.a), S. 48 f.

193 „Scheduled Tribes“; über die Aufnahme in die Liste entscheidet nach Art. 342 der Verfassung der Präsident nach Anhörung des Gouverneurs; auch das Parlament kann Stämme in die Liste aufnehmen oder daraus streichen.

tische Relevanz, da die Stammesmitglieder beim Verlassen ihrer Gebiete dem allgemeinen Recht unterfallen[194].

Der HMA ist damit grundsätzlich *nicht nur* auf Hindus im religiösen Sinne[195] anwendbar, andererseits erstreckt sich seine Anwendbarkeit *nicht auf alle* Hindus, nämlich nicht auf jene, die in Jammu & Kaschmir leben oder Angehörige eines eingetragenen Stammes sind. Rein tatsächlich erfaßt sein Anwendungsbereich so viele Menschen, daß für 80 - 90 % aller Inder ein einheitliches Familienrecht gilt[196].

### b) Muslimisches Recht

Der Muslim Personal Law Application Act 1937 (Shariat Act) verpflichtet die Gerichte, im Bereich der Eheschließung und Auflösung muslimisches Recht anzuwenden. Damit gibt das staatliche Recht den Anwendungsbefehl für die Scharia. Voraussetzung ist, daß die Parteien Moslems sind. Das muslimische Recht findet, anders als der Hindu Marriage Act, damit nur Anwendung auf Moslems im religiösen Sinne.

Moslem ist man entweder durch Geburt oder infolge einer Konversion zum islamischen Glauben. Ist zumindest der Vater[197] muslimischen Glaubens, gilt auch das Kind von Geburt an als Moslem[198]. Ein von Geburt aus nicht zur Glaubensgemeinschaft der Moslems Zugehöriger kann den islamischen Glauben annehmen. Dies kann dadurch geschehen, daß er sich einer förmlichen Zeremonie unterwirft[199]. Eine solche Konversionszeremonie ist schlicht.

---

[194] *Otto* S. 90.

[195] So ausdrücklich noch einmal sec. 2 Abs. 3 HMA.

[196] *Schütt* FamRZ 1999 1330 (1331) spricht daher von einem beinahe „dehinduisierten" Charakter.

[197] *Fyzee* S. 61; *Mahmood* Muslim Law S. 32; *Pearl* S. 35; *Saksena* S. 85; *Scheftelowitz* S. 51, 92; siehe auch *Mohammad Azim Khan v. Raja Saiyid Mohammad Saadat Ali Khan* AIR 1931 Oudh 177 (178).

[198] Dies kann zu einem Konflikt mit den Bestimmungen des sec. 2 Abs. 1 (b) HMA führen, wenn das Kind aus einer interreligiösen Verbindung von einem muslimischen Vater stammt, aber in der Glaubensgemeinschaft seiner hinduistischen Mutter aufgewachsen ist. Nach *Diwan* Family Law S. 6 soll in einem solchen Fall das normierte Recht dem ungeschriebenem vorgehen und damit das Aufwachsen in der Glaubensgemeinschaft ausschlaggebend sein.

[199] Siehe hierzu *Diwan* Muslim Law S. 3 f.

Der Konvertierungswillige wird vom Mullah gefragt, ob er bereit sei, freiwillig den islamischen Glauben anzunehmen. Der Konvertierende bestätigt dies und rezitiert anschließend bestimmte Texte. Schließlich erhält er vom Mullah einen neuen muslimischen Namen und ist damit in die Glaubensgemeinschaft der Moslems aufgenommen. Neben der förmlichen Aufnahme erkennen die indischen Gerichte im Hinblick auf die vielen unterschiedlichen Ausformungen der islamischen Glaubensgemeinschaft in Indien jedoch auch allein das Bekenntnis an den einen Gott Allah und an Mohammed, seinen Propheten, auf der Grundlage des Korans an[200]. So können beispielsweise auch jene als Moslems gelten, die in Mohammed nicht den letzten der Propheten sehen, wie etwa die Ahmadiyas[201]. Anders als im Zusammenhang mit dem Hinduismus verzichten die indischen Gerichte hier auf das Kriterium der Akzeptanz des Einzelnen durch die Glaubensgemeinschaft. Dies ist im muslimischen Recht – im Gegensatz zum hinduistischen – möglich, da der Islam ein einheitliches Bekenntnis kennt, das die nötige Klarheit schaffen kann[202].

### c) Indian Christian Marriage Act 1872 und Indian Divorce Act 1869

Anders als nach allen anderen religiösen Eherechten reicht es für die Anwendbarkeit sowohl des ICMA als auch des IDA aus, daß *eine* der Parteien Christ ist. Gem. sec. 3 ICMA gilt als Christ, wer „den christlichen Glauben ausübt". Darüber hinaus findet sich keine weitere Bestimmung im Gesetz. Man kann ihr allerdings zum einem entnehmen, daß Bekenntnis und Praktizierung ausreichen, d.h. daß das christliche Eherecht, anders als alle anderen religiösen Rechte Indiens, nicht auf eine durch die Geburt vermittelte Zugehörigkeit abstellt. Zum anderen folgt aus sec. 3 ICMA, daß eine Taufe nicht

---

200 Vgl. *Narantakath v. Parakkal* (1922) 45 Madras 986, abgedruckt in *Fyzee* Cases 57 (58, 66).

201 Siehe *Narantakath v. Parakkal* (1922) 45 Madras 986, abgedruckt in *Fyzee* Cases 57ff.; *Shihabuddin Imbichi Koya Tangal v. K.P. Ahammed Koya* AIR 1971 Ker. 206 ff. Die Ahmadiyas sind eine aus dem sunnitischen Islam hervorgegangene Glaubensgemeinschaft, die 1889 von Mirza Gulam Ahmad im heute pakistanischen Teil vom Punjab gegründet wurde. In Pakistan werden die Ahmadiyas als Ungläubige angesehen; sie gelten gem. Art. 260 Abs. 3 der pakistanischen Verfassung nicht als Moslems. Siehe zu den Ahmadiyas genauer *Pearl* S. 36 ff.

202 So auch *Otto* S. 91.

notwendigerweise stattgefunden haben muß[203], wie es sonst alle christlichen Rechte verlangen[204]. Der Verzicht auf dieses Erfordernis findet in Indien seine Parallele darin, daß auch für die Anwendbarkeit des hinduistischen und des muslimischen Personalrechts nicht zwingend die förmliche Aufnahme in die Glaubensgemeinschaft als Voraussetzung verlangt wird. Umgekehrt wird auch der nach kanonischem Recht möglichen Exkommunizierung, d.h. dem förmlichen Ausschluß aus der Glaubensgemeinschaft, keine Bedeutung beigemessen. Auch der Exkommunizierte gilt weiterhin als Christ im Sinne der indisch-christlichen Ehegesetze[205].

### *d) Parsi Marriage and Divorce Act 1936*

Entgegen dem Umstand, daß der Begriff „Parse" keinen religiösen, sondern einen territorialen Ursprung hat, findet der Parsi Marriage and Divorce Act gem. sec. 2 Abs. 7 nur auf Parsen, die dem Zoroastrismus angehören, Anwendung[206]. Die indische Rechtsprechung hat dies dahingehend präzisiert, daß der Anwendungsbereich für alle Abkömmlinge der ursprünglichen persischen Emigranten eröffnet ist – vorausgesetzt, daß sie bzw. zumindest der Vater dem Zoroastrismus angehören[207] – und daß das parsische Ehe- und Scheidungsgesetz auch für alle Anhänger des Zoroastrismus aus dem heutigen Iran gilt[208].

---

203 *K.J.B. David v. Nilamoni Devi* AIR 1953 Ori. 10 (13); siehe auch *Maha Ram v. Emperor* AIR 1918 All. 168 (171); *Diwan* Family Law S. 8; *Otto* S. 91 f.; *Pinto* S. 12. *Pearl* S. 54 mißt auch der Akzeptanz durch die Gemeinschaft entscheidende Bedeutung bei.

204 *Scheftelowitz* S. 43; *Neuhaus* Encyclopedia S. 7.

205 *Pakkiam Solomon v. Chelliah Pillai* AIR 1924 Mad. 18 (18).

206 Siehe hierzu auch *M.L. Jain* AIR 1985 J. 81 (81 ff.).

207 *Sir Dinshaw M. Petit v. Sir Jamsetji Jijibhai* 11 BomLR (1908) 85 (86); *Yezdiar v. Yezdiar* 52 BomLR (1950) 876 (883). Wenn allerdings nur der Vater dem Zoroastrismus angehört, ist zusätzlich im Hinblick auf Explanation (b) zu sec. 2 Abs. 1 HMA zu verlangen, daß das Kind in der parsische Glaubensgemeinschaft aufgezogen worden ist, siehe *Smt. Maneka Gandhi v. Smt. Indira Gandhi* AIR 1984 Del. 428 (436); ebenso *Diwan* Family Law S. 7; *Otto* S. 93.

208 *Sir Dinshaw M. Petit v. Sir Jamsetji Jijibhai* 11 BomLR (1908) 85 (86); *Yezdiar v. Yezdiar* 52 BomLR (1950) 876 (883) und *Sarwar Merwan v. Merwan Rashid* AIR 1951 Bom. 14 (15, 16). Unklar ist dabei allerdings, ob es für die Anwendbarkeit des PMaDA ausreicht, daß sich ein zarathustrischer Iraner nur vorübergehend in Indien aufhält; bejahend *Sir Dinshaw M. Petit v. Sir Jamsetji Jijibhai* 11 BomLR (1908) 85 (86) und ablehnend *Yezdiar v. Yezdiar* 52

Eine Annahme der Zoroastrischen Religion ist nach indischer Rechtsprechung nicht möglich. Zwar begrüßt die Religion selbst Konvertierungen, doch haben die Parsen in Indien aus Respekt vor ihren Gastgebern nie proselytisch gewirkt, so daß die Gerichte eine Konversion als Verstoß gegen das indisch-parsische Gewohnheitsrecht ansehen[209].

## 2. Konversion und Apostasie, interpersonaler Gesetzeskonflikt

Damit bestimmt sich der Anwendungsbereich der verschiedenen religiösen Eherechte vornehmlich nach der Zugehörigkeit zu einer Glaubensgemeinschaft. Dies kann zu Konflikten zwischen den einzelnen Personalrechten führen. Bei der Eheschließung selbst ist das kaum der Fall, da die einzelnen religiösen Rechte grundsätzlich keine interreligiösen Eheschließungen zulassen und diese in der religiös und traditionell stark verwurzelten indischen Gesellschaft auch kaum vorkommen. Probleme treten jedoch dann auf, wenn es während bestehender Ehe zu einem Religionswechsel kommt.

Grundsätzlich bewirkt ein Glaubenswechsel[210] auch einen Wechsel des anwendbaren Rechtes[211]. Ein Wechsel der Religion und damit des Rechts wirkt allerdings nur ex nunc. Denn würde man ihm eine ex-tunc-Wirkung beimessen, würde man es dem Parteiwillen überlassen, einem bereits eingetretenen familienrechtlichen Ereignis nachträglich die Rechtsgrundlage zu entziehen.

Unproblematisch ist dies, wenn beide Eheleute konvertieren bzw. wenn aufgrund der Konversion eines Ehepartners nun beide, anders als zum Zeitpunkt der Eheschließung, derselben Glaubensgemeinschaft angehören. Ab

---

BomLR (1950) 876 (883); *Sarwar Merwan v. Merwan Rashid* AIR 1951 Bom. 14 (15, 16); *Shabbir/Manchanda* S. 6.

[209] *Sir Dinshaw M. Petit v. Sir Jamsetji Jijibhai* 11 BomLR (1908) 85 (109 ff.); siehe auch *Irani* S. 274, 284; *Diwan* Family Law S. 7; *Pearl* S. 53 f.

[210] Nicht ausreichend ist eine bloße Glaubensaufgabe oder das Praktizieren einiger Rituale anderer Religionsgemeinschaften: *Chandrasekhara Mudaliar v. Kulandaivelu Mudaliar* AIR 1963 S.C. 185 (200); *In the Goods of Inanendranath* N.R. ILR 49 (1922) Cal. 1069 (1072); *Bhagwan Bakhsh v. Digbijai Singh* AIR 1931 Oudh 301 (304).

[211] Vgl. *Abraham v. Abraham* (1863) 9 Moore's Indian Appeals 195, abgedruckt in *Fyzee* Cases 39 (46); *Jessie Grant Khambatta v. Mancherji Cursetji Khambatta* AIR 1934 Bom. 93 (93); *Vohra Bai Khatija Isabhai v. Vohra Karimbhai Issabhai* AIR 1974 Guj. 4 (4 ff.); *Otto* S. 95; *Wähler* S. 192 ff.

dem Zeitpunkt des Religionswechsels gilt dann ein neues gemeinsames Personalrecht[212]. Schwierigkeiten ergeben sich allerdings, wenn nur ein Ehepartner während bestehender Ehe einen anderen Glauben annimmt und beide dann verschiedenen Religionsgemeinschaften angehören. Zum Teil wurde, vor allem nach muslimischer Ansicht, eine Ehe dann mit der Konversion als ipso facto ungültig angesehen[213]. Doch wurde in Indien bereits 1850 durch den Caste Disabilities Removal Act festlegt, daß eine Apostasie oder ein Wechsel der Religion eines Ehepartners keine Auswirkung auf eine bestehende Ehe hat. Auch sec. 4 DoMMA bestimmt dies inzwischen. Deshalb kann als gesichert gelten, daß Apostasie und Konversion nicht dazu führen, daß eine bestehende Ehe automatisch aufgelöst wird[214].

Sec. 4 DoMMA normiert darüber hinaus, daß sich die Frau trotz Apostasie oder Konversion weiterhin auf den DoMMA stützen kann. Hier wird der allgemeine Grundsatz festgeschrieben, daß für alle religiösen Rechte bei Konversion nur eines Ehepartners weiterhin das gemeinsame Personalrecht zum Zeitpunkt der Eheschließung gilt[215]. Denn würde man zulassen, daß der Konvertierende seine Ehe bei einem Übertritt nach dem Recht seiner neuen Religionsgemeinschaft auflösen kann, so könnte ein Ehepartner, dessen eigenes Recht einer Auflösung seiner Ehe entgegensteht, zum Schein zu einer diesbezüglich offenen Religion konvertieren, um sich so seiner Ehe zu entledigen.

---

212 *Jessie Grant Khambatta v. Mancherji Cursetji Khambatta* AIR 1934 Bom. 93 (93 ff.); ebenso entscheiden in der Berufung *Mancherji Cursetji Khambatta v. Jessie Grant Khambatta* AIR 1935 Bom. 5 (5 ff.); *Mahmood* Islamic Law S. 324 f.; *Diwan* Family Law S. 20.

213 Siehe *Mt. Rahmate v. Nikka* AIR 1928 Lah. 954 (954); *Mt. Ayesha Bibi v. Subodh Ch. Chakravaty* AIR 1949 Cal. 436 (447 f.); siehe hierzu auch *Pearl* S. 57 f., 23; *Diwan* Family Law S. 145; Bergmann/Ferid-*Prader*, Islam S. 16. Die Ehe bleibt nach muslimisch-sunnitischer Auffassung allerdings dann gültig, wenn sich der *Mann zum Islam* bekehrt, seine Frau hingegen Christin oder Jüdin bleibt oder aber wenn der Mann Moslem bleibt, aber seine *Frau zum Christentum oder Judentum* übertritt, da ein muslimischer Mann auch mit einer Angehörigen einer Offenbarungsreligion verheiratet sein kann; siehe hierzu genauer unten C.I.6.a)(2)(a), S. 181 ff.

214 *Smt. Sarla Mudgal v. Union of India* AIR 1995 S.C. 1531 (1537); *Lily Thomas v. Union of India* AIR 2000 S.C. 1650 (1658 ff.); *Ram Kumari in re* ILR 18 (1891) Cal. 264 ff; *Mt. Nandi v. Emperor* AIR 1920 Lah. 379 (379 f.); *Ghul Mohammad v. Emperor* AIR 1947 Nag. 121 ff.; *Ahmad Bux v. Smt. Nathoo* AIR 1969 All. 75 (79).

215 *Smt. Sarla Mudgal v. Union of India* AIR 1995 S.C. 1531 (1536 f.); *Vilayat Raj. v. Smt. Sunila* AIR 1983 Del. 351 (354 ff.); als obiter dictum in *Dubey v. Dubey* AIR 1951 All. 529 (536, 540); anders entschieden jedoch in *Narantakath v. Parakkal* (1922) 45 Madras 986, abgedruckt in *Fyzee* Cases 57 (58).

Damit würde der Gefahr des Mißbrauchs Tür und Tor geöffnet. Der Konvertierte kann seine Ehe daher nicht nach dem Recht seiner neuen Religionsgemeinschaft auflösen[216]. Und auch sein altes Personalrecht gewährt ihm allein aufgrund seines Glaubenswechsels grundsätzlich keine Möglichkeit der Eheauflösung[217].

Doch auch wenn die Ehe durch einen Religionswechsel nicht automatisch endet und der Konvertit sie auch nicht nach seinem neuen Recht auflösen kann, so kann doch nicht verhindert werden, daß ein Mann allein deshalb zur islamischen Gemeinschaft übertritt, weil er dem eigenen monogamen Ehesystem zu entfliehen sucht. Denn selbst wenn der Konvertit nach seinem alten Recht mit einer Frau verheiratet bleibt, kann er nach muslimischem Recht, das kein Verbot der Mehrehe kennt[218], wirksam eine weitere Ehe eingehen[219]. Die Gefahr einer Scheinkonversion wird durch die schlichte Konversionszeremonie der islamischen Glaubensgemeinschaft, bei der keinerlei Prüfung stattfindet, und das nach der Rechtsprechung ausreichende einfache Bekenntnis erhöht[220]. Gleichwohl wird dadurch die alte Ehe nicht automatisch aufgelöst. Deshalb bleibt die Möglichkeit einer strafrechtlichen Verurteilung wegen Bigamie, so daß einer solchen Gesetzesumgehung zumindest ein strafrechtlicher Riegel vorgeschoben ist[221].

---

[216] *Diwan* Private International Law S. 249 f. m. Hinw. auf Rechtsprechungsfälle, allerdings alle vor 1947; *ders.* Family Law S. 20; ebenso wohl *Rama Rao* RabelsZ 23 (1958) 259 (271).

[217] Die Rechte der Hindus, Moslems und Parsen sehen zwar einen Scheidungsgrund bei einem Übertritt zu einer anderen Religionsgemeinschaft vor. Hierauf kann sich jedoch nur derjenige stützen, der nicht konvertiert ist. Hinsichtlich der Christen gilt es allerdings den Native Convert's Marriage Dissolution Act von 1866 zu beachten. Siehe hierzu insgesamt genauer unten C.III.1.e), S. 245 ff.

[218] Siehe genauer unten C.I.1.a)(2), S. 94 ff.

[219] Siehe allerdings *Otto* S. 98.

[220] *Mahmood* Islamic Law S. 393 fordert die Gerichte auf, in den Fällen, in denen einer Konversion zeitnah eine neue Eheschließung folgt, die Ernsthaftigkeit des Glaubenswechsels strenger zu überprüfen.

[221] *Smt. Sarla Mudgal v. Union of India* AIR 1995 S.C. 1531 (1537).

## 3. Der Anwendungsbereich des zivilen Eherechts

### *a) Special Marriage Act 1954*

Bei der Verabschiedung des SMA im Jahre 1954[222] hatte der Gesetzgeber den in Art. 44 der Verfassung verankerten Auftrag vor Augen, ein einheitliches Zivilrecht zu schaffen. Der Special Marriage Act 1954 ermöglicht allen indischen Staatsangehörigen gleich welcher Religion[223] die Schließung einer bürgerlich-rechtlichen Ehe[224]. Als optionales Einheitsrecht schließt er die Geltung der religiösen Rechte nicht aus[225], sondern schafft eine zusätzliche Möglichkeit zur Eheschließung[226]. Hiervon wird insbesondere bei interreligiösen Eheschließungen Gebrauch gemacht, oder dann, wenn das religiöse Recht Ehehindernisse kennt, die sich im zivilen Eherecht nicht finden, aber auch, um reformbedürftige, insbesondere gleichheitswidrige Regelungen des eigenen Rechts zu umgehen, oder aber um mit einer standesamtlichen Trauung den großen finanziellen Aufwand für ein traditionelles Hochzeitsfest zu vermeiden[227].

Der SMA kennt daneben noch eine Besonderheit. Selbst wenn eine Ehe unter einem anderen Recht geschlossen worden ist, können die Eheleute diese später entsprechend den Bestimmungen in sec. 15 ff. SMA als Zivilehe registrieren lassen. Das hat gem. sec. 18 SMA zur Folge, daß vom Zeitpunkt der Eintragung an die Ehe ausschließlich in den Anwendungsbereich des SMA

---

[222] Dieses Gesetz hob den Special Marriage Act von 1872 auf.

[223] AA wohl nur *Karim* KLT 1992 (1) J. 6 (6), der aufgrund der starken Ähnlichkeit von SMA und HMA davon ausgeht, daß der SMA nur für Hindus gelte.

[224] Für den HMA noch einmal ausdrücklich normiert in sec. 29 Abs. 4 HMA – vgl. auch *Ragunath Gopal Daftardar v. Sau Vijaya Ragunath Daftardar* AIR 1972 Bom. 132 (135).

[225] Siehe insbesondere sec. 4 SMA der bestimmt, daß „*unbeschadet* der Bestimmungen anderer zur Zeit gültiger Eheschließungen *kann* eine Ehe aufgrund dieses Gesetzes geschlossen werden, wenn ... “ sowie sec. 42 SMA.

[226] Der SMA von 1872 hatte hingegen ursprünglich von den Parteien verlangt, daß sich keiner von ihnen zum Christentum, Hinduismus, Islam, Judentum, Zoroastrismus, Buddhismus, Jainismus oder Sikhtum bekennt. Vor allem aus diesem Grunde hat der SMA von 1872 keine Bedeutung erlangt. 1923 erfolgte eine Änderung dergestalt, daß Eheschließungen unter dem SMA auch dann zulässig waren, wenn beide derselben Religion angehörten, so daß zwar keine interreligiösen, wohl aber Ehen beispielsweise zwischen Hindus verschiedener Kasten möglich wurden.

[227] *Otto* S. 103.

fällt. Sowohl bei Schließung einer Zivilehe als auch bei einer späteren Registrierung ersetzt der SMA vollständig das personale Recht[228] – aber auch nur dann[229]. Ohne eine ausdrückliche Rechtswahl unterfallen die Eheleute ihrem religiösen Recht[230].

### *b) Foreign Marriage Act 1969*

Der FMA aus dem Jahre 1969 ist gem. sec 4, sec. 2 (c), (d), sec. 3 FMA immer dann anzuwenden, wenn eine Eheschließung außerhalb Indiens vor einem dazu ermächtigten Vertreter indischer Botschaften bzw. Konsulate erfolgen soll[231]. Voraussetzung ist, daß zumindest einer der Verlobten die indische Staatsangehörigkeit besitzt[232]. Ebenso wie nach dem SMA kann auch nach sec. 17 FMA eine Ehe, die nach ausländischen Gesetzen geschlossen ist, als Zivilehe registriert werden, wenn zumindest ein Ehepartner zum Zeitpunkt der Eheschließung indischer Staatsangehöriger war. Ab dem Tag der Registrierung ist dann der FMA auf diese Ehe anwendbar. Der FMA enthält hinsichtlich der Eheschließungs- bzw. Registrierungsvoraussetzungen mit dem SMA nahezu identische Vorschriften, hinsichtlich der Wirkungen einer geschlossenen Ehe und bei ihrer Auflösung verweist er sogar explizit auf diese[233].

---

[228] Siehe auch *Chavan* S. 85; *Pinto* S. 48. AA *Karim* KLT 1992 (1) J. 6 (6). Bezüglich erbrechtlicher Auswirkungen siehe sec. 19 ff. SMA.

[229] Siehe *Sri Aulvin V. Singh v. Smt. Chandrawati* AIR 1974 All. 278 (281); *M. Mohanraj v. Violet Chandra* AIR 1994 NOC 55 (Kant.); in *Neelakantan v. Neelakantan* AIR 1959 Raj. 133 (135) hatte das Gericht hingegen entschieden, daß eine Ehe, die weder unter dem SMA geschlossen noch registriert war, nach dem SMA aufgelöst werden konnte; kritisch hierzu *Devadason* S. 62.

[230] *Mahmood* HMA S. 15; eine solche Rechtswahl treffen allerdings nur sehr wenige Eheschließende.

[231] Sec. 27 FMA stellt klar, daß Inder im Ausland aber auch nach anderen Rechten heiraten können.

[232] Siehe hierzu Art. 5 ff. der indischen Verfassung vom 26.11.1949 sowie den Citizenship Act vom 30.12.1955 über den Erwerb und Verlust der indischen Bürgerrechte; in deutscher Übersetzung abgedruckt in Bergmann/Ferid, Länderteil Indien S. 3 ff.

[233] Im Zuge des Erlasses des FMA 1969 wurden einige Vorschriften des SMA, beispielsweise sec. 2 (a), (c), sec. 3 Abs. 2 (b), aufgehoben.

### *c) Sec. 4 (e) SMA*

Schwierigkeiten hinsichtlich der Anwendbarkeit des SMA bereitet allein die 1969 im Zusammenhang mit dem Erlaß des FMA geänderte Vorschrift des sec. 4 (e) SMA. Dort ist bestimmt, daß eine Ehe „außerhalb des Gebietes“ nur geschlossen werden darf, wenn *beide* Parteien die indische Staatsangehörigkeit besitzen. Die Vorschrift bereitet deshalb Probleme[234], weil sie sich an einer systematisch ungewöhnlicher Stelle befindet. Denn im Gegensatz zu allen anderen Bestimmungen des sec. 4 SMA handelt es sich hierbei nicht um eine materielle Ehewirksamkeitsvoraussetzung. Dies ergibt sich sowohl aus dem Wortlaut als auch aus der Systematik des SMA. Die secs. 24 ff. SMA sehen bei sämtlichen Verstößen gegen die Vorschriften von sec. 4 SMA Verletzungsfolgen vor. Nur die Folge eines Verstoßes gegen sec. 4 (e) SMA ist dort nicht geregelt.

Regelt sec. 4 (e) SMA demnach lediglich den *Anwendungsbereich* des SMA, so ist dies insofern problematisch, als es dazu führen könnte, daß beispielsweise bei einer Eheschließung zwischen einem Deutschen und einem Inder der SMA in Deutschland generell nicht zur Anwendung gelangen könnte. Dieses Ergebnis wäre allerdings mit dem Verfassungsauftrag des Art. 44 schwer zu vereinbaren. Zudem ist seit Erlaß des FMA im Jahre 1969 klargestellt, daß es bei einer Eheschließung außerhalb der indischen Republik für die Anwendbarkeit des Zivilrechts ausreicht, wenn *einer* der Eheschließenden die indische Staatsangehörigkeit besitzt. Sec. 4 (e) SMA kann danach nur noch den Fall betreffen, daß eine Ehe im Bundesstaat Jammu & Kaschmir geschlossen werden soll, weil allein dieser Bundesstaat nach sec. 1 Abs. 2 SMA vom räumlichen Geltungsbereich des SMA ausgenommen ist. In diesem Fall ist für die persönliche Anwendbarkeit des SMA erforderlich, daß beide Verlobten die indische Staatsangehörigkeit besitzen. Darüber hinaus verlangt sec. 1 Abs. 2 SMA, daß die Nupturienten dann ihr Domizil in einem indischen Bundesstaat außerhalb von Jammu & Kaschmir haben müssen.

---

234 Vgl. Bergmann/Ferid-*Agrawal* S. 13 Fn. 10 m. Hinw. auf ein Schreiben des Auswärtigen Amtes vom 28.01.1957 – 504-88-2967.

## 4. Territoriale Besonderheiten

Der Anwendungsbereich sämtlicher Eherechte unterliegt gewissen territorialen Einschränkungen. Das indische Familienrecht ist nicht nur personal, sondern auch territorial gespalten.

### *a) Jammu & Kaschmir*

Zum einen finden die kodifizierten Eherechte keine Anwendung im Bundesstaat Jammu & Kaschmir[235]. Denn Art. 370 der indischen Verfassung entzieht dem Bund diesbezüglich die Gesetzgebungskompetenz. Dem nordwestlichen, an Pakistan angrenzenden Bundesstaat Jammu & Kaschmir wurde aus politischen Gründen ein gewisser Autonomiestatus eingeräumt. Denn trotz seiner vorwiegend muslimischen Bevölkerung kamen rund zwei Drittel des ehemaligen Fürstentums Kaschmir bei der Teilung Britisch-Indiens 1947 allein deshalb zur Republik Indien, weil der damalige Maharaja Hari Singh dem hinduistischen Glauben angehörte.

Für die hinduistische Bevölkerung in Jammu & Kaschmir wurde ein halbes Jahr nach Inkrafttreten des HMA ein landesrechtliches Ehegesetz erlassen, das im wesentlichen die Bestimmungen des HMA übernahm[236]. Moslems unterfallen nach sec. 4 des Shri Pratab Jammu and Kashmir Consolidation Laws Act dem Schariarecht, sofern dieses nicht kraft Gewohnheitsrecht verändert ist[237]. Das Gewohnheitsrecht weicht zum Teil erheblich vom Recht der Scharia ab[238], doch gilt der Grundsatz, daß ein Moslem der Scharia unterfällt, solange er diese Abweichung nicht nachweisen kann[239]. Das zivile Eherecht des SMA kann, wie sich aus sec. 1 Abs. 2 und 4 (e) SMA ergibt, bei Eheschließungen in Jammu & Kaschmir nur angewandt werden, wenn beide Eheleute ihr Domizil außerhalb dieses Bundesstaates haben und die indische Staatsangehörigkeit besitzen. Ist dies nicht der Fall, treten Probleme auf,

---

[235] Sec. 1 Abs. 2 HMA; sec. 1 Abs. 2 DoMMA; sec. 1 ICMA; sec. 2 Abs. 1 IDA; sec. 1 Abs. 2 PMaDA; sec. 1 Abs. 2 SMA.

[236] Mit kleineren Abweichungen in sec. 2, 3, 17, 21 und 29; 1980 erfolgte eine Novellierung; es gibt keine eigenen kollisionsrechtlichen Normen, so daß die allgemeinen indischen Regeln gelten, siehe *Otto* S. 291.

[237] Siehe *Ganai* KLJ 1987 J. 1 (2).

[238] *Otto* S. 291 f.

[239] *Lala v. Rasula* AIR 1957 J.&K. 3 (3 f.).

wenn eine interreligiöse Eheschließung beabsichtigt ist, da es kein landesgesetzliches Äquivalent gibt. Die Nupturienten müssen dann außerhalb Jammu & Kaschmirs heiraten.

### b) Goa, Daman & Diu und Pondicherry

Zum anderen gelten Besonderheiten im Bundesstaat Goa, in den Unionsterritorien Daman & Diu sowie in Pondicherry.

#### (1) Goa, Daman & Diu: Código Civil

In der ehemaligen portugiesischen Kolonie Goa, Daman & Diu[240] gilt im Bereich des Familienrechts grundsätzlich nach wie vor das portugiesische Zivilgesetzbuch (Código Civil) von 1867. Die seit 1961 zu Indien gehörenden Gebiete haben den neuen portugiesischen Código Civil von 1966 nicht übernommen. In sec. 5 Abs. 1 des Goa, Daman and Diu (Administration) Act ist nämlich bestimmt, daß das zum Zeitpunkt der Eingliederung in die Indische Republik geltende portugiesische Recht solange in Kraft bleibt, bis es durch den indischen Gesetzgeber geändert oder aufgehoben wird. Im Familienrecht ist dies bislang nicht geschehen.

Anders als in den britischen Gebieten wurde in den portugiesischen Enklaven das nach Religionsgemeinschaften getrennte Recht grundsätzlich abgeschafft und durch den einheitlichen Código Civil ersetzt. Allerdings galten auch in der portugiesischen Kolonie in Indien im Bereich des Eherechts gewisse Ausnahmen[241]. So unterstanden „Eingeborene" bis 1910 bezüglich Hochzeitsriten, Eheschließungsvoraussetzungen und Scheidung weiterhin ihrem Gewohnheitsrecht, konnten sich aber wahlweise für die Anwendung des portugiesischen Eherechts entscheiden. Im Zuge der 1910 in Portugal ausgerufenen Republik traten jedoch in den überseeischen Kolonien ebenfalls umfassende Änderungen in Kraft. So wurde auch dort die obligatorische Zivil-

---

240 1498 gelang dem Portugiesen Vasco da Gama als erstem, Indien auf dem Seeweg zu erreichen. 1510 wurde das Gebiet von Goa, Daman und Diu vom portugiesischen Seefahrer und späteren Vizekönig von Indien de Albuquerque erobert und bildete von da an den Hauptstützpunkt der Portugiesen in Indien; seit 1961 gehört es zur indischen Union.

241 Art. 8 § 1 des Dekrets vom 18.11.1869 – abgedruckt bei *Otto* S. 363 f.

ehe eingeführt und ein einheitliches Scheidungsrecht erlassen[242]. Bezüglich der Eheschließungsvoraussetzungen konnten Hindus und Moslems allerdings weiterhin ihr Gewohnheitsrecht wählen. Bis heute ist dies in Goa, Daman & Diu geltendes Recht[243].

Eine weitere Ausnahme gilt für römisch-katholische Christen. Aufgrund eines am 07.05.1940 zwischen Portugal und dem Heiligen Stuhl geschlossenen Konkordats ist den Katholiken seit 1946 auch in Goa, Daman & Diu wahlweise erlaubt, anstelle der bürgerlichen eine kanonische Ehe zu schließen[244]. Hatten sie sich für eine religiöse Ehe entschieden, war ihnen ursprünglich die Scheidungsmöglichkeit versagt[245]; doch ist jene Bestimmung nach der Eingliederung in die indische Republik 1961 aufgrund Verstoßes gegen Art. 14 für verfassungswidrig erklärt worden[246].

### (2) Pondicherry: Code Civil

In dem ehemals französischen Gebiet Pondicherry[247] gelten die indischen Eherechte nicht für die sog. Renonçants. Das sind diejenigen, die sich beim Anschluß an Indien mit Wirkung auch für ihre Nachkommen dafür entschieden haben, weiterhin dem französischen Code Civil zu unterfallen[248]. Wie Portugal führte auch Frankreich in seinen indischen Kolonialgebieten seinen

---

[242] Vgl. zum bis heute gültigen Goa Family Law genauer *S.N.Jain* in Sardesai S. 27 ff.; *Kamat* in Sardesai S. 64 ff.

[243] Unklar ist jedoch, ob dies die Möglichkeit einschließt, unter bestimmten Voraussetzungen eine Mehrehe zu schließen, so *Smt. Mandakini Pundalik Salkar v. Chandrasen Raikar* AIR 1986 Bom. 172 (177); *Mahmood* in Sardesai S. 35; *S.N.Jain* in Sardesai S. 28, letzterer allerdings mit der Forderung, diesen Rechtszustand zu ändern; ablehnend: *Kamat* in Sardesai S. 56.

[244] Vgl. auch *Kamat* in Sardesai S. 55.

[245] Siehe sec. 4 des Dekrets Nr. 35461 vom 22.01.1946

[246] *Especiosa Nunes of Bicholim v. Francisco Nicolau Fernandes of Merces* AIR 1974 Goa 46 (46 f.); aA noch in *Joao Gloria Pires v. Mrs. Ana Joaquina Rodrigues e Pires* AIR 1967 Goa 113 (115 ff.). In der portugiesischen Republik wurde der entsprechende Artikel des Konkordats im Februar 1975 geändert und damit auch dort die Scheidung von katholischen Ehen zugelassen.

[247] Frankreich beherrschte ab 1701 kleinere Gebiete, insbesondere um Podicherry, auf dem indischen Kontinent.

[248] Nur im parsischen Ehegesetz explizit ausgenommen, siehe sec. 1 Abs. 2 PMaDA.

Code Civil ein; allerdings galt auch dieser im Familienrecht nur fakultativ. Optierten die indischen Einwohner nicht für seine Anwendbarkeit, so unterstanden sie ihrem Gewohnheitsrecht[249]. Daran anknüpfend wurde im französisch-indischen Abtretungsvertrag von 1963 den Bewohnern Pondicherrys die Möglichkeit eingeräumt, sich dem Code Civil zu unterstellen. Für jene, die damals dafür optiert haben, sowie für deren Nachkommen gilt seither der Code Civil in der Fassung vom 16.03.1963[250].

Beide Zivilgesetzbücher, der Código Civil und der Code Civil, sind zwar erste Ansätze eines einheitlichen Eherechtes[251]. Die Anwendung dieser Gesetze in Indien wirft heute aber Probleme auf. Dies beruht zum einen darauf, daß sie, aus Europa kommend, eine für Indien fremde Prägung, Geschichte und Sozialisation voraussetzen. Zum anderen sind sie Reformen, wie sie beispielsweise im Mutterland Portugal 1966 umfassend stattgefunden haben, nicht zugänglich[252].

### *c) Einzelne Ehegesetze*

Für zwei Ehegesetze, für den Hindu Marriage Act und den Indian Christian Marriage Act, gelten schließlich ebenfalls territoriale Besonderheiten.

#### (1) HMA: Bundesstaatliche Ergänzungsgesetze

Zu einzelnen Bestimmungen des HMA haben einige Bundesstaaten landesrechtlich abweichende Vorschriften erlassen (*state amendments*)[253]. Es handelt sich allerdings überwiegend um Punkte, die nur innerindische Bedeutung ha-

---

249 Siehe *S.C.Jain* JILI 12 (1970) 573 (600).

250 Siehe auch *Mahmood* HMA S. 22, 29; *Devadason* S. 67 ff.; *Sharma* S. 2; *Otto* S. 40 f., 94 f.; *ders.* StAZ 1993 39 (40); *Rao* S. 5, Anhang IX.

251 *S.N.Jain* in Sardesai S. 25 spricht daher – etwas euphorisch – bezüglich Goa davon, daß nur dort die Direktive des Art. 44 der Verfassung verwirklicht sei; dabei übersieht er allerdings, daß hinsichtlich des Código Civil Ausnahmen für Hindus, Moslems und Katholiken gelten und der Code Civil nur auf die Renonçants Anwendung findet.

252 Siehe zu Problemen des Familienrechts in Goa vertiefend *Otto,* Goa 124 (129 f.).

253 Der Bund hat hier die konkurrierende Gesetzgebungskompetenz; landesrechtliche Regelungen sind dann zulässig, wenn ein Bedürfnis besteht, die Gesetzesmaterie in einem bestimmten Bereich anders zu regeln; nach der Current List, Entry 5 der indischen Verfassung ist ein solcher Bereich das gesamte Familienrecht.

ben. Ansonsten wird im Rahmen dieser Arbeit bei der jeweiligen Vorschrift auf die bundesstaatlichen Besonderheiten aufmerksam gemacht.

### (2) ICMA: Manipur, Travancore-Cochin

Für das 1872 im ICMA kodifizierte Eherecht der Christen gelten zwei territoriale Einschränkungen. Gem. sec. 1 ICMA ist der Indian Christian Marriage Act nicht anwendbar auf Eheschließungen in Manipur[254] sowie im Gebiet des früheren Travancore-Cochin. Das Gebiet des ehemaligen Travancore-Cochin ist allerdings seit der Neugliederung der Länder 1956 zum Teil in den Bundesstaat Kerala und zum Teil in den Bundesstaat Tamil Nadu eingegliedert worden. Das führt seither dazu, daß innerhalb dieser beiden Bundesstaaten für ein und dieselbe Glaubensgemeinschaft unterschiedliche Rechte gelten, deren räumlicher Anwendungsbereich den alten Landesgrenzen folgt. Was nicht einst zu Travancore-Cochin gehörte, unterfällt dem Anwendungsbereich des ICMA. Für das Gebiet des früheren Cochin gilt weiterhin der Cochin Christian Civil Marriage Act von 1920[255]. Im Gebiet des ehemaligen Travancore ist hingegen kein kodifiziertes Recht anwendbar, so daß gewohnheitsrechtlich auf das Recht der einzelnen Konfessionen und christlichen Glaubensrichtungen abzustellen ist[256].

---

[254] Vgl. sec. 3 Abs. 2 a, Part C der State Laws Act 1950.

[255] Siehe Art. 372 der Verfassung; im einzelnen genauer *Rao* Anhang IV sowie S. 146 ff.

[256] *Devadason* S. 53 ff.; siehe auch *Nair* S. 253.

## IV. Die Struktur der Eherechte

Jedes der indischen Eherechte normiert verschiedene Voraussetzungen, die erfüllt sein müssen, damit eine Eheschließung wirksam ist. Ein Verstoß gegen diese Erfordernisse führt in den einzelnen Rechten zu teilweise unterschiedlichen Auswirkungen auf die Ehe. Auch die Möglichkeiten der Eheauflösung durch Scheidung oder gerichtliche Trennung bzw. der Wiederherstellung der ehelichen Lebensgemeinschaft weichen zum Teil voneinander ab.

### 1. Rechtliche Folgen bei fehlenden Ehevoraussetzungen und Verstößen gegen Ehehindernisse

Um die Einheit von Wirkungs- und Fehlerstatut zu wahren, beurteilen sich im deutschen IPR die Folgen eines Mangels, der der Eheschließung als solcher anhaftet, nach unbestrittener Ansicht[257] nach dem von Art. 13 Abs. 1 EGBGB berufenen Recht. Ist dieses das indische Sachrecht, so ist zu differenzieren:

#### *a) Hindu Marriage Act*

Vor Kodifizierung des HMA war eine Ehe nach hinduistischem Recht als unauflösliche Vereinigung von Mann und Frau entweder gültig oder ungültig[258]. Erst 1955 wurden mit Inkrafttreten des HMA, angelehnt an das englische Recht, eine weitere Kategorie eingeführt, nämlich die ex tunc vernichtbare Ehe[259].

##### (1) Nichtig (*void*), sec. 11 HMA

Der HMA sieht den Verstoß gegen zwei Eheverbote, nämlich das Verbot der Doppelehe und das der Verwandtschaft und Schwägerschaft, als derart

---

257 BGH FamRZ 1991 300 (302); OLG Hamburg StAZ 1988 132 (134); LG Hamburg FamRZ 1974 96 (96); statt vieler MünchKomm-*Coester* Art. 13 Rn. 77 ff. m.w.H. in Fn. 370; Staudinger-*v. Bar/Mankowski* Art. 13 Rn. 438; RGRK-*Lohmann* v. § 1313 Rn. 10.

258 *Murty* AIR 1969 J. 72 (73).

259 Kritisch zur Übernahme dieser Kategorie aus dem englischen Recht und stattdessen befürwortend, daß jene Gründe zur Scheidung berechtigen, *Diwan* Hindu Law S. 120.

schwerwiegend an, daß er die Ehe von Anfang an[260] gem. sec. 11 für voll und ganz nichtig („*null and void*") erklärt.

Nicht einheitlich wird in der indischen Rechtsprechung und Literatur allerdings der 2. Halbsatz von sec. 11 HMA interpretiert. Danach kann die Ehe auf Antrag einer gegen die andere Partei durch Urteil für nichtig erklärt werden. Ob jedoch eine solche förmliche gerichtliche Feststellung zwingend erforderlich ist, um Nichtigkeitswirkung gegenüber jedermann zu entfalten, ist umstritten. Zum Teil wird vertreten, daß die Ehe bis zur förmlichen Nichtigkeitserklärung nach sec. 11 HMA Bestand habe[261], während andere der Ansicht sind, daß sich jeder auf das Nichtbestehen einer nichtigen Ehe berufen könne, ohne daß es hierfür einer gerichtlichen Entscheidung des Familiengerichts nach sec. 11 HMA bedürfe[262]. Die Kontroverse hat seit 1976 an Brisanz gewonnen[263]. Vor 1976 wurde nämlich vertreten, daß der Antrag auf Nichtigkeitsfeststellung auch noch nach dem Tode einer Partei gestellt werden könne[264]. 1976 wurden in sec. 11 jedoch die Worte „gegen die andere Partei" eingefügt, so daß seitdem unumstritten ist, daß nur zu Lebzeiten beider Par-

---

260 Siehe nur *Mohd. Ikram Hussain v. State of Uttar Pradesh* AIR 1964 S.C. 1625 (1631).

261 *Paramasami Pillai v. Sornathammal* AIR 1969 Mad. 124 (126); *Smt. Sheel Wati v. Smt. Ram Nandani* AIR 1981 All. 42 (45); *S.C.Jain* S. 16, siehe allerdings auch S. 17, 61 f.; *Bhatnagar* S. 14 f.; vgl. auch Fachausschuß-Nr. 3246 StAZ 1992 281 (281).

262 *Rangaswami v. Aravindammal* AIR 1957 Mad. 243 (249); *Smt. Yamunabai Anantrao Adhav v. Anantrao Shivram Adhav* AIR 1988 S.C. 644 (647); *Birendra Bikram Singh v. Kamal Devi* AIR 1995 All. 243 (245); *Jayalakshmi v. Gayathri* AIR 1998 Kant. 169 (170 f.); *Qureshi* Marriage S. 71; *Derrett* § 227, 286; *Diwan* Family Law S. 86; *ders.* Hindu Law S. 118, 120; *Mahmood* HMA S. 74; *Nigam* S. 91, 94; *Subba Rao* S. 5, 138; vgl. auch Fachausschuß-Nr. 2907 StAZ 1985 281 (281). Mit der Entscheidung *Smt. Ram Pyari v. Dharam Das* AIR 1984 All. 147 (150 f.) wurde *Wati v. Ram Nandani* AIR 1981 All. 42 als Präzedenzfall ungültig (*overruled*).

263 Andererseits entschärfte die gleichzeitig vorgenommene Änderung im Rahmen von sec. 16 HMA aber die Auseinandersetzung, da es seither für die Frage der Ehelichkeit von Kindern aus solchen Verbindungen unerheblich ist, ob ein Nichtigkeitsurteil ergangen ist.

264 *Smt. Krishni Devi v. Smt. Tulsan Devi* AIR 1972 P.&H. 305 (307); *Lakshmamma v. Thayamma* AIR 1974 A.P. 255 (256 f.); *Nagavva v. Parvathavva* AIR 1974 Mys. 8 (9); aA *Gowri Ammal v. Thulasi Ammal* AIR 1962 Mad. 510 (512); ausdrücklich offengelassen dann allerdings in *Thulasi Ammal v. Gowri Ammal* AIR 1964 Mad. 118 (119).

teien und nur durch sie Nichtigkeitsfeststellung gem. sec. 11 HMA beantragt werden kann[265].

Zur Beantwortung der Frage, ob die Nichtigkeitswirkung inter omnes ein gerichtliches Urteil voraussetzt, könnte man das deutsche Recht heranziehen. Dessen Anwendung stehen jedoch grundsätzliche Bedenken entgegen: Im Interesse des internationalen Entscheidungseinklangs und damit zur Vermeidung hinkender Ehen sollte im internationalen Privatrecht zunächst in der ausländischen Rechtsordnung selbst nach Lösungsmöglichkeiten gesucht werden. Wird man dort nicht fündig, ist subsidiär auf verwandte Rechtssysteme zurückzugreifen[266]. In Indien ist dies im Bezug auf den HMA der SMA und das Recht der ehemaligen Kolonialmacht Großbritannien. Nur als letzter Notanker sollte auf die Ansichten des Landes abgestellt werden, dessen Richter das ausländische Recht gerade anwendet.

Betrachtet man demzufolge zunächst einmal das indische Recht und seine Umsetzung in der Praxis, so könnten für das zwingende Erfordernis eines gestaltenden Gerichtsurteils zur Vernichtung einer Ehe im Sinne von sec. 11 allenfalls folgende Argumente sprechen: Die gesonderte Normierung der Nichtigkeitsklage in sec. 11 HMA könnte zeigen, daß die allgemeinen Klagemöglichkeiten nach Ansicht des Gesetzgebers nicht ausreichen. Hiergegen ist jedoch einzuwenden, daß von der Erwähnung der Nichtigkeitsfeststellung in sec. 11 HMA allein nicht auf deren obligatorischen Charakter geschlossen werden kann[267]. Man kann den zweiten Halbsatz nämlich auch lediglich als Einräumung einer zusätzlichen Rechtsschutzmöglichkeit verstehen, durch die die Parteien ohne weiteres die schnelle gerichtliche Klärung eines möglicherweise unsicheren Zustands erlangen können. Gerade dieser Gedanke der Rechtssicherheit in Statusfragen könnte aber auch als weiteres Argument gegen eine ipso-iure-Nichtigkeit herangezogen werden. Allerdings müßte dieser Gedanke im Gesetz seinen Niederschlag finden.

---

265 Vgl. bereits *Amarlal Goru v. Vijayabai* AIR 1959 M.P. 400 (400); *Lakshmi Ammal v. Ramaswami Naicker* AIR 1960 Mad. 6 (6 f.); *Kedar Nath Gupta v. Sm. Suprava* AIR 1963 Pat. 311 (312) sowie *Smt. Ram Pyari v. Dharam Das* AIR 1984 All. 147 (149 f.); *Ajay Chandrakar* AIR 2000 NOC 32 (M.P.); *S.C.Jain* S. 59 ff.; *Mahmood* HMA S. 74; *Sharma* S. 34 f.

266 Siehe auch *Heldrich* FS Ferid 209 (216); RGZ 151 103 (108); 163 367 (372 f.); BGHZ 49 50 (53).

267 Entsprechend hilft auch ein Hinweis auf sec. 17 HMA, der erklärt, daß eine bigamische Ehe nichtig ist, und deshalb das indische Strafgesetzbuch Anwendung finden kann, nicht weiter, da ihm lediglich eine Klarstellungsfunktion zukommt.

Für eine ipso-iure-Ungültigkeit sprechen jedoch der Wortlaut, die Gesetzessystematik und der Vergleich mit anderen Rechten: Erstens hat der Gesetzgeber nicht nur das Wort nichtig, sondern die Worte „null and void" verwendet. Grundsätzlich wird bereits „void" im indischen wie im englischen Recht im Sinne einer ipso-iure-Nichtigkeit gebraucht. Die Tatsache, daß der indische Gesetzgeber dies in sec. 11 HMA noch um das Wort „null" verstärkt hat, läßt gerade nicht darauf schließen, daß er im Familienrecht vom gewöhnlichen Gebrauch des Wortes „void" abweichen wollte. Zweitens spricht die Gesetzessystematik für die ipso iure ungültige Ehe. Der Gesetzgeber unterscheidet zwischen der „void" Ehe in sec. 11, der „voidable" Ehe in sec. 12 und der Scheidung in sec. 13 HMA. Eine „voidable" Ehe wird – dies ist unbestritten – erst durch konstitutives Nichtigkeitsurteil ex tunc aufgelöst[268]. Das Scheidungsurteil bewirkt die Aufhebung der Ehe ex nunc. Mithin muß das Wort „void" etwas anderes bedeuten als die „voidable" und die ex nunc aufhebbare Ehe. Nach dem Gesetzesaufbau kann die gerichtliche Feststellung lediglich deklaratorischen Charakter haben. Dies zeigt auch sec. 16 HMA, der nur für sec. 12 HMA verlangt, daß ein Urteil erfolgt ist[269]. Drittens ist als Argumentationshilfe auch ein Vergleich mit dem nur ein Jahr vor dem HMA erlassenen SMA sowie mit dem englischen Mutterrecht heranzuziehen. Im zivilen Eherecht des SMA ist unbestritten, daß eine „void" Ehe ipso iure ungültig und ein entsprechendes Nichtigkeitsurteil gem. dem mit sec. 11 nahezu wortlautidentischen sec. 24 SMA lediglich deklaratorisch ist[270]. Auch das englische Recht, das den Hindu Marriage Act stark beeinflußt hat, unterscheidet zwischen „void" und „voidable" Ehen. Eine Ehe, die „void" ist, kann nach englischem Recht zwar ebenfalls per Urteil für von Anfang an nichtig erklärt werden. Ein solches Urteil ist jedoch lediglich deklaratorisch, die „void"-Ehe nach englischem Recht ipso iure nichtexistent[271].

---

268 *Banshidhar Jha v. Chhabi Chatterjee* AIR 1967 Pat. 277 (279); *Lata v. Vilas* AIR 1987 Bom. 231 (233); *Derrett* § 293; *Qureshi* Marriage S. 73; *Diwan* Hindu Law S.120, *ders.* Family Law S. 85.

269 *Smt. Yamunabai Anantrao Adhav v. Anantrao Shivram Adhav* AIR 1988 S.C. 644 (647).

270 *Nirmal Dass Bose v. Km. Mamta Gulati* AIR 1997 All. 401 (406); *Pinto* S. 112.

271 *Nandan* S. 318; OLG Hamburg StAZ 1988 132 (133); LG Hamburg StAZ 1960 99 (100) und Anm. *Henrich* StAZ 1960 100 (100, Fn. 1); *Ficker* StAZ 1952 116 (117); *Raape* FamRZ 1959 478 (478 f.); *Coester-Waltjen/Coester* S. 98.

Demzufolge ist auch die nichtige Ehe im Sinne von sec. 11 HMA ipso iure unwirksam. Die Parteien der Ehe können ein entsprechendes deklaratorisches Urteil nach sec. 11 HMA erlangen. Eine solche Klagemöglichkeit nach sec. 11 HMA besteht nur dann nicht, wenn die Ehe aus einem anderen Grunde absolut nichtig ist. Dies ist vor allem der Fall bei Verstößen gegen die Formvorschriften des sec. 7 HMA.

### (2) Vernichtbar (*voidable*), sec. 12 HMA

Als Kategorie zwischen der gültigen und der nichtigen Ehe kennt der HMA noch die vernichtbare Ehe gem. sec. 12 HMA. Liegen bestimmte, enumerativ aufgelistete Gründe zum Zeitpunkt der Eheschließung[272] vor, so kann die Ehe durch gerichtliches Urteil mit Wirkung für die Vergangenheit aufgelöst werden. Das Urteil ist konstitutiv, d.h. erst mit dessen Rechtskraft erlischt das eheliche Band[273]. Im Gegensatz zu sec. 11 HMA, nach dem beide Ehepartner antragsberechtigt sind, kann nach sec. 12 HMA grundsätzlich[274] nur der Verletzte Nichtigkeitsklage erheben. Stirbt einer der Ehepartner, so kann die Gültigkeit der Ehe nicht mehr in Frage gestellt werden. Außerdem sind die Einschränkungen in sec. 12 Abs. 2 HMA zu beachten.

### (3) Status der Kinder, sec. 16 HMA

Kindern aus einer ipso iure nichtigen bzw. aus einer ex tunc vernichtbaren Ehe i.S.v. sec. 11, 12 HMA gelten gem. sec. 16 HMA grundsätzlich gleichwohl als ehelich[275]. Nur im Bereich des Erbrechts ist der Schutz solcher Ab-

---

[272] Bei sec. 12 (a) HMA ist allerdings auch die Zeit nach der Eheschließung relevant; deshalb ist *Mahmood* HMA S. 78 der Ansicht, sec. 12 (a) passe nicht zu den Anfechtungsgründen.

[273] *Banshidhar Jha v. Chhabi Chatterjee* AIR 1967 Pat. 277 (279); *Sharma* S. 39; *Mahmood* HMA S. 79.

[274] Ausnahme sec. 12 Abs. 1 (b) HMA.

[275] Nach sec. 112 Indian Evidence Act 1872 gelten nur Kinder als ehelich, die während einer gültigen Ehe oder 280 Tage nach ihrer Auflösung geboren werden; siehe zu sec. 112 Indian Evidence Act genauer *Otto* S. 164 f. Sec. 112 ist trotz seiner Einordnung in den Evidence Act vom deutschen kollisionsrechtlichen Standtpunkt materiellrechtlich zu qualifizieren, siehe auch Bergmann/Ferid-*Agrawal* S. 50 Fn. 68.

kömmlinge dahingehend eingeschränkt, daß sie gem. sec. 16 Abs. 3 HMA nur nach ihren Eltern ein gesetzliches Erbrecht haben[276].

Gem. sec. 16 *Abs. 1* HMA ist für die Ehelichkeitsfiktion Voraussetzung, daß ein Nichtigkeitsgrund i.S.v. sec. 11 HMA vorliegt. Eine analoge Anwendung auf Ehen, die aus einem anderen Grunde nichtig sind, ist nicht möglich[277]. Sec. 16 HMA greift auch nicht ein, wenn die Verbindung an einem weiteren, neben einem in sec. 11 HMA aufgeführten Nichtigkeitsmangel leidet[278]. Unerheblich für die Anwendbarkeit des Schutzes von sec. 16 HMA ist seit der Gesetzesänderung 1976 jedoch, ob ein Nichtigkeitsurteil nach sec. 11 HMA ergangen ist oder nicht[279].

Bei einer vernichtbaren Ehe ist gem. sec. 16 *Abs. 2* HMA entscheidend, daß eine Ehe durch konstitutives Nichtigkeitsurteil gem. sec. 12 HMA aufgelöst, das Kind jedoch bereits vor Urteilserlaß geboren bzw. zumindest gezeugt worden ist. Auch sec. 16 Abs. 2 HMA verlangt, daß die Ehe nicht noch aus anderen als den in sec. 12 (b) bis (d)[280] HMA enumerativ aufgelisteten Gründen unwirksam ist[281]. Bei sec. 12 (d) HMA ist allerdings zu beachten, daß die Ehelichkeitsfiktion des Art. 16 Abs. 2 HMA nicht zugunsten desjenigen Kin-

---

276 Siehe hierzu genauer *Jagarlamudi Sujatar Jagarlamudi Jadadish Krishna Prasad* AIR 1992 A.P. 291 ff. sowie *Rameshwari Devi v. State of Bihar* AIR 2000 S.C. 735 (739).

277 *Sudershan Karir v. State* AIR 1988 Del. 368 (371f.); *Mahmood* HMA S. 131; *Diwan* Family Law S. 87. *Kumar* AIR 1999 J. 17 (20) fordert, in allen Fällen der Nichtigkeit die Ehelichkeitsfiktion zugunsten der Kinder zu normieren.

278 Vgl. *Smt. Kanwal Jit v. N.K.Singh* AIR 1961 Punj. 331 (332 f.); obwohl vor der Änderung 1976 ergangen, ist diese Entscheidung noch gültig.

279 Zumindest seit jener Gesetzesänderung im Jahre 1976 ist sec. 16 HMA verfassungsgemäß – vgl. genauer *Smt. Parayankandryal Eravath Kanapravan Kalliani Amma v. K. Devi* AIR 1996 S.C. 1963 (1973 ff.). Vor der Gesetzesänderung war sec. 16 HMA nur angewandt worden, wenn ein Nichtigkeitsurteil nach sec. 11 HMA ergangen war, *Gowri Ammal v. Thulasi Ammal* AIR 1962 Mad. 510 (512); der High Court von Madras plädierte in dieser Entscheidung aus dem Jahre 1962 allerdings bereits für eine entsprechende Gesetzesänderung.

280 Sec. 12 (a) HMA spielt für sec. 16 HMA insofern keine Rolle, als eine Anfechtung wegen Nichtvollzugs der Ehe nur in Betracht kommen kann, wenn aus der Verbindung keine Kinder hervorgegangen sind.

281 Die Formulierung des Gesetzes ist umständlich; geprüft werden soll, ob, wäre aus den in sec. 12 HMA aufgeführten Gründen die Ehe nicht ex tunc vernichtbar, sondern ex nunc aufzulösen, dies möglich wäre; eine Scheidung aber kommt nur in Betracht, wenn die Ehe (ansonsten) wirksam ist.

des eingreifen kann, das selbst Grund für das Nichtigkeitsurteil war, da dessen Illegitimität ja vorher gerichtlich festgestellt worden ist[282].

### *b) Muslimisches Recht*

Nach muslimischen Recht ist eine Ehe entweder gültig *(sahih)*, nichtig *(batil)*[283] oder schwebend unwirksam bzw. irregulär *(fasid)*[284].

#### (1) Nichtig *(batil)*

Wird eine Ehe geschlossen, die gegen absolute Eheverbote wie beispielsweise die Verbote der Verwandtschaft und Schwägerschaft oder das Verbot der Polyandrie verstößt, so ist jene Ehe nichtig, d.h. es entstehen von Anfang an keinerlei Rechtswirkungen[285]. Unterhalts-, Erb- oder Wohnrecht gelangen nicht zur Entstehung[286]. Eventuelle Kinder aus der Verbindung sind grundsätzlich unehelich[287]. Sind die Parteien im Hinblick auf die Wirksamkeit ihrer Verbindung allerdings gutgläubig, so gelten die Kinder als ehelich[288] und die Parteien einer solchen nichtigen Ehe begehen keine *Zina*-Sünde[289]. Jedermann

---

282 *Mahmood* HMA S. 133.

283 *Krüger, H.* StAZ 1984, 336 (337, insbesondere Fn. 8) übersetzt *batil* mit „Nichtehe/nichtexistent" und stellt die Übersetzung mit „nichtiger Ehe" in Frage. Auch in IPR Gutachten 1980/81 Nr. 22 wird *batil* mit Nichtehe übersetzt. Seit Aufhebung der „nichtigen Ehe" im deutschen Recht im Juli 1998 kann der Terminus der nichtigen Ehe jedoch wieder unproblematisch in Übereinstimmung mit dem allgemeinen Zivilrecht verwendet werden. Siehe hierzu genauer unten Fn. 375.

284 Vgl. zum ganzen: *Qureshi* Muslim Law S. 81 ff.; *Diwan* Muslim Law S. 47 ff.; *Verma* S. 100 ff.; *Fyzee* S. 112 ff.; *Nigam* S. 359 f.

285 *Qureshi* Muslim Law S. 81 f.; *Fyzee* S. 112; *Diwan* Muslim Law S. 48; *Verma* S. 115; *Pearl/Menski* S. 143; *Beri* S. 97; *Subba Rao* S. 367.

286 Hat allerdings geschlechtlicher Verkehr stattgefunden, hat die Frau Anspruch auf Auszahlung der Morgengabe; *Fyzee* S. 112; *Ameer Ali* S. 106 f.; Bergmann/Ferid-*Prader*, Islam S. 15.

287 *Mulla* Ch. XIV, S. 266; *Qureshi* Muslim Law S. 83; *Mahmood* Muslim Law S. 64; *Beri* S. 97; *Diwan* Muslim Law S. 48; *Verma* S. 115.

288 *Verma* S. 116.

289 *Pearl/Menski* S. 143.

kann sich auf die Nichtigkeit berufen[290]. Das Eherecht der Moslems kennt keine Nichtigkeitsklage[291].

### (2) Schwebend unwirksam *(fasid)*

Zwischen der wirksamen und der nichtigen Ehe gibt es nach muslimischem Recht auch die schwebend unwirksame bzw. irreguläre Ehe. Verstößt eine Ehe gegen relative Eheverbote, beispielsweise das Verbot, eine fünfte Frau zu heiraten oder während der Wartezeit eine neue Ehe einzugehen, kann sie geheilt und damit voll gültig werden. Vor einer Heilung können allerdings beide Parteien die Ehe – unabhängig davon, ob sie vollzogen wurde oder nicht – jederzeit beenden[292]. Hierzu genügt eine einfache Erklärung gegenüber dem Partner[293].

Solange die Ehe schwebend unwirksam ist, entfaltet sie grundsätzlich keine Rechtswirkungen[294]. Insbesondere entsteht kein Unterhalts-[295] oder Erbrecht[296]. Wichtige Ausnahme hiervon ist jedoch, daß die Kinder aus der Verbindung als ehelich gelten[297] und die Frau daher zur Klärung eventueller Abstammungsverhältnisse eine Wartezeit einhalten muß, falls geschlechtlicher Verkehr stattgefunden hat[298]. Ist es zum Beischlaf gekommen, hat die Frau auch einen Anspruch auf Auszahlung der Morgengabe. Die *fasid*-Ehe ist also ein fehlerhaftes Dauerrechtsverhältnis, das bei Durchführung gewisse Rechtswirkungen entfaltet.

---

[290] *Qureshi* Muslim Law S. 82; *Diwan* Muslim Law S. 48.

[291] Möglich ist allerdings eine Klage auf Feststellung gem. sec. 9 Civil Procedure Code i.V.m. sec. 34 Specific Relief Act 1963.

[292] *Mulla* Ch. XIV S. 267.

[293] *Diwan* Muslim Law S. 48; *Fyzee* S. 113.

[294] *Qureshi* Muslim Law S. 83. Die Übersetzung in Bergmann/Ferid-*Prader*, Islam S. 14 von *fasid* mit anfechtbar ist daher unglücklich.

[295] *Elwan/Otto* StAZ 2000 97 (98).

[296] *Mt. Bakh Bibi v. Qaim Din* AIR 1934 Lah 907 (907); *Ayub Hasari v. Mt. Akthari* AIR 1963 All. 525 (526); *Fyzee* S. 114; *Nigam* S. 359.

[297] *Mt. Bakh Bibi v. Qaim Din* AIR 1934 Lah 907 (907); *Muhammad Hayat v. Muhammad Nawaz* AIR 1935 Lah. 622 (622 f.); *Rahiman Bibi Saheba v. Mahboob Bibi Saheba* AIR 1938 Mad. 141 (141 f.); *Mulla* Ch. XIV S. 267; *Nigam* S. 359.

[298] *Mulla* Ch. XIV S. 267; *Diwan* Muslim Law S. 48 f.; *Verma* S. 114; *Fyzee* S. 114.

Die Schiiten lehnen die *fasid*-Kategorie ab. Nach ihrer Ansicht ist eine Ehe entweder gültig oder ungültig[299]. In den meisten Fällen, in denen nach sunnitischem Recht eine Ehe schwebend unwirksam ist, ist sie nach schiitischen Recht nichtig. Eine Ausnahme hiervon bildet die Eheschließung ohne Anwesenheit von Zeugen, die nach sunnitischem Recht *fasid*, nach schiitischem Recht hingegen wirksam ist, da dieses eine entsprechende Formvorschrift gar nicht kennt.

### c) Recht der Christen

Nach indisch-christlichem Eherecht ist die Ehe entweder gültig oder nichtig. Eine weitere Kategorie kennen der Indian Christian Marriage Act und der Indian Divorce Act nicht[300].

Die Ehegatten können gem. sec. 18, 19 IDA aus fünf verschiedenen Gründen Nichtigkeitsklage erheben: bei körperlichen und geistigen Mängeln, bei Mängeln der Ehewillenserklärung sowie bei einem Verstoß gegen die Eheverbote der Verwandtschaft und der Bigamie[301]. Das Urteil hat ex-tunc-Wirkung. Bis zur konstitutiven Entscheidung des Gerichts ist die Ehe existent[302]. Die nichtige Ehe des christlichen Rechts entspricht damit der vernichtbaren (*voidable*) Ehe des sec. 12 HMA. Sie ist vor dem Hintergrund des sakral unauflöslichen Eheverständnisses zu sehen, nach dem einst nur bei schwerwiegenden Fehlern die ekklesialen Gerichte ausnahmsweise feststellen konnten, daß die Ehe von Anfang an keine Wirkung entfaltet hatte[303].

---

299 Vgl. *Muhammad Hayat v. Muhammad Nawaz* AIR 1935 Lah. 622 (623); *Nair* S. 169; *Verma* S. 101; *Saksena* S. 188; *Diwan* Family Law S. 88 f.

300 *Mt. Titli v. Alfred Robert Jones* AIR 1934 All. 273 (287); *Nigam* S. 466.

301 Zur Entscheidung ist seit Erlaß des Indian Divorce Acts 1869 allein das Distrikt- oder das Obergericht zuständig; kirchliche Gerichte haben in Indien seither diesbezüglich keine Entscheidungsbefugnis mehr – vgl. jüngst wieder den ausdrücklichen Hinweis hierauf in *Molly Joseph v. George Sebastian* AIR 1997 S.C. 109 ff. sowie *George Sebastian v. Molly Joseph* AIR 1995 Ker. 16 (19).

302 *Rao* S. 37 f. In *William Hudson v. Mrs. K.M. Webster* AIR 1937 Mad. 565 ff., wird hingegen, allerdings nur für den Fall der Bigamie, davon ausgegangen, daß jeder sich auch ohne gerichtliches Urteil auf das Nichtbestehen der Ehe berufen könne; es wird dabei jedoch ausdrücklich auf das englische Recht Bezug genommen.

303 Vgl. *Mt. Titli v. Alfred Robert Jones* AIR 1934 All. 273 (287).

Aufgrund der Schwere eines solchen Eingriffs in die nach christlicher Auffassung gesegnete Verbindung von Mann und Frau verlangt sec. 20 IDA bis heute, daß das Nichtigkeitsurteil des Distrikt-Gerichtes durch den High Court bestätigt werden muß. Dies ist nicht unproblematisch, da ein solches zweites zeit- und kostenintensives Verfahren, das kein anderes Personalrecht kennt, die Christen bei der Wiedererlangung ihrer Eheschließungsfreiheit erheblich beeinträchtigt[304].

Auch das christliche Eherecht kennt einen gewissen erbrechtlichen Schutz der Kinder aus nichtigen Ehen, allerdings nur in zwei der fünf Nichtigkeitsfälle: Haben die Parteien gutgläubig eine zweite Ehe geschlossen oder liegt ein Fall von Geisteskrankheit vor, so erwerben die vor Urteilserlaß gezeugten Kinder gemäß sec. 21 IDA ein Erbrecht. Sie können allerdings nur denjenigen Elternteil beerben, der die Nichtigkeit der Ehe nicht herbeigeführt hat.

### *d) Recht der Parsen*

Auch das „jüngste", erst 1988 reformierte Eherecht der Parsen kennt nur die gültige oder die ungültige Ehe, jedoch keine Kategorie dazwischen. Gem. sec. 3 und sec. 4 Abs. 2 PMaDA ist eine Ehe, die innerhalb der verbotenen Verwandtschafts- oder Schwägerschaftsgrade, ohne die erforderliche Zustimmung im Falle der Eheunmündigkeit, ohne Einhaltung der vorgeschriebenen Trauungszeremonie oder bigamisch geschlossen wird, nichtig.

Nach sec. 3 Abs. 2 PMaDA sind Kinder einer nichtigen Ehe aber grundsätzlich ehelich. Aus dem diesbezüglichen Schweigen in sec. 4 PMaDA folgt, daß der Schutz der Ehelichkeitsfiktion im Fall eines Verstoßes gegen das Verbot der Polygamie ausnahmsweise nicht eingreift.

Die Nichtigkeit gilt ipso iure. Dies ergibt sich daraus, daß das parsische Recht zwar die Nichtigkeitsklage in sec. 30 PMaDA kennt, aber nur für den Fall des Nichtvollzugs der Ehe. Das Schweigen des Gesetzgebers hinsichtlich der nichtigen Ehe nach sec. 3 und 4 PMaDA zeigt, daß sich auch ohne Prozeß jeder auf die Ungültigkeit der Ehe berufen kann. Ansonsten würde die paradoxe Situation entstehen, daß eine Ehe zwar nichtig ist, aber mangels entsprechender Normierung nicht gerichtlich für nichtig erklärt werden kann, obwohl gegen im parsischen Rechts normierten Grundvoraussetzungen einer

---

304 Vgl. *Ramanathan* AIR 2000 J. 12 (14); *Nigam* S. 36. Im Bundesstaat Uttar Pradesh wurde sec. 20 IDA 1957 durch Landesgesetz aufgehoben.

Eheschließung verstoßen worden ist. Sie wäre damit beständiger als eine Ehe, die aus den Gründen in sec. 32 ff. PMaDA geschieden werden kann.

### e) Ziviles Eherecht

Das zivile Eherecht kennt in sec. 24 Abs. 1 SMA ebenfalls die Folge der Nichtigkeit, wenn gegen die Eheschließungsvoraussetzungen des sec. 4 verstoßen worden ist oder wenn die Ehe aufgrund der Impotenz eines Partners nicht geschlechtlich vollzogen werden konnte. Ein entsprechendes Nichtigkeitsurteil gem. sec. 24 SMA zu erlangen ist möglich, aber nicht erforderlich, da die Ehe ipso iure ungültig ist[305]. Eine Nichtehe ist auch bei einem Verstoß gegen die Formvorschriften des sec. 12 Abs. 2 SMA gegeben, allerdings sieht auch der SMA in diesem Fall keine Nichtigkeitsklage vor. Zu beachten ist jedoch, daß eine Klage auf sec. 24 Abs. 1 SMA nur gestützt werden kann, wenn es sich um eine Ehe handelt, die unter dem SMA geschlossen worden ist. Wurde sie hingegen erst später entsprechend den secs. 15 ff. SMA eingetragen, so kann sie gem. sec. 24 Abs. 2 SMA nur dann für wirkungslos erklärt werden, wenn die Eintragungsbedingungen gem. sec. 15 (a) bis (e) SMA nicht erfüllt waren[306].

Auch der SMA kennt, wie das Recht der Hindus, in sec. 25 die weitere Möglichkeit, eine Ehe durch konstitutives Urteil ex tunc zu vernichten. Klagebefugt ist ebenfalls nur der verletzte Ehepartner, solange der andere noch lebt. Inhaltsgleich mit sec. 16 HMA gewährt sec. 26 SMA den Kindern aus einer nichtigen oder angefochtenen Verbindung i.S.v. sec. 24, 25 den Schutz der Ehelichkeitsfiktion.

Der Foreign Marriage Act verweist bezüglich eines Verstoßes gegen die Eheschließungsvoraussetzungen des sec. 4 FMA[307] sowie im Fall der Impotenz in sec. 18 auf sec. 24 SMA. Bei einer späteren Registrierung nach sec. 17 FMA kann die Eintragung für wirkungslos erklärt werden, wenn sie entgegen

---

305 Siehe oben Fn. 270, S. 56.

306 Beachte allerdings den Vorbehalt in sec. 24 Abs. 2 a.E. SMA für den Fall, daß die Eintragung aufgrund eines gerichtlichen Urteils erfolgt ist.

307 Siehe auch die Erläuterung (i) zu sec. 18 Abs. 1 a.E. FMA.

sec. 17 Abs. 2 i.V.m. sec. 4 FMA erfolgte[308]. Sec. 18 FMA verweist des weiteren auch auf secs. 25 und 26 SMA.

## 2. Scheidung und gerichtliche Trennung

Alle indischen Rechte kennen neben einer Nichtigkeitsklage auch die Möglichkeit, einen Antrag auf Scheidung oder gerichtliche Trennung zu stellen. Ist Ehewirkungsstatut indisches Recht, so können diese Möglichkeiten der Auflösung bzw. des Ruhens des ehelichen Bandes nach Artt. 17 Abs. 1 S. 1, 14 EGBGB auch in Deutschland relevant werden.

### *a) Hindu Marriage Act*

#### (1) Verschuldensscheidung, sec. 13 Abs. 1, 2 HMA

Nach traditionellem hinduistischen Verständnis galt die Ehe als unauflöslich. Mit seiner Normierung eröffnete der HMA 1955 erstmals auch Angehörigen der Glaubensgemeinschaft der Hindus die Möglichkeit, sich bei Vorliegen gewisser in sec. 13 HMA enumerativ aufgelisteter Gründe scheiden zu lassen[309]. Die Scheidungsgründe beziehen sich überwiegend auf Verfehlungen eines Ehepartners[310], die nach der Eheschließung aufgetreten sind. Auf die in sec. 13 Abs. 2 HMA aufgeführten Gründe kann sich nur die Frau stützen, die übrigen stehen beiden Ehepartnern zu.

Um junge Ehepaare vor übereilten und leichtfertigen Scheidungen zu schützen, muß nach sec. 14 HMA[311] grundsätzlich mindestens ein Jahr seit der Eheschließung vergangen sein, bevor die Scheidung beantragt werden

---

308 Siehe Erläuterung (ii) zu sec. 18 Abs. 1 a.E. FMA.

309 Dem waren heftige parlamentarische Debatten vorausgegangen, da viele orthodoxe Hindus die Einführung der Scheidung strikt ablehnten – siehe *Qureshi* Marriage S. 114. In den vierziger Jahren gab es bereits landesrechtliche Vorläufer, die eine Scheidung ermöglichten, wie der Bombay Hindu Divorce Act 1947 und der Madras Prevention of Bigamous and Divorce Act 1949.

310 Aber auch auf verschuldensunabhängige geistige und körperliche Mängel.

311 Unabhängig davon, ob sich der Scheidungsantrag auf sec. 13 Abs. 1, Abs. 2 oder sec. 13B HMA stützt.

kann[312]. Ist jenes erste Ehejahr vorbei, so muß die Scheidungsklage nach sec. 23 HMA ohne unnötigen oder unangemessenen Verzug eingereicht werden[313]. Allerdings sind die indischen Gerichte hier vor dem Hintergrund der indischen Tradition und gesellschaftlicher Schwierigkeiten sehr großzügig[314].

### (2) Gerichtliche Trennung, sec. 10 HMA

Anstelle einer Scheidung aus den in sec. 13 Abs. 1, 2 HMA genannten Gründen kann jeder Ehegatte gem. sec. 10 HMA auch einen Antrag auf gerichtliche Trennung *(judicial separation)* stellen. Gibt das Gericht der Klage statt, so ist der Antragsteller gem. sec. 10 Abs. 2 HMA nicht mehr verpflichtet, mit seinem Ehepartner zusammenzuleben. Im Unterschied zur Scheidung wird das eheliche Band allerdings nicht durchtrennt, sondern das eheliche Verhältnis ruht lediglich[315]. Sofern das Gericht es für angemessen und gerecht hält, kann es gem. sec. 10 Abs. 2 HMA die Trennungsverfügung auf Antrag einer Partei jederzeit wieder aufheben. Damit leben auch alle ehelichen Rechte und Pflichten erneut auf. Das Trennungsurteil ist hingegen nicht automatisch durch Versöhnung oder Wiederaufnahme des Zusammenlebens aufgehoben[316].

Gem. sec. 13A HMA kann das Gericht auch von sich aus bei einer auf sec. 13 Abs. 1 (ii), (vi) und (vii) HMA gestützten Scheidungsklage vom Antrag abweichen und statt dessen, wenn es ihm nach den Umständen gerecht erscheint, auf gerichtliche Trennung erkennen[317]. Denn der Scheidungsantrag, der auf

---

312 Ausnahme bei unzumutbarer Härte; hierbei hat das Gericht das Interesse von eventuell bereits vorhandenen Kindern sowie die Chance auf eine Versöhnung der Ehepartner in seine Entscheidung einzubeziehen. Versehentlich verweist die deutsche Übersetzung von Bergmann/Ferid, Länderteil Indien bei sec. 14 HMA auf sec. 19 SMA; gemeint ist sec. 29 SMA.

313 Siehe hierzu beispielsweise *Rajesh v. Smt. Rukmani* AIR 2000 M.P. 227 ff.

314 Siehe beispielsweise *S. v. R.* AIR 1968 Del. 79 (82 f.), wo erst nach 14 Jahren der Weg zum Gericht beschritten wurde oder *Smt. Nirmoo v. Nikka Ram* AIR 1968 260 (263 f.), wo eine Scheidung, die elf Jahre nach dem Ereignis, auf das sich der Antrag stützte, eingereicht wurde, nicht als verspätet abgewiesen wurde.

315 Vergleichbar der Trennung von Tisch und Bett. Siehe auch *B. R. Syal v. Smt. Ram Syal* AIR 1968 P.&H. 489 (492); *Narasimha Reddy v. Boosamma* AIR 1976 A.P. 77 (78).

316 *Derrett* § 323; *Grandinger* S. 142.

317 Siehe hierzu genauer *Smt. Snigdha Chaya Devi v. Sri Akhill Chandra Sarma* AIR 1992 Gau. 95 ff.

endgültige Auflösung gerichtet ist, umschließt immer auch das Minus des Ruhens ehelicher Bande. Im Hinblick auf den in sec. 23 HMA gebotenen Versöhnungsversuch und die immensen Schwierigkeiten, mit denen sich insbesondere eine geschiedene Frau in der Realität konfrontiert sieht, erkennt das Gericht dann im Sinne von sec. 13A HMA auf gerichtliche Trennung, wenn ernsthafte Hoffnung auf eine Versöhnung besteht. Denn Vorteil eines gerichtlichen Trennungsurteils ist gerade, daß es die Tür zur Versöhnung offen läßt.

### (3) Konventionalscheidung, sec. 13B HMA

Neben den benannten Scheidungsgründen hat der Gesetzgeber 1976 sec. 13B neu in den HMA eingefügt, der den Ehegatten eine Konventionalscheidung ermöglicht. Voraussetzung hierfür ist, daß die Eheleute über einen Zeitraum von mindestens einem Jahr getrennt gelebt haben, ein Zusammenleben auch in Zukunft nicht mehr möglich ist und beide deshalb einverständlich ihre Ehe auflösen wollen[318]. Gem. sec. 13B Abs. 2 HMA hat das Gericht nach Einreichung des gemeinsamen Scheidungsbegehrens das Verfahren sechs Monate auszusetzen, um den Parteien eine weitere Bedenkzeit zu geben[319]. In dieser Zeit kann der Antrag auch einseitig jederzeit zurückgenommen werden[320].

---

318 Siehe zu den Voraussetzungen im einzelnen genauer *Smt. Sureshta Devi v. Om Prakash* AIR 1992 S.C. 1904 (1906 f.).

319 Die Einhaltung der sechsmonatigen Frist steht nicht im Ermessen des Gerichts, sondern ist zwingend; siehe hierzu *Hitesh Narendra Doshi v. Jesal Hitesh Doshi* AIR 2000 A.P. 362 (364). *Bojarajan/Rabindran* AIR 2000 J. 170 f. fordern die Abschaffung der 6-Monatsfrist, da sie sinnlos und darüber hinaus auch verfassungswidrig sei.

320 *N. G. Rama Prasad v. B. C. Vanamala* AIR 1988 Kant. 162 (164 f.); *K. I. Mohanan v. Smt. Jeejabai* AIR 1988 Ker. 28 (30); *Smt. Parkash Kaur v. Bikramjit Singh* AIR 1989 P.&H. 46 (46 f.); *Smt. Sureshta Devi v. Om Prakash* AIR 1992 S.C. 1904 (1908); diese Entscheidung des Supreme Court machte folgende Entscheidungen als Präzedenzfälle ungültig (*overruled*): *Smt. Jayashree Ramesh Londhe v. Ramesh Bhikaji* AIR 1984 Bom. 302 (304 ff.); *Smt. Chander Kanta v. Hans Kumar* AIR 1989 Del. 73 (75) sowie *Meena Dutta v. Anirudh Dutta* DMC (1984) 2 388; die High Courts von Bombay, Delhi und Madhya Pradesh hatten in ihren Entscheidungen angenommen, daß der Antrag nicht einseitig zurückgenommen werden könne; der Supreme Court hob jedoch hervor, daß die Übereinstimmung zur Ehescheidung bei sec. 13B HMA nicht nur im Zeitpunkt der Klageeinreichung, sondern auch im Zeitpunkt der Urteilsverkündung bestehen müsse. *Jain/Diwan* AIR 1999 J. 164 (166 ff.) sehen die Entscheidung des Supreme Courts kritisch und befürworten eine ausdrückliche Festlegung, daß eine einseitige Rücknahme nicht zulässig ist. *Diwan* Family

### (4) Scheidung aufgrund Zerrüttung, sec. 13 Abs. 1a HMA

Neben der Verschuldens- und die Konventionalscheidung erkennt der HMA in gewissem Umfang auch das Zerrüttungsprinzip an. Gemäß dem 1964 eingeführten sec. 13 Abs. 1a läßt der HMA nämlich die Scheidung auch allein unter der Voraussetzung zu, daß das eheliche Leben mindestens ein Jahr seit einem Trennungs- oder Wiederherstellungsurteil nicht wiederaufgenommen worden ist. Hierauf können sich beide, also auch der „schuldige" Klagegegner des ersten Prozesses stützen. Dreizehn Jahre bevor in Deutschland durch das 1. EheRG zum 01.01.1977 das Scheidungsrecht nach dem Zerrüttungsgedanken neu gestaltet worden ist[321], hat der indische HMA bereits jene liberalen Normelemente aufgenommen.

Der Dualismus aus Schuld- und Zerrüttungselementen, die Tatsache, daß das Trennungsurteil nicht nur Alternative, sondern auch Vorstufe zu einer Scheidung sein kann, erweist sich allerdings als nicht unproblematisch. Denn die gerichtliche Trennung bietet vor allem einem im traditionellen Glauben verwurzelten Hindu, der seine Ehe nach wie vor als unauflöslich betrachtet, die Möglichkeit, ohne Auflösung des Ehebandes getrennt zu leben. Über sec. 13 Abs. 1a HMA kann jedoch der andere, der die Ehe als auf Erden auflösbar sieht, gegen den Willen desjenigen, der einst Klage nach sec. 10 HMA eingereicht hat, gerade weil er das Eheband nicht vollständig durchtrennen wollte, genau dieses erreichen. Die darin liegende Gefahr kann denjenigen, der sie erkennt, daran hindern, Klage nach sec. 10 HMA einzureichen. Demjenigen aber, der sie nicht erkennt, kann u.U. eine Scheidung aufgezwungen werden.

Zum Teil wird deshalb erwogen, dem Beklagten des vorausgegangenen Trennungsprozesses die Berufung auf sec. 13 Abs. 1a HMA zu verweigern[322]. Dem stünde jedoch der eindeutige Wortlaut und die gesetzgeberische Intention entgegen. Denn mit dem 1964 eingefügten sec. 13 Abs. 1a (i) wollte der Gesetzgeber das Schuldprinzip aufweichen und Zerrüttungselemente in das

---

Law S. 153 sieht in der einseitigen Rücknahmemöglichkeit die Gefahr, daß auf einen Ehepartner seitens der Familie großer Druck ausgeübt wird, den Antrag zurückzuziehen, obwohl die Ehe eigentlich gescheitert ist. Allerdings ist auch der umgekehrte Fall denkbar, daß eine Familie, vielleicht um eine neue Mitgift zu erheiraten, Druck ausgeübt hat, den Antrag zu stellen; klarer gesetzgeberischer Wille ist aber, wie die sechsmonatige Bedenkzeit zeigt, die Ehe möglichst zu retten.

321 Erstes Gesetz zur Reform des Ehe- und Familienrechts vom 14.04.1976, mit überwiegenden Teil zum 01.07.1977 in Kraft getreten, BGBl. I S. 1421.

322 Vgl. *Qureshi* Marriage S. 103 f.

Scheidungsrecht des HMA aufnehmen. Auch der Vorschlag, dem Gericht bei einer auf sec. 13 Abs. 1a (i) HMA gestützten Scheidungsklage ein freies Ermessen dahingehend einzuräumen, daß es der Klage nur stattgibt, wenn mehrere Versöhnungsversuche fehlgeschlagen sind oder sonst keine Gründe gegen die Scheidung sprechen, wie beispielsweise das Vorhandensein gemeinsamer Kinder[323], birgt Schwierigkeiten in sich. Denn er könnte zu Rechtsunsicherheit führen und der Judikative Entscheidungsmöglichkeiten gegen den klaren Willen der Legislative ermöglichen. Schließlich könnte überlegt werden, sec. 23 (a) HMA, der das Verbot enthält, aus seinem eigenen Fehlverhalten einen Vorteil zu ziehen, heranzuziehen. Dies wäre jedoch insofern problematisch, da sec. 23 (a) HMA auf dem Verschuldensprinzip fußt, während sec. 13 Abs. 1a HMA auf dem Zerrüttungsprinzip beruht. Würde stets sec. 23 (a) HMA angewandt, würde dies dazu führen, daß die erst 1964 eingefügten Worte in sec. 13 Abs. 1a HMA „*jeder* Ehegatte ... kann ... verlangen ..." weitgehend ins Leere liefen[324].

#### (5) Auflösung nach Gewohnheitsrecht oder regionalen Rechtsvorschriften, sec. 29 Abs. 2 HMA

Schließlich kennt der HMA nach sec. 29 Abs. 2 auch die Möglichkeit der Eheauflösung nach Gewohnheitsrecht oder regionalen Rechtsvorschriften.

---

[323] Vgl. *Qureshi* Marriage S. 104.

[324] In *Sumitra Manna v. Gobinda Chandra Manna* AIR 1988 Cal. 192 (195 f.) wird auch damit argumentiert, daß im Falle eines Trennungsurteils der ehemalige Beklagte nicht mehr verpflichtet sei, mit seinem Ehepartner zusammenzuleben; demzufolge sei seine Berufung auf das Getrenntleben im späteren Scheidungsprozeß keine Berufung auf ein Fehlverhalten. Im dort entschiedenen Fall war der Kläger des Scheidungsprozesses außerdem seiner Verpflichtung zur Unterhaltsleistung nicht nachgekommen. Auch dies führte nach Ansicht des Gerichts nicht dazu, daß sec. 23 (a) HMA anzuwenden war. Begründet wurde dies damit, daß er keinen Vorteil aus seiner Unterhaltspflichtverletzung gezogen habe (dies berechtigte allenfalls seine Ehefrau, Scheidung nach sec. 13 Abs. 2 (iii) HMA einzureichen), sondern er allein deshalb Scheidung begehre, weil das Jahr nach Erlaß des Trennungsurteils verstrichen sei. Siehe auch *Jethabhai Ratanshi Lodaya v. Manabai Jethabhai Lodaya* AIR 1975 Bom. 88 (93 ff.); *Anil Jayantilal Vyas v. Sudhaben* AIR 1978 Guj. 74 ff.; *A.V. Janardhana Rao v. M. Aruna Kumari* AIR 2000 A.P. 127 (130 f.). Andererseits lehnt der Supreme Court in *T. Srinivasan v. Mrs. T. Varalakshmi* AIR 1999 S.C. 595 (595) eine auf sec. 13 Abs. 1a HMA gestützte Scheidungsklage des Mannes aufgrund von sec. 23 (a) HMA in einem Fall ab, in dem der Mann, der einst Kläger im Wiederherstellungsprozeß gewesen war, durch aktives Eingreifen die Frau daran gehindert hatte, dem Wiederherstellungsurteil Folge zu leisten.

Trotz ihrer grundsätzlichen Unauflöslichkeit nach traditionellem hinduistischem Recht war in einigen Gegenden Indiens auch vor 1955 eine Trennung unter bestimmten Umständen anerkannt. Ist ein entsprechendes Gewohnheitsrecht nachweisbar[325], so können die Eheleute gem. sec. 29 Abs. 2 HMA ihre Ehe auch heute noch danach auflösen[326]. Sie können eine Auflösung ihrer Ehe auch auf regionale Rechtsvorschriften stützen, die vor 1955 erlassen und nicht aufgehoben worden sind[327].

### *b) Muslimisches Recht*

Das indisch-muslimische Eherecht hat allein im Bereich der Scheidung eine staatliche Normierung erfahren. Nach sec. 2 des Dissolution of Muslim Marriage Act kann die muslimische Frau aus acht verschiedenen Gründen vor Gericht Scheidungsklage erheben. Sec. 2 (9) DoMMA inkorporiert darüber hinaus auch alle Gründe, die der Frau nach dem traditionellen Recht in den verschiedenen Rechtsschulen eine Scheidung ermöglichen. Relevant ist hier vor allem der Verstoßungseid *(lian)*[328].

Da die Ehe nach muslimischer Auffassung im wesentlichen ein privater Vertrag ist, kann sie auch privat, d.h. außergerichtlich wieder aufgelöst werden. Dies erfolgt entweder einvernehmlich (in Form von *mubaraat* oder *khula*[329])

---

325 Siehe hierzu die Anforderungen in sec. 3 (a) HMA sowie *Asha Rani v. Gulshan Kumar* AIR 1995 P.&H. 287 (289 f.).

326 *Siehe Rajaram Vishwarkama v. Deepabai* AIR 1974 M.P. 52 (53); *Smt. Rita Rani v. Ramesh Kumar* AIR 1995 P.&H. 337 (340); *M. Govindaraju v. K. Munisami Gounder* AIR 1997 S.C. 10 (11); *Gurubasawwa v. Irawwa* AIR 1997 Kant. 87 (92); *Loya Padmaja v. Loya Veera Venkata Govindarajulu* AIR 2000 A.P. 284 ff.

327 Vgl. hierzu genauer *Derrett* § 389 ff.; *Nair* S. 92; sowie *Chellappan Nair v. Madhavi Amma* AIR 1961 Ker. 311 (311 f.).

328 Danach bezichtigt der Mann seine Frau des Ehebruchs, ohne die vom Koran geforderten vier Zeugen beibringen zu können. Die Frau kann darauf die Scheidung verlangen, die ausgesprochen wird, wenn der Mann seine Beschuldigungen, die Frau aber ihre Unschuld beschwört. Siehe hierzu *Diwan* Family Law S. 139, 109; Bergmann/Ferid-*Prader*, Islam S. 18. Neben dem Verstoßungseid kommt über sec. 2 (9) DoMMA auch das traditionelle Scheidungsrecht *ila* (Enthaltsamkeit) und *zihar* (herabsetzender Vergleich der Frau mit eigenen Blutsverwandten des Mannes, z.B. „Du bist mir wie der Rücken meiner Mutter“) in Betracht, siehe auch *Grandinger* S. 150; Bergmann/Ferid-*Agrawal* S. 49.

329 Siehe zu *mubaraat* (gegenseitige Freierklärung) und *khula* (Selbstloskauf der Frau: diese bittet um Scheidung, der Mann stimmt dem zu, daraufhin leistet die Frau eine Abstands-

oder aber einseitig, indem der Mann seine Frau verstößt (*Talaq*[330]). Im Unterschied zu den meisten anderen Ländern, in denen islamisches Familienrecht gilt, ist in Indien das Recht des Ehemannes, seine Frau zu verstoßen, in keinerlei Hinsicht eingeschränkt. Er kann jederzeit einseitig, ohne Angabe von Gründen und ohne Mitwirkung eines Gerichts oder einer Behörde von seinem Recht Gebrauch machen[331]. Die Verstoßung ist unwiderruflich, d.h. die Ehe aufgelöst, wenn er den *Talaq* drei Mal zum Ausdruck gebracht hat[332].

Dieses unbeschränkte und einseitige Verstoßungsrecht der muslimischen Männer wird vor allem im Hinblick auf das Ungleichbehandlungsverbot der Geschlechter kritisiert[333]. Da der indische Gesetzgeber in diesen sensiblen Bereich bislang nicht eingegriffen hat, kann der muslimischen Frau nur auf folgenden beiden Wegen geholfen werden: Anstelle der unzulässigen vertraglichen Abbedingung des Verstoßungsrechts[334] kann für den Fall der Eheauflösung eine so hohe Morgengabe vereinbart werden, daß der Ehemann faktisch daran gehindert wird[335], von diesem Recht Gebrauch zu machen[336]. Auch kann bereits im Ehevertrag der Mann seine Frau ermächtigen, in Fällen, in denen er bestimmten Vereinbarungen zuwider handelt, sich selbst außerge-

---

zahlung): *Mahmood* Islamic Law S. 477; *Chavan* S. 91; *Diwan* Family Law S. 28 f., 155 f.; *ders.* Private International Law S. 280 f.; sowie *Mt. Umar Bibi v. Mohammad Din* AIR 1945 Lah. 51 (53).

330 Siehe hierzu genauer Bergmann/Ferid-*Prader*, Islam S. 16 ff.; *Grandinger* S. 149 f. Auch nach dem Alten Testament, Deuteronomium 24, 1, war die Verstoßung der Ehefrau möglich.

331 *Diwan* Muslim Law S. 44.

332 Ansonsten kann der Mann die Verstoßung durch ausdrückliche Erklärung oder durch den Vollzug des Beischlafs bis zum Ablauf der Wartezeit widerrufen.

333 *Qureshi* Marriage S. 130; *Mahmood* Divorce, Hindustan Times v. 18.02.1973. Verteidigt wird das Verstoßungsrecht hingegen damit, daß der Mann abgeklärter und im Vergleich zur Frau weniger abhängig von Emotionen sei, siehe hierzu *Rohe* StAZ 2001 193 (194).

334 *Saksena* S. 145.

335 Zu bedenken ist allerdings, daß die Vereinbarung einer hohen Morgengabe auch genau das Gegenteil dann bewirken kann, wenn die Scheidung im Interesse der Frau liegt.

336 Siehe nur OLG Celle FamRZ 1998 374 (375); siehe auch *Rohe* StAZ 2001 193 (194 f.); *Grandinger* S. 148. Die Entscheidung des OLG Oldenburg FamRZ 1994 1454 ff., nach der eine dem Ehegatten durch Ehevertrag im Fall einer von ihm veranlaßten Scheidung auferlegte Zahlungsverpflichtung gegen das Persönlichkeitsrecht verstößt, ist zumindest auf einen Sachverhalt mit Berührung zum indisch-muslimischen Recht nicht übertragbar.

richtlich zu verstoßen[337]. Allerdings ist dabei zu prüfen, ob eine solche Klausel im Ehevertrag nicht gegen Grundsätze des muslimischen Rechts verstößt und damit unwirksam ist[338].

### c) Indian Divorce Act

Gestützt einerseits auf die Worte des Neuen Testaments „Was Gott zusammengefügt hat, soll der Mensch nicht scheiden"[339] und andererseits auf das sechste Gebot „Du sollst nicht Ehe brechen", gewährt das indisch-christliche Recht von 1869 kaum Scheidungsmöglichkeiten; nur der Ehebruch erlangt Bedeutung[340]. Dabei unterscheidet der IDA danach, ob der Ehemann oder die Ehefrau die Scheidung begehrt. Während der Mann sich allein auf den Schei-

---

337 *Talaq-i-tafwiz*, siehe beispielsweise *Mirjan Ali v. Mt. Maimuna Bibi* AIR 1949 Ass. 14 (14 f.); *Mohd. Khan v. Mst. Shahmali* AIR 1972 J.&K. 8 (9 f.). Nach *Mangila Bibi v. Noor Hossain* AIR 1992 Cal. 92 ff. kann der Mann sein Verstoßungsrecht nicht nur für bestimmte Fälle, sondern generell delegieren.

338 Vgl. z.B. *Joygun Nessa Bibi v. Mahammad Ali* AIR 1938 Cal. 71 (72, 74), wo sich eine Frau nicht auf eine Klausel ihres Ehevertrages berufen konnte, in der sie ihr Mann für den Fall zur Scheidung ermächtigt hatte, daß er nicht mehr gewillt ist, in ihrem Elternhaus zu leben. In *Mst. Jani v. Mohd. Khan* AIR 1970 J.&K. 154 (155) wurde eine Berufung auf eine Vereinbarung, nach der die Frau sich selbst verstoßen kann, wenn der Mann unehrlich oder ungehorsam gegenüber seinem Schwiegervater ist, abgelehnt, da eine solche gegen das öffentliche Interesse verstoße. Andererseits wurde in *Buffatan Bibi v. Sheikh Abdul Salim* AIR 1950 Cal. 304 (304 f.) eine Klausel als wirksam betrachtet, wonach im Falle von Unstimmigkeiten der Mann Trennungsunterhalt zahlen sollte und bei einem Verstoß gegen diese vertraglich vereinbarte Pflicht, seine Frau ein abgeleitetes Scheidungsrecht ausüben können sollte. Ebenso wurde ein Verstoß gegen die Grundsätze des muslimischen Rechts in *Saifuddin Sekh v. Mst. Soneka Bibi* AIR 1955 Ass. 153 (153 f.) in einem Fall abgelehnt, in dem vereinbart worden war, daß die Frau sich selbst verstoßen kann, wenn ihr Mann weitere Ehefrauen ohne ihre Zustimmung in sein Haus aufnimmt. Siehe zur vertraglichen Vereinbarung eines abgeleiteten Scheidungsrechts in Polygamiefällen auch unten C.I.1.a)(2)(a), S. 94 ff.

339 Matthäus 19, 6; Markus 10, 9. Das kanonische Recht kennt bis heute keine Möglichkeit der Ehescheidung. So besagt can. 1141 CIC, daß die Ehe unter Christen „durch keine menschliche Gewalt und aus keinem Grunde, außer dem Tod, aufgelöst" werden kann. Die anglikanische Kirche verbot die Scheidung bis 1857; siehe hierzu Bergmann/Ferid-*Prader*, Protestanten S. 5.

340 Neben dem Ehebruch kann allerdings die Frau eine Scheidung auch auf Notzucht oder „widernatürliche Unzucht" stützen. Siehe auch Matthäus 5, 32; 19, 9; im Rahmen der Scheidung ist grundsätzlich noch auf sec. 12 - 14 IDA hinzuweisen.

dungsgrund des Ehebruchs stützen kann, muß die Frau zusätzlich noch beweisen, daß der Ehebruch mit Blutschande (Inzest)[341], einer Zweitehe[342], Grausamkeit[343] oder böslichem Verlassen[344] verbunden war. Das indisch-christliche Scheidungsrecht wird als reformbedürftig empfunden[345].

Einen Ausweg könnte sec. 7 IDA weisen, über den alle Scheidungsgründe des heutigen englischen Eherechtes in den IDA inkorporiert werden könnten. Die Rechtsprechung hat dies jedoch abgelehnt[346]. Zu bedenken ist auch, daß andernfalls zur Verwirklichung einer Gesetzesänderung nicht der Weg über die demokratisch legitimierte Legislative gewählt, sondern auf das Recht der ehemaligen Kolonialmacht zurückgegriffen würde. Eine Ausweitung des christlichen Scheidungsrechts durch analoge Anwendung der Vorschriften anderer indischer Ehegesetze auf das christliche Recht hat die Rechtsprechung ebenfalls abgelehnt[347].

Es könnte jedoch ein Verstoß gegen Art. 15 der indischen Verfassung (Verbot der Diskriminierung allein aufgrund des Geschlechts) zu bejahen sein. In einer Entscheidung aus dem Jahr 1953[348] war dies allerdings mit der Begründung abgelehnt worden, daß für die Ungleichbehandlung von Mann und Frau ein sachlicher Grund gegeben sei. Dieser wurde darin gesehen, daß der Ehebruch des Mannes insofern weniger schwerwiegend sei, als er dabei kein Kind empfangen und dem Partner als dessen eigenes unterschieben könne, damit dieser Unterhalt zahle. Allerdings erklärte jener Richter 1953 ausdrücklich, daß er die Frage nicht abschließend entscheide. Mit dem Fortschritt in der Medizin, der einerseits die Möglichkeiten der Vaterschaftsfeststellung verbessert, andererseits die Methoden der künstlichen Empfängnisverhütung erleichtert hat, ist diese Unterscheidung heute nicht mehr gerechtfertigt. Die

---

[341] Nach sec. 10 Abs. 2 Nr. 2 IDA i.V.m. sec. 3 (vi) IDA ist darunter zu verstehen, daß der Mann außerehelichen Geschlechtsverkehr mit einer Frau hatte, die er aufgrund des Eheverbots der Verwandtschaft und Schwägerschaft nicht heiraten dürfte.

[342] Sec. 10 Abs. 2 Nr. 3, 4 und 1 i.V.m. sec. 3 (8) IDA.

[343] Sec. 10 Abs. 2 Nr. 6 IDA.

[344] Sec. 10 Abs. 2 Nr. 7 IDA.

[345] *N. Sarada Mani v. G. Alexander* AIR 1998 A.P. 157 (160); siehe auch *Beri* S. 188.

[346] *Reynold Rajamani v. Union of India* AIR 1982 S.C. 1261 (1262 f.).

[347] *Reynold Rajamani v. Union of India* AIR 1982 S.C. 1261 (1263 f.).

[348] *Dr. Dwaraka Bai v. Professor Nainan Mathews* AIR 1953 Mad. 792 (799 ff.).

neuere indische Rechtsprechung sieht deshalb in der Ungleichbehandlung des IDA im Rahmen der Scheidung einen Verfassungsverstoß[349].

Darüber hinaus dehnt die jüngere Rechtsprechung die Scheidungsmöglichkeiten sogar dergestalt aus, daß sie die einzelnen Scheidungsgründe nicht kumulativ, sondern alternativ versteht. Damit kann auch – ohne daß ein Ehebruch vorliegt – allein bei Bejahung von Inzest, einer Zweitehe, Religionswechsel, Grausamkeit oder Verlassen der ehelichen Gemeinschaft sowohl der Frau, als auch dem Mann die Scheidung gewährt werden[350]. Hierzu kann man sich auf sec. 22 IDA stützen, wonach im Falle von Ehebruch, Grausamkeit und Verlassen der ehelichen Gemeinschaft beiden Ehepartnern, also Ehemann wie Ehefrau, ein auf gerichtliche Trennung lautendes Urteil ermöglicht[351]. Allerdings wird eine Ausdehnung der Scheidungsgründe des sec. 10 IDA mit dem Hinweis auf die äußerste Grenze des Wortlauts auch ausdrücklich abgelehnt[352].

---

349 *Ammini E.J. v. Union of India* AIR 1995 Ker. 252 (264 ff.); siehe auch *Nigam* S. 467. Allerdings ist bei der verfassungsrechtlichen Beurteilung kodifizierter Personalrechte in anderem Zusammenhang teilweise auch eine starke Zurückhaltung der Judikative zu beobachten. Es wird unter anderem damit argumentiert, daß die Verfassung nur die Ungleichbehandlung *allein* wegen des Geschlechts oder der Religion verbiete, während die Differenzierung meist *auch* historische Gründe habe. Siehe auch *Anil Kumar Mahsi v. Union of India* SCJ 1995 (1) 90 (94); *Krishna Singh v. Mathura Ahir* AIR 1980 S.C. 707 (712).

350 Eine derartige Ausdehnung zugunsten des Mannes befürwortend: *N. Sarada Mani v. G. Alexander* AIR 1998 A.P. 157 (161 f.); zugunsten der Frau befürwortend: *Ammini E.J. v. Union of India* AIR 1995 Ker. 252 (274); *Vimala Shantha Bai v. Vinod Reuben Vedanayagam* AIR 2000 Mad. 218 (221 f.). In *Vimala Shantha Bai v. Vinod Reuben Vedanayagam* AIR 2000 Mad. 218 ff. wird einer Scheidungsklage auch mit der Begründung stattgegeben, daß die Ehe zerrüttet sei.

351 Bei einer gerichtlichen Trennung nach sec. 22 IDA sind die Eheleute zwar weiterhin verheiratet, gelten allerdings gem. sec. 24, 25 IDA in vertraglicher, deliktischer, vermögensrechtlicher und prozessualer Hinsicht als unverheiratet; es besteht kein gesetzliches Ehegattenerbrecht mehr.

352 *Rajesh Premchand Suryawanshi v. Sau. Ujwala Rajesh Suryawanshi* AIR 2000 Bom. 369 (369 ff.). Im Fall hatte der Ehemann einen Scheidungsantrag nach sec. 10 IDA allein auf das Verlassen der ehelichen Gemeinschaft (*desertion*) gestützt. Die Richter wiesen auch auf *Reynold Rajamani v. Union of India* AIR 1982 S.C. 1261 ff. hin, wo der Supreme Court es abgelehnt hatte, eine einverständliche Scheidung nach dem Indian Divorce Act zu ermöglichen. Hierzu ist allerdings anzumerken, daß eine Konventionalscheidung in sec. 10 IDA, anders als das Verlassen der ehelichen Lebensgemeinschaft, überhaupt keine Erwähnung findet.

Ebenso wie sec. 20 IDA für Nichtigkeitsurteile verlangt sec. 17 IDA die Bestätigung von Scheidungsurteilen eines District Court durch den High Court. Auch dies ist nicht unproblematisch. Daher wird verlangt, sec. 17 IDA zu streichen[353].

### d) Parsi Marriage and Divorce Act

Auch die Scheidungsgründe des sec. 32 PMaDA setzen im wesentlichen gravierende Verfehlungen eines Ehepartners voraus. Da das parsische Recht die Kategorie der vernichtbaren Ehe nicht kennt, hat es auch Umstände, die bereits zum Zeitpunkt der Eheschließung vorlagen, als Scheidungsgründe normiert. Wie im hinduistischen Eherecht kann auch ein Parse gem. sec. 34 PMaDA bei Vorliegen einer der Gründe, die ihn zur Scheidung berechtigen würden, statt eines Antrags auf Scheidung einen solchen auf gerichtliche Trennung stellen.

Seit 1988 haben durch den neu eingefügten sec. 32a PMaDA jedoch auch Zerrüttungselemente in das parsische Recht Eingang gefunden. Wie nach sec. 13 Abs. 1a HMA kann seither eine Scheidungsklage beider Ehepartner darauf gestützt werden, daß das eheliche Leben nach einem Trennungs- oder Herstellungsurteil nicht wiederaufgenommen worden ist[354]. Ebenfalls 1988 wurde ein sec. 13B HMA entsprechender sec. 32b in den PMaDA eingefügt, der den Ehegatten unter den gleichen Voraussetzungen wie im HMA eine einverständliche Scheidung ermöglicht.

Neben der Scheidung nach sec. 32, 32a und 32b kennt der PMaDA in sec. 31[355] auch die Möglichkeit der Eheauflösung ex nunc, wenn ein Ehepartner seit mindestens sieben Jahren verschollen ist.

---

[353] *Mrs. Neena v. John Pormer* AIR 1985 M.P. 85 (87); *Beri* S. 41; kritisch auch *Ramanathan* AIR 2000 J. 12 (14); *Nigam* S. 466 f. Im Bundesstaat Uttar Pradesh wurde sec. 17 1957 landesrechtliche aufgehoben; es bedarf dort also keiner Bestätigung mehr durch den High Court.

[354] Beachte allerdings die Einschränkung in sec. 32a Abs. 2 PMaDA.

[355] In der deutschen Übersetzung in Bergmann/Ferid, Länderteil Indien fehlt die Numerierung dieser Vorschrift.

### e) Ziviles Eherecht

Das zivile Eherecht des Special Marriage Acts[356] ist auch bezüglich der Scheidung und gerichtlichen Trennung weitgehend identisch mit dem Hindu Marriage Act. Es normiert in sec. 27 Abs. 1 SMA für beide Eheleute und in Abs. 1a allein für die Frau verschiedene, vorwiegend auf dem Verschuldensprinzip beruhende Gründe, auf die ein Scheidungsbegehren gestützt werden kann. Im Unterschied zum HMA kennt es allerdings keine Scheidungsgründe, die allein im Religiösen wurzeln[357]. Wortlautgleich mit sec. 13 Abs. 1a HMA gewährt sec. 27 Abs. 2 SMA beiden Eheleuten eine auf dem Zerrüttungsprinzip fußende Scheidung, wenn die eheliche Lebensgemeinschaft über einen Zeitraum von mindestens einem Jahr nach Erlaß eines Trennungs- oder Wiederherstellungsurteils nicht wiederaufgenommen worden ist. Unter denselben Voraussetzungen wie in sec. 13B HMA ist auch eine einverständliche Scheidung gem. sec. 28 nach dem SMA möglich[358].

Wie nach sec. 10 HMA können die Ehepartner auch nach sec. 23 SMA statt einer Scheidung einen Antrag auf gerichtliche Trennung ihrer Ehe stellen. Anders als der HMA kennt der SMA in sec. 23 Abs. 1 (b) die Möglichkeit der gerichtlichen Trennung auch bei Nichterfüllung eines Wiederherstellungsurteils. Im Unterschied zu einer auf diesen Tatbestand gestützten Scheidung gem. sec. 27 Abs. 2 (ii) SMA muß seit Erlaß des Wiederherstellungsurteils nicht mindestens ein Jahr vergangen sein. Nach dem HMA kann in diesem Falle gem. sec. 13 Abs. 1a (ii) nur ein Scheidungsurteil verlangt werden. Im HMA findet sich keine sec. 23 Abs. 1 (b) SMA entsprechende Normierung; die Möglichkeit eines Trennungsurteils nach sec. 13 a HMA besteht mangels Verweisung auf sec. 13 Abs. 1a (ii) HMA nicht.

Auch nach dem SMA ist gem. sec. 34 (e) zu beachten, ob die Klage auf Scheidung oder gerichtliche Trennung ohne unnötigen und unangemessenen Ver-

---

356 Der FMA enthält in sec. 18 auch bezüglich Scheidung/gerichtlicher Trennung eine Verweisung auf die Vorschriften des SMA.

357 Nämlich den Religionsübertritt und die Entsagung von weltlichen Dingen durch Eintritt in einen religiösen Orden; sec. 13 Abs. 1 (ii) und (vi) HMA.

358 Hierbei hat das Gericht, wie nach sec. 23 HMA den sec. 34 (c) SMA zu beachten. Ferner kennt der SMA für alle Scheidungen in sec. 29 eine sec. 14 HMA entsprechende Schutzfrist für junge Ehen; ähnlich wie sec. 13A HMA räumt sec. 27a SMA dem Gericht ein Ermessen ein, statt auf Scheidung auf gerichtliche Trennung zu erkennen, wenn nicht ein Ehepartner verschollen ist.

zug erhoben worden ist. Doch ist die Rechtsprechung hier ebenfalls großzügig[359].

## 3. Wiederherstellung der ehelichen Rechte

Alle Eherechte Indiens kennen nicht nur gerichtliche Möglichkeiten der Eheauflösung, sondern auch eine Klage, die darauf gerichtet ist, die Ehe zu bewahren.

### *a) Hindu Marriage Act*

Hat sich ein Ehepartner ohne triftigen Grund der ehelichen Lebensgemeinschaft entzogen, so kann der andere gem. sec. 9 HMA auf Wiederherstellung der ehelichen Rechte *(restitution of conjugal rights)* klagen. Die Beweislast für das Vorliegen eines rechtfertigenden Grundes für sein Verhalten trifft denjenigen, der die eheliche Lebensgemeinschaft aufgehoben hat[360]. Ist ein Wiederherstellungsurteil ergangen, wird diesem jedoch zuwider gehandelt, kann eine Geldstrafe auferlegt werden, die ggf. mittels Pfändung zu vollstrecken ist[361].

Die Wiederherstellungsklage ist aus zwei Gründen problematisch. Zum einen kommt es immer wieder vor, daß sec. 9 HMA dazu instrumentalisiert wird, eine Unterhaltsklage der Ehefrau abzuwehren[362]. Zum anderen besteht die

---

359 *Jyotish Chandra Guha v. Sm. Meera Guha* AIR 1970 Cal. 266 (274), wo ein unnötiger bzw. unangemessener Verzug bei einer Klageeinreichung nach fast zwei Jahren verneint wurde mit dem Hinweis, es sei zu verstehen, daß die Frau noch habe abwarten wollen, bis ihre jüngere Schwester verheiratet sei und daß sie eine „natürliche Furcht" vor einem öffentlichen Skandal habe, nämlich davor daß die Ehre ihrer Familie beschädigt und sie selbst eine unerwünschte Person im sozialen Leben werde.

360 Vgl. Erläuterungen zu sec. 9 HMA.

361 *Derrett* § 306; *Diwan* Private International Law S. 326 f.

362 Siehe beispielsweise *Smt. Sushil Kumari Dang v. Prem Kumar Dang* AIR 1976 Del. 321 (324 ff.); *Smt. Sumanbai v. Anandrao Onkar Panpatil* AIR 1976 Bom. 212 (215); *Mohinder Singh v. Harbans Kaur* AIR 1992 P.&H. 8 (11). In *Teja Singh Subedar Santa Singh v. Sarjit Kaur* AIR 1962 Punj. 195 (195 f.) hatte die Frau den Mann verlassen und ohne seinen Widerstand jahrelang bei ihren Eltern gelebt. Zwischen den Eheleuten hatte keinerlei Kontakt mehr bestanden und es war auch nicht versucht worden, diesen wieder aufzunehmen. Nach rund sieben Jahren verklagte die Ehefrau ihren Mann auf Unterhalts-

Gefahr eines Mißbrauchs auch dahingehend, daß jemand nur deshalb auf Wiederherstellung klagt, um sich so den Weg zur Scheidung über sec. 13 Abs. 1a (ii) HMA zu ebnen. Daher prüft die Rechtsprechung als ungeschriebenes Tatbestandsmerkmal des sec. 9, ob seitens des Klägers tatsächlich der ernsthafte Wunsch zur Aufrechterhaltung der ehelichen Gemeinschaft besteht[363]. In Zweifelsfällen sollte allerdings im Hinblick auf das Gebot eines Versöhnungsversuches des sec. 23 HMA dem Antrag nach sec. 9 HMA stattgegeben werden[364].

Daß sec. 13 Abs. 1a (ii) HMA dem Gegner des Wiederherstellungsprozesses nach einem Jahr Nichtaufnahme ehelichen Lebens trotz entsprechenden Urteils die Scheidung gestattet, ist einerseits bedenklich, denn Voraussetzung ist, daß er sich einem gerichtlichen Urteil widersetzt hat. Andererseits würde man ansonsten jemanden zu einer Ehe zwingen, der klar zu erkennen gegeben hat, daß er die eheliche Lebensgemeinschaft für gescheitert hält, indem er sich geweigert hat, sie trotz Geldstrafe und ggf. Pfändung wiederaufzunehmen. Der Gesetzgeber hat hier bewußt Zerrüttungselemente eingefügt. Das Verbot in sec. 23 HMA, aus seinem eigenen Fehlverhalten Vorteile zu ziehen, ist insofern im Sinne des später eingeführten Scheidungsgrundes des sec. 13 Abs. 1a (ii) HMA einzuschränken, als die Nichtwiederaufnahme des ehelichen Lebens allein nicht dazu führt, einen Scheidungsantrag abzulehnen[365]. Anders ist dies allerdings, wenn der Scheidungskläger Rückkehrbemühungen aktiv verhindert hat[366].

---

zahlung, woraufhin er sofort Klage auf Wiederherstellung der ehelichen Lebensgemeinschaft erhob.

363 *B. R. Syal v. Smt. Ram Syal* AIR 1968 P.&H. 489 (492). In *G. Ramakrishna Pillai v. J. Vijayakumari Amma* AIR 1990 Ker. 55 (62 ff.) reichte der Ehemann erst sieben Jahre nach der Trennung Wiederherstellungsklage ein, so daß das Gericht seinen ernsthaften Willen bezweifelte und zusätzlich die Klage wegen unnötigen Verzugs nach sec. 23 Abs. 1 HMA ablehnte.

364 *Qureshi* Marriage S. 84.

365 *Smt. Bimla Devi v. Singh Raj* AIR 1977 P.&H. 167 (173 ff.); *Anil Jayantilal Vyas v. Sudhaben* AIR 1978 Guj. 74 ff.; *Sm. Mita Gupta v. Prabir Kumar* Gupta AIR 1989 Cal. 248 (253 f.).

366 *B. R. Syal v. Smt. Ram Syal* AIR 1968 P.&H. 489 (495); *Sm. Mita Gupta v. Prabir Kumar Gupta* AIR 1989 Cal. 248 (253 f.). In *O.P. Mehta v. Smt. Saroj Mehta* AIR 1986 Del. 327 (328 f.) war eine auf sec. 13 Abs. 1a (ii) HMA gestützte Scheidung abgelehnt worden, da der Kläger nach einem Wiederherstellungsurteil zunächst Scheidung wegen Ehebruchs

### b) Muslimisches Recht

Da die Moslems die Ehe als Vertrag verstehen, kann die Pflicht zur ehelichen Lebensgemeinschaft wie jede andere vertragliche Pflicht gerichtlich durchgesetzt werden, wenn sich ein Ehepartner dieser Pflicht ohne rechtfertigenden Grund entzieht[367]. Einen solchen Rechtfertigungsgrund kann beispielsweise die Frau für sich in Anspruch nehmen, solange der Ehemann den bereits bei Eheschließung zu entrichtenden Teil der Morgengabe nicht gezahlt hat[368].

### c) Indian Divorce Act, Parsi Marriage and Divorce Act, Special Marriage Act und Foreign Marriage Act

Auch das christliche, parsische und zivile Eherecht kennen eine Klage auf Wiederherstellung der ehelichen Lebensgemeinschaft, wenn sich ihr ein Ehegatte ungerechtfertigt entzogen hat[369]. Nach christlichem Recht ist zu beachten, daß eine Rechtfertigung nur dann bejaht werden kann, wenn derjenige, der die eheliche Lebensgemeinschaft aufgehoben hat, Gründe vortragen kann, die ihrerseits eine Klage auf Nichtigkeit oder auf gerichtliche Trennung begründen würden[370]. Nach parsischem Recht genügt es hinsichtlich sec. 36 Alt. 1 PMaDA, wenn der andere ohne triftigen Grund verlassen wurde. Nach

---

eingereicht, die Frau aus dem Haus geworfen und gedroht hatte, sie umzubringen, wenn sie wiederkäme; nach Ansicht des Gerichts konnte er sich wegen sec. 23 HMA nicht ein Jahr später darauf stützen, daß seine Frau dem Wiederherstellungsurteil nicht Folge geleistet hatte. Siehe andererseits auch *Dharmendra Kumar v. Usha Kumar* AIR 1977 S.C. 2218 (2219 f.), wo die Scheidungsklage der ehemaligen Klägerin im Wiederherstellungsprozesses nicht nach sec. 23 HMA allein deshalb abgelehnt wurde, weil sie sich geweigert hatte, seine Briefe zu empfangen und zu beantworten und seiner Einladung, bei ihm zu leben, nicht Folge geleistet hatte.

[367] *Chavan* S. 89, 105; *Qureshi* Marriage S. 100; siehe auch *Itwari v. Smt. Asghari* AIR 1960 All. 684 ff.; *Smt. Shahina Praveen v. Mohd. Shakeel* AIR 1987 Del. 210 ff. *Mahmood* Islamic Law S. 380 ist zwar der Ansicht, daß eine Wiederherstellungsklage dem islamischen Recht fremd sei. Sie wird von den Gerichten aber zumindest als indisch-muslimisches Gewohnheitsrecht anerkannt.

[368] *Wilayat Husain v. Allah Rakhi* ILR 2 (1880) All. 831 (831 f.); *Nasrat Husain v. Hamidan* ILR 4 (1882) All. 205 (205 f.); in *Abdul Kadir v. Salima* ILR 8 (1880) All. 149 ff. wird nicht die Klage abgewiesen, sondern nur die Vollstreckung von der Zahlung abhängig gemacht; ablehnend *Qureshi* Marriage S. 89 f.

[369] Sec. 32 IDA, sec. 36 PMaDA, sec. 22 SMA auf den sec. 18 FMA verweist.

[370] Sec. 33 IDA.

sec. 36 Alt. 2 PMaDA kann eine Wiederherstellungsklage allerdings auch darauf gestützt werden, daß es ein Ehepartner ohne gesetzlichen Grund unterläßt, den Beischlaf zu vollziehen. Die Anforderungen an den „gesetzlichen Grund" sind höher als an den „triftigen Grund" der ersten Alternative; hier kann nur das vorgetragen werden, was zur Auflösung der Ehe nach sec. 30 ff. PMaDA berechtigen würde.

Wurde dem Wiederherstellungsurteil über einen Zeitraum von mindestens einem Jahr nicht nachgekommen, so sehen das parsische und die zivilen Eherechte eine Scheidungsmöglichkeit vor[371]. Deshalb sollte man, wie im Recht der Hindus, ebenfalls sorgfältig prüfen, ob seitens des Antragstellers der ernsthafte Wille besteht, das eheliche Leben wiederaufzunehmen.

## 4. Vergleich und Anwendbarkeit in Deutschland

### *a) Fehlerfolgen*

#### (1) Ipso-iure-Nichtigkeit

Bis auf das christliche Recht kennen alle indischen Eherechte die ipso iure nichtige *(void, batil)* Ehe bei fundamentalen Mängeln. Das deutsche Recht sieht hingegen in § 1313 BGB ein Aufhebungsmonopol der Gerichte vor, d.h. die Auflösung der Ehe erfolgt nur durch ein Gestaltungsurteil. Auch nach dem bis zum 1. Juli 1998 gültigen § 23 EheG trat die Nichtigkeitsfolge nicht ipso iure ein. Denn dort war festgelegt, daß sich niemand auf die Nichtigkeit einer Ehe berufen könne, solange kein entsprechendes Nichtigkeitsurteil ergangen sei. Grund hierfür war und ist, daß in Statusfragen mit potentiell weitreichenden Konsequenzen durch gerichtliche Feststellung größtmögliche Sicherheit erlangt werden soll. Dies, so könnte man meinen, müßte um so mehr bei Fällen mit Auslandsberührung gelten, da hier die Frage, ob eine Ehe bereits besteht, wesentlich schwerer nachzuprüfen ist. Allein ein Nichtigkeitsurteil, so könnte man vertreten, biete hier hinreichende Sicherheit.

---

[371] Sec. 32a PMaDA; sec. 27 Abs. 2 (ii) SMA auf den sec. 18 FMA ebenfalls verweist.

Dies wird jedoch mit Recht überwiegend abgelehnt[372]. Die Unwirksamkeit der Ehe nach indischem Recht besteht grundsätzlich auch in Deutschland ohne gerichtlichen Ausspruch. Denn der im deutschen Recht normierte Gedanke, daß eine zustande gekommene Ehe so lange besteht, bis sie durch Urteil für nichtig erklärt worden ist, ist nicht so grundsätzlich, daß er sich über den ordre-public-Vorbehalt gegenüber dem indischen Recht durchsetzen müßte[373]. Auch das deutsche Recht kennt das Institut der Nichtehe[374], auf deren Nichtbestehen sich jedermann berufen kann, ohne daß es eines gerichtlichen Gestaltungsurteils bedarf[375]. Hätte der Gesetzgeber gewollt, daß es in Fällen, in denen ausländisches Recht auch aus anderen Gründen als das deutsche Recht eine Nichtehe vorsieht, stets ein gestaltendes Gerichtsurteil bedarf, hätte er dies, wie im Fall von Art. 13 Abs. 3 und Art. 17 Abs. 2 EGBGB, mittels einer Exklusivklausel festlegen können[376]. Aus dem Fehlen einer solchen Klausel für die Feststellung einer Nichtehe ist der Gegenschluß zu ziehen, daß aus Sicht des deutschen Gesetzgebers Statusfragen bei internationalen Bezügen nicht untrennbar mit Gestaltungsklagen verbunden sind. Außerdem kann dem Gedanken der größtmöglichen Sicherheit in Statusfragen, der hinter dem Festhalten an einer gerichtlichen Feststellung steht, auch auf andere Weise Rechnung getragen worden sein. Beispielsweise[377] kann durch ein in Indien durchgeführtes Strafverfahren feststehen, daß eine Ehe gegen das

---

372 BGH FamRZ 1991 300 (303); OLG Hamburg StAZ 1988 132 (133); *Henrich* StAZ 1960 100 (100); Soergel-*Schurig* Art. 13 Rn. 105; Staudinger-*v. Bar/Mankowski* Art. 13 Rn. 257, 452 ff.; MünchKomm-*Coester* Art. 13 Rn. 79 (anders noch Vorauflage).

373 So aber *Böhmer* StAZ 1969 85 (89); *Ficker* StAZ 1952 116 (117).

374 Seit der Gesetzesänderung zum 01.07.1998 wird vertreten, daß der Begriff der Nichtehe nicht mehr erforderlich sei, sondern man zur allgemeinen Begrifflichkeit des Zivilrechts, und damit zur Bezeichnung „nichtige Ehe“ zurückkehren könne, siehe *Firsching/Graba* Rn. 73. Um Verwirrungen zu vermeiden, wird im Rahmen dieser Arbeit allerdings weiter der Ausdruck der Nichtehe verwendet.

375 *Schlüter* S. 21; *Schwab* Rn. 51; RGRK–*Lohmann* v. § 1313 Rn. 3; MünchKomm-*Müller-Gindullis* § 1310 Rn. 24. Fachausschuß-Nr. 2907 FamRZ 1985 281 (281) übersetzt *void* daher mit Nichtehe; bis zum 01.07.1998 bedeutete die Nichtigkeit, anders als sonst im BGB, daß die Ehe bis zur rechtskräftigen Nichtigkeitserklärung wirksam war; mit der Aufhebung der nichtigen Ehe durch das Eheschließungsreformgesetz 1998 soll hier daher Nichtigkeit wieder im Sinne des übrigen BGB verstanden werden, so daß *void/batil* mit nichtig, *voidable* aber mit vernichtbar/anfechtbar übersetzt wird. Siehe auch *Firsching/Graba* Rn. 73.

376 Staudinger-*v. Bar/Mankowski* Art 13 Rn. 452.

377 Siehe hierzu auch *Raape* FamRZ 1959 478 (480 f.).

Verbot der Polygamie verstößt. Würde man gleichwohl von dem nicht durch eine Erstehe verbundenen Partner einer bigamischen Ehe verlangen, daß er zunächst den Ausgang eines mitunter langwierigen und kostenintensiven Nichtigkeitsklageverfahrens abwarten muß, würde man ihn in seiner Eheschließungsfreiheit unzumutbar einschränken. Kann, im Beispiel fortfahrend, mit hinreichender Sicherheit von einer bigamischen Ehe ausgegangen werden – infolge eines Strafverfahrens oder aber in sonstiger Weise –, dann sollte der deutsche Standesbeamte den nicht bereits durch eine Ehe verbundenen Partner auch ohne Nichtigkeitsurteil als ledig behandeln. Denn allenfalls der Zweck, nicht aber das Mittel ist Bestandteil unseres ordre public[378]. Im Interesse des internationalen Entscheidungseinklangs sollte der ordre public hier – wie stets – in engen Grenzen angewandt werden.

Auch die schwebend unwirksame (*fasid*) Ehe des muslimischen Rechts, die zunächst grundsätzlich keine Rechtswirkungen entfaltet, aber einer Heilung zugänglich ist, ist dem deutschen Recht nicht ganz fremd. Denn auch nach § 1310 Abs. 3 BGB kann eine Ehe, auf deren Nichtbestehen sich jedermann ohne Nichtigkeitserklärung berufen kann, geheilt werden.

Im Zweifel gilt für alle indischen Rechte in favorem matrimonii die Vermutung, daß eine Ehe gültig, ein Kind aus der Verbindung legitim ist[379].

### (2) Ex-tunc- und ex-nunc-Wirkung

Nach christlichem Recht ist eine Ehe nur durch gerichtliches Urteil mit ex-tunc-Wirkung vernichtbar. Darin lehnt sich das indisch-christliche Recht von 1872 an das damals geltende britische Recht an. Die gleiche Wurzel im englischen Eherecht hat die entsprechende Fehlerkategorie der *voidable* Ehe des HMA und SMA. Das deutsche Recht kennt hingegen seit 1998 in §§ 1313 ff. BGB nur noch eine Auflösung der Ehe mit ex-nunc-Wirkung. Im Hinblick

---

378 *Raape* FamRZ 1959 478 (480).

379 Siehe sec. 114 Evidence Act, sowie im einzelnen genauer: *Rajaram Vishwakarma v. Deepabai* AIR 1974 M.P. 52 (55); *Ningu Vithu Bamane v. Sadashiv Ningu Bamane* AIR 1987 Bom. 27 (30 f.); *S.P.S. Balasubramanyam v. Suruttayan* AIR 1992 S.C. 756 f.; *Gurubasawwa v. Irawwa* AIR 1997 Kant. 87 (93). Zum muslimischen Recht genauer: *Mt. Bashiran v. Mohammad Husain* AIR 1928 Oudh 284 (285); *Syed Amanullah Hussain v. Rajamma* AIR 1977 A.P. 152 (153); *Commissioner of Income Tax, Andhra Pradesh v. Nawab Mir Barkat Ali Khan* AIR 1991 S.C. 331 (334); *M. Jainoon v. M. Ammanulla Khan* AIR 2000 Mad. 381 (386). Vgl. auch *Re Ullee* (1885) 53 Law Times Reports N.S. 711, abgedruckt in *Fyzee* Cases 124 (127).

auf den ordre public ist die Rückwirkung des Nichtigkeitsurteils der indischen Rechte jedoch unproblematisch, da das deutsche Ehegesetz eine ex-tunc-Wirkung bis zum 01.07.1998 grundsätzlich ebenfalls kannte[380].

Die seit dem 01.07.1998 im deutschen Recht bestehende Möglichkeit der Aufhebung der Ehe mit ex-nunc-Wirkung[381] ist den indischen Personalrechten im wesentlichen unbekannt. Nur das parsische Recht kennt Vergleichbares, indem es gewisse Mängel, die bereits bei Eheschließung vorliegen, als für die Zukunft wirkende Scheidungsgründe ausgestaltet hat. Und ansonsten ist zu bedenken, daß auch die indischen Rechte die Rückwirkung eines Nichtigkeitsurteils zum Schutz der Kinder durchbrochen haben.

### *b) Scheidung und gerichtliche Trennung*

#### (1) Scheidung

Die kodifizierten Rechte Indiens kennen im wesentlichen enumerativ aufgelistete Scheidungsgründe, die auf dem Verschuldensprinzip fußen. Das Scheidungsrecht in Deutschland beruht hingegen seit 1977 allein auf dem Gedanken der Zerrüttung[382], wodurch der personale Charakter der realen zwischenmenschlichen Beziehung gegenüber dem institutionellen Eheverständnis stärker in den Vordergrund gerückt ist. Allerdings finden sich auch im deutschen (Scheidungsfolgen-) Recht noch Schuldmomente, so in § 1381 Abs. 2 BGB (Zugewinnausgleich), § 1579 Nr. 5, 6 BGB (Unterhalt), §§ 1587c Nr. 1, 3, 1587h Nr. 3 (Versorgungsausgleich).

Auch im HMA, SMA und PMaDA wurde das reine Schuldprinzip immer stärker aufgeweicht, zum einen dadurch, daß die einzelnen Schuldgründe erweitert[383], zum anderen, indem die Konventionalscheidung und Elemente der

---

380 Trotz grundsätzlicher Rückwirkung des Nichtigkeitsurteil blieben aber viele personenrechtliche Wirkungen für die Vergangenheit bestehen.

381 Die Neuerung begrüßend MünchKomm-*Müller-Gindullis* § 1313 Rn. 2; *Muscheler* JZ 1997 1142 (1148); kritisch hingegen Staudinger-*Klippel* Vorbem. zu § 1313 ff. Rn. 18.

382 § 1565 Abs. 1 BGB; bis 1977 gewährte auch das deutsche Recht nur bei konkreten schuldhaften Verfehlungen des anderen grundsätzlich ein Scheidungsrecht, wobei 1938 durch § 55 a.F. auch bereits das Zerrüttungsprinzip Eingang in das deutsche Recht gefunden hatte.

383 Mußte man beispielsweise früher in Ehebruch leben, so reicht seit der Gesetzesänderung 1976 heute bereits der einmalige außereheliche Geschlechtsverkehr aus; im Rah-

Zerrüttung eingeführt wurden. Es kann allerdings nach diesen Eherechten zu Situationen kommen, in denen eine Ehe zwar gescheitert ist, aber nicht aufgehoben werden kann, weil entweder kein Einverständnis herrscht oder kein Trennungs- bzw. Wiederherstellungsurteil vorliegt. Zum Teil wird daher auch in Indien gefordert, daß eine Scheidung allein dann gewährt werden soll, wenn eine Ehe infolge längerfristigen Getrenntlebens als gescheitert zu betrachten ist[384]. Denn Vorteil des Zerrüttungsprinzips ist, daß der Eingriff in die Privatsphäre, das „Waschen schmutziger Wäsche" vor Gericht reduziert werden kann. Andererseits ist zu bedenken, daß eine Liberalisierung des Scheidungsrechts dazu führen kann, daß sich die Anzahl der geschiedenen Ehen erhöht[385]. Im Falle Indiens müssen hier die Konsequenzen vor dem Hintergrund einer gesellschaftlichen Realität gesehen werde, in der eine geschiedene Frau nach wie vor auf große Probleme und Ablehnung stößt[386]. Selbst nach der jetzigen indischen Gesetzeslage gehen rechtliche Möglichkeiten und gesellschaftliche Realität oftmals nicht konform.

### (2) Probleme des christlichen Scheidungsrechts

Nur das christliche Scheidungsrecht beruht ausschließlich auf dem Verschuldensprinzip. Im Hinblick auf die Scheidungsgründe des 1869 normierten und bis heute im wesentlichen unveränderten IDA ist bei Anwendung in Deutschland an den Einsatz des deutschen ordre public zu denken. Dabei ist der Umstand, daß der IDA – auch mit der judikativen Ausweitung – wesentlich scheidungsfeindlicher ist als das deutsche Recht, im Hinblick auf den ordre public unbedenklich. Nach richtiger Ansicht verstößt es grundsätzlich selbst dann, wenn die Ehe nach dem maßgeblichen Recht überhaupt nicht

---

men der Grausamkeit hat die Rechtprechung den Begriff in den letzten Jahren immer weiter ausgedehnt, so daß z.B. in *Romesh Chander v. Smt. Savitri* AIR 1995 S.C. 851 (852) einem auf Grausamkeit gestützten Scheidungsantrag stattgegeben wurde, mit der Begründung, die Ehe sei emotional und tatsächlich tot; siehe hierzu im einzelnen genauer unten C.III., S. 227 ff.

384 So der 71. Bericht der Gesetzgebungskommission und der Änderungsentwurf 1981, der allerdings keine parlamentarische Mehrheit fand; *Singh* AIR 1999 J. 64 (65); *Jain/Diwan* AIR 1999 J. 164 (165, 167 f.); *Diwan* Hindu Law S. 76 und *Shabbir/Manchanda* S. 60 (für den PMaDA).

385 Kritisch zur Liberalisierung des deutschen Scheidungsrechts *Schwab* Geschichtliches Recht S. 253 f.

386 Siehe auch *Smt. Santosh Kumari v. Kewal Krishnan Sabharwal* AIR 1985 Del. 393 (398), *Qureshi* Marriage S. 86 f.; 129.

scheidbar ist, nicht gegen den deutschen ordre public[387]. Erst recht verstößt es deshalb nicht gegen den ordre public, wenn das indisch-christliche Recht eine Scheidung im Vergleich zum deutschen Recht lediglich unter erschwerten Bedingungen zuläßt.

Problematisch ist allerdings, daß nach dem Gesetzeswortlaut der Ehebruch der Frau allein einen Verschuldenstatbestand begründet, während für den Mann mehr toleriert wird, da sein Ehebruch die Frau erst zur Scheidung berechtigt, wenn weitere Umstände hinzutreten. Hier kann man sich auf die indische Rechtsprechung stützen, die die einzelnen Scheidungsgründe alternativ versteht und für Mann und Frau gleichermaßen anwendet. Denn vor dem Einsatz des ordre public ist stets zu prüfen, wie das geschriebene Recht in der ausländischen Rechtspraxis tatsächlich angewandt wird. In Fällen, in denen beide Parteien die Scheidung ihrer Ehe begehren, können sie auch einen anderen Weg gehen und ihre Ehe unter dem SMA registrieren lassen, um so von den Scheidungsmöglichkeiten des zivilen Rechts Gebrauch zu machen[388].

#### (3) Probleme bei der Anwendung des muslimischen Rechts: *Talaq*-Scheidung

Problematisch bei der Anwendung in Deutschland ist das einseitige und unbeschränkte Scheidungsrecht des Mannes im muslimischen Recht ohne gerichtliche Mitwirkung. Die Frage der inländischen Wirksamkeit einer solchen, dem deutschen Recht unbekannten *Talaq*-Scheidung richtet sich grundsätzlich nach dem gem. Art. 17 Abs. 1 EGBGB anwendbaren Recht[389]. Allerdings ist sorgfältig zu prüfen, ob nicht ein Verstoß gegen den ordre public vorliegt. Dabei ist nach dem Ort der Vornahme der Verstoßung zu unterscheiden[390].

---

[387] BGHZ 42 7 (11); Staudinger-*v. Bar/Mankowski* Art. 17 Rn. 106 m.w.H.

[388] Ebenso rät *Devadason* S. 61.

[389] BGHZ 110 267 (272 f.); OLG Stuttgart FamRZ 2000 171 (171); BayObLG NJW-RR 1998 1538 (1538); BayObLG FamRZ 1978 243 (244); *Spickhoff* JZ 1991 323 (328); RGRK-*Lohmann* § 1306 Rn. 21.

[390] Siehe hierzu ausführlicher auch die Ausführungen von *Pauli* S. 20 ff., insbesondere S. 50 ff.; Staudinger-*v. Bar/Mankowski* Art. 17 Rn. 58 - 67, 115 ff.; *Cullmann* S. 225 ff.

### (a) *Talaq*-Scheidung in Deutschland

Wurde der konstitutive Akt der Privatscheidung in der Bundesrepublik Deutschland vorgenommen[391], so ist diese aufgrund eines Verstoßes gegen das in Art. 17 Abs. 2 EGBGB, § 1564 BGB verankerte staatliche Scheidungsmonopol unwirksam[392]. Die Scheidung allein durch gerichtliches Verfahren soll die Klarheit des Personenstandes wahren, überstürzte Scheidungen verhindern und sicherstellen, daß wichtige Fragen, insbesondere die Frage des Sorgerechts, geklärt werden.

Dies wird auch erreicht, wenn deutsche Gerichte eine Scheidung des Mannes *aufgrund Talaqs* aussprechen[393], solange nicht die Anwendung einer Verstoßungsscheidung zu einem Ergebnis führt, das mit Grundgedanken des deutschen Rechts unvereinbar ist. Ein Verstoß gegen Art. 3 Abs. 2, 6 Abs. 1 GG liegt nicht vor, wenn die Frau zustimmt bzw. kraft Delegation sich selbst verstößt, da dann im konkreten Fall keine Einseitigkeit und Beliebigkeit vorliegt[394]. Ansonsten ist eine Scheidung auch aufgrund einer einseitigen Verstoßung durch den Mann dann nicht ordre-public-widrig, wenn auch bei An-

---

391 Da es sich um eine nicht empfangsbedürftige Willenserklärung handelt, ist entscheidend, wo die Verstoßung ausgesprochen wurde.

392 Inzwischen wohl allgemeine Meinung, siehe: BGH FamRZ 1982 44 (46 f.); OLG Stuttgart FamRZ 1980 886 (886); OLG München StAZ 1950 130 (130); LJV Baden-Württemberg IPRax 1988 170 (171 f.); *Firsching/Graba* Rn. 267; RGRK-*Lohmann* § 1306 Rn. 21; *Spickhoff* JZ 1991 323 (329). Das Max-Planck Institut hatte in seiner Stellungnahme zum IPR-Regierungsentwurf, RabelsZ 47 (1983) S. 637 vorgeschlagen, Privatscheidungen von Ausländern auch im Inland als gültig anzusehen mit dem Argument, es sei bei Privatscheidungen auf Distanz oft zufällig, wo der Vornahmeort liege, so daß es unangemessen sei, Privatscheidungen im Ausland anzuerkennen, im Inland hingegen nicht.

393 OLG München IPRax 1989 238 ff.; Gutachten *Ferid/Kegel/Zweigert* 1985/86 Nr. 34; *Bolz* NJW 1990 620 (620 ff.).

394 Ebenso OLG München IPRax 1989 238 ff.; OLG Frankfurt IPRax 1985 48 (48); siehe auch *Beitzke* IPRax 1993 231 (234). AA AG Frankfurt/Main IPRax 1989 237 (238) mit der Begründung, daß die Zustimmung der verstoßenen Ehefrau insofern keine Rolle spiele, da bereits im Vorgang selbst ein für die Ehefrau herabsetzender und entwürdigender Akt liege. Kritisch hierzu *Jayme* IPRax 1989 223 (223), der zu Recht darauf hinweist, daß die Grundrechte nur mittelbar über Art. 6 S. 2 EGBGB wirken, so daß es nicht darum gehe, den ausländischen Rechtssatz als solchen am Grundgesetz zu messen, sondern daß das Ergebnis der Anwendung entscheidend sei. AA auch bereits AG München IPRax 1982 250 (LS); dies ebenfalls ablehnend *Jayme* IPRax 1982 250 (251).

wendung deutschen Rechts die Ehe geschieden werden könnte[395]. Denn in einem solchen Fall ist das *Ergebnis* der Anwendung nicht mit wesentlichen Grundsätzen des deutschen Rechts unvereinbar. Da die Scheidung durch ein deutsches Gericht ausgesprochen wird, ist dem ein gerichtliches Verfahren unter Wahrung der deutschen Prozeßrechtsgarantien und der Mitwirkungsrechte der Frau vorausgegangen.

Die muslimische Frau kann sich hingegen nur auf die engeren Voraussetzungen des DoMMA oder gegebenenfalls auf ein abgeleitetes Verstoßungsrecht stützen. Hier sollte man keinen konkreten Verstoß gegen den ordre public annehmen mit der Folge der Beseitigung des unbeschränkten Mannesrechtes, sondern umgekehrt, für den Fall, daß die Frau aus dem indisch-muslimischen Recht keine Scheidung verlangen kann, ihr mit Hilfe des Art. 3 Abs. 2 GG eine Scheidung nach deutschem Recht gewähren[396].

#### *(b)* **Talaq-*Scheidung im Ausland***

Geht es um die Anerkennung einer im Ausland vorgenommenen *Talaq*-Scheidung, so ist zu prüfen, ob über Art. 17 Abs. 1 i.V.m. Art. 14 Abs. 1 EGBGB deutsches Scheidungsstatut gilt. Ist dies der Fall, so ist wegen § 1564 S. 1 BGB, der auch materiellrechtlich zu qualifizieren ist, die *Talaq*-Scheidung jedenfalls dann nicht anzuerkennen, wenn sie nicht gerichtlich bestätigt worden ist[397]. Ist hingegen indisches Recht Scheidungsstatut und läßt das Verfahrensstatut des Scheidungsorts eine Privatscheidung zu, so ist eine solche *Talaq*-Scheidung unter zwei Aspekten zu würdigen:

Zunächst ist die *Talaq*-Scheidung trotz des in Deutschland geltenden Gebots der gerichtlichen Scheidung grundsätzlich anerkennungsfähig[398]. Denn der deutsche Gesetzgeber hat dem gerichtlichen Verfahren nur bei Inlandsscheidungen eine so große Bedeutung beigemessen, daß er es mittels Art. 17

---

[395] Ebenso OLG München IPRax 1989 238 (241); *Bolz* NJW 1990 620 (621); *Pauli* 58, 63 f.; Staudinger-*v. Bar/Mankowski* Art. 17 Rn. 211 ff.

[396] Ebenso *Rauscher* IPRax 2000 391 (393); wohl auch OLG Köln FamRZ 2002 166 (166).

[397] Staudinger-*v. Bar/Mankowski* Art. 17 Rn. 116.

[398] Staudinger-*v. Bar/Mankowski* Art. 17 Rn. 119; BayObLG IPRax 1982 104 (105); AG Hamburg FamRZ 1980 453 (454); *Beule* StAZ 1979 29 (36); *Pauli* S. 40. Dies gilt selbst dann, wenn die Privatscheidung in einem Drittstaat erfolgte, der eine *Talaq*-Scheidung nicht kennt, denn die Anerkennung der *Talaq*-Scheidung ist keine Form-, sondern eine materiellrechtliche Frage.

Abs. 2 EGBGB zwingend durchgesetzt hat. Mangels Normierung einer entsprechenden Klausel auch für Auslandsscheidungen, trotz Kenntnis der Problematik ist als Gegenschluß diesbezüglich die grundsätzliche Vereinbarkeit mit dem deutschen ordre public zu folgern[399].

Des weiteren unterscheidet sich die Verstoßungsscheidung nach indisch-muslimischen Recht von der deutschen Scheidung in der Frage der Gleichberechtigung[400]. Daher ist dann des weiteren zu prüfen, ob die Verstoßung ohne oder gegen den Willen der Frau ausgesprochen wurde. Ist dies der Fall, so ist die *Talaq*-Scheidung bei hinreichendem Inlandsbezug mit Art. 3 Abs. 2, 103 Abs. 1[401] GG unvereinbar, ihre Anerkennung scheitert mithin am ordre public[402]. Ein hinreichender Inlandsbezug ist jedenfalls dann gegeben, wenn die ohne bzw. gegen ihren Willen Verstoßene deutsche Staatsangehörige ist[403]. Ansonsten ist zu prüfen, ob beim Ablauf der Verstoßung die Personenwürde der Frau gewahrt wurde, d.h. sie nicht zum bloßen Objekt degradiert wurde[404]. Im übrigen verstößt eine im Ausland vorgenommene *Talaq*-Scheidung jedenfalls dann nicht gegen den ordre public, wenn auch die Voraussetzungen einer Scheidung nach dem deutschen Recht gegeben wären. Denn dann ist aus deutscher Sicht nur das Ergebnis, nicht aber der Weg anstößig[405].

---

[399] Staudinger-*v. Bar/Mankowski* Art. 17 Rn. 119.

[400] Dies einräumend Staudinger-*v. Bar/Mankowski* Art. 17 Rn. 56.

[401] Gegen den Maßstab des Art. 103 Abs. 1 GG in diesem Zusammenhang *Rauscher* IPRax 2000 391 (391).

[402] OLG Stuttgart FamRZ 2000 171 (171); *Krzywon* StAZ 1989 93 (194); siehe auch BayObLG FamRZ 1978 243 (245).

[403] BayObLG IPRax 1982 104 (105); BayObLG StAZ 1977 309 (309 ff.); *Cullmann* S. 229, 239 f.; *Beule* StAZ 1979 29 (36); Staudinger-*v. Bar/Mankowski* Art. 17 Rn. 121. *Spickhoff* JZ 1991 323 (329) bejaht hingegen eine ausreichende Inlandsbeziehung auch dann, wenn die sich der Verstoßung widersetzende Ehefrau ihren gewöhnlichen Aufenthalt in Deutschland hat.

[404] *Pauli* S. 60 fordert dazu, daß die Frau von der Verstoßungsabsicht unterrichtet wurde (Informationspflicht), sich äußern konnte (Äußerungsrecht) und der Mann diese Äußerung abgewogen hat (Bedenkenspflicht).

[405] Staudinger-*v. Bar/Mankowski* Art. 17 Rn. 122; *Jayme* IPRax 1989 223 (223).

### c) Gerichtliche Trennung

Alle indischen Rechte kennen neben der Scheidung auch die Möglichkeit der gerichtlichen Trennung, d.h. der Aufhebung der ehelichen Gemeinschaft, die zwar nicht die Eingehung einer neuen Ehe ermöglicht, wohl aber sonstige bürgerlich-rechtliche Wirkungen einer Scheidung hat. Zwar ist dieses Institut dem deutschen Recht heute unbekannt[406]. Da es unserem Recht dennoch nicht wesensfremd ist, bestehen aber im Hinblick auf den ordre public keine Bedenken. So wird in § 1353 Abs. 2 BGB ein Recht auf Getrenntleben gewährt[407]. Dient das indische Trennungsurteil als Vorstufe zur Scheidung, so findet es seine Entsprechung in den dem deutschen Recht bekannten Trennungsfristen. Auch ansonsten ist die gerichtliche Trennung als Minus zur Scheidung kein dem deutschen Recht wesensfremdes aliud[408]. In Art. 18 Abs. 4 Satz 2 EGBGB wird die Trennung ohne Auflösung des Ehebandes ausdrücklich erwähnt. Deutsche Gerichte können sogar entsprechend Art. 17 EGBGB die Trennung nach ausländischem Recht aussprechen[409].

### d) Wiederherstellungsklage

Alle indischen Eherechte kennen eine Wiederherstellungsklage für den Fall, daß sich ein Partner ungerechtfertigt der ehelichen Lebensgemeinschaft entzogen hat. Auch nach deutschem Recht sind die Ehegatten verpflichtet, ihr Leben in Gemeinschaft miteinander zu führen. Dies ist in Deutschland in § 1353 Abs. 1 Satz 2 BGB sogar ausdrücklich normiert. Zu diesem consortium omnis vitae gehört grundsätzlich die Pflicht zum Zusammenleben an einer Wohnstätte und zur Geschlechtsgemeinschaft. Zwar kann auch in Deutschland, ebenso wie in allen indischen Eherechten, auf Herstellung des

---

406 Bis 1938 kannte das deutsche Eherecht in §§ 1575, 1568 BGB a.F. dem kanonischen Recht der Trennung von Tisch und Bett (Separatione manente vinculo, can. 1151 - 1155 CIC.) entsprechende Vorschriften.

407 Nach OLG Hamm FamRZ 1976 341 (341 f.) war sogar eine Klage auf Feststellung eines Rechts zum Getrenntleben auf Grundlage des § 1353 Abs. 2 BGB zulässig. Allerdings ist diese Vorschrift angesichts der Neufassung der Scheidungsbestimmungen in §§ 1564 ff. BGB wohl obsolet. Denn i.d.R. wird für eine gerichtliche Feststellung des Rechts auf Getrenntlebens kein Rechtsschutzinteresse bestehen, vgl. OLG Karlsruhe FamRZ 1989 79 (79).

408 Siehe auch Staudinger-*v. Bar/Mankowski* Art. 17 Rn. 461.

409 MünchKomm-*Coester* Art. 17 Rn. 22 m.w.N.

ehelichen Lebens geklagt werden, allerdings entbehrt das aufgrund einer solchen Klage ergangene Urteil, im Unterschied zum indischen Recht, gem. § 888 Abs. 3 ZPO der Vollstreckbarkeit[410]. § 1353 Abs. 1 Satz 2 BGB ist nur ein Appell des Gesetzgebers[411], denn das Schwert der rechtlichen Durchsetzung ist stumpf. Auch in Indien gibt es immer wieder Stimmen, die eine Abschaffung der Vollstreckbarkeit des Wiederherstellungsurteils fordern[412].

Bis auf den DoMMA eröffnen alle indischen Eherechte auch die Möglichkeit der Scheidung, wenn seit einem Wiederherstellungsurteil die eheliche Lebensgemeinschaft ein Jahr lang nicht wieder aufgenommen wurde. Wegen dieser Scheidungsmöglichkeit verstößt nach wohl überwiegender indischer Auffassung[413] ein – vollstreckbares – Wiederherstellungsurteil nicht gegen die Menschenwürde in Form der sexuellen Selbstbestimmungsfreiheit. Denn es sei auch Aufgabe des Gesetzgebers, die geschlossene Ehe zu schützen. Zwar sei es fraglich, ob jemand, der die eheliche Lebensgemeinschaft verlassen hat und vor Gericht unterlegen ist, als fairer Verlierer zurückkehrt. Doch gebe der Gesetzgeber dem hohen Gut der Ehe mit der Wiederherstellungsklage in Verbindung mit der Scheidungsmöglichkeit zumindest eine einjährige Chance.

---

[410] Es könnte sich daher heute die Frage stellen, ob einer solchen Klage nicht bereits das Rechtsschutzbedürfnis fehlt. Dies könnte man auch damit begründen, daß eine solche Ehe, bei der der eine Partner zum Mittel der Klage greifen muß, stets gescheitert ist und damit der andere Ehegatte ohnehin nach § 1353 Abs. 2 nicht verpflichtet ist, dem Herstellungsverlangen Folge zu leisten. *Giesen* JR 1983 89 (95) weist jedoch darauf hin, daß wenn man die Pflicht aus § 1353 Abs. 1 S. 2 BGB ernst nimmt, man den Ehepartner die Klagemöglichkeit einräumen muß. Auch *Ziegler/Mäuerle* Rn. 61 verneinen prozessuale Einwände gegen eine Herstellungsklage.

[411] Siehe auch *Giesen* JR 1983 89 (95); *Schwab* Geschichtliches Recht S. 236, der die Pflicht als ausschließlich ethische begreift.

[412] *Diwan* Family Law S. 99; *Mahmood* Islamic Law S. 237; *S.N.Jain* in Sardesai S. 31; *Davda* AIR 1998 J. 191 (192).

[413] *Nigam* S. 34. In *T. Sareetha v. T. Venkata Subbaiah* AIR 1983 A.P. 356 (368 ff.) wurde allerdings die Wiederherstellungsklage des HMA wegen Verstoßes gegen die Verfassung für unanwendbar erklärt.

Auch im deutschen Eherecht diente die Herstellungsklage bis zur Reform des Scheidungsrechts 1977 meist als Mittel zur Vorbereitung einer Scheidung[414]. Mit der Liberalisierung des Scheidungsrechts ist die Herstellungsklage in Deutschland heute praktisch obsolet. Dies bedeutet jedoch nicht, daß der Anspruch auf Wiederherstellung der ehelichen Lebensgemeinschaft nach indischem Recht gegen den deutschen ordre public verstößt. Allerdings ist ein solches Urteil in Deutschland wegen des als lex fori stets anwendbaren § 888 Abs. 3 ZPO nicht durchsetzbar.

---

[414] Nach § 1567 Nr. 1 BGB a.F. erwuchs dem Ehegatten ein Scheidungsrecht, wenn der andere ein Jahr nach rechtskräftiger Verurteilung zur Herstellung dem Urteil in böslicher Absicht keine Folge leistete; siehe auch *Lüderitz* Rn. 203.

# C. Besonderer Teil

## I. Eheschließungsvoraussetzungen und Ehehindernisse

Mangels Staatsvertrag entscheidet gem. Art. 13 Abs. 1 EGBGB indisches Recht für denjenigen Verlobten, der indischer Staatsangehöriger ist, über die materiellen Voraussetzungen, die bei einer Eheschließung vorliegen müssen ebenso wie über die Folgen eines Verstoßes gegen diese[415]. Im folgenden werden die verschiedenen Eheschließungsvoraussetzungen und Ehehindernisse im einzelnen dargestellt. Sie decken bzw. ähneln sich in den verschiedenen Eherechte oft, weichen jedoch zum Teil, beispielsweise beim Verbot der Doppelehe, auch erheblich voneinander ab.

### 1. Einehe

Bis 1955 war Indien das Land, in dem weltweit die meisten Menschen lebten, denen Polygamie[416] erlaubt war, nämlich allen männlichen[417] Hindus und Moslems[418]. Mit Einführung des Hindu Marriage Act ist nun auch für Hindus das Verbot der Doppelehe (impedimentum ligaminis) normiert worden[419].

---

[415] Siehe statt vieler im einzelnen genauer Soergel-*Schurig* Art. 13 Rn. 13 ff. sowie bereits Fn. 257.

[416] Der Begriff Polygamie umfaßt grundsätzlich sowohl die *Polygynie*, die Ehe eines Mannes mit mehreren Frauen, als auch die *Polyandrie*, die Ehe einer Frau mit mehreren Männern. Im folgenden soll der Begriff nur im ersten Sinn verwendet werden.

[417] In einigen Stämmen im Himalaya und in Süd-Indien war auch Polyandrie verbreitet; dies vor allem in ärmeren Gegenden in Form der brüderlichen Polyandrie, d.h. daß eine Frau den ältesten Bruder heiratete und damit gleichzeitig mit allen seinen Brüdern als verheiratet galt – siehe auch *Gour* S. 65; *Kapadia* S. 52 ff.; *Berreman* S. 257 ff.; *Qureshi* Muslim Law S. 70; *Diwan* Hindu Law S. 106, *ders.* Family Law S. 39.

[418] *Diwan* Family Law S. 39; *Saha* S. 38; zur zulässigen Polygamie nach traditionellem Hindu-Recht siehe nur *Mt. Kishan Dei v. Mangal Sen* AIR 1935 All. 927 (927 f.); vgl. aber auch *Smt. Parayankandiyal Eravath Kanapravan Kalliani Amma v. K. Devi* AIR 1996 S.C. 1963 (1967).

[419] Erschwert wurde die Polygamie bereits 1946 durch den Hindu Married Women's Right to Separate Residence and Maintenance Act; danach konnte die erste Ehefrau von ihrem Mann im Falle dessen Eheschließung mit einer weiteren Frau eine getrennte Wohnung und Lebensunterhalt fordern; bzgl. territorialer Verbote vor 1955 siehe genauer *Saha* S. 37 f., *Beri* S. 10 f.; *Kapadia* S. 114 f.

Dies bedeutet, daß heute in Indien nur noch muslimische Männer mit mehr als einer Frau verheiratet sein dürfen.

### a) Die einzelnen Eherechte

#### (1) Hindu Marriage Act

Der HMA fordert in sec. 5 (i) als erste Voraussetzung für das wirksame Eingehen einer Ehe, daß „keine der Parteien einen lebenden Ehegatten hat". Die Normierung des Polygamieverbotes 1955 löste in Indien eine verfassungsrechtliche Diskussion aus. Es wurde insbesondere darüber gestritten, ob sec. 5 (i) HMA gegen die in Art. 25 der indischen Verfassung garantierte Religionsfreiheit verstößt. Mehrere Entscheidungen[420] verneinten dies vor allem mit dem Argument, daß das Verbot der Mehrehe eine soziale Reform sei, die auf Grundlage von Art. 25 Abs. 2 b) der Verfassung durchgeführt werden könne. Es kann inzwischen als gesichert gelten, daß sec. 5 (i) HMA aus Sicht der indischen Verfassung keine Bedenken entgegenstehen[421].

Ein Verstoß gegen sec. 5 (i) HMA hat sowohl eherechtliche als auch strafrechtliche Auswirkungen. Gem. sec. 11 HMA führt der Verstoß gegen das Polygamieverbot zur Ungültigkeit der Ehe. Die Nichtigkeit gilt ipso iure, die Parteien der zweiten Ehe können ein entsprechendes deklaratorisches Urteil nach sec. 11 HS 2 HMA erlangen[422].

Die Gültigkeit der Erstehe wird hingegen nicht berührt. Gleichwohl hat die Frau der Erstehe das Recht, wegen Grausamkeit nach sec. 13 Abs. 1 (ia)[423] oder nach sec. 13 Abs. 1 (i) HMA in diesem Fall die Scheidung zu beantragen[424]. Nach sec. 13 Abs. 1 (i) HMA kann eine Scheidung darauf gestützt

---

420 *Srinivasa Aiyar v. Saraswathi Ammal* AIR 1952 Mad. 193 (195 f.) – noch zum Verbot des Madras Hindu Bigamy Prevention on Divorce Act 1949; *H.B.Singh v. T.N.H. Ongbi Bhani Devi* AIR 1959 Man. 20 (20, 22f.); *Ram Prasad Seth v. The State of Uttar Pradesh* AIR 1961 All. 334 (336); *Gogireddy Sambireddy v. Gogireddy Jayamma* AIR 1972 A.P. 156 ff.

421 Vgl. auch die Literatur: *S.C.Jain* S. 18; *Sharma* S. 9, 35, 69.

422 Siehe genauer oben B.IV.1.a)(1), S. 53 ff.

423 In *Dr. Suneer Sharma v. Dr. Madhurlata Sharma* AIR 2000 M. P. 26 ff. erkannte das Gericht allein in der Tatsache, daß der Mann mit einer zweiten Frau zusammenlebte und diese geheiratet hatte, den Tatbestand der Grausamkeit.

424 Siehe *Gitabai v. Fattoo* AIR 1966 M.P. 130 (130 f.).

werden, daß ein Ehepartner mit jemand anderem als seinem Ehepartner Geschlechtsverkehr hatte. Da die Zweitehe unabhängig davon, ob ein entsprechendes Urteil ergangen ist, nichtig ist, gilt die Zweitfrau nicht als Ehefrau. Eine intime Beziehung zwischen ihr und dem Ehemann der die Scheidung einreichenden Frau der Erstehe ist bei lebensnaher Sichtweise stets zu vermuten. Für Mehrehen, die im Zeitpunkt des Erlasses des HMA und damit des Gebotes der Einehe am 18.05.1955 bereits bestanden haben, gewährt sec. 13 Abs. 2 (i) HMA nicht nur der Frau der Erstehe, sondern auch den Frauen jeder weiteren Ehe ein spezielles Scheidungsrecht. Voraussetzung ist allerdings, daß die jeweils andere Frau im Zeitpunkt der Erhebung der Scheidungsklage noch lebt. Deshalb hat dieser Scheidungsgrund heute, über 45 Jahre nach Inkrafttreten des HMA, keine praktische Bedeutung mehr.

Strafrechtlich führt ein Verstoß gegen sec. 5 (i) HMA nach sec. 17 HMA i.V.m. secs. 494, 495 Indian Penal Code zu einer Gefängnisstrafe von bis zu zehn Jahren. In vielen Entscheidungen, vor allem des Supreme Court, ist jedoch immer wieder betont worden, daß Voraussetzung für die Bejahung von Bigamie im Rahmen eines Nichtigkeits- oder eines Strafurteils ist, daß die zweite Ehe formgültig geschlossen wurde[425]. Kritisch wird dagegen eingewandt, daß es den Parteien einer zweiten Ehe durch diese Rechtsprechung leicht gemacht werde, das Gesetz zu umgehen, indem sie diese weitere Ehe einfach nicht der Form des sec. 7 HMA entsprechend schließen[426]. Eine Gefahr der Umgehung des Bigamieverbots sei nicht von der Hand zu weisen. An dieser Ansicht ist allerdings problematisch, daß sie, allein um eine Bestrafung wegen Bigamie herbeizuführen, von den grundsätzlichen Erfordernissen an eine gültige Ehe abweichen würde. Außerdem ist die Gefahr wohl eher theoretisch. Denn die Parteien, die gegen hinduistische Hochzeitsriten verstoßen, gelten nicht nur in den Augen des Gesetzes, sondern auch in denen der hinduistischen Gemeinschaft als nicht gültig verheiratet; dies wird örtlich

---

[425] *Bhaurao Shankar Lokhande v. State of Maharashtra* AIR 1965 S.C. 1564 (1565); *Kanwal Ram v. The Himachal Pradesh Administration* AIR 1966 S.C. 614 (615); *Smt. Priya Bala Gosh v. Suresh Candra Gosh* AIR 1971 S.C. 1153 (1156); *Gopal Lal v. State of Rajasthan* AIR 1979 S.C. 713 (714 f.); *Lingari Obulamma v. L. Venkata Reddy* AIR 1979 S.C. 848 (848 ff.); siehe auch folgende High Court Entscheidungen: *In re Dolgonti Raghava Reddy* AIR 1968 A.P. 117 (119); *Rabindra Nath Dutta v. The State* AIR 1969 Cal. 55 (57); *Atma Ram v. Smt. Kala Wati* AIR 1982 P.&H. 83 (85).

[426] *Mahmood* HMA S. 16, 135; siehe auch den Artikel „Just good friends" von *Chander Uday Singh* in India Today vom 15.12.1981.

verwurzelte Menschen an der absichtlichen Durchführung ungültiger Zeremonien hindern[427].

### (2) Recht der Moslems

#### *(a) Polygamie*

Dem muslimischen *Mann* ist als einzigem auch heute noch in ganz Indien[428] die polygame Lebensform erlaubt. Er darf bis zu vier Frauen heiraten, wenn er sie alle gleich und gerecht behandeln kann[429]. Dies ergibt sich aus Sure 4 Vers 3 des Korans: „[...] so nehmt euch zu Weibern, die euch gut dünken, zwei oder drei oder vier; und so ihr fürchtet, nicht billig zu sein, heirate nur eine [...]".

Heiratet ein muslimischer Mann eine fünfte Frau, so ist zu unterscheiden. Bei einem schiitischen Mann ist die fünfte Ehe nichtig; sein Verhalten ist deshalb strafrechtlich relevant[430]. Ist er hingegen Sunnit, ist jene fünfte Ehe nicht nichtig, sondern lediglich schwebend unwirksam (*fasid*)[431]. Durch Tod oder Scheidung von einer der vier anderen ist der rechtmäßige Zustand wieder herstellbar, die schwebend unwirksame Ehe geheilt. Da seine fünfte Ehe nach muslimisch-sunnitischem Recht nicht nichtig ist, macht er sich nicht nach secs. 494, 495 Indian Penal Code strafbar[432], denn dieser setzt die Nichtigkeit der Ehe unter dem anwendbaren Personalrecht voraus.

---

[427] *Diwan* Hindu Law S. 107 sieht eine Lösung darin, für alle Hindus eine einheitliche Eheschließungszeremonie mit anschließender Registrierung vorzuschreiben; *ders.* in Family Law S. 51 f. macht einen Entwurf für ein einheitliches „Ceremonies of marriage"- Gesetz.

[428] In Goa, Daman & Diu ist unklar, ob Hindus weiterhin eine Mehrehe schließen können, siehe hierzu oben Fn. 243.

[429] *Itwari v. Smt. Asghari* AIR 1960 All. 684 (686); *Ameer Ali* S. 100; *Mahmood* Muslim Law S. 59; *Krüger, I.* FamRZ 1968 564 (564). Eine Ausnahme macht die schiitische Rechtsschule Ithna Ashari allerdings bei einer befristeten Ehe, bei der sie keine Limitierung auf die Zahl vier kennt, siehe oben B.II.2.b)(2), S. 29 ff.

[430] *Diwan* Family Law S. 39; siehe auch *Mahmood* Muslim Law S. 59.

[431] *Mulla* Ch. XIV S. 225; *Mahmood* Muslim Law S. 59; *Verma* S. 102; *Nair* S. 169; *Subba Rao* S. 366; *Diwan* Family Law S. 24.

[432] *Mahmood* Muslim Law S. 59. AA wohl *Verma* S. 101.

Für eine muslimische *Frau* ist ein ihrerseits bestehendes Eheband stets ein Ehehindernis[433]. Ihre zweite Ehe ist nichtig (*batil*) und sie wird gem. sec. 494, 495 des Indian Penal Codes bestraft[434]. Nicht als Bigamie wird allerdings der Fall gesehen, daß eine Frau noch in der Wartezeit (*iddat*)[435] heiratet[436].

Schließt nicht sie, sondern ihr Mann eine weitere Ehe, so ist dies, wie bereits dargestellt, legal. Gleichwohl hat die muslimische Frau in Indien dann das Recht, sich von ihm scheiden zu lassen. Vielfach wird bereits im Ehevertrag vereinbart, daß die Frau für den Fall, daß ihr Mann eine zweite Ehe eingeht, selbst die Scheidung aussprechen kann. Solche Klauseln sind von den Gerichten als wirksam anerkannt worden[437]. Ist ein solches Recht nicht vertraglich festgelegt worden, so kann sie gem. sec. 2 (8) DoMMA die Scheidung wegen Grausamkeit einreichen. Die indische Rechtsprechung versucht, der Frau hier durch eine Beweislastumkehr zu helfen. Kann der Mann nicht durch gewichtige Gründe das Gericht vom Gegenteil überzeugen, so wird vermutet, daß die Schließung einer weiteren Ehe grausam gegenüber der bereits durch eine Ehe mit ihm verbundenen Frau ist[438]. In einer Entscheidung wird allerdings ausgeführt, daß die Vielehe nach muslimischem Recht legal ist, und daß deshalb die Hochzeit eines Mannes mit einer weiteren Frau nicht per se grausam sein kann[439]. Jedenfalls bei Feststellung einer im Koran selbst verbotenen Ungleichbehandlung nach sec. 2 (8) (f) DoMMA ist aber der Scheidungsgrund der Grausamkeit anzunehmen.

---

433 *Ram Kumari in re* ILR 18 (1891) Cal. 264 (269); *Mahmood* Muslim Law S. 58; *Qureshi* Muslim Law S. 65; *Ameer Ali* S. 100; *Anderson* Encyclopedia S. 59.

434 *Ram Kumari in re* ILR 18 (1891) Cal. 264 (271); *Mulla* Ch. XIV S. 256; *Mahmood* Muslim Law S. 58; *Verma* S. 102; *Saksena* S. 145 f., 191; *Qureshi* Muslim Law S. 65, 70.

435 Siehe zur Wartezeit nach muslimischem Recht im einzelnen genauer unten C.I.7.a)(2)(a), S. 189 ff.

436 *Badal Aurat v. Queen-Empress* ILR 19 (1899) Cal 79; *Abdul Ghani v. Azizul Huq* ILR 39 Cal 409 (417).

437 *Mahammad Amin v. Mt. Aimna Bibi* AIR 1931 Lah. 134 (135); *Mt. Sadiqa Begam v. Ata Ullah* AIR 1933 Lah. 885 (887, 889); *Aziz v. Mt. Naro* AIR 1955 H.P. 32 (32); *Saifuddin Sekh v. Mst. Soneka Bibi* AIR 1955 Assam 153 (153 f.).

438 Siehe *Itwari v. Smt. Asghari* AIR 1960 All. 684 (687).

439 *Syed Ahmad Khan v. Imrat Jahan Begum* AIR 1982 All. 155 (155 ff.).

### *(b) Rechtfertigung*

Das aus dem Koran stammende Gebot der Gleichbehandlung versuchen die Gegner der Polygamie auch dazu zu nutzen, um die Mehrehe generell abzuschaffen. Denn, so wird argumentiert, die Gleichheit sei nicht ausschließlich in materieller Hinsicht, sondern auch im Hinblick darauf zu verstehen, daß Zuneigung und Liebe gleich zu verteilen sind. Dem Manne sei es aber nicht möglich, ein vollkommenes Gleichgewicht zwischen seinen Frauen zu halten[440]. Die Befürworter der Polygamie in Indien bestreiten hingegen, daß die Gleichheit der Behandlung anders als in materieller Hinsicht zu verstehen sei. Sie sei allenfalls eine an den Mann gerichtete moralische Forderung, die jedoch nicht sein Recht auf Mehrehe einschränke[441].

Auch die Verfassung wurde herangezogen, um ein Polygamieverbot für den muslimischen Bevölkerungsteil zu erreichen. Insbesondere wurde auf Art. 14, 15 (Gleichstellungsgebot und Diskriminierungsverbot) und Art. 44 (Ziel eines einheitlichen Zivilgesetzes) verwiesen; auch verstieße die Abschaffung der Polygamie wegen Art. 25 Abs. 2 (b) nicht gegen die in Art. 25 der Verfassung garantierte Religionsfreiheit[442]. Bei Erlaß des HMA wurde die Einführung des Verbots der Doppelehe für die Glaubensgemeinschaft der Hindus u.a. mit dieser Begründung gerechtfertigt[443]. Umgekehrt ist die derzeitige *Zulassung* der Polygamie nach muslimischem Recht allerdings deshalb kein Verstoß gegen die Verfassung, da das muslimische Recht kein Gesetz ist, sondern vorkonstitutionelles Personalrecht, das sich einer verfassungsrechtlichen Kontrolle entzieht[444].

Ob die Tatsache, daß bis heute nur muslimischen Männern eine polygame Lebensführung erlaubt ist, noch gerechtfertigt ist, führt in der indischen Lite-

---

440 Koran Sure 4 Vers 128: „Nimmer ist es euch möglich, in (gleicher) Billigkeit gegen eure Weiber zu verfahren, auch wenn ihr danach trachtet. […]".

441 Vgl. zum ganzen *Pearl/Menski* S. 239; *Anderson* Encyclopedia S. 64.

442 Siehe auch *Qureshi* Muslim Law S. 68 f.; *S.C. Singh* AIR 1996 J. 178 (182 f.).

443 Vgl. oben C.I.1.a)(1), S. 92 ff. sowie Fn. 420.

444 Siehe *The State of Bombay v. Narasu Appa Mali* AIR 1952 Bom. 84 (88 f.); *Mahmood* Muslim Law S. 10; siehe auch *Krishna Singh v. Mathura Ahir* AIR 1980 S.C. 707 (712).

ratur immer wieder zu heftigen Kontroversen[445]. Muslimische Autoren verteidigen die Polygamie im wesentlichen mit folgenden Argumenten:

- Die Polygamie sei eine menschheitsgeschichtliche Tatsache[446]. Auch im westlichen Abendland habe es Polygamie gegeben und gebe sie immer noch, sei es in Form von Mätressen, von Seitensprüngen oder sukzessiv in Form einer Wiederheirat nach Scheidung[447]. Erst der Islam habe durch seine Limitierung auf vier Ehefrauen und durch sein Gebot ihrer Gleichbehandlung eine radikale Reform gebracht und zum ersten Mal in der Geschichte die vorhandene Polygamie zum Vorteil der Frauen reguliert[448].

- Als weiteres Argument für die Polygamie wird vorgebracht, die Mehrehe sei rechtlich zu akzeptieren, weil man sich nicht gegen die Natur des Mannes, der polygam sei, auflehnen könne und es daher besser sei, die sexuellen Aktivitäten des Mannes in eine moralisch akzeptierte Form einzubinden[449].

- Das dritte Argument der Befürworter lautet, daß die Polygamie zuzulassen sei, um die muslimische Bevölkerung zu vermehren[450]. Dies sei vor dem Hintergrund hoher Sterblichkeitsraten von Kindern und Müttern zu sehen.

---

445 Vgl. nur die Auseinandersetzung in der KLT: *Khan* KLT 1989 (1) J. 47 ff.; *Menski* KLT 1990 (1) J. 50 ff.; *Haq* KLT 1990 (2) J. 14 ff.; *Menski* KLT 1991 (2) J. 20 ff. *Menski* KLT 1990 (1) J. 50 (64 ff.) spricht sich für die Zulassung der Polygamie in eng begrenzen Ausnahmefällen, wie beispielsweise der Kinderlosigkeit aus.

446 Siehe etwa im Alten Testament Abraham und Jakob, die mehrere Frauen hatten; Gen. 16, 1 - 4; 29, 16 - 31.

447 Siehe hierzu auch *Lüderitz*, Rn. 85 der darauf hinweist, daß nach einer Scheidung eine neue Ehe geschlossen werden kann, obwohl die alte Ehe ökonomisch, nämlich über den Unterhalt, noch nachwirkt; siehe auch *Cullmann* S. 83. In der orthodoxen Kirche darf, auch wenn die früheren Ehen durch Tod oder Scheidung beendet sind, keine vierte Ehe geschlossen werden mit der Begründung, dies sei (sukzessive) Polygamie, siehe *Neuhaus* Encyclopedia S. 14, 21.

448 Siehe *Khan* KLT 1989 (1) J. 47 (47 - 53); *Qureshi* Marriage S. 48 ff.; *Nair* S. 160; *Saksena* S. 137 f.

449 Vgl. die Darstellung in *Pearl/Menski* S. 246 sowie *Coester-Waltjen/Coester* S. 30, 108, die darauf hinweisen, daß die sexuellen Wünsche der Frauen keinerlei Erwähnung finden.

450 Siehe hierzu auch die Erläuterungen zum Entwurf des Ottomanischen Familienrechts 1917, wiedergegeben in *Anderson* Encyclopedia S. 63; siehe auch *Coester-Waltjen/Coester* S. 29.

- Schließlich sei die Polygamie zum Schutz der Frauen notwendig[451]. Gerade Kriegerwitwen und Waisenkinder bedürften in besonderem Maße eines männlichen Schutzes.

Diese Argumente treffen allerdings heute auf eine veränderte Gesellschaftswirklichkeit in Indien. So geht es heute z.B. kaum mehr darum, Kriegerwitwen und Waisenkinder zu versorgen[452]. Vielerorts stellt sich die Situation häufig eher umgekehrt dar. In manchen Gegenden kommen auf 15 Männer eine Frau. Da Töchter in den Augen mancher Eltern weniger wert sind als Söhne, vor allem da sie bei der Ausrichtung ihrer Hochzeit insbesondere für eine hinduistische Familie den finanziellen Ruin bedeuten können[453], auf der anderen Seite Kinder mangels eines funktionierenden sozialen Systems eine lebensnotwendige Altersversicherung bedeuten, werden in Indien Mädchen inzwischen häufiger abgetrieben oder kurz nach der Geburt umgebracht. Angesichts der heutigen Verhältnisse müßte demnach nicht Polygamie, sondern Polyandrie erlaubt sein.

Außerdem geht es in Anbetracht von rund einer Milliarde Menschen allein in Indien und sechs Milliarden weltweit heute eher darum, die Bevölkerungsexplosion zu stoppen. Mögen Kinder für viele auch heute noch in Indien notwendige Arbeitskräfte für den Lebensunterhalt der Familie und Absicherung in Alter und Krankheit bedeuten, ist dem nur durch eine Verbesserung des sozialen Systems, nicht aber durch eine aufgrund mehrerer Frauen erhöhte Kinderzahl entgegenzuwirken. Für den Einzelnen ist zu bedenken, daß gerade in Städten mehr Frauen und Kinder sogar eine größere ökonomische Belastung bedeuten können.

Schließlich ist zu berücksichtigen, daß im Regelfall heute auch in Indien ein Mann nicht mit mehreren Frauen gleichzeitig lebt, sondern daß er seine Frau verläßt und eine zweite heiratet, ohne der ersten ihre Morgengabe zahlen zu müssen[454]. Oft wird jene zweite Frau oder werden die Kinder aus dieser weite-

---

451 Vgl. auch *Qureshi* Marriage S. 51; *ders.* Muslim Law S. 65; *Verma* S. 87; *Khan* KLT 1989 (1) J. 47 (62); *Karim* KLT 1992 (1) J. 6 (6); *S.C. Singh* AIR 1996 J. 178 (179); siehe auch Staudinger-*v. Bar/Mankowski* Art. 13 EGBGB Rn. 237.

452 Auch *Qureshi* Muslim Law S. 65 spricht hinsichtlich der Kriegerwitwen und Waisenkinder nur in der Vergangenheitsform. Vgl. auch die Argumentation des damaligen tunesischen Präsidenten Bourguiba in der Diskussion um die Abschaffung der Polygamie in seinem Land 1956, zitiert in *Anderson* Encyclopedia S. 64.

453 Siehe dazu auch *Carroll* KLT 1993 (1) J. 45 (47 ff.).

454 Vgl. *Qureshi* Marriage S. 52 f.

ren Verbindung gar nichts von einer weiteren Ehe wissen, obwohl diese Tatsache vor allem ihr Erbrecht einst massiv beeinflussen kann.

Allerdings ist zu bedenken, daß das Verhältnis zwischen Hindus und Moslems, wie der Kaschmir-Konflikt erneut auf traurige Weise zeigt, hoch sensibel ist. Dies hindert den indischen Gesetzgeber offensichtlich daran, das muslimische Recht einheitlich zu kodifizieren und die Monogamie zwingend festzuschreiben[455]. Der Schritt zur Abschaffung der Polygamie, wie ihn beispielsweise Tunesien gegangen ist[456], ist wohl für einen rein muslimischen Staat einfacher.

### (3) Recht der Christen

Nach indisch-christlichem Recht ist die Einehe in sec. 60 Abs. 1 Nr. 2 ICMA zwingend vorgeschrieben. Die Anwendung dieser Vorschrift bereitet allerdings aufgrund ihrer systematischen Stellung große Schwierigkeiten.

Der Indian Christian Marriage Act von 1872 beschäftigt sich nämlich zumindest überwiegend mit Formfragen. Dabei differenziert sec. 5 ICMA danach, wer die Eheschließung vornimmt[457].

- Dies kann ein Bischof (sec. 5 Nr. 1 ICMA) oder ein Geistlicher der Kirche von Schottland (sec. 5 Nr. 2 ICMA) sein. Für diese Fälle wird auf das Recht der jeweiligen Kirche verwiesen.
- Traut ein nach sec. 6 ICMA ermächtigter Priester (sec. 5 Nr. 3 ICMA), so ist Teil III (secs. 12 - 26 ICMA) zu beachten.

---

455 Gleichzeitig müßte allerdings das Scheidungsrecht des Mannes eingeschränkt werden, da sich ansonsten die Situation der muslimischen Frau durch die Abschaffung der Polygamie nicht, wie intendiert, verbessern, sondern verschlechtern könnte; denn als Ehefrau, wenn auch in polygamer Beziehung verbunden, steht sie sich meist immer noch besser als nach einer Scheidung.

456 Art. 18 Code du Statut Personnel schaffte 1956 die Polygamie ab; in Pakistan ist eine zweite Eheschließung seit 1961 nur noch mit staatlicher Zustimmung möglich; siehe zur Polygamie in Pakistan genauer *Elwan/Otto* StAZ 2000 97 (98 f.); *Rauscher* StAZ 1985 101 (103).

457 Siehe zur Eheschließung nach dem ICMA durch die verschiedenen hierzu ermächtigten Personen genauer C.II.1.c), S. 206 ff.

- Erfolgt die Eheschließungen vor einem Standesbeamten (sec. 5 Nr. 4 ICMA), so wird auf Teil V (secs. 38 - 59 ICMA) verwiesen.

- Bei Hochzeiten zwischen „christlichen Indern" vor einer nach sec. 9 ICMA zur Ausstellung von Trauungsbescheinigungen ermächtigten Person (sec. 5 Nr. 5) gilt es, Teil VI (secs. 60 ff. ICMA) anzuwenden.

Wortlaut und Aufbau des ICMA legen also nahe, daß das Verbot der Doppelehe nach sec. 60 ICMA nur bei Eheschließungen durch eine gem. sec. 9 ICMA von der Staatsregierung ermächtigte Person und nur für Ehen „indischer Christen" gelten soll, die eine „Bescheinigung" beantragen. Man kann den Wortlaut von sec. 60 ICMA allerdings auch dahingehend verstehen, daß damit nicht nur Eheschließungen durch eine nach sec. 9 ICMA ermächtigte Person gemeint sind, sondern auch Eheschließungen durch Priester oder Standesbeamte, da diese auf Antrag ebenfalls „Bescheinigungen" ausstellen können (Priester gem. sec. 17 ff.; Standesbeamte gem. sec. 41 ICMA). Unklar bleibt aber, was bei Trauungen durch einen Bischof oder einen Angehörigen der Kirche von Schottland i.S.v. sec. 5 Nr. 1, 2 ICMA gelten soll. Denn bei Eheschließungen vor diesen ist über Erteilung von „Bescheinigungen" im ICMA keine Regelung enthalten.

Außerdem ist problematisch, daß die secs. 60 ff. ICMA nur für „indische Christen" (*Indian Christians*) anwendbar sind. Sec. 3 ICMA definiert *„Indian Christians"* als die christlichen Nachfahren all jener Inder, die zum Glauben der britischen Kolonialherren, dem Christentum, übergetreten waren oder die selbst konvertiert sind[458]. Damit scheinen andere Christen als solche indischer Abstammung aus dem Anwendungsbereich des sec. 60 ICMA ausgeschlossen zu sein.

Des weiteren ist der persönliche Anwendungsbereich der secs. 60 ff. ICMA nach sec. 65 ICMA auch insofern eingeschränkt, als er nicht für römisch-katholische Christen gilt. Hinsichtlich des Verbots der Doppelehe ist dies allerdings unproblematisch, da für römisch katholische Christen auf das kodifizierte kanonische Recht zurückzugreifen ist. Der Codex Iuris Canonici (CIC) schreibt die Einehe ebenfalls zwingend vor.

In den Fällen, in denen danach unklar bleibt, ob das in sec. 60 Abs. 1 Nr. 2 ICMA oder im CIC verankerte Verbot der Doppelehe Anwendung findet, ergibt sich dieses jedoch zumindest indirekt aus secs. 19 Abs. 1 Nr. 4, 18 des

---

[458] Siehe auch *Nair* S. 225.

Indian Divorce Act 1869. Diese Vorschriften ermächtigen nämlich beide Ehepartner einer bigamischen Ehe, Nichtigkeitsklage zu erheben[459].

Haben die Parteien im guten Glauben darauf, daß der Partner der Erstehe verstorben sei, die zweite Ehe geschlossen, so werden die Kinder dieser Zweitehe trotz deren festgestellter Nichtigkeit gem. sec. 21 IDA in eingeschränktem Umfang erbrechtlich wie legitime Kinder behandelt. Wie diese können sie von demjenigen Elternteil, das nicht durch eine bestehende Ehe bereits wirksam verbunden war, erben. Der Mann der Erstehe kann gem. sec. 10 Abs. 1 IDA, die Frau der Erstehe kann gem. sec. 10 Abs. 2 Alt. 3 IDA die Scheidung von dem durch eine weitere Ehe verbundenen Partner einreichen. Im Unterschied zu den anderen Eherechten enthalten weder der IDA noch der ICMA bei einem Verstoß gegen das Verbot der Doppelehe eine Verweisung auf die secs. 494, 495 des Indian Penal Codes[460].

#### (4) Recht der Parsen

Auch gem. sec. 4 Abs. 1 des heute gültigen Parsi Marriage and Divorce Act von 1932 kann ein Parse nur gültig heiraten, wenn er ledig oder verwitwet ist oder wenn eine bereits geschlossene Ehe aufgelöst wurde. Ein Verstoß gegen sec. 4 Abs. 1 führt nach sec. 4 Abs. 2 PMaDA zur ipso-iure-Nichtigkeit der zweiten Ehe[461]. Voraussetzung ist allerdings, daß die zweite Ehe formgültig nach der *Ashirvad* Zeremonie[462] geschlossen worden ist; allein das Zusammenleben als Mann und Frau reicht nicht aus, um von Bigamie zu sprechen[463].

Der Ehegatte der Erstehe hat gem. sec. 32 (d) PMaDA die Befugnis, auf Scheidung zu klagen. Voraussetzung ist gem. sec. 32 (d) S. 2 PMaDA allerdings, daß die Klage innerhalb von zwei Jahren ab Kenntniserlangung von der weiteren Eheschließung eingereicht wird.

---

459 Vgl. dazu auch *Mrs. Veena James v. Krishan James* AIR 1982 Punj. 47 ff.

460 Nach *Rao* S. 35, 37 f. scheidet eine Strafbarkeit mit der Begründung aus, daß auch eine bigamische Ehe des christlichen Rechts bis zu einem konstitutiven Urteil nach sec. 18, 19 IDA gültig ist.

461 Wobei das parsische Eherecht keine Nichtigkeitsklage für diesen Fall kennt; siehe genauer oben B.IV.1.d), S. 62 f.

462 Siehe genauer unten C.II.1.d)(1), S. 211 ff.

463 *Shabbir/Manchanda* S. 14 f.

Ein Verstoß gegen das in sec. 4 Abs. 1 PMaDA normierte Verbot der Mehrehe hat auch für Parsen strafrechtliche Konsequenzen. Denn sec. 5 PMaDA verweist ebenfalls auf die secs. 494, 495 des indischen Strafrechts. Gem. sec. 11 PMaDA droht auch dem Geistlichen, der wissentlich und willentlich eine Trauung vornimmt, die gegen das Verbot in sec. 4 Abs. 1 PMaDA verstößt, eine Strafe von bis zu drei Monaten Freiheitsentzug.

#### (5) Ziviles Eherecht

Auch der ein Jahr vor dem HMA in Kraft getretene Special Marriage Act sowie der 1969 erlassene Foreign Marriage Act fordern in sec. 4 (a) als erste unabdingbare Voraussetzung für eine gültige Eheschließung, daß keiner der Nupturienten bereits anderweitig verheiratet ist[464]. Gem. sec. 24 (i) SMA ist eine Ehe, die gegen sec. 4 (a) SMA verstößt, von Anfang an nichtig und kann auf Antrag einer Partei durch deklaratorisches Urteil für nichtig erklärt werden[465]. Sec. 18 FMA verweist bezüglich der Folgen eines Verstoßes gegen das Verbot der Doppelehe auf sec. 24 SMA.

Gem. secs. 43, 44 SMA führt auch ein Verstoß gegen das Verbot der Doppelehe des SMA zu den strafrechtlichen Sanktionen der secs. 494, 495 Indian Penal Code. Der FMA verweist in sec. 19 ebenfalls auf diese Strafvorschriften.

### *b) Vergleich*

Alle kodifizierten Rechte Indiens kennen das in Deutschland in § 1306 BGB verankerte Verbot der Doppelehe. Es nimmt – abgesehen vom christlichen Recht – sowohl in Indien als auch in Deutschland die erste Stelle unter den Eheverboten ein. Nur das muslimische Personalrecht hat hier eine Sonderrolle, da es nach wie vor die Polygamie erlaubt.

Allerdings unterscheiden sich auch bei den kodifizierten Rechten Indiens die Folgen, die an einen Verstoß gegen das Polygamieverbot geknüpft werden,

---

[464] Im Falle einer nachträglichen Registrierung unter dem SMA fordert sec. 15 (b) SMA, daß keine Partei *zur Zeit der Eintragung* einen lebenden Ehegatten hat. Für den FMA verweist im Falle der nachträglichen Registrierung sec. 17 Abs. 2 ebenfalls auf das Verbot der Doppelehe. Entscheidend ist auch hier der Zeitpunkt der Eintragung.

[465] Vgl. auch sec. 43, 44 a.E. SMA.

von denen, die das deutsche Familienrecht normiert. In der Bundesrepublik führt ein Verstoß gegen § 1306 BGB seit der Gesetzesänderung zum 01.07.1998 gem. §§ 1313, 1314 Abs. 1 BGB nur zu einer auf Antrag erfolgenden gerichtlichen Aufhebung der Ehe für die Zukunft[466]. Bis Juli 1998 war eine Mehrehe allerdings auch nach deutschem Recht gem. § 20 Abs. 1 EheG nichtig, d.h., wie im christlichen Recht Indiens, mit Wirkung für die Vergangenheit aufhebbar. Nach dem HMA, SMA und PMaDA führt eine polygame Ehe hingegen zur ipso iure Nichtigkeit; ein entsprechendes (deklaratorisches) Nichtigkeitsurteil kann von den Partnern der bigamischen Verbindung erlangt werden, während der Frau der Erstehe das Recht eingeräumt wird, die Scheidung einzureichen. Letzteres sieht auch das muslimische Recht vor.

Sowohl in Deutschland (§ 172 StGB) als auch in Indien (secs. 494, 495 Indian Penal Code) führt der Verstoß gegen das Verbot der Doppelehe auch zu strafrechtlichen Konsequenzen. In der Bundesrepublik wird jedoch höchstens eine Freiheitsstrafe bis zu drei, in Indien hingegen bis zu zehn Jahren verhängt. Diese Parallelität der Rechtsordnungen zeigt, daß der Monogamie auch über den christlichen Rechtskreis hinaus eine für die Stabilität der Gesellschaft zentrale Bedeutung beizumessen ist.

### c) Anwendung in Deutschland

Bezüglich des Eheverbots der Doppelehe ergeben sich hinsichtlich der Personalrechte der Hindus, Christen und Parsen sowie des zivilen Eherechts aufgrund der mit Deutschland vergleichbaren Rechtslage keine Anwendungsschwierigkeiten[467]. Die Anwendung des muslimischen Rechts Indiens, das die Mehrehe erlaubt, führt in Deutschland allerdings zu Problemen. Das Verbot der Doppelehe des deutschen Rechts ist ein notwendig zweiseitiges Ehehindernis[468], d.h. einerseits darf ein verheirateter Deutscher kein zweites Mal hei-

---

[466] *Bosch* NJW 1998 2004 (2010) kritisiert dies als „unlogisch und selbst für einen Laien unbegreiflich" und fordert, daß ein Verstoß gegen das Verbot der Doppelehe wieder zur Aufhebbarkeit mit ex tunc Wirkung führt.

[467] Zum Ledigkeitsnachweis eines indischen Staatsangehörigen siehe genauer AG Paderborn StAZ 1986 45 (45); *Böhmer* StAZ 1986 273 (276).

[468] Unstreitig siehe nur: BGHZ 41 136 (142); OLG Celle StAZ 1967 296 (296); *Kegel/Schurig* S. 693; *Firsching/Graba* Rn. 64; *Liu* S. 64; *Cullmann* S. 80; *Hohloch* JuS 1977 679 (679); Staudinger-*v. Bar/Mankowski* Art. 13 Rn. 233, 256; Soergel-*Schurig* Art. 13 Rn. 28; RGRK-*Lohmann* § 1306 Rn. 31.

raten, andererseits darf eine ledige Deutsche aber auch keinen bereits verheirateten Inder ehelichen. Will jedoch ein lediger indischer Moslem eine Deutsche heiraten oder will er mit einer Nicht-Deutschen eine weitere Ehe eingehen, oder sollen Rechtsfolgen aus seiner bereits eingegangen Mehrehe abgeleitet werden, ist wie folgt zu differenzieren.

### (1) Eheschließung in Deutschland

#### *(a) Potentiell polygam*

Will ein unverheirateter muslimischer Inder in Deutschland eine Ehe schließen, so bestehen hiergegen aus deutscher Sicht keine Bedenken[469]. Denn die bloße Möglichkeit einer Entwicklung, die nach unserem Recht nicht zulässig wäre, kann nicht ausreichen, um den Verlobten eine Eheschließung in Deutschland zu verweigern. Ein generelles Eheverbot für einen muslimischen Inder in Deutschland wäre mit der Eheschließungsfreiheit des Art. 6 GG[470] nicht zu vereinbaren.

Allerdings sind mit der Anerkennung potentiell polygamer Ehen Unsicherheiten für eine Frau, die monogamem Ehestatut unterliegt, verbunden. Geht ihr Mann in Indien wirksam eine zweite Ehe ein, so kann sie dies nicht verhindern. Ihre (erste) Ehe selbst ist wegen des Unwandelbarkeitsprinzips nicht wegen Bigamie nichtig. Der Frau ist daher auf zweierlei Art zu helfen. Zum einen hat der Standesbeamte sie ausführlich aufzuklären. Zum anderen ist der Frau, falls sie Deutsche ist und ihr Mann eine weitere Ehe schließt, die Scheidung von ihm auch ohne das Erfordernis der einjährigen Trennungszeit nach Art. 17 Abs. 1 S. 2 EGBGB i.V.m. § 1565 Abs. 2 BGB zu gewähren[471]. Falls auf die Scheidung ihrer Ehe indisch-muslimisches Recht anzuwenden ist, kann sie die Scheidung wegen Grausamkeit einreichen. Ein grausames Verhalten ihres Mannes kann neben einer vermuteten Ungleichbehandlung auch auf das Argument gestützt werden, daß sie in der Bundesrepublik Deutschland leben muß, in der die Polygamie weder rechtlich noch gesellschaftlich akzeptiert ist. Stets ist ihr jedoch zu raten, bereits in einem Ehevertrag ein

---

[469] Ebenso: *Gamillscheg* Göttinger FS für das OLG Celle 1961 61 (62); *Spickhoff* JZ 1991 323 (327); Staudinger-*v. Bar/Mankowski* Art. 13 Rn. 247; MünchKomm-*Coester* Art. 13 Rn. 45; Soergel-*Schurig* Art. 13 Rn. 127.

[470] Art. 6 GG entfaltet auch für Ausländer Schutz, vgl. BVerfGE 35 382 (407 f.); 51 386 (396); 62 323 (330).

[471] Ebenso Staudinger-*v. Bar/Mankowski* Art. 13 Rn. 254.

Scheidungsrecht für den Fall zu vereinbaren, daß ihr Mann eine weitere Ehe schließt.

#### *(b) Aktuell polygam*

Will hingegen ein muslimischer Inder vor einem deutschen Standesbeamten eine aktuell polygame Ehe mit einer Frau schließen, deren Heimatrecht ebenfalls die Mehrehe gestattet, so steht dem unser ordre public des Art. 6 EGBGB entgegen[472]. Denn die Anwendung des indisch-muslimischen Rechts verstößt diesbezüglich gegen Art. 6 Abs. 1 und Art. 3 Abs. 2 GG und hat deshalb nach Art. 6 S. 2 EGBGB zu unterbleiben. Nach Art. 6 Abs. 1 GG steht die Ehe unter dem besonderen Schutz der staatlichen Ordnung. Dies bedeutet neben dem klassischen Individualschutz auch eine Institutsgarantie. Nach ständiger Rechtsprechung des Bundesverfassungsgerichts ist die Ehe die Vereinigung *eines* Mannes und *einer* Frau zur grundsätzlich unauflöslichen Lebensgemeinschaft[473]. Das Prinzip der Einehe ist ein wesentliches, das Institut der Ehe bestimmendes Prinzip[474]. Bei einer Trauung im Inland ist der Standesbeamte als Teil der vollziehenden Gewalt gem. Art. 1 Abs. 3 GG unmittelbar an dieses Grundrecht gebunden. Ob wegen der richterlichen Bindung an dieses Grundrecht gem. Art. 1 Abs. 3 GG auch eine Klage auf Herstellung einer im Ausland geschlossenen polygamen Ehe keine Erfolgsaussichten hätte, ist zweifelhaft[475], kann aber letztlich offen bleiben, da diese Frage wegen der fehlenden Vollstreckbarkeit eines solchen Urteils gem. § 888 Abs. 3 ZPO rein theoretischen Bedeutung hat.

Es wird hierzulande allerdings auch die gegenteilige Auffassung vertreten[476]. Argumentiert wird zum einen damit, daß die konkrete Freiheit zur Betätigung

---

[472] Überwiegende Ansicht, siehe VG Gelsenkirchen FamRZ 1975 338 (340); BVerwGE 71 228 (230); *Liu* S. 72 f.; *Cullmann* S. 82, *ders.* FamRZ 1976 313 (314); *Gamillscheg* Göttinger FS für das OLG Celle 1961 61 (62); *Bachmann* StAZ 1975 195 (195); *Jayme* FamRZ 1975 340 (341); *Hohloch* JuS 1977 679 (679); *Böhmer* StAZ 1986 273 (273); *Spickhoff* JZ 1991 323 (327); *Elwan/Otto* StAZ 2000 97 (101); *Brandhuber/Zeyringer* S. 8; Staudinger-*v. Bar/Mankowski* Art. 13 Rn. 252; RGRK-*Lohmann* § 1306 Rn. 31.

[473] BVerfGE 10 59 (66); 53 224 (245); 62 323 (330).

[474] BVerfGE 62 323 (330); BVerwGE 71 228 (234); *Cullmann* S. 7; Staudinger-*Strätz* Einl. zu §§ 1303 ff. Rn. 52.

[475] Vgl. MünchKomm-*Coester* Art. 13 Rn. 45.

[476] *Weitz* S. 59; *Stöcker* RabelsZ 38 (1974) 79 (106); allerdings mit der Einschränkung, daß der schon vorhandene Ehegatte der weiteren Eheschließung zustimmen müsse; Stöcker übersieht hierbei, daß das in Art. 6 Abs. 1 GG verankerte Prinzip der Einehe neben dem

von Autonomie größere universale Rationalität habe als insbesondere die Bemühung um das abstrakte Rechtsgut der Frauenwürde[477]. Dem kann jedoch nicht gefolgt werden. Denn die größere Freiheit, die die ausländische Rechtsordnung dem Ehewilligen einräumt, gilt nur für den Mann. Sein allgemeines Persönlichkeitsrecht aus Art. 2 Abs. 1 i.V.m. Art. 1 Abs. 1 GG wird jedoch nur im Rahmen der verfassungsmäßigen Ordnung gewährleistet. Nach Art. 3 Abs. 2 S. 1 GG sind Mann und Frau gleichberechtigt. Die Gewährleistung dieser Gleichstellung dient spätestens seit der Einfügung von S. 2 in Art. 3 Abs. 2 GG im Jahre 1994 keinem „abstrakten Rechtsgut" mehr, sondern ist konkrete Aufgabe des Staates.

Auch ein zweites Argument kann nicht überzeugen. Es wird vorgebracht, ein Verstoß gegen unseren ordre public könne man nicht bejahen, da sich die deutsche Gesetzgebung selbst seit dem Ende der sechziger Jahre im Bereich der Straftatbestände des Ehebruchs und der Ehegattenkuppelei von der bis dahin bestehenden Verbindung von Ehe mit sittenpolizeilichen Zwecken gelöst habe[478]. Sicherlich hat in Deutschland im Bereich der Sittlichkeitsdelikte ein Wandel in der Moral- und Rechtsauffassung stattgefunden. Allerdings ist bis heute die Doppelehe in § 172 StGB strafrechtlich sanktioniert. Auch heute noch ist also die Einehe – trotz aller sonstigen Änderungen – ein in § 172 StGB, § 1306 BGB rechtlich ausgeprägter Grundsatz eines als unantastbar empfundenen kulturellen Besitzes[479].

### (2) Eheschließung im Ausland

#### *(a) Potentiell polygam*

Wenn schon eine potentiell polygame Eheschließung in der Bundesrepublik nicht gegen den ordre public verstößt, sollte dies erst recht bei einer Eheschließung im Ausland gelten. Aus deutscher Sicht sollte hier anders entschieden werden als nach englischen Recht, welches bis 1995 die im Ausland

---

klassisch-individuellen Schutz (auf diesen, so mag man überlegen, könne die Frau der Erstehe verzichten), auch eine Institutionsgarantie beinhaltet.

[477] *Stöcker* RabelsZ 38 (1974) 79 (106).

[478] *Stöcker* RabelsZ 38 (1974) 79 (106 Fn. 119).

[479] *Gernuber/Coester-Waltjen* § 10 V 1; siehe auch *Schwab* Rn. 80, der es allerdings als schwer abschätzbar bewertet, wie lange dieses selbstverständlich gewordene Prinzip der Monogamie in einer Zeit fortwährender Umbrüche noch das gesellschaftliche Bewußtsein bestimmen wird.

geschlossene potentiell polygame Ehe einer Domizilengländerin unter bestimmten Voraussetzungen als nichtig ansah[480].

#### *(b) Aktuell polygam*

Hat ein muslimischer Inder im Ausland eine aktuell polygame Ehe geschlossen, so sollten wir dies ebenfalls anerkennen und darin, anders als bei einer Inlandstrauung, keinen Verstoß gegen den ordre public sehen[481]. Denn Art. 6 EGBGB setzt voraus, daß die Anwendung des ausländischen Gesetzes in Deutschland gegen die guten Sitten verstößt, nicht aber das ausländische Gesetz selbst[482]. Der aus unserer Sicht anstößige Tatbestand der Eingehung einer Mehrehe ist aber bereits im Ausland abgeschlossen, mithin geht es nicht mehr um die Frage der *Anwendung* durch eine deutsche Behörde bzw. einen Richter, sondern um die *Anerkennung* einer nach indischem Recht wirksam geschlossenen Ehe. Hierbei sollte der Schutz der gelebten Ehe, der ebenfalls in Art. 6 GG verankert ist, dem Institut der Einehe vorgehen. Denn auch das deutsche Recht selbst kennt Durchbrechungen des Prinzips der Monogamie. So sieht es vor, daß im Fall der Doppelehe nach §§ 1313, 1314 Abs. 1 BGB bis zum Aufhebungsurteil rechtlich ebenso zwei Ehen bestehen wie im Sonderfall des § 1315 Abs. 2 Nr. 1 BGB. Auch angesichts des gewachsenen Verständnisses und zum Teil sogar einer rechtlichen Anerkennung anderer Formen des Zusammenlebens, wie nichtehelicher oder gleichgeschlechtlicher Lebensgemeinschaften, Formen, die früher als sittenwidrig[483] und strafbar galten, sollten wir hier nicht den „Sittenrichter der Welt" spielen[484].

---

[480] Vgl. sec. 11(d) Matrimonial Causes Act 1973 sowie die Leitentscheidung Hyde v. Hyde and Woodmarsee (1866) L.R. 1.P.&D. 130-138.

[481] Herrschende Ansicht in der deutschen Rechtsprechung und Literatur, siehe VG Gelsenkirchen FamRZ 1975 338 (340); LG Frankfurt/Main FamRZ 1976 217 (217); AG Bremen StAZ 1991 232 (233); *Liu* S. 71; *Cullmann* S. 81 f.; *ders.* FamRZ 1976 313 (313 f.); *Spickhoff* JZ 1991 323 (326 f.); *Elwan/Otto* StAZ 2000 97 (101); MünchKomm-*Coester* Art. 13 Rn. 45; Staudinger-*v. Bar/Mankowski* Art. 13 Rn. 251.

[482] Auch das Strafrecht behandelt die im Ausland geschlossene polygame und dann in Deutschland fortgesetzte Ehe anders als die Schließung einer Doppelehe im Inland. Denn § 172 StGB ist als Zustands-, nicht als Dauerdelikt konzipiert, d.h. der strafrechtliche Vorwurf knüpft nur an die Eingehung, nicht an die Aufrechterhaltung einer Mehrehe an.

[483] Siehe beispielsweise *Guggumos* StAZ 1964 54 (54), der durch die „wilden Ehen" die öffentliche Sicherheit und Ordnung als gefährdet ansah und diese daher verhindern wollte.

[484] *Gamillscheg* Göttinger FS für das OLG Celle 1961 61 (62).

Wenn im Ausland geschlossene polygame Ehen eines muslimischen Inders im Inland grundsätzlich anzuerkennen sind, bleibt jedoch fraglich, ob jede dieser Ehen volle Wirkung zwischen den Ehegatten und gegenüber Dritten einschließlich des Staates entfaltet.

- Unproblematisch ist die Frage des Unterhalts. Alle Ehefrauen haben, wenn Art. 18 EGBGB zur Anwendbarkeit des deutschen Rechts führt, nach diesem Recht einen gesetzlichen Unterhaltsanspruch gegen ihren Mann. Dies ist mit der Situation zu vergleichen, daß ein deutscher Mann sich mehrmals hintereinander hat scheiden lassen. Er bleibt dann grundsätzlich[485] allen seinen früheren Ehefrauen gegenüber zum Unterhalt verpflichtet.

- Auch steuerrechtlich werden polygame Ehen anerkannt[486].

- Problematisch ist allerdings, ob Mehrehen auch zu einer Mehrbelastung öffentlicher Kassen führen dürfen[487]. Bei der Gewährung öffentlicher Leistungen wie z.B. Witwenrenten könnten die Wirkungen dieser Ehen trotz deren grundsätzlicher Anerkennung einzuschränken sein. Zwar könnten so soziale Härten und Ungerechtigkeiten auftreten, da die Ehefrauen in ihrer Schutzwürdigkeit den monogam verheirateten grundsätzlich gleichstehen[488]. Allerdings ist das deutsche Sozialversicherungsrecht auf eine monogame Gesellschaftsordnung zugeschnitten. Auch wenn die Zahl der polygamen Ehen in der Bundesrepublik geringfügig ist, kann eine Störung des Gleichgewichts zwischen Beiträgen und Leistungen nicht ausgeschlossen werden. Daher sind Witwenrenten an hinterbliebene Frauen aus polygamen Ehen lediglich anteilig auszuzahlen. Gemäß der Grundregel des § 91 Satz 1 SGB VI ist dann, wenn für denselben Zeitraum aus den Rentenanwartschaften eines Versicherten Anspruch auf Witwenrente für mehrere Berechtigte besteht, Aufteilungsmaßstab das Verhältnis der Ehedauer der Berechtigten zueinander. Mehrere Berechtigte sind auch Witwen aus nach ausländischem Recht erlaubten, polygamen Ehen, wenn

---

485 Der Unterhaltsanspruch ist allerdings in Fällen der Wiederheirat des Unterhaltsberechtigten (§ 1586 Abs. 1 BGB) oder bei grober Unbilligkeit (§ 1579 BGB) ausgeschlossen bzw. begrenzt.

486 Siehe BFH NJW 1986 2209 (2210).

487 Zu den sozialversicherungsrechtlichen Folgewirkungen polygamer Ehen vgl. VG Gelsenkirchen FamRZ 1975 338 (340).

488 *Cullmann* S. 185, *ders.* FamRZ 313 (315).

diese Ehe einer Ehe im Sinne des Eherechts der Bundesrepublik Deutschland entspricht. Dies folgt aus § 91 Satz 3 SGB VI. Ergibt sich danach aus der Anwendung des Rechts eines anderen Staates, daß mehrere Berechtigte vorhanden sind, so erfolgt die Aufteilung nach § 34 Abs. 2 SGB I[489]. Das BVerfG hatte entschieden, daß bei Auslandsehen eine Witwenrente unter anderem nur dann zugesprochen werden darf, wenn das Prinzip der Einehe gewahrt ist[490].

- Auch in personenrechtlicher Hinsicht, insbesondere in aufenthaltsrechtlichen Fragen, sind die Folgewirkungen im Ausland gültig geschlossener polygamer Ehen fraglich[491]. Ein Richtlinienvorschlag der Europäischen Kommission sieht vor, daß die Mitgliedstaaten im Falle einer Mehrehe die Einreise und den Aufenthalt weiterer Ehegatten oder deren Kinder – unbeschadet des Übereinkommens über die Rechte des Kindes von 1989 – nicht gestatten, wenn bereits ein Ehegatte gemeinsam mit dem Zusammenführenden im Hoheitsgebiet des Mitgliedstaats lebt[492].

## 2. Eheverbot der Verwandtschaft oder Schwägerschaft

Eine weitere Eheschließungsvoraussetzung, die im Kern alle Rechte kennen, ist das Nichtbestehen gewisser familienrechtlicher Beziehungen zwischen den Nupturienten.

---

489 BSG, Urteil vom 30.08.2000 (B 5 RJ 4/00 R). Ebenso *Elwan/Otto* StAZ 2000 97 (101).

490 BVerfGE 62 323 f.

491 Siehe zur Erteilung einer Aufenthaltserlaubnis im Falle einer Mehrehe BVerwGE 71 228 ff.

492 Art. 4 Nr. 4 des Geänderten Vorschlags der Kommission für eine Richtlinie des Rates betreffend das Recht auf Familienzusammenführung, KOM/2002/0225 endg., ABl. C 203 E vom 27.08.2002, S. 136 ff.

### a) Die einzelnen Eherechte

#### (1) Hindu Marriage Act

Das traditionelle Hindurecht verbot in bis zu 2100[493] verschiedenen Konstellationen Ehen innerhalb des weiteren Familienverbundes[494]. Geblieben sind davon im Hindu Marriage Act die Verbote von sec. 5 Abs. 4 und 5. Danach dürfen Personen, die in einem „verbotenen Grade miteinander verwandt" oder die „*Sapinda*s" zueinander sind, nicht heiraten.

#### (a) Verbotene Verwandtschaftsgrade, sec. 5 Abs. 4, sec. 3 g HMA

Was unter „verbotenen Verwandtschaftsgraden" i.S.v. sec. 5 Abs. 4 HMA zu verstehen ist, wird in sec. 3 (g) HMA näher erläutert. Zum einen besteht ein Ehehindernis zwischen allen Verwandten in gerader Linie und deren Ehepartnern. Die durch Eheschließung mit einem Blutsverwandten einmal begründete Schwägerschaft besteht auch nach Auflösung jener Ehe fort[495]. Zum anderen dürfen in der Seitenlinie Geschwister, Onkel/Tante – Nichte/Neffe sowie Cousin und Cousine ersten Grades[496] nicht heiraten. Aufgrund der durch die Ehe mit Blutsverwandten auch in den Seitenlinien entstehenden besonderen Beziehung sind Ehen mit der Schwägerin, angeheirateten Tante oder Großtante verboten. Hingegen besteht kein Verbot bei Ehen mit dem Schwager, angeheirateten Onkel oder Großonkel[497]. Eine Erklärung für diese unterschiedliche Behandlung läßt sich in den Kommentaren und in der Literatur nicht finden. Es ist aber zu vermuten, daß hierbei die Tatsache eine Rolle spielt, daß traditionell die Frau aus ihrer Familie herausheiratet und in das Haus der Familie ihres Mannes zieht. Damit ist ihre Beziehung zu den Ehepartnern ihrer eigenen Verwandtschaft in der Seitenlinie schon rein räumlich gering. Anders verhält es sich hingegen beim Mann. Er bleibt auch nach der Eheschließung in seiner Familie und lebt in der Regel mit seinen Brüdern, Onkeln sowie Großonkeln und dessen Frauen innerhalb eines Fa-

---

[493] *Qureshi* Marriage S. 64; nach *Gour* S. 81 waren es in einigen Gegenden sogar über 6.000.

[494] Bereits neun Jahre vor Erlaß des HMA hob der Hindu Marriage Removal of Disabilities Act 1946 die meisten von ihnen auf; siehe auch *Subba Rao* S. 4, 106 ff; *Gour* S. 79 ff.

[495] *Mahmood* HMA S. 48; *S.C.Jain* S. 11.

[496] Hier im volkstümlichen Sinne verwendet; nach dem BGB sind Vetter und Base aufgrund der Zahl der vermittelten Geburten im vierten Grad miteinander verwandt.

[497] Vgl. den eindeutigen Wortlaut von sec. 3 (g) (iii) HMA sowie *Derrett* § 247.

milienverbundes und unter einem Dach. Würde man hier eine Ehe trotz Schwägerschaft zulassen, so könnte dies zu erheblichen Konflikten führen.

### *(b) Sapinda-Verwandtschaft, sec. 5 Abs. 5, sec. 3 f HMA*

Das Verbot der Eheschließung zwischen *Sapinda*s beruht auf traditioneller hinduistischer Überlieferung. Danach bedeutet *Sapinda* „vom selben Körper", also die Abstammung von einem gemeinsamen Vorfahren, die bis zur fünften Generation mütterlicher- und bis zur siebten Generation väterlicherseits reichte[498].

Der Gesetzgeber des HMA hat dieses Verbot 1955 übernommen, in sec. 3 (f) HMA allerdings auf die dritte bzw. fünfte Generation beschränkt. Danach werden heute zwei Personen als *Sapinda*s angesehen, wenn entweder der eine ein direkter Vorfahre des anderen ist, und zwar in der mütterlichen Linie bis einschließlich der dritten, in der väterlichen Familie bis einschließlich der fünften Generation, oder wenn sie einen gemeinsamen Vorfahren haben, der zu jedem von ihnen innerhalb der dritten bzw. fünften Generation verwandt ist. Nach der traditionellen hinduistischen Zählmethode wird dabei die betreffende Person als erste Generation mitgerechnet[499]. Bei der Frage, ob es sich um die mütterliche oder um die väterliche Linie handelt, ist wohl allein der direkte Vorfahre entscheidend, die Frage also, ob die Verwandtschaft durch die Mutter oder durch den Vater vermittelt wird[500].

---

498 So die überwiegend vertretene *Vignaneswara*-Theorie der *Mitakshara*-Schule. Insbesondere in Bengalen wurde hingegen nach der *Jimutavahana*-Theorie der *Dayabhaga*-Schule unter (Sa)pinda die Reiskugel verstanden, die zur Verehrung verstorbener Ahnen dargebracht wird; *Sapinda*s sind danach alle, die die Kugeln gemeinsamen Vorfahren darbringen. Beide Schulen überschnitten sich in der Reichweite des *Sapinda*-Verbotes, es gab allerdings auch erhebliche Abweichungen – vertiefend *Gour* S. 79 f.; *Agarwala* S. 30; *S.C.Jain* S. 10; *Nair* S. 12; *Diwan* Hindu Law S. 93 ff.; *Subba Rao* S. 104 ff.; siehe allgemein zu diesen beiden bedeutendsten Schulen des traditionellen hinduistischen Rechts genauer: *Diwan* Family Law S. 9 f.; *Grandinger* S. 137 f.

499 Sec. 3 (f) (i) a.E. HMA.

500 Im englischen Gesetzestext heißt es „sapinda relationship [...] through the *mother*, and [...] through the *father* [...]". Siehe auch *Nair* S. 26. Nach *Diwan* Hindu Law S. 99 ff. dürfen in der väterlichen Linie allerdings nur männliche Vorfahren sein, d.h. sie wird zur mütterlichen Linie, wenn sie irgendwo durch eine weibliche Vorfahrin führt. Die Rechtsprechung hat die Frage, soweit ersichtlich, noch nicht entschieden.

Beispielsdiagramm[501]:

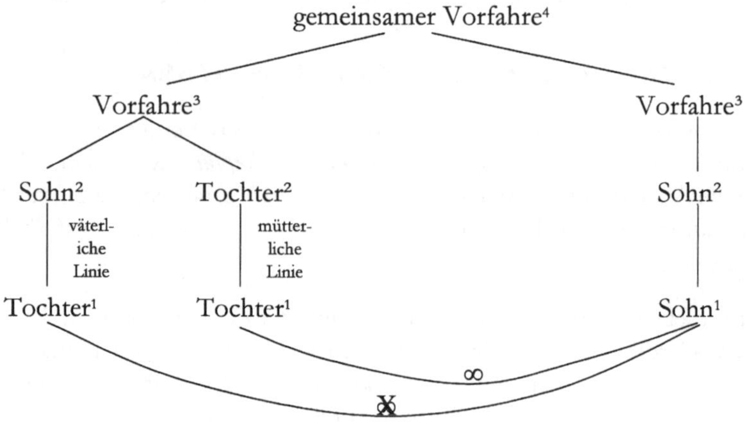


Sowohl bei den verbotenen Verwandtschaftsgraden von Absatz 4 als auch bei den *Sapinda*-Verhältnissen von Absatz 5 von sec. 5 HMA werden stets halbbürtige[502], nichteheliche und adoptierte Kinder den vollbürtigen ehelichen gleichgestellt[503]. Doch beide Verbote kennen nicht nur diese Gleichstellung, sondern überschneiden sich auch zum großen Teil, so daß man die Frage stellen könnte, warum der Gesetzgeber kein einheitliches Verbot normiert hat. Die Aufnahme des traditionellen *Sapinda*-Verbotes in den HMA zeigt jedoch die Behutsamkeit des Gesetzgebers gegenüber den Bewahrern der althergebrachten hinduistischen Lehren.

### (c) Folgen bei Verstößen

Ein Verstoß gegen sec. 5 Abs. 4 und 5 hat gem. sec. 11 HMA zur Folge, daß die Ehe nichtig ist. Gem. sec. 18 (b) HMA zieht eine Verletzung des Ehever-

---

501 Siehe vertiefend hierzu auch *Diwan* Hindu Law S. 95 - 104 mit rund zwanzig verschiedenen Diagrammen.

502 Hierbei werden Halbgeschwister, die den gleichen Vater, aber verschiedene Mütter (*half-blood*) und solche, die die gleiche Mutter, aber unterschiedliche Väter (*uterine-blood*) haben, getrennt aufgeführt. Diese Unterscheidung hat allerdings im Eherecht, anders als im Erbrecht, keine Auswirkung.

503 Erläuterungen zu sec. 3 (f), (g) HMA.

bots der Verwandtschaft und Schwägerschaft darüber hinaus auch strafrechtliche Sanktionen nach sich. Gegen beide Ehepartner kann eine Freiheitsstrafe von bis zu einem Monat verhängt werden[504].

Die Verbote in sec. 5 Abs. 4 und 5 HMA stehen jedoch unter dem Vorbehalt, daß die für beide Heiratsaspiranten maßgebenden Gewohnheiten und Gebräuche[505] nicht doch eine Eheschließung im konkreten Fall gestatten[506]. Eine Grenze bildet hierbei allerdings nach sec. 3 (a) HMA die Vereinbarkeit mit der öffentlichen Ordnung. So wurde beispielsweise die Ehe mit der eigenen Enkeltochter trotz entsprechendem regionalen Brauchs von der Rechtsprechung gleichwohl als nichtig betrachtet[507].

### (2) Recht der Moslems

Auch das muslimische Recht kennt Eheverbote aufgrund von Verwandtschaft und Schwägerschaft. Die Nichtbeachtung dieser in den Familienbeziehungen wurzelnden Ehehindernisse führt in allen Rechtsschulen grundsätzlich zur Nichtigkeit *(batil)*[508].

#### *(a) Blutsverwandtschaft*

Zum einen besteht nach muslimischen Recht das Ehehindernis der Blutsverwandtschaft[509]. So ist die Ehe zwischen Verwandten in gerader Linie, also im Verhältnis Eltern – Kind, Großeltern – Enkel etc. verboten. In den Seitenli-

---

504 Unabhängig davon, ob sie schuldhaft gegen das Eheverbot verstoßen haben, siehe *Derrett* § 248.

505 Im einzelnen genauer *Nandan* S. 230 f.; *Subba Rao* S. 106 f.; *S.C.Jain* S. 8 f. Bzgl. der Glaubensgemeinschaft der Sikhs siehe auch sec. 5 Anand Marriage Act 1909.

506 Auch nach traditionellem hinduistischen Recht konnten die Eheverbote aufgrund Verwandtschaft durch Gewohnheitsrecht überlagert werden – siehe *Madhavrao Raghavendra v. Raghavendrarao* AIR 1946 Bom. 377 ff.

507 *Balusami Reddiar v. Balakrishna Reddiar* AIR 1957 Mad. 97 (99 f.).

508 *Verma* S. 102; *Mahmood* Muslim Law S. 62; *Pearl/Menski* S. 145 f.; *Saha* S. 49; *Saksena* S. 160, 190; *Nigam* S. 346 f.; *Nair* S. 166; *Fyzee* S. 106; Bergmann/Ferid-*Prader*, Islam S. 14.

509 Koran Sure 4 Vers 27. Siehe zum ganzen *Mulla* Ch. XIV S. 266; *Verma* S. 84; *Ameer Ali* S. 99; *Diwan* Muslim Law S. 57; *Nair* S. 165 f.; *Subba Rao* S. 365; *Nigam* S. 346; *Pearl/Menski* S. 145; *Qureshi* Muslim Law S. 72 f.; *Mahmood* Muslim Law S. 60; *Fyzee* S. 105 f.

nien ist eine Eheschließung mit Voll- oder Halbgeschwistern ebenso wie mit deren Nachkommen (Nichte/Neffe; Großnichte/Großneffe) untersagt. Auch mit den Geschwistern der Eltern oder der Großeltern dürfen keine Eheverträge geschlossen werden. Im Gegensatz zum hinduistischen Recht sind aber Ehen mit deren Abkömmlingen, also mit Cousin und Cousine selbst ersten Grades erlaubt.

### *(b) Milchverwandtschaft*

Stillt eine andere Frau als die leibliche Mutter ein Kind, so entsteht nach muslimischem Recht dadurch eine Art verwandtschaftlicher Beziehung, die sog. Milchverwandtschaft[510]. Diese führt nach sunnitischem Recht zu einem Eheverbot mit der Milchmutter bzw. deren Ehemann und mit deren leiblichen Kindern bzw. den dazugehörigen Ehepartnern[511]. Nach schiitischem Recht begründet eine Milchverwandtschaft sogar dieselben Eheverbote wie eine Blutsverwandtschaft[512].

### *(c) Schwägerschaft*

Des weiteren kennt auch das muslimische Recht das Eheverbot der Schwägerschaft[513]. So darf ein muslimischer Mann seine Schwiegermutter oder -großmutter bzw. seine Schwiegertochter nicht heiraten. Ferner ist ihm die Ehe mit seiner Stiefmutter, Stiefgroßmutter, Stiefschwester, Stieftochter oder deren Töchter verboten[514]. Für eine muslimische Frau gelten die Verbote spiegelbildlich.

Dabei ist es unerheblich, ob die Verschwägerten in gültiger Ehe mit den jeweiligen Verwandten verbunden sind[515]. Das Ehehindernis der Schwägerschaft entsteht nach Ansicht der Hanafiten und Hanbaliten auch durch

---

510 Vgl. Koran Sure 4 Vers 27.

511 *Diwan* Family Law S. 44; siehe auch *Mahmood* Muslim Law S. 61 f.

512 *Diwan* Muslim Law S. 58; *ders.* Family Law S. 44; *Nigam* S. 347; *Saksena* S. 160.

513 Vgl. zum ganzen *Qureshi* Muslim Law S. 73 ff.; *Verma* S. 85 f.; *Nair* S. 166; *Diwan* Muslim Law S. 57 f.

514 Vgl. die Tabelle in *Mahmood* Muslim Law S. 61.

515 *Diwan* Muslim Law S. 58; dies gilt allerdings nicht für die Schafiiten.

außerehelichen Verkehr[516], ja selbst bei sonstigen Intimitäten wie Küssen oder von sexuellem Begehren getragenen Berührungen[517].

### (d) Jama bayn al mahramayn-Verbot bei polygamer Eheschließung

Darüber hinaus kennt das islamische Eherecht im Falle einer polygamen Eheschließung auch das *jama bayn al mahramayn*-Verbot. Danach darf ein Mann eine weitere Ehe nicht mit einer Frau eingehen, die, wäre sie ein Mann, mit einer der bereits angetrauten Frauen nicht verheiratet sein könnte[518]. Das Verbot leitet sich aus dem Koran, Sure 4, Vers 23 ab, weshalb eine solche Ehe früher für nichtig (*batil*) gehalten wurde[519]. Allerdings spricht der Koran in Sure 4, Vers 23 nur das Verbot aus, „[...] und nicht sollt ihr zwei Schwestern zusammen haben" und ergänzt dies durch den Nachsatz „ es sei denn bereits geschehen. Siehe Allah ist verzeihend und barmherzig". Da das Hindernis zudem durch Scheidung bzw. Tod aufhebbar ist, hat die indische Rechtsprechung seit Anfang dieses Jahrhunderts solche Fälle bei Anwendung sunnitischen Rechts nur noch als irregulär (*fasid*) behandelt[520]. Die Literatur stimmt dem weitgehend zu[521]. Nach schiitischem Recht, das die Kategorie einer *fasid*-Ehe nicht kennt, ist sie nichtig.

---

516 *Pearl/Menski* S. 146; *Qureshi* Muslim Law S. 74, 80; siehe auch *Ameer Ali* S. 100.

517 *Pearl/Menski* S. 146; *Qureshi* Muslim Law S. 75, 80; *Verma* S. 85, der ganz allgemein davon spricht und dies nicht auf die Rechtsschule der Hanafiten und Hanbaliten beschränkt.

518 *Verma* S. 84, 90 f.; *Saha* S. 49; *Nair* S. 167; *Pearl/Menski* S. 148; *Ameer Ali* S. 98; *Fyzee* S. 106; *Saksena* S.160 f.

519 *Aizunissa Khatoon v. Karimunnissa Khatoon* ILR 23 (1895) Cal. 130 (130).

520 *Tajbi Abalal Desai v. Mowlakhan Alikhan Desai* ILR 19 (1917) Bom. 300 (301 ff.); *Kaniza v. Hasam Ahmad Khan* AIR 1926 Oudh 231 (232); *Taliamand v. Md. Din* AIR 1930 Lah. 907 (909); *Rahiman Bibi Saheba v. Mahboob Bibi Saheba* AIR 1938 Mad. 141 (141 f.).

521 *Mulla* Ch. XIV S. 263; *Nigam* S. 347, 359; *Saha* S. 49; *Nair* S. 167; *Diwan* Muslim Law S. 58 f.; *Verma* S. 104; *Ameer Ali* S. 100; *Pearl/Menski* S. 163; *Beri* S. 99; *Saksena* S. 160; *Mahmood* Muslim Law S. 63. Kritisch *Fyzee* S. 107, der aufgrund des klaren Verbots im Koran der Ansicht ist, daß die Legislative, nicht aber eine extensive Interpretation seitens der Judikative eine Änderung herbeiführen sollte.

### (3) Recht der Christen

Der Indian Christian Marriage Act selbst nennt keine Beziehungen, innerhalb derer Eheschließungen verboten wären, weder in sec. 60 noch in einer anderen Bestimmung. In sec. 18 a) und sec. 42 a) ICMA wird zwar das Hindernis der Verwandtschaft und Schwägerschaft erwähnt, und nach sec. 19 Abs. 1 Nr. 2 des Indian Divorce Act kann eine Ehe zwischen Parteien, die in einem verbotenen Grade verwandt oder verschwägert sind, für nichtig erklärt werden. Allerdings ist keiner der Vorschriften zu entnehmen, wie weit ein solches Eheverbot reicht.

Die indischen Gerichte sind deshalb in dieser Frage stets den Weg über sec. 88 ICMA gegangen, der bestimmt, daß eine Ehe, die unter dem Personalrecht auch nur einer der Parteien verboten ist, nicht gültig ist. Bedeutung und Reichweite von sec. 88 ICMA sind allerdings problematisch.

#### *(a) Sec. 88 ICMA – Verweis auf welche Rechte?*

Zunächst war unklar, was mit den „auf jede Partei persönlich anwendbaren Rechten" gemeint ist, denn immerhin ist der Indian Christian Marriage Act selbst das auf Christen anwendbare Personalrecht. Es wurde vertreten, daß darunter das Zivilrecht Englands zu verstehen sei[522]. Allerdings verweist der ICMA von 1872 – anders als noch die Fassung von 1865 – nicht mehr explizit auf die Eheverbote des Rechts von England. Wille des Gesetzgebers und Wortlaut sprechen mithin gegen eine Anwendung des englischen Rechtes über sec. 88 ICMA[523]. Der Verweis dürfte daher so zu verstehen sein, daß das Recht der jeweiligen religiösen Gemeinschaft anzuwenden ist[524].

---

522 Vgl. *Dubey v. Dubey* AIR 1951 All. 529 (534) und die Rechtsansicht des Beklagten in *Saldanha v. Saldanha* AIR 1930 Bom. 105 (107); siehe auch die Auseinandersetzung in *Lopez v. Lopez* ILR 12 (1885) Cal. 706 ff. sowie sec. 7 IDA.

523 Gegen die Rechtsansicht des Beklagten in *Saldanha v. Saldanha* AIR 1930 Bom. 105 (107) ist ferner einzuwenden, daß seine Argumentation, Personalrecht meine Zivilrecht, was im Falle römisch-katholischer Christen immer das Zivilrecht Englands sei, Willkür anhaftet. Es entbehrt nicht einer gewissen Ironie, daß gerade England, das sich unter seinem König Heinrich VIII offiziell von der römisch-katholischen Kirche abgespalten hat, das Land sein soll, das der katholischen Konfession am nächsten steht.

524 *Lopez v. Lopez* ILR 12 (1885) Cal. 706 (731); Richter Blackwell in *Saldanha v. Saldanha* AIR 1930 Bom. 105 (110); *Jude v. Jude* AIR 1949 Cal. 563 (565); *Lakshmi Sanyal v. Sachit Kumar Dhar* AIR 1972 S.C. 2667 (2673 f.); zustimmend auch *Pinto* S. 16; *Rao* S. 179.

Des weiteren stellt sich dann aber die Frage, welche religiösen Rechte gemeint sind. Man könnte vertreten, daß im Rahmen des christlichen Eherechtes nur die Rechte der jeweiligen christlichen Konfessionen, also beispielsweise das kanonische oder das anglikanische Recht, Anwendung finden sollen. Allerdings spricht sec. 88 ICMA von dem Recht, das „auf jede der Parteien persönlich Anwendung findet". Partei i.S.d. ICMA ist gem. sec. 4 aber nicht nur ein Christ, sondern kann auch ein Nichtchrist sein. Das auf ihn anwendbare Recht ist damit ggf. ein nicht-christliches[525].

### *(b) Sec. 88 ICMA – Verweis auf welche Ehevoraussetzungen und Ehehindernisse?*

Kontrovers wird auch die Frage beurteilt, ob sec. 88 auf alle Ehevoraussetzungen und Ehehindernisse der jeweiligen religiösen Rechte verweist oder nur auf ganz bestimmte.

Die Annahme einer *generellen* Verweisung ist problematisch. Denn gewährt man den Rechten der einzelnen Religionsgemeinschaften über sec. 88 eine derartige Einflußnahme, so kann es zu Ergebnissen kommen, die zum Indian Christian Marriage Act selbst in Widerspruch stehen. Beispielsweise kann ein religiöses Recht eine bestimmte Eheschließungsform verbieten, die der ICMA ausdrücklich gestattet. Es kann aber nicht Intention des Gesetzgebers, der in sämtlichen Bestimmungen des ICMA zumindest überwiegend Formvoraussetzungen aufgestellt hat, gewesen sein, einer Partei über sec. 88 die Möglichkeit einzuräumen, eine nach dem ICMA formgültig geschlossene Ehe mit dem Schwert seines eigenen religiösen Rechtes doch zu vernichten. Zumindest in Fragen der Form kann kein Personalrecht über sec. 88 zur Anwendung kommen, da der ICMA insofern spezieller ist[526].

In mehreren Entscheidungen wird sec. 88 ICMA nur als Verweis auf alle *absoluten* Eheverbote gesehen[527]. Dieser Lösungsansatz kann allerdings zu Rechtsunsicherheiten führen. Denn oft ist unklar, welche Verbote von den

---

525 *Dubey v. Dubey* AIR 1951 All. 529 ff.

526 *Saldanha v. Saldanha* AIR 1930 Bom. 105 (110 f.); *Dubey v. Dubey* AIR 1951 All. 529 (534); eine generelle Verweisung ebenfalls ablehnend *Devadason* S. 43, 46 f.

527 *Gnanasoundari v. Nallathambi* AIR 1945 Mad. 516 ff.; *Jude v. Jude* AIR 1949 Cal. 563 (565); *Dubey v. Dubey* AIR 1951 All. 529 (539, 541); *Capt. A.C. Smyth v. Mrs. Hannah Smyth* AIR 1951 Cal. 293 (293).

Konfessionen als absolut angesehen werden und welche nicht[528]. Auch ist zu bedenken, daß auch dann, wenn man ein absolutes Eheverbot bejaht, dieses im Widerspruch zum Indian Christian Marriage Act selbst, insbesondere zu dessen sec. 4 stehen kann. So kennen beispielsweise einige Konfessionen das Verbot der Eheschließung mit Nichtchristen. Würde man diesem Verbot über sec. 88 zur Gültigkeit verhelfen, so stünde dies im Widerspruch zu sec. 4 ICMA, der ausdrücklich Ehen zwischen Christen und Nichtchristen gestattet[529].

Zumindest die Reichweite des Eheverbots der Verwandtschaft und Schwägerschaft in den einzelnen religiösen Rechten steht jedenfalls nicht im Widerspruch zum ICMA und kann deshalb über sec. 88 ICMA unproblematisch Anwendung finden[530].

#### (4) Recht der Parsen

Der Parsi Marriage and Divorce Act normiert in sec. 3 Abs. 1 a) als Voraussetzung für eine wirksame Ehe, daß die Parteien nicht in einem bestimmten, in Anhang I näher ausgeführtem Grade miteinander verwandt oder verschwägert sind. Wird gegen diese erste Eheschließungsvoraussetzung verstoßen, so folgt daraus gem. sec. 3 Abs. 1, 2 PMaDA die ipso iure Nichtigkeit. In Anhang I sind für den Mann und anschließend spiegelbildlich für die Frau je 33 Personen aufgelistet, mit denen ihnen eine Eheschließung untersagt ist.

---

528 Vgl. nur die drei Entscheidungen zum kanonischen Recht, die den Verweis in sec. 88 ICMA als Verweis auf absolute Eheverbote gesehen haben: in *Jude v. Jude* AIR 1949 Cal. 563 (565) wurde das Verbot des kanonischen Rechtes, einen Nichtchristen zu heiraten, als absolut eingestuft, während in *Capt. A.C. Smyth v. Mrs. Hannah Smyth* AIR 1951 Cal. 293 (293) jenes Verbot der römisch-katholischen Kirche als nicht absolut bewertet wurde; in *Gnanasoundari v. Nallathambi* AIR 1945 Mad. 516 (516) wurde das kanonische Verbot der Religionsverschiedenheit zumindest für den Fall, daß es sich um einen getauften Christen anderer Konfession handelt, ebenfalls als nicht absolut behandelt, mit dem Argument bestehender Dispensmöglichkeit.

529 Hierzu ausführlicher unten C.I.6.a)(3), S. 183 f.

530 Im kanonischen Recht ergibt sich das Eheverbot der Verwandtschaft und Schwägerschaft aus can. 1091, 1092 CIC. Eine detaillierte Darstellung würde den Rahmen dieser Arbeit übersteigen. Vgl. zu den verschiedenen christlichen Rechten (u.a. römisch-katholisch, uniert-orientalisch, griechisch-orthodox, anglikanisch, armeno-gregorianisch, assyrisch-chaldäisch) genauer *Scheftelowitz* S. 40 ff.

#### *(a) Verwandtschaft*

So ist eine Eheschließung mit folgenden Blutsverwandten verboten: mit allen Deszendenten sowie mit Aszendenten bis zu den Urgroßeltern, in den Seitenlinien mit eigenen Geschwistern und deren Abkömmlingen sowie mit Geschwistern der Eltern. Mit deren Nachkommen, also mit Cousins/Cousinen selbst ersten Grades ist hingegen eine Ehe erlaubt. Das Eheverbot der Blutsverwandtschaft bezieht sich auch auf Stiefverwandte.

#### *(b) Schwägerschaft*

In vergleichbarem Umfang wie die Blutsverwandtschaft bildet auch die Schwägerschaft ein Ehehindernis. Nicht hiervon umfaßt sind allerdings sowohl die Ehepartner der eigenen Geschwister, als auch die Geschwister des Ehepartners. Allerdings entsteht in den Augen des Parsi Marriage and Divorce Act durch die Hochzeit eine so enge Beziehung zwischen den jeweiligen Elternpaaren, daß ihnen fortan eine Ehe untersagt ist.

### (5) Ziviles Eherecht

Auch für eine wirksame Eheschließung bzw. eine nachträgliche Registrierung unter dem Special Marriage Act ist nach dessen sec. 4 (d) bzw. sec. 15 (e) Voraussetzung, daß die Parteien nicht in einem verbotenen Verwandtschaftsverhältnis zueinander stehen. In welchem Grade eine Verwandtschaft als verboten gilt, ist sec. 2 (b) SMA i.V.m. Anlage I zu entnehmen. Aus der dortigen Auflistung von 74 – zwei Mal spiegelbildlich 37 – Personen in Form eines Stammbaumes ist folgendes zu entnehmen:

#### *(a) Eheverbot der Verwandtschaft und Schwägerschaft im SMA*

In gerader Linie besteht sowohl mütterlicher- wie auch väterlicherseits ein Eheverbot mit direkten Vorfahren bis hin zu den Urgroßeltern[531]. Dabei wird, wenn die durch Tod oder Scheidung entstehende Lücke eines solchen Vorfahren durch erneute Heirat geschlossen wird, diese neue Stiefverwandtschaft der leiblichen Verwandtschaft gleichgestellt[532]. Auch Deszendenten bis zur

---

531 Anlage I zum SMA Nr. 1, 3, 5, 7, 9, 11, 13.

532 Anlage I zum SMA Nr. 2, 4, 6, 8, 10, 12, 14.

dritten Generation, nämlich Kinder, Enkel und Urenkel sowie deren angetraute Ehepartner darf man nicht heiraten[533]. Das Eheverbot hinsichtlich der nicht blutsverwandten Ehepartner eines Aszendenten oder Deszendenten bleibt selbst nach einer Scheidung von diesem bestehen[534].

In der Seitenlinie ist eine Eheschließung mit Geschwistern und deren Kindern (Nichte/ Neffe) sowie mit den Geschwistern der Eltern (Tante/Onkel) und deren Kindern (Cousin/Cousine 1. Grades) untersagt[535].

Bei allen Verboten, sowohl in gerader als auch in Seitenlinie, wird stets die halbbürtige, nichteheliche oder Adoptivverwandtschaft der vollbürtigen, ehelichen Blutsverwandtschaft gleichgestellt[536].

#### *(b) Folgen bei Verstößen nach dem SMA*

Ein Verstoß gegen sec. 4 (d) SMA führt gem. sec. 24 (i) SMA zur Nichtigkeit der Ehe. Auch der SMA kennt jedoch, wie der HMA, hierbei in sec. 4 (d) einen Vorbehalt. Die Parteien dürfen, obwohl sie in einem grundsätzlich verbotenen Verwandtschaftsverhältnis zueinander stehen, dann heiraten, wenn Gewohnheiten und Gebräuche zumindest einer der Parteien eine solche Eheschließung erlauben[537]. Auf eine solche Ausnahme für Angehörige bestimmter Stämme, Gemeinschaften, Gruppen oder Familien kann man sich allerdings nur berufen, wenn sie von der Bundesregierung zuvor per Rechtsverordnung festgelegt wurde[538].

#### *(c) FMA*

Ebenfalls in sec. 4 (d) stellt der Foreign Marriage Act als Voraussetzung für eine wirksame Eheschließung bzw. für eine Registrierung[539] das Verbot be-

---

533 Anlage I zum SMA Nr. 15 - 28.

534 Siehe Hinweis nach Nr. 37 von Teil II der Anlage I SMA.

535 Anlage I zum SMA Nr. 29 - 37.

536 Vgl. Erläuterungen zu sec. 2 (b) SMA.

537 Mangels Verweisung gilt diese Ausnahmeregelung nicht für Ehen, die unter dem SMA registriert werden. Für Ehen, die vor 1954 geschlossen worden sind, ist allerdings die Besonderheit des sec. 15 (e) S. 2 SMA zu beachten.

538 Siehe genauer Erklärung nach sec. 4 (e) SMA.

539 Sec. 17 Abs. 2 FMA.

stimmter verwandtschaftlicher Beziehungen zwischen den Nupturienten auf. Dabei bedient auch er sich der Verweisung auf die Definition in sec. 2 (a) FMA, die ihrerseits wiederum auf die verbotenen Verwandtschaftsgrade, wie sie im Special Marriage Act definiert sind, verweist. Einziger Unterschied zum SMA ist, daß der Foreign Marriage Act wohl auch Ausnahmen aufgrund des Personal- oder Gewohnheitsrechtes zumindest einer Partei zuläßt, die nicht vorher von der Staatsregierung offiziell zugelassen worden sind[540].

### b) Vergleich

Alle Rechte Indiens kennen, wie das deutsche Recht, ein Verbot der Endogamie. Unterschiede bestehen nur hinsichtlich der Reichweite, der Darstellung und der Folgen bei einem Verstoß gegen dieses Verbot.

#### (1) Verwandtschaft

Alle indischen Rechte kennen das in Deutschland in § 1307 BGB verankerte Verbot der Blutsverwandtschaft. Denn sein Ursprung ist nicht vorwiegend religiös oder kulturell bedingt, sondern biologischer Natur. Das Inzesttabu dient dazu, eugenische Mißbildungen zu vermeiden. Geschichtlich betrachtet sollte das Gebot der Exogamie die Ansammlung von Macht und Konzentration von Eigentum – abseits der Herrscherfamilien – verhindern[541]. Es sollte ferner helfen, durch persönliche Bande Konflikte zwischen verschiedenen Familienclans zu vermeiden[542].

Auffallend ist allerdings, daß heute der Kreis verbotener Verwandtschaftsgrade im deutschen Recht im Vergleich zu allen indischen Rechten am kleinsten ist. Dies beruht zum einen auf neuen medizinische Erkenntnissen und Möglichkeiten, eugenische Defekte vorherzusagen und zu vermeiden. Hinzu kommt allerdings in Deutschland ein zweites, nämlich der Übergang von der Groß- zur Kleinfamilie. Das Eheverbot der Verwandtschaft hat neben der biologischen und geschichtlichen Seite noch einen weiteren Hintergrund. Es dient der Wahrung des Familienfriedens, indem eine Geschlechtskonkurrenz

---

540 Vgl. Vorbehalt in sec. 4 (d) FMA und Erklärung nach sec. 4 (e) SMA.

541 Siehe auch *Coester-Waltjen/Coester* S. 55.

542 Siehe auch *Saha* S. 4 Fn. 4.

innerhalb der Kernfamilie vermieden werden soll[543]. Wo, wie in Indien, das Zusammenleben der Großfamilie in enger räumlicher Verbundenheit die Regel ist, soll dieses nicht durch sexuelles Begehren, Ausnutzen von Abhängigkeiten und Eifersucht aufgrund amouröser Beziehungen gestört werden[544].

#### (2) Schwägerschaft

Der letztgenannte Aspekt erklärt auch, warum das deutsche Recht seit 1998 im Unterschied zu allen indischen Rechten das Eheverbot der Schwägerschaft nicht mehr kennt. Zwar mögen einst auch mangelhafte medizinische Kenntnisse im Hinblick auf den Geschlechtsakt, durch den Mann und Frau „ein Fleisch werden" sollen, eine Rolle gespielt haben[545], doch läßt es sich heute weder aus medizinischen noch aus erbbiologischen Gründen rechtfertigen[546]. Seine Berechtigung hat es hingegen in einer Gesellschaft wie der indischen, die in Großfamilien zusammenlebt, in denen es Geschlechtskonkurrenz zu verhindern gilt[547].

#### (3) Religiöse Verbote: *jama bayn al mahramyn*, *Sapinda*, Milchverwandtschaft

Diesem Ziel, ein friedliches Miteinander in den Großfamilien bzw. des polygamen Zusammenlebens zu ermöglichen, dienen auch die dem deutschen sowie den sonstigen indischen Rechten unbekannten, im Religiösen wurzeln-

---

543 Siehe Palandt-*Brudermüller* § 1307 Rn. 1; RGRK-*Lohmann* § 1307 Rn. 3; MünchKomm-*Gindullis* § 1307 Rn. 1.

544 Vgl. *Qureshi* Marriage S. 67.

545 *Coester-Waltjen/Coester* S. 55; siehe auch Genesis 2, 24 und Matthäus 19 5, 6.

546 Begr. des RegE zum EheschlRG BT-Drucks. 13/4898 S. 13. Die Abschaffung in Deutschland wurde daher überwiegend begrüßt – siehe *Bornhofen* StAZ 1997 362 (368); RGRK-*Lohmann* § 1307 Rn. 4. Siehe auch die Kritik in der Literatur bereits vor der Gesetzesänderung: *Böhmer* StAZ 1991 125 (128, 130); Staudinger-*v. Bar/Mankowski* Art. 13 Rn. 231.

547 Siehe auch KG StAZ 1986 351, wo eine Befreiung vom damals noch bestehenden Eheverbot der Schwägerschaft mit der Begründung abgelehnt wurde, diese würde Unruhe und Unfrieden in die Familie bringen; insbesondere aus diesen Überlegungen kritisch zur Abschaffung des Verbots der Schwägerschaft im deutschen Recht *Lüderitz* Rn. 164; Staudinger-*Klippel* Vorbem. zu §§ 1313 ff. Rn. 19 f.; *Bosch* FamRZ 1997 65 (75); *ders.* NJW 1998 2004 (2005, 2010); *Muscheler* JZ 1997 1142 (1145).

den Verbote, das *jama bayn al mahramayn*-Verbot des muslimischen Rechts und das Verbot der *Sapinda*-Verwandtschaft des HMA. Die Aufnahme des *Sapinda*-Verbotes in den HMA ist ein Zugeständnis an die Bewahrer der traditionellen Lehren. Anders als bei der Frage der Polygamie hat der staatliche Gesetzgeber in diesem Bereich auf die religiösen und kulturellen Gefühle der Hindus Rücksicht nehmen können, ohne dabei mit seinen eigenen Wertvorstellungen in Konflikt zu geraten. Das *Sapinda*-Verbot reicht zwar – trotz seiner Einschränkung durch den Gesetzgeber des HMA – relativ weit, doch können Nupturienten, die sich dem nicht unterwerfen wollen, nach dem zivilen Eherecht heiraten, das ein *Sapinda*-Verbot nicht kennt.

Unbekannt ist den sonstigen Rechten schließlich auch das Verbot der Milchverwandtschaft. Hintergrund dieses Verbots war eine medizinisch unrichtige Vorstellung vom Säugungsvorgang. Man ging davon aus, daß die Milch wie Blut durch die Adern fließt und demzufolge durch das Stillen dieselbe Verbindung entsteht wie zur leiblichen Mutter[548]. Mangels Kodifizierung eines muslimischen Eherechts gilt das aus dem 7. Jahrhundert stammende Verbot in Indien auch heute noch.

### (4) Gesetzestechnik

Ungewohnt ist für den deutschen Juristen auch die im parsischen sowie im zivilen Eherecht Indiens angewandte Gesetzestechnik bei der Aufstellung der Verbote der Blutsverwandtschaft und Schwägerschaft. Anstatt abstrakte Formulierungen zu wählen, werden konkret 66 bzw. 74 Personen aufgelistet, mit denen eine Eheschließung untersagt ist. Diese Methode folgt dem englischen Recht, das anders als das aus der Pandektenwissenschaft entstandene BGB dem Richter, der nach Präzedenzfällen entscheidet, eine klare Anweisung an die Hand geben will.

### (5) Folgen bei Verstößen gegen Endogamieverbote

Eine gegen das jeweilige Endogamieverbot verstoßende Ehe ist nach allen indischen Rechten nichtig. Auch nach deutschem Recht war eine solche Ehe bis 1998 gem. § 21 EheG nichtig, nach § 1314 Abs. 1 i.V.m. § 1307 BGB ist sie nun nur ex nunc aufhebbar. Allerdings ist das in § 1307 BGB verankerte Verbot weiterhin durch § 173 StGB strafrechtlich sanktioniert.

---

548 *Anderson* Encyclopedia S. 59 Fn. 509; *Coester-Waltjen/Coester* S. 54.

### c) Anwendung in Deutschland

Bezüglich der Anwendung der verschiedenen, ihrer Natur nach notwendigerweise zweiseitigen[549] Verbote der indischen Eherechte bei verwandtschaftlichen Beziehungen bestehen keine Bedenken. Die in § 1307 BGB aufgestellten Grenzen bezüglich der Blutsverwandtschaft sind gewahrt, so daß ein Eingreifen des Art. 6 EGBGB nicht erforderlich ist. Das nach den indischen Rechten bestehende Eheverbot der Schwägerschaft ist dem deutschen Recht nicht wesensfremd, da es selber bis zum 01.07.1998 dieses Verbot normiert hatte[550].

Wenn allerdings bereits außereheliche Intimitäten wie nach manchen Schulen des muslimischen Rechts zu einer (fingierten) Schwägerschaft führen, so kann diesem Eheverbot, bei hinreichendem Inlandsbezug, der deutsche ordre public entgegenstehen, da dadurch die Eheschließungsfreiheit allein zur Durchsetzung sittlicher Wertvorstellungen übermäßig eingeschränkt wird[551]. Ebenso ist hinsichtlich des Umstands, daß das hinduistische Recht noch für sehr weit entfernte Blutsverwandte im Rahmen der *Sapinda*-Verwandtschaft ein Ehehindernis kennt und daß das islamische Recht das dem deutschen BGB unbekannte Kriterium der Milchverwandtschaft aufstellt, an ein Eingreifen des ordre public zu denken[552]. In diesen Fällen kann die Eheschließung unter den Voraussetzungen des Art. 13 Abs. 2 EGBGB gleichwohl zulässig sein[553].

---

549 MünchKomm-*Coester* Art. 13 Rn. 36; Staudinger-*v. Bar/Mankowski* Art. 13 Rn. 228; Soergel-*Schurig* Art. 13 Rn. 29; Palandt-*Brudermüller* § 1307 Rn. 1.

550 Im Ergebnis ebenso OLG Stuttgart FamRZ 2000 821 (822). RGRK-*Lohmann* § 1307 Rn. 34 bejaht ein Eingreifen von Art. 13 Abs. 2 EGBGB, wenn das ausländische Eheverbot weiterreicht, als es § 4 Abs. 1 EheG getan hat, d.h. insbesondere sich auch auf in der Seitenlinie Verschwägerte erstreckt.

551 Ebenso Staudinger-*v. Bar/Mankowski* Art. 13 Rn. 401. Siehe auch BVerfGE 36 146 ff. In dieser Entscheidung erklärte das Bundesverfassungsgericht das deutsche Eheverbot der Geschlechtsgemeinschaft nach § 4 Abs. 2 EheG a.F. (das Verbot untersagte die Heirat mit einer Person, die mit einem eigenen Verwandten in gerader Linie Geschlechtsgemeinschaft hatte) insbesondere mit der durch Art. 6 Abs. 1 GG gewährleisteten Eheschließungsfreiheit für unvereinbar.

552 Siehe hierzu MünchKomm-*Coester* Art. 13 Rn. 40; Staudinger-*v. Bar/Mankowski* Art. 13 Rn. 230, 232; RGRK-*Lohmann* § 1307 Rn. 34.

553 So MünchKomm-*Coester* Art. 13 Rn. 40 für „überzogene" Ehehindernisse aufgrund Verwandschaft oder Schwägerschaft sowie ausdrücklich für das Ehehindernis der Milchverwandtschaft.

## 3. Ehemündigkeitsalter

Ehen unter Kindern – selbst im Säuglingsalter – waren in Indien weit verbreitet[554]. Das traditionelle hinduistische Recht förderte sogar besonders die Kinderehen, denn es war das Recht und die Pflicht eines jeden Vaters, seine Tochter möglichst früh zu verheiraten[555]. In den Gesetzesbüchern Manus heißt es: Laß einen Mann von dreißig Jahren ein Mädchen heiraten, das zwölf Jahre alt ist, oder aber einen Vierundzwanzigjährigen ein Mädchen von acht Jahren[556]. Als Grund für ein möglichst frühes Heiratsalter kann man in den Gesetzesbüchern Yajnavalkyas lesen, daß jedes Mal, wenn ein unverheiratetes Mädchen ihre Menstruation hat, sich in die Seele des Vaters die Schuld eingrabe, daß erneut ein Embryo ermordet worden sei[557]. Auch in der muslimischen Gesellschaft war ein guter Vater verpflichtet, seine Kinder früh zu verheiraten[558], um so die *Zina*-Sünde, die Sünde der Unreinheit durch außerehelichen Verkehr, weitmöglichst zu verhindern. Der Prophet Mohammed selbst hat eine Frau geheiratet, die sechs Jahre alt war.

Unter der britischen Herrschaft wurde 1929[559] ein Gesetz zur Verhinderung solcher Kinderehen, der Child Marriage Restraint Act[560], erlassen[561]. Dieser

---

554 *Qureshi* Marriage S. 56; *Shabbir/Manchanda* S. 9; *Nandan* S. 226.

555 *Murty* AIR 1969 J. 72 (73); siehe auch *Kapadia* S. 137 ff. Auch in der Glaubensgemeinschaft der Parsen gab es Kinderehen; man hatte diesen Brauch in Indien vom Hinduismus angenommen, siehe hierzu *Peshotam Homasji Dustoor v. Meherbai* ILR 13 (1888) Bom. 302 (311); *Irani* S. 287, *Shabbir/Manchanda* S. 8.

556 Siehe *Saha* S. 44, der Manu IX, 94 zitiert. Dies bedeutete gleichzeitig auch, daß der Mann oftmals zu einem Zeitpunkt verstarb, zu dem seine Frau noch relativ jung war. Da sie jedoch nach traditionellem Recht auch als Witwe keine weitere Ehe schließen durfte, war sie u.U. viele Jahre oder Jahrzehnte verpflichtet, ohne einen Mann an ihrer Seite zu leben.

557 Siehe *Kapadia* S. 139.

558 *Coester-Waltjen/Coester* S. 21.

559 Ebenfalls 1929 war das Heiratsalter in England angehoben worden; ein wesentliches Motiv des britischen Gesetzgebers war damals, eine Legitimation zu schaffen, um in den Kolonien Kinderehen unterbinden zu können – siehe *Coester-Waltjen/Coester* S. 18.

560 Auch Sharda Act genannt; das Gesetz gilt in ganz Indien mit Ausnahme des Bundesstaates Jammu & Kaschmir; es findet keine Anwendung auf die Renonçants in Pondicherry.

561 Vgl. ausführlich zum mühsamen Weg der Bekämpfung von Kinderehen ab der Mitte des 19. Jahrhunderts: *Saha* S. 45 ff.

legte erstmalig ein Heiratsmindestalter fest, nämlich 15 Jahre für die Braut[562] und 18 Jahre für den Bräutigam. 1978 wurde das Mindestalter um jeweils drei Jahre angehoben, so daß es heute bei 18 bzw. 21 Jahren liegt. Ein Verstoß gegen den Child Marriage Restraint Act zieht jedoch nur strafrechtliche Sanktionen nach sich[563]. Die Wirksamkeit der Ehe wird hingegen nicht berührt[564]. Inzwischen sehen allerdings auch alle kodifizierten Eherechte ein Heiratsmindestalter vor.

### a) Die einzelnen Eherechte

#### (1) Hindu Marriage Act

Nach sec. 5 (iii) HMA muß der Mann das 21., die Frau das 18. Lebensjahr zum Zeitpunkt der Eheschließung vollendet haben. Bis 1978 lag das Heiratsmindestalter in Übereinstimmung mit dem Child Marriage Restraint Act bei 15 bzw. 18 Jahren. Allerdings bedurfte die Frau bei einer Eheschließung unter 18 Jahren gem. sec. 5 (vi) HMA a.F. der Zustimmung ihres gesetzlichen Vertreters i.S.v. sec. 6 a.F. [565]. Obwohl der Indian Majority Act ausdrücklich das Familienrecht aus seinem Anwendungsbereich herausnimmt, wollte der HMA dadurch eine Harmonisierung mit der dort geregelte Volljährigkeit mit Vollendung des 18. Lebensjahres erreichen. Ein Verstoß gegen sec. 5 (vi) und

---

[562] Zunächst lag das Heiratsmindestalter der Braut bei 14, es wurde 1949 auf 15 angehoben, so daß es bei Erlaß von HMA und SMA 1954/55 bereits bei 15 Jahren lag.

[563] Bis zu drei Monaten Freiheitsentzug. Allerdings kommen jene Fälle selten vor Gericht; siehe hierzu *Pearl/Menski* S. 155; *Saxena* AIR 2000 J. 44 (45 ff.).

[564] *Munshi Ram v. Emperor* AIR 1936 All. 11 (11); *Rabindra Prasad v. Sita Devi* AIR 1986 Pat. 128 (129); *Gajara Naran Bhura v. Kanbi Kunverbai Parbat* AIR 1997 Guj. 185 (189); *Murty* AIR 1969 J. 72 (75); *Mahmood* HMA S. 139; *Diwan* Family Law S. 40; *Devadason* S. 26; *Nandan* S. 225; *Gour* S. 65; *S.N.Jain* in Sardesai S. 27. Nicht beizupflichten ist Jain allerdings darin, daß er die Altersgrenze des Child Marriage Restraint Act in das in Goa anwendbare Recht hineinlesen will; denn der Child Marriage Restraint Act ändert die einzelnen Bestimmungen der Personalrechte nicht, sondern führt nur zu strafrechtlichen Sanktionen; in Goa gilt nach Art. 11 des Eherechtdekrets vom 25.12.1910 i.V.m. Art. 4 des Dekrets über Eheschließungen in den portugiesischen Kolonien vom 22.01.1940 ein Mindestalter von 16 bzw. 14 Jahren; so *Otto* S. 298 Fn. 1139.

[565] Gesetzliche Vertreter i.S.v. sec. 6 a.F. HMA waren zunächst der Vater und dann die Mutter; konnten beide Eltern der Verpflichtung nicht mehr nachkommen, wurden an ihrer Statt in genau festgelegter Reihenfolge Brüder sowie Verwandte väterlicherseits, danach Verwandte mütterlicherseits gesetzliche Vertreter; vgl. genauer *Beri* S. 20.

6 a.F. HMA führte jedoch nicht zur Ungültigkeit der Ehe. Mit Anhebung der Ehemündigkeit, die bei der Frau nunmehr gleichzeitig mit der Volljährigkeit, beim Mann sogar erst nach deren Erreichen eintritt, wurden 1978 sec. 5 (vi) und 6 HMA aufgehoben. Relevant ist jenes Zustimmungserfordernis heute nur noch bei Ehen, die vor 1978 mit Zustimmung des gesetzlichen Vertreters geschlossen worden sind. Wurde jene Zustimmung durch Zwang oder Täuschung erlangt, kann die Ehe gem. sec. 12 Abs. 1 (c) HMA angefochten werden. Einer solchen Anfechtung werden allerdings über 20 Jahre danach einerseits wohl Beweisschwierigkeiten entgegenstehen, andererseits wird es schwer gelingen, entsprechend sec. 23 HMA darzulegen, daß die Klage ohne unnötigen Verzug erhoben worden ist.

Neben jenem speziellen, heute nahezu bedeutungslosen Anfechtungsrecht gewährt sec. 13 Abs. 2 (iv) HMA im Falle einer Eheschließung unterhalb der Altersgrenze ein Scheidungsrecht. Allerdings kann sich hierauf nur die Frau stützen und dies auch nur unter der Voraussetzung, daß sie bei Eheschließung das 15. Lebensjahr noch nicht vollendet, und daß sie die Ehe vor Erreichung ihrer Volljährigkeit, also vor ihrem 18. Lebensjahr, zurückgewiesen hat. Dieser 1976 eingefügte, an das muslimische Recht angelehnte[566] Scheidungsgrund ging noch von einem Heiratsalter der Frau von 15 Jahren aus. Er hätte mit der Anhebung des Heiratsmindestalters im Jahre 1978 entweder aufgehoben oder dahingehend geändert werden müssen, daß beiden Eheschließenden im Falle der Minderjährigkeit bei Zurückweisung der Ehe ein Scheidungsrecht gewährt wird[567].

Kommt eine Scheidung unter den besonderen Voraussetzungen des sec. 13 Abs. 2 (iv) HMA oder eine Anfechtung wegen Verletzung der Willensfreiheit des gesetzlichen Vertreters nach sec. 12 (c) HMA nicht in Betracht, so ist eine Ehe, obwohl sie gegen das Heiratsmindestalter verstößt, gültig; sie ist weder nichtig noch vernichtbar[568]. Eine Verletzung von sec. 5 (iii) HMA kann auch

---

566 Vgl. zur sog. *option of puberty* sogleich unten C.I.3.a)(2)(b), S. 132 ff.

567 *Beri* S. 19, 193.

568 *Naumi v. Narotam* AIR 1963 H.P. 15 (15 f.); *Mohinder Kaur v. Major Singh* AIR 1972 Punj 184 (184); *Gindan v. Barelal* AIR 1976 M.P. 83 (85); *Venkataramana v. State of A.P.* AIR 1977 A.P. 43 (51); *Durjyodhan Pradhan v. Bengabati Dei* AIR 1977 Ori. 36 (37); *Shankerappa v. Sushilabai* AIR 1984 Kant. 112 (119); *Rabindra Prasad v. Sita Devi* AIR 1986 Pat. 128 (129); *V. Mallikarjunaiah v. H.C. Gowramma* AIR 1997 Kant. 77 (77, 81); *Gajara Naran Bhura v. Kanbi Kunverbai Parbat* AIR 1997 Guj. 185 (187 ff.); *Bhatnagar* S. 13, 16; *Qureshi* Marriage S. 57; *Nandan* S. 224, 227; *Nigam* S. 95; *Derrettt* § 238. AA (Ehe ist nichtig): *Panchireddi Appala Suramma v. Gadela Ganapatlu* AIR 1975 A.P. 193 (195 f.) und *Rayudu Pallamsetti v.*

nicht als Verteidigungsmittel in einer Klage auf Herstellung des ehelichen Lebens geltend gemacht werden[569].

Die Gültigkeit der Ehe trotz Verstoßes gegen sec. 5 (iii) ergibt sich aus der Systematik des HMA. Die Folgen eines Verstoßes gegen die einzelnen Ehewirksamkeitsvoraussetzungen des sec. 5 sind in den sec. 11 und 12 HMA enumerativ aufgeführt und damit abschließend normiert. Ein Verstoß gegen sec. 5 (i), (iv) und (v) führt gem. sec. 11 HMA zur Nichtigkeit der Ehe von Anfang an, eine Verletzung von sec. 5 (ii) macht die Ehe gem. sec. 12 HMA vernichtbar. Nur sec. 5 (iii) ist weder in sec. 11 noch in sec. 12 genannt.

Es wurde allerdings vertreten, daß sec. 5 (iii) in sec. 11 HMA hineinzulesen sei[570] bzw. daß die in sec. 24 (i) Special Marriage Act ausdrücklich normierte Rechtsfolge der Nichtigkeit bei Verstoß gegen das Mindestalter[571] analog auf den HMA anzuwenden sei[572]. Denn, so wurde argumentiert, es handele sich um eine unbeabsichtigte Lücke.

Dem ist jedoch zum einen sec. 4 HMA entgegenzuhalten, der bestimmt, daß dort, wo der HMA keine Bestimmung trifft, das traditionelle Hindurecht Anwendung finden soll. Danach wäre eine Ehe, bei der die Eheschließenden nicht 18 bzw. 21 Jahre sind, gültig, da das alte Recht ja gar kein Mindestalter kannte. Zum anderen ist diese Meinung zumindest seit den Gesetzesänderungen 1976/1978 angreifbar. Mit Einfügung des Scheidungsgrundes von sec. 13

---

*Dommeti Sriramulu* AIR 1968 A.P. 375 (377). Hinsichtlich der letzgenannten Entscheidung ist jedoch zum einen anzumerken, daß zwar davon gesprochen wird, daß die Ehe nichtig gewesen wäre, falls sie geschlossen worden wäre, doch ging es eigentlich um die Rückgabe von Verlobungsgeschenken und Geld. Zum zweiten ist die Entscheidung durch *Venkataramana v. State of A.P.* AIR 1977 A.P. 43 als Präzedenzfall ungültig geworden (*overruled*). Kritisch *Murty* AIR 1969 J. 72 (75), der eine Gesetzesänderung dahingehend vorschlägt, daß solche Ehen bis zu ihrem Vollzug vernichtbar (*voidable*) sind.

569 *Mohinder Kaur v. Major Singh* AIR 1972 Punj. 184 (185); *Sukram v. Mishri Bai* AIR 1979 M. P. 144 (145).

570 Vgl. Rechtsansicht des Klägers in *V. Mallikarjunaiah v. H.C. Gowramma* AIR 1997 Kant. 77 (78 f.) unter Bezugnahme auf *Smt. Krishni Devi v. Smt. Tulsan Devi* AIR 1972 P.&H. 305 (307); diese Entscheidung spricht zwar nur allgemein davon, daß eine Ehe bei Verstoß gegen sec. 5 HMA nichtig sei, ohne zwischen den einzelnen Absätzen zu unterscheiden. Aus dem Gesamtkontext geht aber eindeutig hervor, daß das Gericht sich ausschließlich mit einem Verstoß gegen sec. 5 (i) HMA beschäftigt.

571 Siehe genauer sogleich C.I.3.a)(5), S. 140 f.

572 Siehe die Darstellung in *Mahmood* HMA S. 17.

Abs. 2 (iv) HMA 1976 hat der indische Gesetzgeber bestätigt, daß die Außerachtlassung von sec. 5 (iii) in sec. 11 HMA gewollt war und ist[573], denn nur eine bestehende Ehe kann geschieden werden. Nur im Sonderfall einer durch Täuschung und Zwang herbeigeführten – bis 1978 erforderlichen – Zustimmung bei Eheschließungen unterhalb der Altersgrenze ist die Ehe nach dem 1978 geänderten sec. 12 (c) HMA vernichtbar[574].

Neben dem Child Marriage Restraint Act führt die Verletzung des Mindestalters nach dem HMA auch zu strafrechtlichen Folgen, allerdings im Unterschied zum Child Marriage Restraint Act nur für die beiden Eheschließenden selbst[575]. Gem. sec. 18 (a) HMA kann eine Freiheitsstrafe von bis zu 15 Tagen und/oder eine Geldstrafe verhängt werden.

#### (2) Recht der Moslems

##### *(a) Ehemündigkeit und Folgen bei einem Verstoß gegen das Mindestalter*

Nach muslimischem Recht sind beide Geschlechter mit Erreichen der Pubertät ehemündig[576]. Grund für das Abstellen auf die Geschlechtsreife ist die

---

573 Vgl. *V. Mallikarjunaiah v. H.C. Gowramma* AIR 1997 Kant. 77 (80 f.); *Murty* AIR 1969 J. 72 (74 f.); *Murty* schlägt zur Klarstellung vor, bei sec. 18 HMA vor die Starfbarkeitsfolgen einzufügen: „ungeachtet der Tatsache, daß die Ehe gültig ist".

574 Vgl. auch *Gajara Naran Bhura v. Kanbi Kunverbai Parbat* AIR 1997 Guj. 185 (189).

575 Nach dem Child Marriage Restraint Act sind auch jene Personen zu bestrafen, die eine im Sinne dieses Gesetzes verbotene Ehe aktiv unterstützen, fördern oder die, falls es sich dabei um gesetzliche Vertreter handelt, es unterlassen, eine solche Ehe zu verhindern. Bzgl. der Eheschließenden selbst ist eine Bestrafung nach dem Child Marriage Restraint Act hingegen nur möglich, wenn die Brautleute volljährig sind, während es nach dem HMA unerheblich ist, ob sie im Zeitpunkt der Strafverhängung noch minderjährig sind.

576 *Mahmood* Muslim Law S. 47; *Qureshi* Muslim Law S. 61; *Fyzee* S. 93; *Verma* S. 75, 83; siehe auch *Joygun Nessa Bibi v. Mahammad Ali* AIR 1938 Cal. 71 (73); *Mt. Ghulam Kubra Bibi v. Mohammad Shafi Mohammad Din* AIR 1940 Pesh. 2 (3). AA insoweit *Brandhuber/Zeyringer* S. 8 und Bergmann/Ferid-*Agrawal* S. 47, die auch für das islamische Recht das Ehemündigkeitsalter mit 21 bzw. 18 Jahren angeben. mit der Begründung, daß das Abstellen auf die Pubertät durch den Child Marriage Restraint Act überholt sei. Bergmann/Ferid-*Agrawal* aaO weist dabei auf das Lehrbuch von Mahmood hin, der jedoch auf S. 51 f., 47 ausdrücklich klarstellt, daß der Child Marriage Restraint Act zwar mit seinen strafrechtlichen Auswirkungen auch für Moslems gelte, auf die Gültigkeit der Ehe jedoch keinerlei Einfluß habe. Diese richte sich allein nach dem muslimischen Recht, das auf die Pubertät abstelle.

Einbindung des mit diesem Zeitpunkt aufkeimenden sexuellen Verlangens in eheliche Bande[577], um so, nach muslimischer Sicht, die Menschheit vor Unreinheit zu schützen[578]. Die Pubertät gilt mit Vollendung des 15. Lebensjahres als erreicht, es sei denn, Gegenteiliges kann bewiesen werden[579]. Als frühester Zeitpunkt wird für den Jungen ein Alter von 12, für das Mädchen von 9 Jahren anerkannt[580].

Sind die Nupturienten noch nicht ehemündig, so kann die Ehe nur vom Ehe-Vormund (*Wali*) geschlossen werden[581]. Vormund kann nur sein, wer Moslem, nicht geisteskrank und selbst ehemündig ist[582]. Ehe-Vormund ist (vereinfacht)[583]:

1. der Vater
2. der Großvater väterlicherseits, sowie des weiteren, allerdings nur nach dem Recht der Hanafiten[584]

---

[577] Zu bedenken ist darüber hinaus, daß die Ehe nach muslimischer Ansicht ein Vertrag ist und mit der Pubertät grundsätzlich auch die volle Geschäftsfähigkeit erlangt wird; siehe auch *Anderson* Encyclopedia S. 58, 77.

[578] Vgl. *Pearl/Menski* S. 141; *Coester-Waltjen/Coester* S. 21.

[579] *Mst. Atika Begam v. Muhammad Ibrahim Rashid Nawab* AIR 1916 P.C. 250; *Nawab Bibi v. Allah Ditta* AIR 1924 Lah. 183; *Mt. Ghulam Kubra Bibi v. Mohammad Shafi Mohammad Din* AIR 1940 Pesh. 2 (3); *Mt. Ghulam Sakina v. Falak Sher Allah Bakhsh* AIR 1950 Lah. 45 (47); *Mulla* Ch. XIV S. 251; *Mahmood* Muslim Law S. 47; *Diwan* Muslim Law S. 55; *Saksena* S. 155, 169; *Anderson* Encyclopedia S. 58; *Pearl/Menski* S. 141; *Nigam* S. 357; *Nair* S. 161; *Fyzee* S. 93; *Subba Rao* S. 370.

[580] *Qureshi* Muslim Law S. 64; *Mahmood* Muslim Law S. 47; *Pearl/Menski* S. 141; *Anderson* Encyclopedia S. 58 Fn. 508, S. 62; *Fyzee* S. 93 f.; Bergmann/Ferid-*Prader*, Islam S. 5; *Grandinger* S. 147. Der Vollzug der Ehe des Propheten Mohammed, der seine Frau geheiratet hat, als sie sechs Jahre alt war, wurde bis zu ihrem neunten Lebensjahr verschoben.

[581] *Joygun Nessa Bibi v. Mahammad Ali* AIR 1938 Cal. 71 (73); *Mt. Ghulam Sakina v. Falak Sher Allah Bakhsh* AIR 1950 Lah. 45 (47); *Mahmood* Muslim Law S. 48; *Verma* S. 83; *Diwan* Muslim Law S. 55; *Pearl/Menski* S. 153; *Nair* S. 162; *Fyzee* S. 94.

[582] *Yusuf v. Mt. Zainab* AIR 1923 Lah. 102 (103). Allerdings wird in dieser Entscheidung, insoweit mißverständlich, wohl von einer starren Altersgrenze von 15 Jahren ausgegangen.

[583] Vgl. die genaue Unterteilung in eine 18-Punkte-Reihenfolge für die Hanafitische Rechtsschule bei *Mahmood* Muslim Law S. 49.

[584] Siehe *Diwan* Muslim Law S. 54 Fn. 63. Oft wird nur allgemein vom sunnitischem Recht gesprochen. Die Malikiten und Schafiiten unterscheiden sich von den Hanafiten jedoch vor allem darin, daß ein weiblicher Verwandter kein Ehe-Vormund sein kann; siehe genauer *Diwan* Muslim Law S. 55.

3. der Bruder und andere männlichen Verwandten väterlicherseits
4. die Mutter und weibliche Verwandte

Wird diese Reihenfolge nicht eingehalten, d.h. schließt bspw. der Großvater die Ehe, obwohl der Vater noch lebt und ihm die Eheschließung möglich wäre[585], so wird uneinheitlich bewertet, ob die Ehe irregulär (*fasid*)[586] oder nichtig (*batil*) ist[587]. Etwas anderes gilt nur, wenn der zuständige Ehe-Vormund ausdrücklich[588] vorher eingewilligt oder die Eheschließung nachträglich genehmigt hat [589]. Dies ist allerdings nur möglich, wenn der nach der Reihenfolge direkt nach dem eigentlichen Vormund kommende gehandelt hat, da ansonsten Rechte Dritter umgangen werden würden[590].

Auch eine ganz ohne Ehe-Vormund geschlossene Ehe eines Minderjährigen ist nach sunnitischem Recht nicht nichtig, sondern bis zum Erreichen der Pubertät schwebend unwirksam (*fasid*)[591]. Dann kann der damit ehemündig Gewordene seine Entscheidung noch einmal überdenken und die Ehe heilen, indem er sie bestätigt[592].

---

585 Sie ist ihm beispielsweise nicht möglich, wenn er krank ist oder sich im Ausland aufhält, siehe *Ayub Hasan v. Mt. Akhtari* AIR 1963 All. 525 (526).

586 *Muhammad Sharif v. Khuda Bakhsh* AIR 1936 Lah. 683 (684); *Mulla* Ch. XIV S. 274; *Verma* S. 105. Auch ist zu bedenken, daß selbst eine ganz ohne Ehe-Vormund geschlossene Ehe eines Minderjährigen nur irregulär ist.

587 *Abual Kasim v. Jamila Khatun Bibi* AIR 1940 Cal. 251 (253); *Batoolan v. Zahoor Shah Roshan Shah* AIR 1952 M.P. 30 (31); *Ayub Hasan v. Mt. Akhtari* AIR 1963 All. 525 (526); zustimmend *Mahmood* Islamic Law S. 48; *ders.* Muslim Law S. 50. Unklar *Nigam* vgl. einerseits S. 344, andererseits S. 359.

588 Schweigen gilt nicht als Zustimmung – siehe *Ayub Hasan v. Mt. Akhtari* AIR 1963 All. 525 (526).

589 *Abual Kasim v. Jamila Khatun Bibi* AIR 1940 Cal. 251 (252); *Ayub Hasan v. Mt. Akhtari* AIR 1963 All. 525 (526); *Nigam* 343 f.

590 *Abual Kasim v. Jamila Khatun Bibi* AIR 1940 Cal. 251 (252).

591 *Joygun Nessa Bibi v. Mahammad Ali Biswas* AIR 1938 Cal. 71 (73 f.); *Mahmood* Muslim Law S. 50 f.

592 *Joygun Nessa Bibi v. Mahammad Ali Biswas* AIR 1938 Cal. 71 (73 f.); *Mahmood* Muslim Law S. 51, 64.

### *(b) Traditionelle* option of puberty *und das Scheidungsrecht nach sec. 2 (7) DoMMA*

Auch wenn die Ehe gültig ist, da sie rechtmäßigerweise, d.h. von dem zuständigen Ehe-Vormund geschlossen wurde, gewährt das muslimische Recht dem Minderjährigen mit Erreichen der Ehemündigkeit eine Einflußmöglichkeit auf seine Ehe. Mit Erreichen der Pubertät kann er diese nämlich zurückweisen (sog. *option of puberty – khyar-ul-bulugh*)[593]. War allerdings – wie in den meisten Fällen – der Vater oder der Großvater väterlicherseits der gesetzliche Vertreter bei der Eheschließung, so kann die Ehe nur zurückgewiesen werden, wenn Vater oder Großvater in betrügerischer Absicht oder sonstwie vorwerfbar gehandelt haben oder wenn die Ehe evident zum Nachteil des Minderjährigen ist[594].

Die *option of puberty* muß mit Erreichen der Pubertät ausgeübt werden[595]. Sie kann nicht mehr geltend gemacht werden, wenn die Ehe vollzogen oder auf andere Weise anerkannt worden ist[596]. Dabei muß der Vollzug einer Anerkennung gleichkommen, so daß ein Vollzug unter Zwang oder in Unkenntnis des Zurückweisungsrechtes nicht zu dessen Verlust führt[597]. Entscheidend ist allein das Verhalten nach Erreichen der Ehemündigkeit[598]. Wird dann ein ge-

---

593 Nach *Mulla* Ch. XIV Ss. 272 ff. und *Diwan* Family Law S. 102 spricht man von *option of puberty* nur, wenn Ehe-Vormund nicht der Vater oder Großvater war; da die übrigen Autoren zwar auch eine sachliche, aber keine begriffliche Unterscheidung vornehmen, wird hier für das Zurückweisungsrecht des Minderjährigen generell von *option of puberty* gesprochen.

594 *Zubeda Begum v. Vazir Mahomed Rahimbux* AIR 1940 Sind 145 (146); *Batoolan v. Zahoor Shah Roshan Shah* AIR 1952 M.P. 30 (31); *Mulla* Ch. XIV S. 272; *Saksena* S. 181 f.; *Subba Rao* S. 370; *Mahmood* Muslim Law S. 65; *Ameer Ali* S. 107 f.; *Nigam* S. 344, 404. AA *Nair* S. 162, der in Fällen, in denen Vater oder Großvater als Ehe-Vormund handeln, ein Zurückweisungsrecht generell verneint.

595 *Abdul Rahiman v. Aminabai* ILR 59 (1934/1935) Bom. 426 (429). In *Ahmad Husain v. Mt. Amir Bano* AIR 1940 All. 63 (64), wird nicht auf das Erreichen der Pubertät, sondern auf den Zeitpunkt abgestellt, zu dem der Minderjährige von seinem Zurückweisungsrecht Kenntnis erlangt.

596 Beispielsweise durch Zahlung der Morgengabe, siehe *Mahmood* Muslim Law S. 65.

597 *Abdul Rahiman v. Aminabai* ILR 59 (1934/1935) Bom. 426 (429); *Mt. Ghulam Sakina v. Falak Sher Allah Bakhsh* AIR 1950 Lah. 45 (48); *Muhammad Baksh v. The Crown* AIR 1950 Lah. 133 (138); siehe auch *Ahmad Husain v. Mt. Amir Bano* AIR 1940 All. 63 (64).

598 *Mt. Ghulam Sakina v. Falak Sher Allah Bakhsh* AIR 1950 Lah. 45 (47).

genteiliger Wille nicht nach außen kundgemacht, so wird die Anerkennung vermutet[599].

Neben der *option of puberty* gewährt sec. 2 (7) DoMMA[600] der Frau ein Scheidungsrecht, wenn sie beweisen kann, daß ihre Ehe geschlossen wurde, bevor sie 15 Jahre alt war, daß sie diese Ehe vor ihrem 18. Lebensjahr zurückgewiesen hat und daß die Ehe nicht vollzogen worden ist.

Das Verhältnis zwischen dem dem traditionellen Zurückweisungsrecht sehr ähnlichen Scheidungsgrund von sec. 2 (7) DoMMA und der *option of puberty* ist in mehrfacher Hinsicht ungeklärt.

- Es wird die Frage aufgeworfen, ob die traditionelle *option of puberty* den Anwendungsbereich von sec. 2 (7) DoMMA dahingehend einschränkt, daß auch in sec. 2 (7) die Unterscheidung zwischen Vater und Großvater väterlicherseits einerseits und den anderen gesetzlichen Vertretern andererseits zu machen sei[601]. Dies wird jedoch überwiegend abgelehnt[602], wohl im Hinblick auf den Wortlaut von sec. 2 (7) DoMMA. Dieser unterscheidet nicht zwischen den verschiedenen Ehe-Vormündern. Würde man die Frage anders entscheiden, so würde ungeschriebenes Recht das mit Wissen um seine Voraussetzungen später kodifizierte Gesetz gegen den Willen des Gesetzgebers einschränken. Dieser aber wollte durch den Erlaß des DoMMA die Rechte der muslimischen Frau stärken.

- Umgekehrt ist unklar, welchen Einfluß die Normierung von sec. 2 (7) DoMMA auf die traditionelle *option of puberty* hat.

---

599 *Muhammad Baksh v. The Crown* AIR 1950 Lah. 133 (137).

600 Sec. 2 (7) DoMMA gilt nicht für den Bundesstaat Jammu & Kaschmir, in dem 1942 ein eigener Dissolution of Muslim Marriage Act erlassen worden ist, der ein Scheidungsrecht für die Frau normiert hat, das identisch ist mit der traditionellen *option of puberty*.

601 Hier wird häufig auf die Entscheidung *Shaib Ali Biswas v. Jinnathan Nahar* AIR 1960 Cal. 717 f. verwiesen. Dort hatte zwar der Vater als Vormund gehandelt und der High Court von Calcutta hatte eine Berufung auf sec. 2 DoMMA abgelehnt, aber dies allein deshalb, weil es sich um eine Klage des Mannes auf Wiederherstellung gehandelt hatte. Sec. 2 DoMMA kann aber nur dann zur Anwendung gelangen, wenn die Frau eine Scheidung darauf stützt.

602 *Mt. Ghulam Sakina v. Falak Sher Allah Bakhsh* AIR 1950 Lah. 45 (47); *Mulla* Ch. XIV S. 273; *Diwan* Family Law S. 169; *Anderson* Encyclopedia S. 63; *Nigam* S. 404; *Fyzee* S. 94.

- Es stellt sich dabei die Frage, ob das traditionelle Zurückweisungsrecht im Geiste des DoMMA dahingehend zu erweitern ist, daß es unabhängig davon ausgeübt werden kann, wer Ehe-Vormund ist. Dies wird jedoch abgelehnt[603] mit der Begründung, daß es zwar Wille des Gesetzgebers des DoMMA war, den Schutz der Frauen bei der Auflösung der Ehe zu verbessern, nicht aber generell in das bestehende muslimische Recht einzugreifen.

- Unklar ist des weiteren, ob die traditionelle *option of puberty* durch die gesetzliche Normierung von sec. 2 (7) DoMMA nicht erweitert, sondern dahingehend eingeschränkt worden ist, daß sie nur gültig ist, wenn sie gerichtlich bestätigt wird. Dies wird z.T. vertreten[604]. Begründet wird dies vor allem damit, daß ohne die Barriere einer neutralen Instanz die Gefahr äußerer Einflußnahme auf die Entscheidung des in der Regel gerade Fünfzehnjährigen sehr groß sei[605]. Bei näherer Betrachtung der konkreten Fälle, die die Befürworter einer obligatorischen gerichtlichen Bestätigung auch beim traditionellen Zurückweisungsrecht anführen, fällt interessanterweise auf, daß es meist nur um das Zurückweisungsrecht des Mannes geht, beispielsweise wenn das Erbrecht der Frau mit dem Argument bestritten wird, ihr verstorbener Partner habe sein Zurückweisungsrecht ausgeübt. Der DoMMA wollte zwar die Rechte der Frau verbessern, allerdings andererseits nicht die des Mannes einschränken. Außerdem ist zu bedenken, daß der Ehemann jederzeit eine außergerichtliche *Talaq*-Verstoßung aussprechen kann, so daß die Einschränkung der traditionellen *option of puberty* durch eine Pflicht zur gerichtlichen Bestätigung in Fällen, in denen es um das Zurückweisungs-

---

603 *Nizamuddin v. Huseni* AIR 1960 M.P. 212 (213); *Shaib Ali Biswas v. Jinnathan Nahar* AIR 1960 Cal. 717 (718). AA allerdings *Muhammad Baksh v. The Crown* AIR 1950 Lah. 133 (135).

604 Siehe District Judge in *Batoolan v. Zahoon Reshan Bhah* AIR 1952 M.P. 30 (31); *Nizam* S. 405; wohl auch *Mafizuddin Mandal v. Rahima Bibi* AIR 1934 Cal. 104 (105); *Mulla* Ch. XIV S. 275; *Fyzee* S. 95; einschränkend *Subba Rao* S. 171, 183; offengelassen in *Noor Mohammad v. Mohammad Jiajddin* AIR 1992 M.P. 244 (248). Auf die Entscheidung *Pirmohammad Kukaji v. The State of Madhya Pradesh* AIR 1960 M.P. 24 ff. kann man sich nicht stützen, da hier zwar davon gesprochen wird, daß die Ausübung des Zurückweisungsrechts allein die Ehe nicht auflöst. Gemeint war hier allerdings das Zurückweisungsrecht des DoMMA; auf die traditionelle *option of puberty* konnte sich die Braut deshalb nicht berufen, weil ihr Vater als Ehe-Vormund gehandelt hatte und keine besonderen, zur Zurückweisung berechtigenden Umstände bei Eheschließung vorlagen.

605 Siehe auch *Qureshi* Marriage S. 124.

recht einer Frau geht, ihre Rechte im Vergleich zur Situation vor Erlaß des DoMMA entgegen dessen Zielrichtung einschränken würde. Daher verändern die indischen Gerichte überwiegend das traditionelle Zurückweisungsrecht auch hier nicht, d.h. sie verlangen keine gerichtliche Bestätigung[606]. Wenngleich also eine gerichtliche Entscheidung nicht nötig ist, so muß sich doch der Zurückweisungswille nach außen manifestiert haben. Dies kann von demjenigen, der sich darauf beruft, durch jedes anerkannte Beweismittel nachgewiesen werden.

### *(c) Recht der Frau auf selbständige Eheschließung*

Nahezu einhellig entscheiden die indischen Gerichte schließlich ein letztes Problem. Nach manchen Rechtsschulen[607] kann die Frau auch nach Erreichen der Pubertät nicht selbständig eine Ehe eingehen, sondern bedarf dazu der Mitwirkung ihres Ehe-Vormundes, im Regelfall ihres Vaters[608]. Denn die patria potestas über eine Tochter ende erst mit deren Eheschließung. Schließt eine erwachsene, aber noch jungfräuliche Frau gleichwohl selbständig die Ehe, so ist diese schwebend unwirksam (*fasid*)[609].

Die indischen Gerichte gehen hier allerdings einen anderen Weg[610]. Sie verlangen von jeder ehemündigen Braut stets eine eigene Ehewillenserklärung,

---

606 *Ghulam Mohammad v. Emperor* AIR 1933 Lah. 88 (88); *Shafi Ullah v. Emperor* AIR 1934 All. 589 (590) – allerdings sind beide Entscheidungen vor Erlaß des DoMMA ergangen – und *Muhammad Baksh v. The Crown* AIR 1950 Lah. 133 (134 ff.); *Batoolan v. Zahoon Shan Rashan Bhab* AIR 1952 M.P. 30 (31). Siehe auch *Mahmood* Islamic Law S. 419 f., 478.

607 Unstreitig verlangen dies nicht die Hanafiten, während umgekehrt nach dem Recht der Schafiiten die Zustimmung des Vormundes auch bei der ehemündigen Braut stets erforderlich ist. Unklar bzgl. der Malikiten und Hanbaliten; vgl. die unterschiedlichen Darstellungen bei: *Verma* S. 81, *Scheftelowitz* S. 52; *Grandinger* S. 148 sowie (sie erwähnen zusätzlich die Malikiten): *Mulla* Ch. XIV S. 252; *Diwan* Muslim Law S. 53; *Pearl/Menski* S. 142; *Sakesena* S. 157 sowie (hier werden auch die Hanbaliten aufgeführt): Bergmann/Ferid-*Prader*, Islam S. 6, 10.

608 Vgl. *Diwan* Muslim Law S. 53.

609 *Mahmood* Islamic Law S. 97 f.; diesbzgl. Kritik S. 99, 104.

610 Siehe *Mt. Nafisunnisa v. Mira Mumtaz Husain* AIR 1922 All. 363 (366 – zumindest für alle Schiiten und Hanafiten); *Hasan Kutti Beary v. Jainabha* AIR 1928 Mad. 1285 (1289); *Sayad Mohiuddin Sayad Nasiruddin v. Khatijabi* AIR 1939 Bom. 489 (489); *Mt. Bibi Ahmad-un-Nisa Begum v. Ali Akbar Shah* AIR 1942 Pesh. 19 (20); *Kummali Abubukker v. Verrgatt Marakkar* AIR 1970 Ker. 277 (279); *Abdul Ahad v. Shah Begum* AIR 1977 J.&K. 22 (24); *Adam v. Mammad* KLT 1990 (1) 705 (705 ff.).

d.h. der Ehe-Vormund kann nicht ohne oder gegen den Willen der Braut eine Ehe schließen. Eine ohne ihre Zustimmung geschlossene Ehe ist nach indischer Rechtsprechung nicht gültig zustande gekommen[611]. Begründet wird dies damit, daß das muslimische Recht die Ehe als Vertrag begreife, d.h. Willenserklärungen der Ehe- als Vertragspartner verlangen müsse. Die Gerichte akzeptieren zum Schutz der Frau jedoch, daß diese nach manchen Rechtsschulen ihre Willenserklärung nicht selbst übermitteln kann, und sich deshalb eines *Walis* als Boten bedienen muß. Das Zustimmungserfordernis wird also in eine Botenschaft umgewandelt[612].

Nicht entschieden worden ist bislang, wie sich ein Verstoß gegen die Mitwirkung des Ehe-Vormundes als Bote auswirkt, d.h. welche Folge es hat, wenn die Frau, ohne ihren *Wali* als Boten, selbständig ihre Zustimmung zur Eheschließung erklärt. Im Hinblick auf die verfassungsrechtlich gebotene Gleichstellung der Frau und das Gebot der selbstbestimmten Eheschließungsfreiheit wäre zu überlegen, eine wirksame Eheschließung trotz eines solchen Verstoßes zu bejahen.

### (3) Recht der Christen

#### *(a) Unterschiedliche Heiratsmindestaltersgrenzen*

Anders als beim Verbot der Doppelehe enthält der Indian Divorce Act, der für alle christlichen Ehen – unabhängig von der Form – gilt, zum Mindestalter keine Bestimmungen. In sec. 60 Abs. 1 Nr. 1 Indian Christian Marriage Act ist hingegen ein Heiratsmindestalter in Übereinstimmung mit dem Child Marriage Restraint Act festgelegt. Bei einer Trauung durch eine berechtigte Person i.S.v. sec. 5 Nr. 5 ICMA muß der Bräutigam gem. sec. 60 Abs. 1 Nr. 1 ICMA das 21. Lebensjahr vollendet haben, die Braut wird mit Vollendung des achtzehnten Lebensjahres ehemündig.

Auch nach den Vorschriften über die Trauung durch einen berechtigten Priester (sec. 5 Nr. 3, secs. 12 - 26, Teil III) und einen Standesbeamten (sec. 5 Nr. 4, secs. 38 - 59, Teil V) sind zur Ehemündigkeit Normen zu finden. Gem. sec. 18 b) ICMA und damit bei Eheschließungen durch einen berechtigten

---

[611] *Abdul Ahad v. Shah Begum* AIR 1977 J.&K. 22 (24); *Adam v. Mammad* KLT 1990 (1) 705 (707).

[612] Damit ist es eine Formfrage, siehe genauer unten C.II.3.c), S. 223 ff.

Priester, bedarf ein Minderjähriger der Einwilligung des gesetzlichen Vertreters i.S.v. sec. 19 ICMA. Auch die Vorschriften der secs. 42 ff. ICMA, die für Trauungen vor dem Standesbeamten gelten, verweisen in sec. 44 ICMA für den Fall, daß einer der Heiratsaspiranten minderjährig ist, auf sec. 19 ICMA. Gem. sec. 3 ICMA ist eine Partei, die das 21. Lebensjahr noch nicht vollendet hat, minderjährig, es sei denn, sie ist bereits verwitwet. Damit ist wohl in secs. 18, 19, 44 i.V.m. 3 ICMA eine indirekte Regelung des Ehemündigkeitsalters bei Eheschließungen nach Teil III und V zu sehen, die für beide, für Braut und Bräutigam, bei 21 Jahren liegt[613]. Haben die Verlobten das einundzwanzigste Lebensjahr noch nicht vollendet, bedürfen sie der Zustimmung ihres gesetzlichen Vertreters. Man könnte zwar auch überlegen, ob die 1978 nicht geänderten secs. 3, 18, 19, 44 ICMA lediglich – wie sec. 5 (vi), 6 a.F. HMA – eine Harmonisierung mit den Volljährigkeitsbestimmungen erreichen wollten und daß in Übereinstimmung mit dem Child Marriage Restraint Act und den anderen kodifizierten Ehe-rechten daher – in direkter analoger Anwendung von dem 1978 geänderten sec. 60 Abs. 1 Nr. 1 ICMA – das Ehemündigkeitsalter für alle christlichen Eheschließungen bei 18 bzw. 21 Jahren liegt[614]. Allerdings kann sich eine solche Ansicht wohl nicht auf die indische Rechtsprechung stützen[615].

Wegen des eindeutigen Gesetzeswortlauts in sec. 65 ICMA gilt jedenfalls für römisch-katholische Christen nach sec. 88 ICMA i.V.m. can. 1083 § 1 CIC ein anderes Heiratsmindestalter, nämlich 14 Jahre für die Braut und 16 Jahren für den Bräutigam[616]. Allerdings hat die katholische Bischofskonferenz in In-

---

613 So wohl Bergmann/Ferid-*Agrawal* S. 38 Fn. 32; aA allerdings wohl *Rao* Einleitung XVII, S. 107, der über sec. 7 IDA auf das englische Recht abstellt.

614 Siehe auch *Rao* S. 107, 183 der fordert, das Heiratsmindestalter bei Eheschließungen nach Teil III und V verbindlich festzulegen und dem in sec. 60 und in den anderen Ehe-rechten geregelten Mindestalter von 18 bzw. 21 Jahren anzupassen.

615 Siehe *Lakshmi Sanyal v. Sachit Kumar Dhar* AIR 1972 S.C. 2667 (2670), wo der Supreme Court betont, daß jeder Teil des ICMA als in sich geschlossen zu betrachten sei. In *Mrs. Beatrice Honor Agatha Goodal v. Mr. Harrylock Charles David Goodal* AIR 1933 All. 135 (136) wird über sec. 7 IDA hinsichtlich des Mindesalters auf das englische Recht zurückgegriffen. Diese Entscheidung ist allerdings noch zur Zeit der britischen Herrschaft ergangen.

616 Eine weitere Ausnahme gilt für die Renonçants in Pondicherry, bei denen die Alters-grenze bei 15 bzw. 18 Jahren liegt. Ist der Bräutigam allerdings unter 25 und/oder die Braut unter 21 Jahren, so ist die Zustimmung der Eltern erforderlich; bei Uneinigkeit zwi-schen den Eltern ist die Stimme des Vaters ausschlaggebend, beim Tod der Eltern treten die Großeltern an ihre Stelle

dien entsprechend can. 1083 § 2 CIC empfohlen, die Altersgrenze des zivilen Eherechtes in Indien von 18 bzw. 21 Jahren zu respektieren[617].

Offen bleibt damit noch, was im Fall einer Eheschließung durch einen Bischof oder einen Geistlichen der Kirche von Schottland, sec. 5 Nr. 1 und 2 ICMA, zu gelten hat. Der Supreme Court ist, mangels Bestimmungen hierzu im ICMA selbst, den Weg über sec. 88 ICMA gegangen und hat auf das Ehemündigkeitsalter des jeweiligen religiösen Rechts abgestellt[618].

#### *(b) Einwilligung des gesetzlichen Vertreters*

Auch hinsichtlich der Frage, wann eine Einwilligung erforderlich ist, bereitet das christliche Eherecht Schwierigkeiten[619]. Bei Eheschließungen nach Teilen III und V des ICMA ist eine Einwilligung gem. secs. 18, 19, 44 i.V.m. sec. 3 ICMA immer dann erforderlich, wenn ein Nupturient unter 21 Jahren ist[620].

Bei einer Trauung nach Teil VI fordert sec. 60 Abs. 2 ICMA hingegen die Einwilligung des gesetzlichen Vertreters nur für einen Nupturienten unter 18 Jahren. Hinsichtlich des *Bräutigams* ist allerdings seit der Gesetzesänderung unklar, ob er, der gem. sec. 60 Abs. 1 ICMA erst mit 21 Jahren ehemündig ist,

---

617 *Pinto* S. 116.

618 *Lakshmi Sanyal v. Sachit Kumar Dhar* AIR 1972 S.C. 2667 (2671); im Fall hatte es sich allerdings um Eheschließende gehandelt, die der römisch-katholischen Kirche angehörten, so daß auf den CIC zurückgegriffen werden konnte. Ebenso *Rao* S. 113; wohl auch *Grandinger* S. 153, wobei nicht klar ist, ob er den Weg über sec. 88 ICMA nur bei Eheschließungen durch eine Bischof oder einen Geistlichen der schotischen Kirche gehen will oder auch bei Trauungen durch einen berechtigten Priester oder Standesbeamten (sec. 5 Nr. 3, 4 i.V.m. Teil III und V).

619 Siehe insoweit beispielsweise die Unsicherheit bei *Brandhuber/Zeyringer* S. 7

620 *Lakshmi Sanyal v. Sachit Kumar Dhar* AIR 1972 S.C. 2667 (2670); *Grandinger* S. 153, wobei er – abgesehen von Eheschließungen nach Sec. 60 ff. ICMA – stets für Braut und Bräutigam unter 21 Jahren eine Zustimmung des gesetzlichen Vertreters verlangt, d.h. also wohl auch bei Trauungen durch einen Bischof oder Geistlichen der schottischen Kirche, sec. 5 Nr. 1, 2 ICMA. Das Recht zur Einwilligung hat der Vater; ist dieser verstorben, kann der Vormund die Einwilligung erteilen, und falls ein solcher nicht vorhanden ist, tritt die Mutter an die Stelle des verstorbenen Vaters. Im Fall der Eheschließung vor dem Standesbeamten ist nach sec. 45 ICMA zu beachten, wonach in den Fällen, in denen der gesetzliche Vertreter seine Einwilligung ohne rechtfertigenden Grund verweigert, eine gerichtliche Entscheidung die Zustimmung ersetzen kann; dies gilt allerdings nicht, wenn gesetzlicher Vertreter, wie in den meisten Fällen, der Vater ist.

zwischen der Vollendung des 18. und des 21. Lebensjahres einer Einwilligung bedarf. Hier liegt das Problem in einem Widerspruch zwischen sec. 60 Abs. 2 und sec. 60 Abs. 1 ICMA. Denn sec. 60 Abs. 2 ICMA differenziert nicht entsprechend der Altersunterscheidung in Abs. 1, sondern knüpft an eine einheitliche Altersgrenze von 18 Jahren an. Wird jedoch auch bezüglich des Bräutigams eine Einwilligung nur verlangt, wenn er unter 18 Jahren ist, so wäre die Normierung eines unterschiedlichen Ehemündigkeitsalters von Mann und Frau in sec. 60 Abs. 1 ICMA überflüssig. Gerade die geschlechtsverschiedene Grenze ist aber der klare Wille des indischen Gesetzgebers, der sich auch im Child Marriage Restraint Act, im SMA und HMA zeigt. Entsprechend dieser gesetzgeberischen Intention, die sich bei der Änderung 1978 in sec. 60 Abs. 1 ICMA erneut manifestiert hat, könnte daher auch für eine Eheschließung, bei der der Bräutigam zwischen 18 und 21 Jahren ist, die Zustimmung seines gesetzlichen Vertreters erforderlich sein. Soweit ersichtlich ist jedoch hierzu weder seitens der Rechtsprechung noch der Literatur bislang Stellung bezogen worden.

Bei Trauungen durch einen Bischof oder Geistlichen der schottischen Kirche ist auch hinsichtlich der Einwilligung des gesetzlichen Vertreters über sec. 88 ICMA auf das jeweilige religiöse Recht abzustellen.

#### *(c) Eheschließung ohne gesetzlich geforderte Einwilligung des Vertreters*

Unklar ist schließlich, wie sich ein Verstoß gegen das jeweilige Einwilligungserfordernis auswirkt. Einige sehen eine ohne die erforderliche Zustimmung geschlossene Ehe, bei der die Braut und/oder der Bräutigam das erforderliche Heiratsmindestalter noch nicht erreicht haben, als ungültig an[621]. Eine solche Ehe ist jedoch trotz des Verstoßes wirksam[622]. Zunächst einmal ist auf den Wortlaut von sec. 60 Abs. 1 ICMA abzustellen, nach dem die Altersgrenzen als Sollvorschrift ausgestaltet worden sind. Systematisch läßt sich anführen, daß der Verstoß gegen das Ehemündigkeitsalter weder in sec. 18 ff. IDA als Nichtigkeitsgrund, noch in sec. 10 ff. IDA als Scheidungsgrund normiert

---

621 *S.C.Jain* S. 438 m. Hinw. auf *Miss Shireen Mall v. John James Taylor* AIR 1952 Punj. 277. In dieser Entscheidung wird die Ehe zwar für nichtig erklärt, allerdings nicht wegen fehlender Zustimmung der Eltern, sondern weil die Willenserklärung der Braut durch Täuschung erlangt worden war; es wird hingegen ausdrücklich offengelassen, welche Folge der ebenfalls vorliegende Verstoß gegen das Einwilligungserfordernis seitens der Eltern hat (279 f.).

622 *Lakshmi Sanyal v. Sachit Kumar Dhar* AIR 1972 S.C. 2667 (2671); *Saha* S. 47.

worden ist. Im Gegenteil mißt das Eheschließungsrecht selbst in sec. 77 Nr. 1 ICMA zumindest der Feststellung der gesetzlich erforderlichen Zustimmung keinen wesentlichen Stellenwert bei. Und schließlich spricht die rechtsvergleichende Sicht für diese Meinung. Von den religiösen Rechten sehen sowohl das hinduistische als auch das muslimische Recht, also die für 90 % aller Inder maßgeblichen Gesetze, eine Ehe, die unterhalb des Heiratsmindestalters und – wo dies erforderlich wäre – ohne Zustimmung des gesetzlichen Vertreters des Minderjährigen geschlossen worden ist, als gültig an.

#### (4) Recht der Parsen

1988 legte auch das parsische Recht in sec. 3 Abs. 1 c) PMaDA das Heiratsmindestalter in Übereinstimmung mit sec. 3 des Child Marriage Restraint Act auf 21 Jahre für den Bräutigam und 18 Jahre für die Braut fest[623]. Ein Verstoß gegen das Mindestalter führt zur ipso iure Nichtigkeit der Ehe[624].

#### (5) Ziviles Eherecht

Sowohl nach sec. 4 (c) Special Marriage Act, als auch nach sec. 4 (c) Foreign Marriage Act wird der Mann mit vollendetem 21., die Frau mit vollendetem 18. Lebensjahr ehemündig. Nach sec. 24 Abs. 1 (i) SMA führt ein Verstoß gegen das Heiratsmindestalter zur ipso iure Nichtigkeit der Ehe[625] ebenso wie nach sec. 18 Abs. 1 FMA i.V.m. 24 Abs. 1 (i) SMA. Der FMA sieht in sec. 20 (a) darüber hinaus sogar eine Strafbarkeit von bis zu 15 Tagen Haft vor.

Wird eine Ehe nicht unter einem der beiden weltlichen Rechte geschlossen, sondern nur unter ihnen registriert, so sieht der Special Marriage Act in

---

[623] Sec. 3 c) PMaDA alter Fassung sah hingegen kein Mindestalter vor, allerdings war für eine gültige Eheschließung, bei der einer der Nupturienten unter 21 Jahren war, Voraussetzung, daß die Zustimmung des Vaters oder des Vormunds vorlag. Obwohl beide Werke nach der Gesetzesänderung erschienen sind, gehen offensichtlich sowohl *Beri* (S. 50) als auch *Nigam* (S. 518) noch von dieser alten Gesetzeslage aus. AA insoweit auch Bergmann/Ferid-*Agrawal* S. 55, der hinsichtlich beider Nupturienten vom 18. Lebensjahr ausgeht.

[624] AA *Saha* S. 47, der wohl davon ausgeht, daß die Altersgrenzen nur direktiv, nicht aber zwingend seien; diese Ansicht ist angesichts des eindeutigen Wortlauts von sec. 3 PMaDA problematisch.

[625] Vertiefend *Sk. Salam v. Sant Singh* AIR 1990 Cal. 315 ff.

sec. 15 (d) allerdings vor, daß zum Zeitpunkt der Registrierung auch die Frau ein Mindestalter von 21 Jahren erreicht haben muß[626]. Der Foreign Marriage Act läßt über die Verweisung in sec. 17 Abs. 2 auf sec. 4 FMA hingegen auch bei der Registrierung die Altersgrenze von 18 Jahren für die Frau genügen.

### b) Vergleich

Nach allen religiösen Rechten Indiens war es einst möglich und sogar erwünscht, im jungen Alter bereits Ehen zu schließen. Gründe hierfür waren insbesondere der Wunsch nach zahlreicher Nachkommenschaft, die Einbindung der Sexualität und die Möglichkeit der Einflußnahme durch die Eltern und Familien auf die Eheschließung der Kinder. Inzwischen sehen jedoch alle kodifizierten Rechte Indiens – mit gewissen Abweichungen im christlichen Eherecht – in Übereinstimmung mit dem Child Marriage Restraint Act das vollendete 18. Lebensjahr für die Braut und das vollendete 21. Lebensjahr für den Bräutigam als Heiratsmindestalter vor. Allein das ungeschriebene muslimische Recht hält an der an die körperliche Reife anknüpfenden Altersgrenze der Pubertät fest. Das deutsche Recht bestimmt in § 1303 BGB für beide Nupturienten in Übereinstimmung mit der Volljährigkeit die Vollendung des 18. Lebensjahres als Ehemündigkeitszeitpunkt. Nach deutschem Recht kann jedoch gem. § 1303 Abs. 2 - 4 BGB eine Befreiung vom Mindestalter erteilt werden. Auch das muslimische und das christliche Recht Indiens gestatten eine Eheschließung unterhalb des Ehemündigkeitsalters mit Zustimmung des Ehevormundes[627].

Eine Ehe, die unterhalb der Altersgrenze bzw. ohne die nach muslimischen und christlichen Recht dann erforderliche Zustimmung geschlossen wird, ist nur nach den weltlichen Rechten und nach dem Recht der Parsen nichtig. Nach dem Recht der Hindus i.S.d. HMA und der Christen ist eine solche Ehe hingegen gültig, nach muslimischem Recht schwebend unwirksam, aber heilbar. Auch das deutsche Recht kennt, vergleichbar mit dem indisch-muslimischen Recht, in § 1315 Abs. 1 S. 1 Nr. 1 Alt. 2 BGB eine Heilung dann, wenn der zwischenzeitlich volljährig Gewordene die Ehe bestätigt. Ansonsten ist

---

[626] Ist die Ehe entgegen diesem Erfordernis gleichwohl eingetragen worden, so kann sie gem. sec. 24 Abs. 2 SMA für wirkungslos erklärt werden.

[627] Im deutschen Recht wird die Befreiung hingegen vom Familiengericht erteilt; der gesetzliche Vertreter hat nur ein eingeschränktes Widerspruchsrecht.

eine Ehe, die unter Verstoß gegen § 1303 BGB geschlossen worden ist, nach deutschem Recht nach § 1314 Abs. 1 BGB ex nunc aufhebbar.

Die unterschiedlichen Folgen fehlender Ehemündigkeit im indischen Recht lassen sich wohl damit erklären, daß das weltliche Recht des SMA überwiegend von einer gebildeten und nicht so sehr in Traditionen verwurzelten Oberschicht gewählt wird. Auch die Parsen gehören in Indien weitgehend der Bildungsschicht an. Würde der indische Gesetzgeber allerdings bei den anderen religiösen Rechten bei einem Verstoß gegen das Heiratsmindestalter ebenfalls die Nichtigkeitsfolge normieren, so würde eine Vielzahl von Ehen gerade im ländlichen Bereich unwirksam. Trotz rechtlichen Verbots und strafrechtlicher Konsequenzen werden dort schätzungsweise 80 – 90 % der Ehen nach wie vor unterhalb des Mindestalters geschlossen[628]. Sich dieser sozialen Realität stellend, läßt der Gesetzgeber solche Ehen gültig sein, um vor allem die Frauen und eventuelle Kinder zu schützen[629].

Allerdings gewähren sowohl der DoMMA als auch der HMA der Frau ein Scheidungsrecht, wenn ihre Ehe geschlossen worden ist, bevor sie das fünfzehnte Lebensjahr erreicht, und sie die Ehe vor ihrem achtzehnten Lebensjahr zurückgewiesen hat. Jenes Scheidungsrecht hat der HMA 1976 vom muslimischen Recht übernommen[630], was deshalb bemerkenswert ist, da ansonsten der indische Gesetzgeber stets, allerdings sehr behutsam, das nicht kodifizierte muslimische Recht bzw. den vor der Unabhängigkeit erlassenen DoMMA im Hinblick auf Art. 44 der Verfassung dem SMA und HMA anzunähern sucht, nicht jedoch umgekehrt, vom muslimischen Recht Gedanken in den HMA übernimmt. Daß dieses Scheidungsrecht im HMA ebenfalls nur den Frauen gewährt wird, beruht offensichtlich auch darauf, daß in der Praxis nahezu ausschließlich Mädchen und nicht Jungen im Kindesalter verheiratet werden. Allein das generell scheidungsfeindliche Recht der Christen gibt beiden Ehepartnern keinerlei Möglichkeit, ihre als Eheunmündige geschlossene Ehe wieder aufzulösen.

---

628 *Shabbir/Manchanda* S. 10; *Diwan* Hindu Law S. 110. Siehe insbesondere zur Situation im Bundesstaat Rajasthan *Saxena* AIR 2000 J. 44 ff.

629 Vgl. *V. Malikarjunaiah v. H.C. Gowramma* AIR 1997 Kant. 77 (78, 82); *Murty* AIR 1969 J. 72 (75).

630 Der HMA hat allerdings nicht die dritte Voraussetzung, den Nichtvollzug der Ehe, übernommen, den das muslimische Recht, wohl zum Schutz eventueller Kinder verlangt.

### c) Anwendung in Deutschland

Bei der Anwendung der indischen Ehrechte stellen sich hinsichtlich des Heiratsmindestalters mehrere Probleme.

#### (1) Höheres Ehemündigkeitsalter

Bis auf das muslimische Recht bestimmen alle indischen Eherechte für den Mann ein drei Jahre höheres Ehemündigkeitsalter als im deutschen Recht. Eine Anwendung dieser Bestimmungen würde jedoch nicht zu einem Ergebnis führen, das mit wesentlichen Grundsätzen des deutschen Rechts offensichtlich unvereinbar wäre. Insbesondere liegt darin keine unzulässige Einschränkung der Eheschließungsfreiheit des Art. 6 GG, die den ordre-public-Vorbehalt[631] eingreifen lassen müßte[632]. Zum einen ist zu bedenken, daß es sich nur um ein aufschiebendes Hindernis handelt, d.h. einem Verlobten ist nicht generell die Eheschließung untersagt, sondern er muß gegebenenfalls lediglich warten[633]. Zum anderen ist auch in Deutschland erst 1975 mit Herabsetzung des allgemeinen Volljährigkeitsalters das Heiratsalter von 21 auf 18 Jahre gesenkt worden[634]. Und auch heute noch gibt es in Deutschland Stimmen, die für eine Altersgrenze von 21 plädieren[635]. Um wirklich eine auf einem freien Willensentschluß beruhende Entscheidung mit derartiger Tragweite treffen zu können, ist sicher eine gewisse Reife erforderlich. Ob diese generell an die Vollendung des 18. oder des 21. Lebensjahres angeknüpft wird, ist eine politische Entscheidung. In Indien dient ein höheres Mindestalter auch dazu, die gebärfähige Zeit der Frau in der Ehe zu verkürzen und so die Bevölkerungsexplosion einzudämmen[636]; dies ist angesichts einer Milliarde

---

631 Zum Teil, so Staudinger-*v. Bar/Mankowski* Art. 13 Rn. 143, wird hier auf Art. 6 EGBGB zurückgegriffen, während andere hier die spezielle Ordre-Public-Klausel des Art. 13 Abs. 2 EGBGB eingreifen lassen, so wohl MünchKomm-*Coester* Art. 13 Rn. 23h.

632 Ebenso MünchKomm-*Coester* Art. 13 Rn. 27. Einen anderen Ansatzpunkt wählen Staudinger-*v. Bar/Mankowski* Art. 13 Rn. 204, wonach der ordre public bei hinreichendem Inlandsbezug dann eingreifen soll, wenn das Heiratsalter höher liegt als das für die allgemeine Geschäftsfähigkeit nach dem über Art. 7 Abs. 1 EGBGB maßgebenden Recht nötige Alter.

633 Siehe auch *Schulz* StAZ 1991 32 (35).

634 Gesetz zur Neuregelung des Volljährigkeitsalters vom 31.07.1974 (BGBl. I S. 1713); in Kraft getreten zum 01.01.1975.

635 Z.B. *Bosch* FamRZ 1997 65 (72) allerdings vorsichtig formuliernd .

636 *Bhatnagar* S. 2; *Mahmood* HMA S. 17.

Menschen in Indien und einem im weltweiten Vergleich mit Abstand höchsten Bevölkerungswachstum von 21 % im Jahr[637] ein durchaus legitimes Ziel.

### (2) Geschlechtsverschiedene Altersgrenzen

Im Hinblick auf Art. 3 GG könnte aber des weiteren problematisch sein, daß in Indien für den Mann und die Frau ein unterschiedliches Heiratsmindestalter gilt. Zu bedenken ist hierbei allerdings, daß trotz Gleichberechtigungsgesetz vom 01.04.1953 bis zum 01.01.1975 auch in Deutschland ein für Braut und Bräutigam unterschiedliches Ehemündigkeitsalter galt. In Indien wie in Deutschland wird bzw. wurde dies mit der früheren biologischen Reife der Frau begründet. In Indien ist die geschlechtsspezifische Ungleichbehandlung auch heute noch durch einen weiteren Gesichtspunkt sachlich gerechtfertigt. Sie beruht auf einem in weiten Teilen, im Unterschied zu Deutschland, tatsächlich gelebten Konzept einer Haushaltsehe. Der Mann ernährt die Familie, er ist für deren Unterhalt und Schutz zuständig und soll demzufolge zunächst einmal seine Ausbildung abschließen, eine gewisse Reife und Selbständigkeit erlangen[638].

### (3) Kinderehen

Im Hinblick auf den HMA und das christliche Recht ergeben sich schließlich auch dann Schwierigkeiten, wenn Deutschland mit zwar unter Verstoß gegen das Ehemündigkeitsalter geschlossenen, aber gleichwohl gültigen Kinderehen konfrontiert wird[639]. Wir sollten in solchen Ehen grundsätzlich

---

[637] Nach einem Bericht der Abteilung für Wirtschaft und Soziales der Vereinten Nationen wird die Weltbevölkerung insgesamt von derzeit 6,1 Miliarden bis zum Jahr 2050 auf mehr als 9,3 Milliarden anwachsen. Dabei entfällt die Hälfte des zu erwartenden Zuwachses auf nur sechs Länder. An erster Stelle steht Indien mit einem Bevölkerungswachstum von 21 % im Jahr, gefolgt von China mit 12 %; Quelle: Frankfurter Allgemeine Zeitung vom 01.03.2001, S. 11. In China wird das im weltweiten Vergleich wohl höchste Heiratsmindestalter von 20 bzw. 22 Jahren als Maßnahme der Verhinderung weiteren Bevölkerungswachstums begriffen, siehe hierzu auch *Coester-Waltjen/Coester* S. 24.

[638] Siehe hierzu in Deutschland auch Begr. der BReg. BT-Drucks. 7/117 S. 10; *Hohage* S. 35 f.; MünchKomm-*Müller-Gindullis* § 1303 Rn. 2.

[639] Siehe hierzu auch das UN-Übereinkommen vom 10.12.1962 über die Erklärung des Ehewillens, das Heiratsmindestalter und die Registrierung von Eheschließungen (BGBl. 1969 II S. 161). Erst jüngst hat die Bundesrepublik Deutschland wieder gegen den von

keinen Verstoß gegen den ordre public sehen, sondern die gelebte Ehe schützen. Auch nach deutschem Recht ist bei einem Verstoß gegen die als Sollvorschrift ausgestaltete Grenze von 18 Jahren eine Ehe nur aufhebbar, d.h. zunächst wirksam. Durch einen Gang vor die deutschen Behörden bzw. die deutsche Justiz bestätigen die Eheleute im Sinne von § 1315 Nr. 1 BGB ihre gelebte Ehe. Allerdings sollten wir ihnen, auch wenn der spezielle sec. 13 Abs. 2 (iv) HMA nicht eingreift, stets die Möglichkeit der Eheaufhebung nach deutschem Recht gewähren.

Bei einer Eheschließung, auf die das indisch-muslimische Recht anzuwenden ist, ist allerdings an ein Eingreifen des ordre public zu denken[640], wenn nach diesen Vorschriften ein Nupturient mit fünfzehn Jahren oder bei entsprechendem Nachweis auch früher die Ehe schließen will bzw. geschlossen hat. Für die Zulassung solcher Kinderehen streiten zwar auf der einen Seite das Individualrecht des Heiratsaspiranten auf freie Eheschließung und das Interesse der Eltern bzw. Familien, die Heiratsentscheidung zu kontrollieren. Auf der anderen Seite besteht aber auch ein staatlicher Schutzauftrag, junge Menschen vor sich selbst und vor familiärer Fremdbestimmung zu schützen. Ferner gibt es ein rechts- und sozialpolitisches Interesse an der Verhinderung scheidungsanfälliger Frühehen.

Fraglich ist allerdings, ab welchem Alter man den ordre-public-Vorbehalt eingreifen läßt. In Anlehnung an § 1303 Abs. 2 BGB könnte man an eine Grenze von 16 Jahren denken[641], doch ist zu bedenken, daß in anderen Kulturkreisen aufgrund anderer Lebensumstände der Reifeprozeß vergleichsweise früher einsetzen kann als im deutschen Raum. Es könnte auch unter Berücksichtigung der geistigen und körperlichen Reife an eine Grenze von 14 Jahren, wie sie § 19 StGB, § 1 Abs. 2 JGG kennen, gedacht werden[642]. Im speziellen Fall

---

Bangladesh hierzu erklärten Vorbehalt hinsichtlich der Kinderehen Einspruch erhoben, siehe FamRZ 2002 S. 55.

640 Das deutsche IPR sieht in dem Ehemündigkeitsalter des deutschen Rechts nur eine einseitige Voraussetzung der Ehe, so daß grundsätzlich ein ehemündiger Deutscher mit jemanden eine Ehe eingehen kann, der nach deutschem Recht noch nicht ehemündig wäre. Staudinger-*v. Bar/Mankowski* Art. 13 Rn. 203 wollen diesen Grundsatz im Hinblick auf Kinderehen allerdings nicht über den Einsatz des ordre public, sondern dadurch korrigieren, daß das Verbot der Kinderehe als zweiseitiges Ehehindernis anzuerkennen sei.

641 So MünchKomm-*Coester* Art. 13 Rn. 27; *Coester* StAZ 1988 122 (123).

642 So wohl *Luther* FamRZ 1962 346 (346). AA Standesamt Koblenz, Frankfurter Allgemeine Zeitung vom 01.02.2001 S. 13, wo von einem Fall berichtet wird, bei dem das

des indisch-muslimischen Rechts sollte jedoch im Interesse des internationalen Entscheidungseinklangs und zur Verhinderung hinkender Ehen an die 15-Jahresgrenze angeknüpft werden[643]. Im Hinblick auf § 19 StGB, § 1 Abs. 2 JGG sollte der Nachweis der früheren Erlangung der Geschlechtsreife allerdings nur bis zum vollendeten 14. Lebensjahr akzeptiert werden.

Die Ehe einer muslimischen Frau, die ihre Ehewillenserklärung von einem *Wali* als Boten hat übermitteln lassen, ist anzuerkennen, da sie nach indischer Rechtsprechung nicht ohne die Zustimmung der Frau geschlossen worden sein darf. In Deutschland müßte die muslimische Frau hingegen gem. Art. 13 Abs. 3 S. 1 EGBGB i.V.m. § 1311 S. 1 ihre Ehewillenserklärung stets selbst abgeben[644].

## 4. Geistige und körperliche Fähigkeiten

Über die an ein Mindestalter geknüpfte grundsätzliche Ehemündigkeit hinaus stellen alle Eherechte gewisse Anforderungen an die geistige Einsichts- und Urteilsfähigkeit der Nupturienten. Auch gewisse körperliche Fähigkeiten werden bei Schließung einer Ehe verlangt.

---

Koblenzer Standesamt die Eheschließung einer vierzehnjährigen türkischen Braut trotz vorgelegtem Ehefähigkeitszeugnis mit der Begründung abgelehnt hat, daß die Anwendung der entsprechenden türkischen Rechtsnorm gegen den ordre public verstoße; näher gelegen hätte allerdings eine Weigerung der standesamtlichen Mitwirkung an der Eheschließung gem. § 1310 Abs. 1 S. 2 HS 2 i.V.m. § 1314 Abs. 2 Nr. 5 BGB. Denn das Mädchen, das nur ein Touristenvisum besaß, hatte sich das Ehefähigkeitszeugnis bereits besorgt, bevor sie ihren Auserwählten überhaupt kennengelernt hatte. Dabei handelte es sich um einen Deutschen, der kein Wort Türkisch sprach, während sie die deutsche Sprache nicht beherrschte.

643 Generell ebenfalls an das fünfzehnte Lebensjahr anknüpfend Staudinger-*v. Bar/Mankowski* Art. 13 Rn. 203.

644 Siehe hierzu genauer C.II.3.c), S. 223 ff.

### *a) Die einzelnen Eherechte*

#### (1) Geistige Fähigkeit zur Abgabe einer Ehewillenserklärung

#### *(a) Hindu Marriage Act*

Nach traditioneller hinduistischer Auffassung war für eine gültige Eheschließung nicht erforderlich, daß die Nupturienten ihren Ehewillen selbst erklärten[645]. Damit war auch irrelevant, ob sie überhaupt die Fähigkeit besaßen, einen solchen Willen bilden zu können. So war selbst die Ehe mit einem geisteskranken oder im hohem Maße debilen Partner gültig[646]. Diese Ansicht wurzelte im sakral-unauflöslichen Verständnis von der Ehe, in deren Mittelpunkt die Fortführung der Ahnenreihe, nicht aber das geistig-emotionale Verhältnis der Ehegatten zueinander stand. Zur Zeugung von Nachkommen war es unerheblich, ob ein Partner geisteskrank war oder nicht[647].

#### (i) Sec. 5 (ii) HMA – Voraussetzungen und Folgen bei einem Verstoß

1955 wurde mit der Normierung eines Ehegesetzes auch für Hindus ein gewisses Mindestmaß an geistigem Einsichts- und Urteilsvermögen zur Abgabe einer Ehewillenserklärung zur Voraussetzung erhoben. Gem. sec. 5 (ii) a.F. HMA durfte keiner der Nupturienten zum Zeitpunkt der Eheschließung wahnsinnig oder in hohem Grade schwachsinnig sein. 1976 wurde diese zweite Eheschließungsvoraussetzung durch eine Dreiteilung erweitert[648]. Gem. sec. 5 (ii) HMA heutiger Fassung darf eine Ehe nicht geschlossen werden, wenn einer der Nupturienten zu diesem Zeitpunkt alternativ

---

645 Siehe auch bereits oben B.II.2.a), S. 23 ff.

646 *Kshitish Chandra Chakraburty v.* Emperor AIR 1937 Cal. 214 (217); *Amirthammal v. Vallimayil Ammal* AIR 1942 Mad. 693 (697); *Bhagwati Saran Singh v. Kumar Parmeshwari Nandan Singh* AIR 1942 All. 267 (291); etwas einschränkend dahingehend, daß die geistigen Fähigkeiten soweit vorhanden sein müssen, daß der Nupturient an den rituellen Feierlichkeiten teilnehmen kann, allerdings dann: *Kaura Devi v. Indra Devi* AIR 1943 All. 310 (313 f.); *Ratneshwari Nandan Singh v. Bhagwati Saran* Singh AIR 1950 f.C. 142 (165, 178); siehe auch *Anima Roy v. Probodh Mohan Roy* AIR 1969 Cal. 304 (306); wohl auch bereits *Mouji Lal v. Chandrabati Kumari* ILR 38 (1911) Cal. 700 (706 f.).

647 Vgl. *Derrett* § 234.

648 Stark angelehnt an das englische Recht; vor dieser Gesetzesänderung war bereits eine Erweiterung in der Literatur bejaht worden, siehe *Derrett* § 236.

(a) aufgrund einer Geisteskrankheit[649] (*unsoundness of mind*) unfähig ist, eine gültige (Ehe-) Willenserklärung abzugeben oder

(b) obwohl grundsätzlich nicht geschäftsunfähig, gleichwohl aufgrund einer Geistesstörung (*mental disorder*)[650] partiell zur Abgabe der Ehewillenserklärung unfähig ist, nämlich hinsichtlich des Verständnisses von Sinn und Tragweite einer Ehe und der Zeugung von Kindern oder

(c) unter sich wiederholenden Anfällen von Geistesstörung leidet[651].

Vor allem die *zweite Alternative*, sec. 5 (ii) (b) HMA, bedurfte hinsichtlich der erstmals normierten partiellen Geistesstörung einiger Klärung. Im Gegensatz zur ersten Alternative, nach der es ausreicht, aber auch erforderlich ist, daß der die freie Willensbestimmung ausschließende Zustand krankhafter Störung der Geistestätigkeit im Zeitpunkt der Eheschließung selbst vorliegt, kann die Ehewillenserklärung in der zweiten Alternative durchaus in einem luziden Moment abgegeben worden sein[652]. Entscheidend ist allein, daß grundsätzlich eine partielle Unfähigkeit hinsichtlich der Lebensbereiche Ehe und Kinder zu bejahen ist. Entgegen dem Wortlaut müssen die beiden Bereiche allerdings nicht kumulativ betroffen sein. Das „und" ist zu lesen als ein „und/oder", so daß es ausreicht, wenn jemand zwar den Sinn und die Tragweite einer Ehewillenserklärung zu erfassen und danach zu handeln vermag, jedoch im Hinblick auf Kinder unfähig ist, bzw. vice versa[653]. Dabei wird die Unfähigkeit

---

[649] Diese muß dazu führen, daß er nicht fähig ist, seine Angelegenheiten zu besorgen und seine Reaktionen in angemessener Weise zu steuern, vgl. *Ajitrai Shivprasad Mehta v. Bai Vasumati* AIR 1969 Guj. 48 (55); *Bani Devi v. A.K. Banerjee* AIR 1972 Del. 50 (55) – beide Entscheidungen ergingen allerdings vor der Änderung von sec. 5 (ii) 1976 und zur Geisteskrankheit im Rahmen von sec. 13 Abs. 1 (iii) HMA.

[650] Vgl. genauer *Saha* Anhang zu S. 54, der die Geistesstörungen in 43 verschieden Krankheitsbilder unterteilt. Für den deutschen Juristen ungewohnt, erklärt er über mehrere Seiten (a.a.O. S. 58 ff.) insbesondere die Schizophrenie u.a. im Hinblick auf Äußerungsformen (er bildet zehn Unterarten), Ursachen (wobei er sich u.a. mit Freud und Jung auseinandersetzt) und Heilungschancen, oder *Beri* S. 168 ff., der sich mit medizinischen Fachbüchern, Krankheitsursachen u.ä. befaßt. Siehe auch *Alka Sharma v. Abhinesh Chandra Sharma* AIR 1991 M.P. 205 (223 f.).

[651] Durch den Marriage Laws (Amendment) Act, 1999 wurden in sec. 5 (ii) (c) nach den sich wiederholenden Anfällen von Geistesstörung die Worte: „oder Epilepsie" gestrichen.

[652] *Mahmood* HMA S. 45, der jedoch einschränkend hinzufügt, daß die Geistesstörung vorher bereits von einer gewissen Dauer gewesen sein muß.

[653] *Alka Sharma v. Abhinesh Chandra Sharma* AIR 1991 M.P. 205 (210 f.).

bzgl. des Lebensbereichs Kinder über den reinen Wortlaut hinaus aus dem Gesamtkontext von sec. 5 (ii) HMA nicht im Sinne einer biologischen Zeugungs- und Empfängnisunfähigkeit ausgelegt, sondern als durch geistige Debilität bedingtes Unvermögen, Kinder großzuziehen, verstanden[654].

Wie in der zweiten Alternative und im Gegensatz zur ersten muß auch bei sec. 5 (ii) (c) HMA, also in der *dritten Alternative*, ein Anfall von Geistesstörung nicht genau zum Zeitpunkt der Eheschließung erfolgen. Entscheidend ist die generelle Disposition zu wiederholten Anfällen[655]. Dabei ist hinsichtlich des generellen Zustandes unbeachtlich, ob medizinische Heilungschancen bestehen[656]. Begründet wird dies mit der Systematik des HMA. Nach dessen sec. 12 kommt es für die Vernichtbarkeit der Ehe grundsätzlich nur auf den Zustand zum Zeitpunkt der Eheschließung an, während spätere Entwicklungen nicht berücksichtigt werden.

Ein *Verstoß* gegen die zweite Eheschließungsvoraussetzung des sec. 5 HMA mit ihren drei Alternativen führt im Gegensatz zu einer Verletzung der anderen Voraussetzungen des sec. 5 HMA nicht zur Nichtigkeit, sondern lediglich zur Vernichtbarkeit nach sec. 12 Abs. 1 (b) HMA. Auch im Rahmen von sec. 12 HMA nimmt die zweite Eheschließungsvoraussetzung eine Sonderstellung ein, da allein ihre Verletzung beide Ehepartner zur Anfechtung berechtigt. Außerdem ist sec. 12 Abs. 2 im Fall von sec. 12 Abs. 1 (b) HMA nicht anwendbar, d.h. es besteht kein Erlöschensgrund wegen Bestätigung bzw. Bösgläubigkeit und keine Ausschlußfrist. Hinsichtlich letzterem ist allerdings sec. 23 (d) HMA zu beachten.

#### (ii) Sec. 13 Abs. 1 (iii) HMA – Scheidung, Definition

Treten Geisteskrankheit oder geistige Störung erst nach der Eheschließung hervor[657], so gewährt sec. 13 Abs. 1 (iii) HMA ein Scheidungsrecht[658], aller-

---

654 *Alka Sharma v. Abhinesh Chandra Sharma* AIR 1991 M.P. 205 (212); *Saha* S. 52 f.; *Bhatnagar* S. 15.

655 *Bala Krishna v. V. Lalitha* AIR 1984 A.P. 225 (230).

656 *Bala Krishna v. V. Lalitha* AIR 1984 A.P. 225 (229 f.); *Mahmood* HMA S. 45; *Diwan* Hindu Law S. 109.

657 Entsprechend dem Zusammenspiel von sec. 5 (ii) und sec. 12 Abs. 1 (b) HMA ist eine Aufhebung in diesem Fall nicht möglich, vgl. insoweit auch die Entscheidung *Munishwar Datt Vashisht v. Indra Kumari* AIR 1963 Punj. 449 (453), die zwar noch vor der Gesetzesänderung im Jahre 1976 ergangen ist, aber nach wie vor Gültigkeit besitzt. Andererseits kann bei Vorliegen einer Geisteskrankheit oder geistigen Störung bereits zum Zeitpunkt

dings nur dem gesunden Partner. Voraussetzung für eine Scheidung ist nach dem eindeutigen Wortlaut jedoch zusätzlich, daß die Geisteskrankheit i.S.v. sec. 5 (ii) (a) HMA unheilbar[659] ist oder daß die Störung der Geistestätigkeit i.S.v. sec 5 (ii) (b) und (c) HMA derart gewichtig ist, daß dem anderen Partner ein Zusammenleben nicht mehr zuzumuten ist[660]. Daß die Unzumutbarkeit des weiteren ehelichen Zusammenlebens nur im Fall der Geistesschwäche nach sec. 5 (ii) (b) und (c) zu prüfen ist, nicht aber bei Vorliegen einer Geisteskrankheit i.S.v. sec. 5 (ii) (a)[661], ergibt sich sowohl aus Wortlaut und Zeichensetzung der englischsprachigen Originalfassung des sec. 13 Abs. 1 (iii) HMA, als auch aus dem Zusammenspiel dieser Vorschrift mit sec. 5 (ii) HMA, wo ebenfalls zwischen der Geisteskrankheit und der Geistesschwäche unterschieden wird.

Im Anschluß an die Normierung der Voraussetzungen für eine Scheidung in sec. 13 Abs. 1 (iii) HMA ist in den Gesetzestext eine Erläuterung des Begrif-

---

der Eheschließung sowohl eine Klage nach sec. 12 HMA, als auch das „Weniger" einer Scheidung nach sec. 13 HMA – wenn dessen zusätzlich Voraussetzungen gegeben sind – eingereicht werden, so *Nandan* S. 222.

658 Bezüglich dieses Rechts sollte wohl auf den HMA selbst und die hierzu ergangenen Entscheidungen indischer Gerichte abgestellt werden. *Beri* S. 167 will hingegen wegen der starken Anlehnung dieses Scheidungsgrundes an das englische Recht, auf englische Entscheidungen zurückgreifen.

659 Kritisch wird hiergegen in *Bala Krishna v. V. Lalitha* AIR 1984 A.P. 225 (229 f.) eingewandt, daß dadurch Rechtsunsicherheit entsteht, beispielsweise hinsichtlich der Fragen, ab wann jemand geheilt ist, wie lange ein Heilungsprozeß zumutbar ist oder wie sicher ärztliche Prognosen sein müssen; angesichts des eindeutigen Wortlauts ist die Unheilbarkeit im Rahmen der Scheidung jedoch trotz dieser Bedenken zu prüfen.

660 Vgl. genauer *Ram Narain Gupta v. Smt. Rameshwari Gupta* AIR 1988 S.C. 2260 (2264 ff.).

661 AA wohl *Saha* S. 55, der die Entscheidung Rita v. Sitesh AIR 1982 Cal. 136 ff. anders interpretiert. Dort war eine Scheidung abgelehnt worden, da das Gericht einerseits vom Vorliegen einer Geisteskrankheit nicht überzeugt war und andererseits die Unzumutbarkeit ablehnte. Es verneinte zunächst sec. 5 (ii) (a) HMA aufgrund des in sich widersprüchlichen Scheidungsantrags, der angab, daß die Ehefrau sowohl geisteskrank als auch zeitweilig geistesschwach sei. Zeitweilige Geistesschwäche bedeute andererseits, daß sie phasenweise gesund sei, was mit einer unheilbaren Geisteskrankheit nicht in Einklang zu bringen ist. Nach Ablehnung der Geisteskrankheit, kam das Gericht zur ebenfalls vorgetragenen Geistesschwäche und hatte sich in diesem Rahmen dann mit der Unzumutbarkeit des Zusammenlebens auseinanderzusetzen.

fes „geistige Störung“ eingeschoben[662]. Gesetzestechnisch wäre die Erklärung eher bei sec. 5 (ii) HMA zu erwarten gewesen, auf den sowohl Anfechtungs- als auch Scheidungsgrund als Folge des Verstoßes gegen ihn Bezug nehmen. So ist nun die Erläuterung auf der Rechtsfolgenseite in sec. 13 Abs. 1 (iii) HMA bei der Auslegung der Tatbestandsvoraussetzungen des sec. 5 (ii) (b) HMA heranzuziehen[663].

### *(b) Recht der Moslems*

Da die Ehe im muslimischen Recht als Vertrag konzipiert ist[664], bedarf sie der übereinstimmenden Willenserklärungen beider Parteien[665]. Zu deren Abgabe müssen beide Nupturienten geistig gesund (*sound mind*) sein[666]. Nahezu alle muslimischen Autoren belassen es bei dieser Äußerung, d.h. sie gehen nicht weiter darauf ein, welche Anforderungen an die geistige Gesundheit im einzelnen zu stellen sind und welche Folgen sich aus einer Störung der Geistestätigkeit ergeben. Aus wenigen Fundstellen und dem muslimischen Verständnis der Ehe als Vertrag ergibt sich eine Anknüpfung an die Geschäftsfähigkeit. Fehlt diese, so ist der Ehevertrag nichtig[667], es sei denn, er wird vom Ehe-Vormund geschlossen[668]. Er ist nach sunnitischem Recht allerdings nur schwebend unwirksam (*fasid*), wenn die Eheschließung im Zustand lediglich vorübergehender Geschäftsunfähigkeit, beispielsweise im Rausch, erfolgte. Die fehlerhafte Ehe kann in diesen Fällen geheilt werden, wenn sie nach Fortfall des Unfähigkeitsgrundes bestätigt wird[669].

---

662 Irrtümlich wird in der deutschen Übersetzung im Bergmann/Ferid, Länderteil Indien auf sec. 24 Abs. 1 (e) SMA hingewiesen, richtigerweise ist aber auf die wortlautidentischen Erläuterungen zu sec. 27 Abs. 1 (e) SMA zu verweisen.

663 *Nair* S. 22. AA *S.C.Jain* S. 19, der auf sec. 4 (1) des englischen Mental Health Act 1959 zurückgreift; dies ist aber insofern fragwürdig, als hier auf eine innerhalb desselben Gesetzes vorhandene Definition zurückgegriffen werden kann, ohne daß ein anderes Gesetz, zumal einer fremden Rechtsordnung, herangezogen werden muß.

664 Siehe bereits oben B.II.2.b), S. 26 ff.

665 *Qureshi* Muslim Law S. 55; *Nigam* S. 342.

666 *Diwan* Muslim Law S. 55; *Qureshi* Muslim Law S. 58; *Subba Rao* S. 365; *Verma* S. 74; *Nair* S. 161; *Fyzee* S. 93; *Saksena* S. 151, 155.

667 Vgl. *Joygun Nessa Bibi v. Mahammad Ali Biswas* AIR 1938 Cal. 70 (73).

668 *Diwan* Muslim Law S. 52.

669 *Verma* S. 105.

Tritt eine Geisteskrankheit beim Ehemann erst im Verlauf des Ehelebens auf, so kann sich die Frau gem. sec. 2 (6) DoMMA scheiden lassen. Voraussetzung ist allerdings, daß die Krankheit mindestens in den beiden dem Scheidungsgesuch vorangegangenen Jahren bestanden hat. Nicht ganz eindeutig ist, ob die grundsätzlich freie Befugnis des Mannes zur Scheidung im Fall der Geisteskrankheit der Frau dahingehend eingeschränkt ist, daß der Mann sie nicht ausüben darf, wenn er in Kenntnis einer bestehenden Krankheit gleichwohl den Ehevertrag geschlossen hat[670]. Eine solche Einschränkung, wie sie das parsische Eherecht unabhängig vom Geschlecht kennt, ist im muslimischen Recht jedoch im Hinblick auf das universelle Verstoßungsrecht des Mannes wohl zweifelhaft[671]. Auch würde diese Einschränkung des Scheidungsrechts des Mannes auf eine dem muslimischen Recht ansonsten unbekannte Besserstellung der Frau hinauslaufen. Denn diese kann sich nach sec. 2 (6) DoMMA scheiden lassen, ohne daß es auf ihre Kenntnis der Krankheit zum Zeitpunkt der Eheschließung ankommt.

### *(c) Recht der Christen*

Das Eheschließungsrecht der Christen selbst normiert keine Voraussetzungen hinsichtlich der geistigen Einsichts- und Urteilfähigkeit der Nupturienten, auch nicht in sec. 60 Indian Christian Marriage Act. Allerdings erklärt sec. 19 Abs. 1 Nr. 3 Indian Divorce Act „Wahnsinnige und in hohem Grade Schwachsinnige“[672] für nicht ehefähig, indem dort für diesen Fall ein Nichtigkeitsgrund normiert ist. Maßgeblicher Zeitpunkt für den Geisteszustand ist allein die Eheschließung. Das bedeutet zum einen, daß das christliche Eherecht keine Möglichkeit der Eheauflösung gewährt, wenn die geistige Störung erst nach der Trauung auftritt[673]. Zum anderen bedeutet es, daß eine spätere Genesung im Rahmen der Nichtigerklärung nicht berücksichtigt wird[674].

---

670 So wohl *Saksena* S. 206 für einige Rechtsschulen.

671 Andere Autoren betonen stets das jederzeitige und unbeschränkte Verstoßungsrecht des Mannes, ohne eine Einschränkung für den Fall der Kenntnis einer bestehenden Geisteskrankeheit vorzunehmen.

672 *Lunatic or idiot*; so lauteten bis zur Änderung 1976 auch sec. 5 (ii) HMA und sec. 4 (b) SMA.

673 Siehe hierzu *C. Solomon v. Josephine* AIR 1959 Mad. 151 (152).

674 *Devadason* S. 94.

Wie auch beim Ehehindernis der Verwandtschaft und Schwägerschaft ist der gesetzgeberische Wille im indisch-christlichen Eherecht selbst klar erkennbar. Hinsichtlich der Reichweite des Verbotes muß bei der geistigen Einsichts- und Urteilsfähigkeit – anders als bei der Verwandtschaft und Schwägerschaft – jedoch nicht über sec. 88 ICMA auf die jeweiligen religiösen Rechte abgestellt werden. Um einem wahren consensus facit nuptias verstärkt zum Durchbruch zu verhelfen wird gefordert, daß die Störung der Geistestätigkeit so gravierend ist, daß Sinn und Tragweite einer Ehewillenserklärung nicht erfaßt werden können[675].

***(d) Recht der Parsen***

Das 1988 umfassend geänderte Eherecht der Parsen trifft in secs. 3 und 4 PMaDA im Rahmen der Eheschließungsvoraussetzungen hinsichtlich der Anforderungen an die geistigen Fähigkeiten zur Abgabe einer Ehewillenserklärung keinerlei Anordnung.

Allerdings enthält sec. 32 (b) PMaDA einen Scheidungsgrund für den Fall, daß ein Ehepartner, ohne daß der Antragsteller dies wußte, zur Zeit der Eheschließung geisteskrank war und die Krankheit bis zur Antragstellung ununterbrochen fortbesteht[676]. Der Scheidungsantrag muß innerhalb von zwei Jahren nach der Eheschließung gestellt werden. Außerdem darf kein ehelicher Verkehr mehr stattfinden, sobald der gesunde Ehepartner von der Krankheit des anderen erfährt.

1988 wurde hinter sec. 32 (b) ein neuer sec. 32 (bb) eingefügt, der wortwörtlich mit dem Scheidungsgrund in sec. 13 (iii) HMA übereinstimmt. Im Unterschied zum alten sec. 32 (b) muß nach sec. 32 (bb) PMaDA die Geisteskrankheit zwar unheilbar sein, andererseits ist nicht mehr nachzuweisen, daß sie zum Zeitpunkt der Eheschließung bereits bestand und bis zur Antragstellung ununterbrochen fortbesteht. Außerdem ist nun auch ggf. die Geistesschwäche

---

675 Vgl. *Mt. Titili v. Alfred Robert Jones* AIR 1934 All. 273 (279 f.); bejaht wird der Tatbestand von sec. 19 Nr. 3 IDA beispielsweise bei jemandem, der die Namen seiner Eltern nicht kennt und nicht weiß, wie man bis 20 zählt, verneint hingegen bei einem Nupturienten, der den Intelligenzstand eines acht- bis neunjährigen Kindes aufweist, siehe *Devadason* S. 94.

676 Vom Antragsteller zu beweisen – *Phiroze Bomanshaw Pothiwalla v. Shirinbai Phiroze Pothiwalla* AIR 1938 Bom. 65 (65).

von Bedeutung. Daher ist der ursprüngliche sec. 32 (b) durch den neu hinzugekommenen sec. 32 (bb) nahezu bedeutungslos geworden.

Aus der Einfügung des 32 (bb) zwischen 32 (b) und 32 (c) ergibt sich allerdings, daß im Unterschied zum HMA nach parsischem Recht auch bei sec. 32 (bb) folgende drei Einschränkungen zu beachten sind: Gutgläubigkeit zum Zeitpunkt der Eheschließung, mit diesem Zeitpunkt beginnende zweijährige Ausschlußfrist und keine Bestätigung durch ehelichen Verkehr ab Kenntniserlangung.

### *(e) Ziviles Eherecht*

Auch der Special Marriage Act verlangt in sec. 4 (b) seit 1976 als zweite Eheschließungsvoraussetzung wortlautidentisch mit sec. 5 (ii) HMA eine gewisse geistige Einsichts- und Urteilsfähigkeit zur Abgabe einer Ehewillenserklärung. Bei einer späteren Registrierung als Zivilehe ergeben sich zwei geringfügige Unterschiede. Zum einen ist gem. sec. 15 (c) SMA der Zeitpunkt der Eintragung entscheidend, zum anderen ist erforderlich, daß keine Partei „geisteskrank oder in hohem Grade schwachsinnig" ist, wie es auch vor 1976 in sec. 5 (ii) HMA und sec. 4 (b) SMA formuliert war.

Im Unterschied zum Hindu Marriage Act führt ein Verstoß gegen sec. 4 (b) SMA gem. sec. 24 Abs. 1 (i) SMA zur ipso iure Nichtigkeit, während der HMA in diesen Fällen nur die Möglichkeit kennt, die Ehe durch konstitutives Urteil für nichtig erklären zu lassen. Grund hierfür ist wohl, daß der Gesetzgeber des HMA auf die traditionelle Auffassung der Hindus, die den geistigen Fähigkeiten ja keinerlei Bedeutung beigemessen hat, Rücksicht nehmen wollte.

Ebenfalls wortlautidentisch gewährt der SMA, wie der HMA und PMaDA, in sec. 27 Abs. 1 (e) ein Scheidungsrecht[677]. Da ein Verstoß gegen die Eheschließungsvoraussetzung in sec. 4 (b) SMA grundsätzlich zur Nichtigkeit der Ehe führt, hat der Scheidungsgrund zum einen Bedeutung, wenn Geisteskrankheit bzw. eine relevante Geistesschwäche erst nach der Eheschließung auftreten. Zum anderen findet er aber auch Anwendung bei Ehen, die in einer anderen Form geschlossen und entgegen sec. 15 (c) unter dem SMA registriert worden

---

677 *Beri* S. 167 will auch hier, wie im Rahmen von sec. 13 Abs. 1 (iii) HMA, auf die englische Rechtsprechung zurückgreifen; vgl. auch oben Fn. 658.

sind. Denn für solche Ehen gelten gem. sec. 24 Abs. 2 SMA die Nichtigkeitsgründe des sec. 24 Abs. 1 SMA nicht.

Der Foreign Marriage Act verlangt in sec. 4 (b) so wie SMA und HMA bis 1976, daß keine Partei bei ihrer Eheschließung „wahnsinnig oder in hohem Grade schwachsinnig" sein darf. Aufgrund der Verweisung in sec. 18 FMA auf sec. 24 SMA ist eine Ehe, die dagegen verstößt, nichtig. Im Falle einer späteren Registrierung ist nach sec. 17 Abs. 2 FMA, wie auch nach sec. 15 (c) SMA ebenfalls Voraussetzung, daß weder Geisteskrankheit noch Schwachsinn im hohen Grade bejaht werden kann. Andernfalls ist eine solche Ehe gemäß sec. 18 FMA i.V.m. sec. 27 Abs. 1 (e) SMA scheidbar.

#### (2) Körperliche Fähigkeiten: Impotenz

##### *(a) Hindu Marriage Act*

Das Recht der Hindus kennt zwar in sec. 5 HMA keine Eheschließungsvoraussetzungen im Hinblick auf körperliche Fähigkeiten. Allerdings gewährt es in sec. 12 HMA bei Impotenz des Partners das Recht, die Ehe für nichtig erklären zu lassen[678].

Kann die Ehe aufgrund der Impotenz eines Ehegatten nicht vollzogen werden[679], so hat der andere gem. sec. 12 Abs. 1 (a) HMA das Recht, die Ehe durch konstitutives Urteil für nichtig erklären zu lassen. Dieses Recht steht

---

[678] Das traditionelle Recht maß der körperlichen Konstitution und dem Gesundheitszustand für die Eheschließung hingegen keine Bedeutung bei, siehe nur *Gour* S. 64. Allerdings ist dies für den Mann vor dem Hintergrund zu sehen, daß er jederzeit weitere Frauen heiraten konnte, was insbesondere in Fällen geschah, in denen sich kein Nachwuchs einstellte.

[679] Bis zur Gesetzänderung im Jahre 1976 war Voraussetzung, daß die Impotenz zum Zeitpunkt der Eheschließung bereits bestand und bis zur Einleitung des Gerichtsverfahrens fortdauerte, was zu Beweisschwierigkeiten geführt hatte.

hingegen dem impotenten Ehegatten selbst[680] oder einer dritten Person nicht zu[681].

Unter Impotenz wird, ebenso wie in Deutschland, die physisch oder psychisch[682] bedingte Unfähigkeit zum Geschlechtsakt[683] mit dem Ehepartner verstanden[684]. Die Impotenz muß nicht zur allgemeinen Koitusunfähigkeit führen, sondern es reicht aus, wenn sie nur gegenüber dem Ehepartner besteht (sog. relative Impotenz)[685]. Unerheblich ist, ob aus medizinischer Sicht eine Behandlung erfolgversprechend wäre[686].

Unter Impotenz i.S.v. sec. 12 Abs. 1 (a) HMA ist nur die impotentia coeundi zu verstehen, das Unvermögen, den Beischlaf zu vollziehen, nicht aber die

---

680 Kritisch *Beri* S. 72 f., der wohl auch dem impotenten Ehepartner ein Anfechtungsrecht gewähren will, wenn dieser zum Zeitpunkt der Eheschließung seine eigene Impotenz nicht kannte.

681 *Shantabai v. Tarachand* AIR 1966 M.P. 8 (9); *Paramasami Pillai v. Sornathammal* AIR 1969 Mad. 124 (124).

682 *Jagdish Kumar v. Sita Devi* AIR 1963 Punj. 114 (114); *Shantabai v. Tarachand* AIR 1966 M.P. 8 (10); *Jagdish Lal v. Smt. Shyama Madan* AIR 1966 All. 150 (152); *Yuvraj Digvijay Singh v. Yuvrani Pratap Kumari* AIR 1970 S.C. 137 (138); *Rajendar Pershad Bhardwaj v. Shanti Devi* AIR 1978 P.&H. 181 (184).

683 Hierunter ist normaler und vollständiger Koitus zu verstehen – *Gudivada Venkateswararao v. Smt Gudivada Nagamani* AIR 1962 A.P. 151 (152); *Jagdish Lal v. Smt. Shyama Madan* AIR 1966 All. 150 (152); *Chanchal Kumari v. Kewal Krishan* AIR 1972 P.&H. 474 (476); *Rita Nijhawan v. Shri Balkishan Nijhawan* AIR 1973 Delhi 200 (207); *Samar Roy Chowdhury v. Snigdha Roy Chowdhury* AIR 1977 Cal. 213 (216); *Smt. Sushila Aggarwal v. Vijay Kumar Agg*arwal AIR 1982 Del. 272 (274); *P. v. K.* AIR 1982 Bom. 400 (409); *Shamla Devi v. Surjit Singh* AIR 1998 H.P. 32 (35).

684 Siehe insgesamt auch *Rangaswami v. Aravindammal* AIR 1957 Mad. 243 (244 - 248).

685 *Jagdish Kumar v. Sita Devi* AIR 1963 Punj. 114 (115); *Jagdish Lal v. Smt. Shyama Madan* AIR 1966 All. 150 (152); *Shantabai* v. *Tarachand* AIR 1966 M.P. 8 (10); *Mst. Bawi v. Nath* AIR 1970 J.&K. 130 (131); *Smt. Laxmi Devi v. Babu Lal* AIR 1973 Raj. 89 (92).

686 *Samar Roy Chowdhury v. Snigdha Roy Chowdhury* AIR 1977 Cal. 213 (219); *P. v. K.* AIR 1982 Bom. 400 (409); es wurde allerdings auch vertreten, daß die Impotenz unheilbar sein muß, so in *Rangaswami v. Aravindammal* AIR 1957 Mad. 243 (248); seit der Gesetzesänderung 1976 ist dies jedoch nur schwer aufrechtzuhalten. Denn anders als beispielsweise sec. 13 Abs. 1 (iii), (iv) HMA ist die Unheilbarkeit im 1976 geänderten sec. 12 Abs. 1 (a) HMA vom Gesetzgeber nicht normiert worden.

impotentia generandi, die Unfruchtbarkeit bzw. Zeugungsunfähigkeit[687]. Anders als im deutschen Sprachgebrauch, wo das Wort Impotenz i.S. einer impotentia coeundi nur im Bezug auf den Mann verwendet wird[688], umfaßt der Begriff in der indischen Rechtsterminologie beide Geschlechter[689]. Allein entscheidend ist auch bei einer Frau, ob eine vollständige Penetration des Mannes möglich ist, nicht jedoch, ob sie fähig ist, ein Kind zu empfangen und zu gebären. So wurde die Impotenz einer Frau bejaht beim Nichtvorhandensein der Vagina[690], nicht jedoch beim Fehlen des Uterus oder jeder Ovulation[691].

Es wird vermutet, daß beide Partner potent sind. Die Beweislast des Gegenteils ruht beim Antragsteller. Kann die Frau nachweisen, daß die Ehe nicht vollzogen wurde, obwohl bei ihr keine medizinische Indikation vorliegt, be-

---

[687] *Jagdish Lal v. Smt. Shyama Madan* AIR 1966 All. 150 (152); *Mst. Shewanti Bhaurao Dongre v. Bhaurao Daulatrao Dongre* AIR 1971 M.P. 168 (168 f.); *Smt. Laxmi Devi v. Babu Lal* AIR 1973 Raj. 89 (92). Mißverständlich dagegen *Rangaswami v. Aravindammal* AIR 1957 Mad. 243 (245); dort wurde die Impotenz des Mannes verneint, solange dieser „gesunden Samen und lebende Spermien" hat; diese Auslegung des Begriffs der Impotenz wird abgelehnt in *Chanchal Kumari v. Kewal Krishan* AIR 1972 P.&H. 474 (476). Allerdings ist bei der Entscheidung *Rangaswami v. Aravindammal* zu berücksichtigen, daß es dort in erster Linie um die Impotenz der Frau ging und eine Gleichsetzung von Sterilität mit der Impotenz ausdrücklich abgelehnt wurde. Ebenfalls mißverständlich die Entscheidung *Shamla Devi v. Surjit Singh* AIR 1998 H.P. 32 (35), die sich, ohne die Entscheidung zu zitieren, des Wortlauts von *Rangaswami v. Aravindammal* bedient; allerdings war auch bei *Shamla Devi v. Surjit Singh* die Impotenz des Mannes gar nicht entscheidungsrelevant.

[688] Vgl. statt vieler Brockhaus, Stichwort: „Impotenz".

[689] Vgl. folgende Fälle, in denen es um die Impotenz der Frau ging: *Rangaswami v. Aravindammal* AIR 1957 Mad. 243 ff.; *Shantabai* v. *Tarachand* AIR 1966 M.P. 8 ff.; *Yuvraj Digvijay Singh v. Yuvrani Pratab Kumari* AIR 1970 S.C. 137 ff.; *Mst. Shewanti Bhaurao Dongre v. Bhaurao Daulatrao Dongre* AIR 1971 M.P. 168 ff.; *Smt. Laxmi Devi v. Babu Lal* AIR 1973 Raj. 89 ff.; *Samar Som v. Sm. Sadhana Som* AIR 1975 Cal. 413 ff.; *Samar Roy Chowdhury v. Snigdha Roy Chowdhury* AIR 1977 Cal. 213 ff.; *Rajendar Pershad Bhardwaj v. Shanti Devi* AIR 1978 P.&H. 181 ff.; *P. v. K.* AIR 1982 Bom. 400 ff.; *Smt. Sushila Aggarwal v. Vijay Kumar Agg*arwal AIR 1982 Del. 272 ff.

[690] *Smt. Laxmi Devi v. Babu Lal* AIR 1973 Raj. 89 (91) – kritisch zu dieser Entscheidung *Beri* S. 69; vgl. bzgl. einer zwar vorhandenen, aber zu kleinen Vagina auch *Samar Roy Chowdhury v. Snigdha Roy Chowdhury* AIR 1977 Cal. 213 (216 ff.), andererseits jedoch *Rajendar Pershad Bhardwaj v. Shanti Devi* AIR 1978 P.&H. 181 ff. und vermittelnd *Smt. Sushila Aggarwal v. Vijay Kumar Aggarwal* AIR 1982 Del. 272 (274).

[691] *Mst. Shewanti Bhaurao Dongre v. Bhaurao Daulatrao Dongre* AIR 1971 M.P. 168 (169); *Samar Som v. Sm. Sadhana Som* AIR 1975 Cal. 413 (414).

steht die Vermutung, daß der Mann begattungsunfähig ist[692]. Das Gericht kann eine medizinische Untersuchung anordnen[693]. Wird diese verweigert, darf das Gericht daraus negative Schlußfolgerungen ziehen[694]. Stellt sich andererseits bei einer Untersuchung heraus, daß die Ehe, wenn auch nur ein einziges Mal, vollzogen worden ist, kann sie nicht mehr gem. sec. 12 Abs. 1 (a) HMA für nichtig erklärt werden[695]. Unter Umständen kann sie aber wegen seelischer Grausamkeit nach sec. 13 Abs. 1 (ia) HMA geschieden bzw. gem. sec. 10 HMA gerichtlich getrennt werden, wenn die eheliche Sexualität aufgrund des Verhaltens eines Partners gleichwohl massiv gestört ist[696]. Sind sexuelle Defizite eines Ehegatten diesem zum Zeitpunkt der Eheschließung bekannt, kann auch eine Anfechtung gem. sec. 12 Abs. 1 (c) HMA wegen Täuschung durch Verschweigen in Betracht kommen[697]. In diesem Rahmen kann auch die Unfruchtbarkeit eine Rolle spielen, so wenn jemand seine ihm bekannte Zeugungs- bzw. Empfängnisunfähigkeit dem Ehepartner verschweigt[698].

#### *(b) Recht der Moslems*

Gem. sec. 2 (5) DoMMA ist die Frau berechtigt, die Scheidung zu verlangen, wenn ihr Mann zur Zeit der Eheschließung impotent war und bei Antragstellung auch immer noch ist. Wie im hinduistischen Recht ist der Mann auch nach muslimischer Ansicht impotent, wenn er mit seiner Frau keine körperli-

---

692 *Jagdish Lal v. Smt. Shyama Madan* AIR 1966 All. 150 (152 ff.); kritisch zu dieser Entscheidung und der Frage, ob zwölf Tage des Zusammenlebens ohne geschlechtlichen Verkehr ausreichend sind, *Qureshi* Marriage S. 206; siehe zu Fragen des Beweises der Impotenz auch *Bhaswati Sarkar v. Angshuman Sarkar* AIR 2000 Cal. 210 ff. (allerdings im Rahmen des Special Marriage Act).

693 Hierin liegt kein Verstoß gegen Art. 21 (Schutz des Lebens und der persönlichen Freiheit) der indischen Verfassung so *G. Venkatanarayana v. Kurupati Laxmi Devi* AIR 1985 A.P. 1 (3 f.).

694 *Rangaswami v. Aravindammal* AIR 1957 Mad. 243 (247); *Shamla Devi v. Surjit Singh* AIR 1998 H.P. 32 (35); *Derrett* § 295; siehe diesbezüglich auch, allerdings zum christlichen Recht, *Maria v. K. Ignatius* AIR 2000 Mad. 202 (204).

695 *Mrs. Rita Nijhawan v. Shri Balkishan Nijhawan* AIR 1973 Del. 200 (207).

696 *Mrs. Rita Nijhawan v. Shri Balkishan Nijhawan* AIR 1973 Del. 200 (208 ff.); *Smt. Shakuntala Kumari v. Om Prakash Ghai* AIR 1981 Del. 53 (56 ff.).

697 *P. v. K.* AIR 1982 Bom. 400 (405).

698 *Mahmood* HMA S. 82.

che Verbindung eingehen kann. Allerdings gewährt Anhang (c) zu sec. 2 DoMMA dem Ehemann die Möglichkeit, einen einjährigen Aufschub zu erhalten. Kann er innerhalb dieses Jahres nachweisen, daß er nicht impotent ist, ist der Scheidungsantrag abzuweisen[699].

#### *(c) Recht der Christen*

Nach sec. 19, 18 des Indian Divorce Act kann die Ehe nicht nur bei Vorliegen geistiger, sondern auch körperlicher Mängel für nichtig erklärt werden. Voraussetzung für letzteres ist gem. sec. 19 Abs. 1 Nr. 1 IDA, daß der Antragsgegner sowohl zum Zeitpunkt der Eheschließung als auch zur Zeit der Anhängigmachung des Prozesses impotent war bzw. ist[700]. Die indische Rechtsprechung versteht unter Impotenz im christlichen Recht weitgehend dasselbe wie im hinduistischen Recht[701]. Unterschiede bestehen dahingehend, daß einerseits die Beischlafunfähigkeit unheilbar sein muß[702], andererseits wird eine Klage nicht notwendigerweise schon allein deshalb abgewiesen, weil es ein einziges Mal zum geschlechtlichen Vollzug gekommen ist[703]. In Fällen

---

699 *Saksena* S. 205 ist darüber hinaus auch der Ansicht, der Scheidungsantrag sei abzuweisen, wenn die Frau bei Eheschließung wußte, daß ihr zukünftiger Mann impotent ist. Zum einen ist dem jedoch entgegenzuhalten, daß in Anbetracht der gesellschaftlichen Verhältnisse in der muslimischen Gemeinde Indiens die Braut dies aus eigener Erfahrung nicht vorher wissen wird, und es mehr als unwahrscheinlich ist, daß ihr Bräutigam mit ihr vorher darüber gesprochen hat. Zum anderen ergibt sich dies nicht aus dem DoMMA, der ohnehin als Gesetz zur Verbesserung der Rechte der Frauen im Zweifel zu ihren Gunsten auszulegen ist.

700 Zur Frage des Beweises der Impotenz nach christlichem Recht genauer *Mathuram Augustine v. Vijayavani* AIR 1980 Mad. 1 ff.; *Mary Kurian v. T.T. Joseph* AIR 1980 Ker. 131 (136 f.); *Jeoronimo Francisco Sacrafamilla Eric D'Souza v. Florence Martha D'Souza* AIR 1980 Del. 275 ff.; *Maria v. K. Ignatius* AIR 2000 Mad. 202 ff.

701 Vgl. *Kanthy Balavendram v. Harry* AIR 1954 Mad. 316 (317); *Jayaraj Antony v. Mary Seeniammal* AIR 1967 Mad. 242 (243); *Muthuraj Koilpillai v. Esther Victoria Kannammal* AIR 1970 Mad. 237 (239 f.); *Valsa v. Moore* KLT 1991 (1) 132 (136); *Beena Cherian v. K.J. Varghese* AIR 2000 Ker. 181 ff.

702 Unheilbarkeit ist nicht nur objektiv zu verstehen, sondern auch dann zu bejahen, wenn der impotente Partner nicht bereit ist, sich behandlen zu lassen, siehe *Jayaraj Antony v. Mary Seeniammal* AIR 1967 Mad. 242 (243); *Valsa v. Moore* KLT 1991 (1) 132 ff.

703 So *Vincent Adolf Godinho v. Jume Beatrice Rama Godinho* AIR 1985 Bom. 103 (105 f.), in diesem Fall war es in der Hochzeitsnacht zum Vollzug der Ehe gekommen, allerdings unter Gewaltanwendung gegen den Willen der Frau; anders hingegen die Entscheidung zum HMA *Mrs. Rita Nijhawan v. Shri Balkishan Nijhawan* AIR 1973 Del. 200 (207).

der Unfruchtbarkeit ist nur dann, wenn diese trotz Kenntnis dem zukünftigen Ehepartner verschwiegen wird, nach sec. 19 Abs. 2 IDA eine Nichtigkeitsklage wegen Betruges möglich[704].

### *(d) Recht der Parsen*

Das parsische Recht sieht für den Fall, daß der Vollzug der Ehe aus natürlichen Gründen unmöglich ist, in sec. 30 PMaDA einen Nichtigkeitsgrund vor, auf den sich, anders als nach HMA und IDA, beide Ehepartner, also auch der impotente selbst, stützen können. Im Unterschied zu Verstößen gegen die Eheschließungsvoraussetzungen von sec. 3, 4 PMaDA tritt die Nichtigkeit nicht ipso iure ein, sondern bedarf eines konstitutiven Urteils. Dabei nimmt die Impotenz insofern eine Sonderrolle ein, als dies der einzige Grund ist, auf den nach parsischem Recht eine Ehenichtigkeitsklage gestützt werden kann.

Da es allerdings zu sec. 30 Abs. 1 PMaDA kaum Fälle in der Rechtsprechung gibt[705], wird im wesentlichen auf das Recht der Hindus zurückgegriffen[706], aber auch auf das englische Recht[707]. Dies führt in einem Punkte zu unterschiedlicher Ansicht, nämlich bei der Frage, ob zukünftige medizinische Heilungsmöglichkeiten in die Entscheidung mit einzubeziehen sind. Nach englischer Rechtsprechung ist dies, wie auch nach dem indisch-christlichen Recht, zu bejahen[708], nach indischen Urteilen zum HMA hingegen abzulehnen[709]. Greift man diesbezüglich auf die in Indien selbst vorhandene Rechtsprechung in dieser Frage zurück, trägt man dem Umstand Rechnung, daß gerade die Glaubensgemeinschaft der Parsen in ihrer indischen Geschichte immer hinduistischen Traditionen gefolgt ist.

Ist die Ehe auch ein Jahr nach ihrer Schließung nicht vollzogen, weil sich ein Ehepartner, obwohl er nicht impotent ist, vorsätzlich und ohne rechtfertigenden Grund verweigert hat, so kann die Ehe gem. sec. 32 (a) PMaDA geschieden werden. Hat jedoch, wenn auch nur ein Mal[710], geschlechtlicher Verkehr

---

704 *Valsa v. Moore* KLT 1991 (1) 132 (136 f.).

705 Nur zu finden: *S. v. B.* ILR 16 (1892) Bom. 639 ff.

706 Siehe *Shabbir/Manchanda* S. 30 ff. sowie auch *S. v. B.* ILR 16 (1892) Bom. 639 ff.

707 Vgl. *Shabbir/Manchanda* S. 30 - 35.

708 Siehe *Shabbir/Manchanda* S. 33 Fn. 10.

709 Siehe oben Fn. 686.

710 Siehe *Shabbir/Manchanda* S. 40.

zwischen den Eheleuten stattgefunden, ist eine Scheidung nicht mehr möglich.

#### (e) Ziviles Eherecht

Nach sec. 24 Abs. 1 (ii) SMA ist eine Ehe nichtig, wenn einer der Ehepartner impotent ist. Wie im HMA bis 1976 ist allerdings Voraussetzung, daß die Impotenz im Zeitpunkt der Eheschließung bestand und bis zur Klageeinreichung andauert. Wird der Vollzug der Ehe absichtlich verweigert, sieht sec. 25 (i) SMA ein Anfechtungsrecht vor. Im Unterschied zum PMaDA ist eine solche Ehe dann damit nicht nur scheidbar, sondern sogar ex tunc vernichtbar.

## b) Vergleich

### (1) Geistige Fähigkeiten

Alle indischen Personalrechte verlangen heute ein Mindestmaß an geistigem Einsichts- und Urteilsvermögen im Zeitpunkt der Konsenserklärung. Dies dient zum einen dem Schutz und der Sicherung des Ehewillens, dem vor allem entgegen der traditionellen hinduistischen Auffassung ein stärkeres Gewicht beigemessen werden sollte. Zum zweiten sollen, wie sich insbesondere an der partiellen Unfähigkeit der sec. 4 (b) (ii) SMA, 5 (ii) (b) HMA zeigt, der andere Partner, die Kinder, sowie die Institutionen der Ehe und der Familie geschützt werden. Schließlich spielen möglicherweise auch eugenische Erwägungen eine Rolle.

Ist das Mindestmaß an geistiger Fähigkeit bei der Eheschließung nicht vorhanden, so knüpfen die einzelnen Rechte hieran unterschiedliche Folgen. Das schärfste Schwert kennen das weltliche Recht des SMA und das muslimische Recht mit einer ipso iure Nichtigkeit bzw. mit der Folge einer *batil* oder *fasid* Ehe. Nach dem Recht der Hindus und der Christen ist die Ehe durch Urteil ex tunc vernichtbar. Allein nach dem Recht der Parsen ist eine solche Ehe gültig, kann jedoch geschieden werden. Dies entspricht am ehesten der Lösung des deutschen Rechts. Danach kann, wer gem. §§ 1304, 104 BGB bei Eheschließung geschäftsunfähig bzw. nach § 1314 Abs. 2 Nr. 1 BGB bewußtlos war oder sich im Zustand vorübergehender Störung der Geistestätigkeit befand, die Ehe nach § 1314 Abs. 1, Abs. 2 Nr. 1 BGB mit Wirkung für die Zukunft aufheben. Die Aufhebung ist jedoch ausgeschlossen, wenn die Ehe nach Wegfall der Geschäftsunfähigkeit bzw. der vorübergehenden Störung bestätigt wird, §§ 1315 Abs. 1 S. 1 Nr. 2, Nr. 3 BGB; ein Gedanke, der sich auch im parsischen und muslimischen Recht in Indien finden läßt. Bis 1998 konnte eine krankhafte Geistesanlage eine Aufhebung wegen Irrtums nach § 32 EheG begründen[711].

Bis auf das christliche Recht, das noch stark vom sakramental-unauflöslichen Eheverständnis geprägt ist, gewähren die indischen Personalrechte für den Fall, daß Geisteskrankheit oder Geistesstörung erst nach der Eheschließung auftreten, ein Scheidungsrecht. Dabei lehnen sich die wörtlich gleichlautenden Bestimmungen im SMA, HMA und PMaDA stark an den englischen Matrimonial Causes Act 1973 an[712]. Bis 1977 sah auch das deutsche Ehegesetz einen Scheidungsgrund bei Geisteskrankheit und geistiger Störung vor. Mit Einführung des Zerrüttungsprinzips können solche Ehen heute nach § 1565 BGB geschieden werden.

### (2) Impotenz

Alle kodifizierten Eherechte Indiens gewähren bei Impotenz eines Ehepartners die Möglichkeit, die Ehe für nichtig erklären zu lassen. Die Fähigkeit zum geschlechtlichen Vollzug ist jedoch nicht als Eheschließungsvoraussetzung normiert, da sie nach traditionellem indischen Verständnis, dem die Rechtswirklichkeit noch heute größtenteils entspricht, erst nach der Eheschließung evident wird. Das kodifizierte muslimische Recht, das nur die Auflösung der Ehe durch Scheidung kennt, gewährt bei Impotenz einen Scheidungsgrund. In Deutschland war die Impotenz bis 1938 ein Nichtigkeitsgrund. Bis Juli 1998 konnten Impotenz[713] und Frigidität[714] gem. §§ 32, 33 EheG wegen Irrtums über persönliche Eigenschaften bzw. Täuschung durch Verschweigen zur Aufhebung der Ehe berechtigen. Seit der Gesetzesänderung 1998 wird auch der Impotenz im Rahmen der Eheaufhebungsgründe keine Relevanz mehr beigemessen, sondern kann allenfalls, wenn die Ehe deshalb scheitert, zur Scheidung führen.

---

[711] OLG Hamburg FamRZ 1965 151 (151); siehe auch BGH NJW 1972 1131 (1131 f.).

[712] Kritisch hierzu *Diwan* Family Law S. 142; ebenfalls vom englischen Recht übernommen haben SMA und HMA die Eheschließungsvoraussetzung der sec. 4 (b) SMA und 5 (ii) HMA.

[713] OLG Nürnberg FamRZ 1965 611 (611); siehe auch BGH FamRZ 1958 314 (315).

[714] OLG Schleswig SchlHA 1952 29 (30).

Überraschend am indischen Recht ist zweierlei. Zum einen, daß nur der impotentia coeundi, nicht aber der impotentia generandi Bedeutung beigemessen wird. Vor allem aus Sicht eines gläubigen Hindus ist diese Unterscheidung schwer verständlich[715]. Denn nach hinduistischem Verständnis ist die Ehe vor allem eine auf Fortpflanzung ausgerichtete Geschlechtsgemeinschaft[716]. So gab es beispielsweise den traditionellen *Nyoga*-Brauch, wonach jemand, der impotent war, das Recht hatte, Verwandte und Freunde aufzufordern, einen Sohn zu zeugen, der dann als sein legitimer Nachkomme galt[717]. Daß sich auch der indische Gesetzgeber nach 1947 gleichwohl dafür entschieden hat, der Unfruchtbarkeit keinerlei Bedeutung beizumessen, zeigt, wie groß der Einfluß des englischen Rechts[718] auch nach der Unabhängigkeit noch war. Geprägt vom kanonischen Verständnis[719] war nach anglikanisch-englischer Auffassung das Zusammenleben inklusive des sexuellen Vollzugs, nicht aber die Zeugung von Nachkommenschaft Wesensmerkmal der Ehe. Heute hat allerdings auch die Republik Indien ein originäres Interesse an der Unterscheidung. Denn zur Verhinderung einer Bevölkerungsexplosion[720] heißt sie die Sterilisation ausdrücklich gut und hat sie, vor allem unter Indira Gandhi, sogar besonders gefördert. Dann kann sie aber nicht andererseits bei Unfruchtbarkeit eine Eheanfechtung zulassen.

---

[715] Siehe daher *Diwan* Family Law S. 99, der wohl ein Anfechtungsrecht auch bei Zeugungs- oder Empfängnisunfähigkeit befürwortet.

[716] Siehe oben B.II.2.a), S. 23 ff.

[717] *Qureshi* Marriage S. 62.

[718] Vgl. Matrimonial Causes Act 1973 sec. 12 a) und b); in vielen Entscheidungen wird ausdrücklich auf englisches Recht Bezug genommen. Siehe beispielsweise: *Rangaswami v. Aravindammal* AIR 1957 Mad. 243 (247 f. – neben dem englischen Bezugnahme auch auf das amerikanische Recht); *Jagdish Kumar v. Sita Devi* AIR 1963 Punj. 114 (115); *Shantabai v. Tarachand* AIR 1966 M.P. 8 (10); *Yuvraj Digvijay Singh v. Yuvrani Pratab Kumari* AIR S.C. 1970 137 (138 – nicht ausdrücklich, aber wortlautidentisch mit damaliger Auflage Halsbury); *Mst. Shewanti Bhaurao Dongre v. Bhaurao Daulatrao Dongre* AIR 1971 M.P. 168 (168 f.); *Smt. Laxmi Devi v. Babu Lal* AIR 1973 Raj. 89 (91 f.). Kritisch zur Übernahme des englischen Rechts *Qureshi* Marriage S. 205.

[719] Nach can. 1084 § 1 CIC bedeutet Impotenz die absolute oder relative Unfähigkeit von Mann oder Frau zum ehelichen Akt, nicht hingegen, so can. 1084 § 3 CIC, die Unfruchtbarkeit.

[720] Vgl. oben Fn. 637.

Interessant ist noch ein zweites. Es fällt auf, wie erstaunlich offen und detailgenau sowohl in den Fällen der Rechtsprechung als auch in der Literatur[721] hier über den sexuellen Bereich gesprochen bzw. geschrieben wird. Zwar hat Indien das Kamasutra[722] und die Tempel von Khajuraho[723] hervorgebracht, doch sind diese Werke vor vielen Jahrhunderten geschaffen worden. Heute ist nahezu jede Form von Intimitäten in der Öffentlichkeit verpönt. Erklären lassen sich die genauen Darstellungen sexuellen Inhalts in der heutigen Rechtsprechung und Literatur vor allem damit, daß die Impotenz, um eine Nichtigkeits- oder Scheidungsklage zu tragen, vor Gericht dargelegt und bewiesen werden muß, während in Deutschland mit der Aufhebung des Verschuldensprinzips die Fälle gestörter ehelicher Sexualität nicht nach außen getragen werden müssen.

### *c) Anwendung in Deutschland*

#### (1) Anforderungen an die geistige Fähigkeit

Obwohl durch die nationalsozialistische Gesetzgebung und Praxis in Verruf geraten[724], ist auch im deutschen Eherecht im Hinblick auf das Konsensprinzip entscheidend, daß im Zeitpunkt der Eheschließung kein Mangel der Geschäfts- oder Urteilsfähigkeit bestand. Daß die meisten indischen Rechte andernfalls die Nichtigkeit der Ehe anordnen, ist im Hinblick auf den ordre public unproblematisch, da das deutsche Recht bis vor zwei Jahren in § 18 Abs. 1 EheG gleiches vorsah[725].

---

721 Siehe beispielsweise *Beri* S. 65 ff., der fast zehn Seiten seines Buches der Impotenz widmet.

722 Sanskrit: Leitfaden der Erotik aus dem 4. Jahrhundert.

723 Hinduistische und jainistische Tempel aus dem 9. - 12. Jahrhundert mit üppigem Skulpturenschmuck erotischer Szenen.

724 Das Ehegesundheitsgesetz vom 18.10.1935 (RGBl. I S. 1246) verbot im Interesse der Nachkommenschaft die Eheschließung bei Vorliegen von Geisteskrankeit und geistiger Störung; dies wurde 1938 in das EheG übernommen.

725 Bis Dezember 1999 kannten der HMA in sec. 5 (ii) (c) und der SMA in sec. 4 (b) (iii) ein Ehehindernis bei einer Erkrankung an Epilepsie. Entgegen der Ansicht von *Neuhaus* FamRZ 1964 609 (612, zum Eheverbot bei Epilepsie nach damaligen schwedischem Recht) war dieses Ehehindernis im Hinblick auf den ordre public problematisch. Denn es galt zu bedenken, daß bei operativen Eingriffen gute Heilungserfolge erzielt werden kön-

### (2) Impotenz

Hinsichtlich der in den kodifizierten Rechten zur Vernichtbarkeit der Ehe führenden Impotenz bestehen in Deutschland keine Schwierigkeiten. Das deutsche Recht kennt in diesen Fällen zwar nur eine Scheidungsmöglichkeit. Dies ist aber vor dem Hintergrund zu sehen, daß die Nichtigkeitsgründe 1998 gestrichen und die Aufhebungsgründe im Hinblick auf ein liberales Scheidungsrecht zurückgedrängt worden sind. Hinzu kommt, daß in Deutschland aufgrund anderer gesellschaftlicher Verhältnisse in der überwiegenden Zahl der Fälle die Beischlafsunfähigkeit des anderen wohl bereits vor der Eheschließung bekannt ist[726]. Wird gleichwohl die Ehe geschlossen, so wird dies bewußt hingenommen.

## 5. Ehewillenserklärung, Willensmängel

### *a) Die einzelnen Eherechte*

### (1) Hindu Marriage Act

Ist die Ehewillenserklärung mit einem Willensmangel behaftet, so ist die Ehe nach sec. 12 Abs. 1 (c) HMA ex tunc vernichtbar[727]. Erforderlich hierfür ist, daß ein Ehegatte mit Zwang oder durch eine Täuschung zur Eingehung der Ehe bestimmt worden ist. Zwang oder Täuschung müssen zum Zeitpunkt der

---

nen und daß die medikamentöse Behandlung mit Antiepileptika bei 60 - 70 % der Patienten dazu führt, weitgehend anfallsfrei zu werden. Außerdem ist die Krankheit weder ansteckend noch führt sie dazu, daß Bedeutung und Tragweite der Ehe nicht verstanden oder Kinder nicht großgezogen werden können. Gerade bei einer nur leichten Erkrankung war es mit der Eheschließungsfreiheit des Art. 6 GG wohl nicht zu vereinbaren, daß ein Epileptiker nach dem HMA und SMA keine gültige Ehe schließen konnte. Die indische Literatur hatte schon vor der Gesetzesänderung vorgeschlagen, die entsprechende Vorschrift in HMA und SMA zu streichen, so beispielsweise *Rao* S. 187.

726 Siehe zu diesem Argument auch OLG Köln FamRZ 2000 819 (820).

727 Ferner ist eine Anfechtung bei vor 1978 geschlossenen Ehen möglich, bei denen die damals erforderliche Zustimmung des gesetzlichen Vertreters durch Zwang oder Täuschung erlangt worden ist. Dieser Anfechtungsgrund besitzt heute allerdings kaum mehr praktische Relevanz; siehe oben C.I.3.a)(1), S. 126 ff.

Eheschließung bestanden haben. Es reicht aus, daß die Täuschungs- oder Zwangs*handlung* bereits vor der Eheschließung stattfand, ihre Wirkung aber andauert. Folglich sind die Verhandlungen zwischen den Familien, die im Vorfeld der auch heute noch überwiegend arrangierten Ehen stattfinden, mit einzubeziehen[728]. Dabei muß die Täuschung nicht durch einen Nupturienten selbst, sondern kann auch durch andere erfolgen[729].

Was unter Zwang und Täuschung zu verstehen ist, ist im HMA selbst nicht definiert. Nach heute wohl unbestrittener Ansicht verbietet sich in dieser Frage ein Rückgriff auf den Indian Contract Act 1872[730]. Denn im Gegensatz zur vergleichbaren Vorschrift des sec. 25 (iii) Special Marriage Act verweist der 1976 noch einmal geänderte sec. 12 Abs. 1 (c) HMA gerade nicht auf das Vertragsgesetz. Hätte der Gesetzgeber dies gewollt, hätte er den Verweis bei der Änderung 1976 ebenfalls eingefügt. Sein bewußtes Unterlassen, wohl aus Rücksichtnahme gegenüber den Gefühlen religiöser Hindus, die ihre Ehe nach wie vor als Sakrament und nicht als Vertrag betrachten[731], führt dazu, daß im Rahmen von sec. 12 Abs. 1 (c) HMA eine selbständige Auslegung vorzunehmen ist.

Zum *Zwang* ist Rechtsprechung und Literatur nur wenig zu entnehmen. Es wird darunter die körperliche Gewalt bzw. die Drohung mit ihrer zukünftigen

---

728 *Kunta Devi v. Siri Ram Kalu Ram* AIR 1963 Punj. 235 (238); *Babui Panmato Kuer v. Ram Agya Singh* AIR 1968 Pat. 190 (192); *Alka Sharma v. Abhinesh Chandra Sharma* AIR 1991 M.P. 205 (214); *A. Premchand v. V. Padmapriya* AIR 1997 Mad. 135 (135). AA *Anath Nath De v. Smt. Lajjabati Devi* AIR 1959 Cal. 778 (779); diese Entscheidung ablehnend *Mahmood* HMA S. 86.

729 *Babui Panmato Kuer v. Ram Agya Singh* AIR 1968 Pat. 190 (192); dort erfolgte die Täuschung sogar durch den eigenen Vater.

730 *Harbhajan Singh v. Smt. Brij Balab Kaur* AIR 1964 Punj. 359 (362); *Raghunath Gopal Daftardar v. Sau Vijaya Raghunath Daftardar* AIR 1972 Bom. 132 (135 ff.); *Madhusudan v. Smt. Chandrika* AIR 1975 M.P. 174 (178); *Rajinder Singh v. Smt. Pomilla* AIR 1987 Del. 285 (298 f.); *Anurag Anand v. Sunita Anand* AIR 1997 Del. 94 (102); *S.C.Jain* S. 75; *Beri* S. 92; *Bhatnagar* S. 59. AA *Babui Panmato Kuer v. Ram Agya Singh* AIR 1968 Pat. 190 (191 f.).

731 Siehe auch *Beri* S. 86.

Anwendung[732], aber auch moralischer Druck verstanden. Letzteres allerdings nur, wenn Ausnutzung oder Erlangung verwerflich sind[733].

Hinsichtlich der *Täuschungs*alternative hat sich hingegen eine umfangreiche Kasuistik entwickelt[734]. Die Täuschung, so führt sec. 12 Abs. 1 (c) HMA weiter aus, ist nur relevant, wenn sie die Bedeutung der Eheschließungszeremonie[735] oder wesentliche Tatsachen bzw. Umstände der Person des Ehepartners betrifft. Bei der Frage, was wesentliche, zur Anfechtung berechtigende Eigenschaften der Person des Ehepartners sind, ist zu berücksichtigen, daß es sich bei der Ehe um den Status einer Person handelt, der nicht nur inter partes wirkt, so daß strengere Maßstäbe anzulegen sind als im allgemeinen Vertragsrecht. Es gilt zu verhindern, daß der Annullierung der Ehe Tür und Tor geöffnet werden[736]. Gewisse Anpreisungen und Übertreibungen die eigene Person bzw. das eigene Kind betreffend gehören bei der „Werbung" um den künftigen Partner bzw. bei den Eheverhandlungen in der Regel dazu (*„all is fair in love and war"*[737]). Andererseits sind die besonderen Verhältnisse in Indien zu berücksichtigen, wo vor dem Hintergrund der arrangierten Ehen und dem traditionellen Eheverständnis gewisse Fragen einen anderen Stellenwert besitzen als in Deutschland. Entscheidend ist also, je nach Einzelfall, ob ein Umstand für einen der Eheschließenden so gewichtig ist, daß er, hätte er die wahren Tatsachen gekannt, der Eheschließung nicht zugestimmt hätte[738].

---

732 *Diwan* Hindu Law S. 122; *ders.* Family Law S. 93; siehe auch *S.C.Jain* S. 74.

733 In *Anju Sharma v. Maresh Kumar* AIR 1998 Del. 47 ff. war eine junge Frau betäubt worden, um anschließend von ihr obzöne Fotos zu erstellen; unter dem Druck, daß diese andernfalls veröffentlicht werden würden, willigte sie in die Ehe ein.

734 Bei den Entscheidungen aus der Zeit vor 1976 ist stets die Gesetzesänderung zu berücksichtigen.

735 Die Gesetzgebungskommission (59. Bericht 1974 S. 63) hat diesbezüglich auf einen englischen Fall hingewiesen, bei dem einer der Nupturienten die Feier für ein Verlöbnis hielt, während er in Wirklichkeit einer Eheschließung zustimmte; in Indien wurde, soweit ersichtlich, hierzu bisher kein Fall entschieden.

736 Siehe auch *Harbhajan Singh v. Smt. Brij Balab Kaur* AIR 1964 Punj. 359 (362).

737 *Derrett* § 299.

738 *Rajinder Singh v. Smt. Pomilla* AIR 1987 Del. 285 (298 f.); *Anurag Anand v. Sunita Anand* AIR 1997 Del. 94 (102); R. *Sankaranarayanan v. Anandhavalli* AIR 1998 Mad. 198 (201); ähnlich *Beri* S. 93, *Derrett* § 300 (bereits vor der Gesetzesänderung).

*Wesentlichkeit* wurde bejaht bei einer Täuschung über die Identität des Partners[739], über das Alter[740], den Geisteszustand[741], die Tatsache, ob jemand ehelich oder nichtehelich geboren wurde[742] oder welchen vorehelichen Status er hatte, d.h. ob er ledig, verwitwet oder geschieden war[743].

*Unbeachtlich* ist nach indischer Rechtsprechung allerdings eine Täuschung über heilbare[744] Krankheiten wie beispielsweise Tuberkulose[745]. Auch bei einer Er-

---

[739] Ein solcher error in persona kann bei arrangierten Ehe, wo sich die Nupturienten z.T. nur durch Fotos kennen und erst nach der Eheschließungszeremonie das erste Mal ansehen dürfen, durchaus vorkommen – siehe *Smt. Mohinder Kaur v. Bikkar Singh* AIR 1979 P.&H. 248 ff. sowie die Berufungsentscheidung *Bikkar Singh v. Smt. Mohinder Kaur* AIR 1981 P.&H. 391 ff; außerdem *Balbir Kaur v. Maghar Singh* AIR 1984 P.&H. 417 f.

[740] *Babui Panmato Kuer v. Ram Agya* Singh AIR 1968 Pat. 190 ff.; *Somm Dutt v. Smt. Raj Kumari* AIR 1986 P.&H. 191. Im ersten Fall handelte es sich um eine krasse Abweichung von 30 Jahren zwischen der Realität (der Bräutigam war tatsächlich 60 Jahre alt) und den Angaben bei den Eheverhandlungen (er sollte angeblich zwischen 25 und 30 Jahre alt sein). Im zweiten Fall war die Braut sieben Jahre älter als der Mann, obwohl sie ein Jahr jünger sein sollte; vor dem Hintergrund arrangierter Ehen und gesellschaftlicher Vorstellungen kehrte der High Court von Punjab & Haryana die Beweislast um; in einer Ehe, wo die Frau älter sei als der Mann, spräche eine (widerlegbare) Vermutung dafür, daß der Ehemann getäuscht worden sei.

[741] *Somm Dutt v. Smt. Raj Kumari* AIR 1986 P.&H. 191 (196); *R. Sankaranarayanan v. Anandhavalli* AIR 1998 Mad. 198 (201 f.); u.U. ist auch eine Anfechtung gem sec. 12 Abs. 1 (b) oder eine Scheidung nach sec. 13 Abs. 1 (iii) HMA möglich.

[742] *Bimla Bai v. Shankerlal* AIR 1959 M.P. 8 (10); siehe auch *Smt. Mandakini Pundalik Salkar v. Chandrasen Raikar* AIR 1986 Bom. 172 ff.

[743] *Rajinder Singh v. Smt. Pomilla* AIR 1987 Del. 285 (299), allerdings mit dem Vorbehalt, daß dies im Einzelfall anders beurteilt werden mag, wenn beide geschieden sind. In *Rajaram Vishwakarma v. Deepabai* AIR 1974 M.P. 52 ff. war das Verschweigen der Tatsache, daß der Eheschließende bereits zuvor einmal verheiratet war, noch als unbeachtlich gewertet worden, was jedoch auch die Literatur inzwischen ablehnt, siehe *Subba Rao* S. 141; *Mahmood* HMA S. 85. In *Rama Kanta v. Mohinder Laxmidas Bhandula* AIR 1996 P.&H. 98 (101), war eine Täuschung bejaht worden, da die Frau sowohl verschwiegen hatte, daß sie bereits geschieden war, als auch, daß aus jener Ehe ein Kind hervorgegangen war.

[744] Bejaht wurde hingegen die Täuschung bei Verschleierung einer unheilbaren Schizophrenie – *Smt. Asha Srivastava v. R.K. Srivastava* AIR 1981 Del. 253 (259).

[745] *Anath Nath De v. Smt. Lajjabati Devi* AIR 1959 Cal. 778 (782).

krankung an Epilepsie[746], Lepra[747] oder einer Geschlechtskrankheit[748] wurde ein Anfechtungsrecht wegen Täuschung abgelehnt[749]. Bei Lepra oder einer Geschlechtskrankheit ergibt sich das aus dem Zusammenspiel mit sec. 13 Abs. 1 (iv), (v) HMA, durch den der Gesetzgeber klargestellt hat, daß beide körperliche Leiden zur Scheidung, nicht aber zur Anfechtung berechtigen, und das auch nur unter bestimmten Voraussetzungen. Nicht zur Aufhebung berechtigen sollten auch falsche Angaben hinsichtlich der Kastenzugehörigkeit, da andernfalls eine Unvereinbarkeit mit dem öffentlichen Interesse (vgl. Caste Disability Removal Act) gegeben wäre[750].

Verneint wurde eine Offenbarungspflicht des weiteren hinsichtlich fehlender Jungfräulichkeit bzw. der Tatsache, daß voreheliger sexueller Verkehr stattgefunden hat[751]. Hat dieser allerdings dazu geführt, daß die Braut zum Zeitpunkt der Eheschließung von einem anderen Mann als ihrem Bräutigam schwanger ist[752], so kann dieser zwar nicht gem. sec. 12 Abs. 1 (c), wohl aber

---

746 *Raghunath Gopal Daftardar v. Sau Vijaya Raghunath Daftardar* AIR 1972 Bom. 132 (139). AA jedoch *Smt. Praveen Kumari v. Man Mohan Kumar* AIR 1984 Del. 139 (139), was vor dem Hintergrund zu sehen ist, daß 1976 in sec. 5 (ii) HMA ein Ehehindernis bei Epilepsie normiert worden ist. Dies führte dazu, daß man nur schwer von einer unwesentlichen persönlichen Eigenschaft sprechen konnte. 1999 wurden die Epilepsie jedoch wieder aus sec. 5 (ii) HMA gestrichen.

747 *Srikantaradhya v. Kamalamma* AIR 1984 Kant. 236 (239 f.), wobei sich die Entscheidung auf die Gesetzeslage vor der Änderung 1976 stützt.

748 *Madhusudan v. Smt. Chandrika* AIR 1975 M.P. 174 (179).

749 AA allerdings *P. v. K.* AIR 1982 Bom. 400 (405); zumindest bzgl. einer Geschlechtskrankheit ebenfalls ablehnend *Subba Rao* S. 141; *Qureshi* Marriage S. 223.

750 AA wohl *Bimla Bai v. Shankerlal* AIR 1959 M.P. 8 (10); ausdrücklich abgelehnt in *Raghunath Gopal Daftardar v.Sau Vijaya Raghunath Daftardar* AIR 1972 Bom. 132 (138); ebenfalls ablehnend auch *Diwan* Hindu Law S. 124; *ders.* Family Law S. 95.

751 *Harbhajan Singh v. Smt. Brij Balab Kaur* AIR 1964 Punj. 359 (362 f.); *Surjit Kumar Harichand v. Smt. Raj Kumari* AIR 1967 Punj. 172 (173). AA *P. v. K.* AIR 1982 Bom. 400 (405). *Mahmood* HMA S. 85 f. will eine relevante Täuschung dann annehmen, wenn ein Ehepartner durch gezielte Fragen, die wider besseren Wissens verneint wurden, zu erkennen gegeben hat, daß dieser Punkt für ihn wesentlich ist hinsichtlich seiner Entscheidung, der Eheschließung zuzustimmen.

752 Ist die Schwangerschaft zum Zeitpunkt der Eheschließung bereits beendet – durch Geburt, Fehlgeburt oder Abtreibung –, so gilt sec. 12 Abs. 1 (d) HMA hingegen nicht.

nach sec. 12 Abs. 1 (d) HMA die Ehe anfechten[753]. Durch die Normierung dieses selbständigen Nichtigkeitsgrundes hat der Gesetzgeber klargestellt, daß nur in jenem Fall das voreheliche Verhalten von Bedeutung ist[754]. Zu beachten sind bei einer Anfechtung nach sec. 12 Abs. 1 (d) die Einschränkungen in sec. 12 Abs. 2 (b) HMA[755].

In jüngster Zeit ist allerdings eine Tendenz zu beobachten, insbesondere bei arrangierten Ehen die „Wesentlichkeit" großzügig zu bejahen. In den Verhandlungen zwischen den Familien, in den Zeitungsannoncen und in den ausgetauschten Lebensläufen kommt es immer wieder zu Übertreibungen und Vorspiegelungen falscher Tatsachen. Um das Vertrauen in jene Angaben zu stärken, wird daher bei signifikanten Abweichungen insbesondere der Einkommens- und Vermögensverhältnisse ein Anfechtungsrecht bejaht[756].

Die Beweislast für das Vorliegen von Zwang bzw. Täuschung trägt die Partei, die sich darauf beruft. Waren die Parteien zur Abgabe ihrer Willenserklärungen grundsätzlich i.S.v. sec. 5 Abs. 1 (ii) HMA fähig, so wird vermutet, daß die Erklärungen frei von Zwang und Täuschung abgegeben worden sind[757].

---

[753] Selbst nach traditionellem Recht, das von der Unauflösichkeit der Ehe ausging, konnte ein Mann, der eine Frau heiratete, ohne zu wissen, daß sie schwanger war, die Ehe zurückweisen und die Frau zu ihrem Vater zurückschicken, siehe *Diwan* Family Law S. 91 m. Hinw. auf Manu IX, 73.

[754] Vgl. *Surjit Kumar Harichand v. Smt. Raj Kumari* AIR 1967 Punj. 172 (173).

[755] Der Mann darf im Zeitpunkt der Eheschließung keine Kenntnis davon gehabt haben, daß seine Braut von einem anderen Mann schwanger ist; ab Kenntniserlangung darf kein ehelicher Verkehr mehr stattfinden; siehe hierzu *C.S. Rangabhattar v. C. Chodamani* AIR 1992 A.P. 103 (108 f.). Außerdem kann die Anfechtung nach sec. 12 Abs. 1 (d) HMA nur innerhalb eines Jahres nach Eheschließung geltend gemacht werden, wobei die Frist auch dann endet, wenn das Fristende in die Ferien des Gerichts fällt, siehe *Savalaram Kacharoo v. Yeshodabai Savalaram Mhatre* AIR 1962 Bom. 190 (191); *Vellinayagi v. T. Subramaniam* AIR 1969 Mad. 479 (480); *Rangaswamy v. Smt. Nagamma* AIR 1973 Mys. 178 (181); *Nanikaram Gellaram v. Smt. Drupadiben* AIR 1974 Guj. 111 (112).

[756] *Smt. Bindu Sharma v. Ram Prakash Sharma* AIR 1997 All. 429 (431 f.); *Anurag Anand v. Sunita Anand* AIR 1997 Del. 94 (102 ff.); siehe auch *Sh. Brijinder Bir Singh v. Mst. Vinod* AIR 1995 P.&H. 42 (44 f.), wo ein Anfechtungsrecht bejaht wurde, weil die Braut den in der Anzeige beschriebenen Ausbildungsabschluß nicht hatte und entgegen den Angaben in der Anzeige noch nicht geschieden war.

[757] *Nandan* S. 221.

Neben dem vom Antragsteller zu beweisenden Vorliegen von Zwang bzw. einer relevanten Täuschung ist gem. sec. 12 Abs. 2 (a) HMA noch zweierlei zu beachten. Gem. sec. 12 Abs. 2 (a) (i) hat die Geltendmachung binnen Jahresfrist zu erfolgen. Die Frist beginnt im Fall des Zwanges mit dem Zeitpunkt, in welchem die Zwangslage aufhört, im Fall der Täuschung mit dem Zeitpunkt, in welchem der Getäuschte die Täuschung entdeckt. Lebt der gezwungene bzw. getäuschte Ehepartner auch nach Beginn dieser Frist gleichwohl weiterhin freiwillig mit dem Partner wie Mann und Frau zusammen, verliert er gem. sec. 12 Abs. 2 (a) (ii) sein Recht aus sec. 12 Abs. 1 (c). Diese Vorschrift ist hinsichtlich der Freiwilligkeit vor allem für Frauen problematisch, da sie familiären und gesellschaftlichen Zwängen unterliegen. Ihre eigene Familie, aus der sie herausgeheiratet haben, wird sie meist nicht wieder aufnehmen, und auf dem freien Wohnungsmarkt gibt es nur wenige, die an eine alleinstehende Frau vermieten. Der Wille, die eheliche Lebensgemeinschaft trotz Gewalt bzw. Täuschung gleichwohl zu bestätigen, muß daher zweifelsfrei nach außen hervortreten[758]. Allein die Tatsache, daß es nach Beendigung bzw. Entdeckung ein einziges Mal zum Geschlechtsverkehr gekommen ist, ist in der Regel nicht ausreichend[759]. Zu einem solchen objektiven Element muß auf der subjektiven Seite der Wille zur Vergebung hinzukommen.

Gesetzlich geregelt ist damit, wann ein Mangel der Ehewillenserklärung zur Anfechtbarkeit der Ehe führt. Nicht ausdrücklich geregelt ist hingegen der Fall, daß überhaupt keine Zustimmung zur Eheschließung seitens des Nupturienten vorliegt, was gerade bei arrangierten Ehen durchaus vorkommen kann.

Es wird auch heute vertreten, daß mangels gesetzlicher Normierung in einem solchen Fall die Ehe weder nichtig noch vernichtbar, mithin gültig ist[760]. Geprägt von der traditionellen hinduistischen Auffassung, die eine Ehewillenserklärung von Braut und Bräutigam nicht verlangte, steht dies allerdings im Widerspruch zum HMA. Wenn der Gesetzgeber des HMA schon die Fähigkeit zur Abgabe einer Ehewillenserklärung in sec. 5 (ii) als Voraussetzung für eine gültige Ehe normiert und den Willensmängeln bei Eheschließung in

---

758 *Somm Dutt v. Smt. Raj Kumari* AIR 1986 P.&H. 191 (194); siehe auch *Raghunath Gopal Daftardar v. Sau Vijaya Raghunath Daftardar* AIR 1972 Bom. 132 (140); *Bikkar Singh v. Smt. Mohinder Kaur* AIR 1981 P.&H. 391 (392 ff.).

759 AA *Smt. Mohinder Kaur v. Bikkar Singh* AIR 1979 P.&H. 248 (249); aufgehoben durch *Bikkar Singh v. Smt. Mohinder Kaur* AIR 1981 P.&H. 391 (393 f.).

760 *Diwan* Hindu Law S. 109.

sec. 12 Abs. 1 (c) entscheidende Bedeutung beimißt, dann ergibt sich daraus die dahinterstehende Überzeugung, daß eine solche Willenserklärung überhaupt abgegeben werden muß[761]. Ist bei fehlender Fähigkeit zur Bildung eines Willens bzw. bei Willensmängeln eine Ehe ex tunc vernichtbar, ist sie dies erst recht, wenn eine Intention zur Abgabe völlig fehlt. Da hier das Wesen, der Kern der Ehe selbst betroffen ist, ist sie sogar nicht nur anfechtbar i.S.v. sec. 12, sondern i.S.v. sec. 11 nichtig[762]. Die Nichtigkeitsgründe in sec. 11 sind nicht abschließend[763].

### (2) Recht der Moslems

Der DoMMA normiert keinen Scheidungsgrund bei Fehlen oder bei Mängeln der Ehewillenserklärung. Allerdings ist aufgrund der Konzeption der Ehe als – im wesentlichen – ziviler Vertrag auch nach muslimischem Recht entscheidend, daß Ehewillenserklärungen in Form von Angebot und Annahme vorliegen[764] und daß diese frei von Zwang und dem Einfluß von Täuschung abgegeben worden sind[765]. Wurde eine Einwilligung zur Eheschließung unter dem Einfluß von Gewalt, Drohung mit Gewalt oder aufgrund einer relevanten Täuschung abgegeben, so ist die so geschlossene Ehe nach sunnitischem Recht schwebend unwirksam (*fasid*)[766] und kann durch Bestätigung nach Entdeckung der Täuschung bzw. Beendigung der Zwangslage geheilt werden[767]. Nach schiitischem Recht ist eine Ehewillenserklärung, die von einem Willensmangel betroffen ist, nichtig[768]. Fälle aus der Rechtsprechung dazu, wann ein Willensmangel bei der Eheschließung beachtlich ist, gibt es kaum. Man wird wohl verlangen müssen, daß nicht jede kausale Täuschung relevant ist, sondern es müssen Umstände betroffen sein, die den Getäuschten bei

---

761 Im Ergebnis ebenso *Mahmood* HMA S. 46; *Mulla* Hindu Law S. 741.

762 *Derrett* §§ 289, 290, allerdings ist er der Ansicht, daß die Ehe geheilt werden kann.

763 *Derrett* § 289.

764 *Mulla* Ch. XIV S. 251; bzgl. der Abgabe einer eigenen Ehewillenserklärung seitens der Braut siehe genauer oben C.I.3.a)(2)(c), S. 135.

765 *Nigam* S. 342.

766 *Mulla* Ch. XIV S. 251. AA (*void*): *Abdul Rahimanhutty v. Aysha Beevi* AIR 1960 Ker. 101 (102); in jener Entscheidung ging es allerdings um schiitisches Recht, das keine *fasid* Ehe kennt, insofern ist eine generelle Berufung auf dieses Urteil unzulässig.

767 *Nigam* S. 343; siehe auch *Nair* S. 163.

768 *Abdul Rahimankutty v. Aysha Beevi* AIR 1960 Ker. 101 (102).

Kenntnis der wahren Sachlage und bei richtiger Würdigung des Wesens der Ehe von der Eheschließung abgehalten hätten. Da religiöse Vorstellungen hier grundsätzlich nicht betroffen sind, sondern es nur um die Auslegung der sowohl nach hinduistischen als auch nach muslimischem Recht bestehenden Beachtlichkeit geht, kann im Hinblick auf Art. 44 der Verfassung hier auf die Rechtsprechung zum HMA zurückgegriffen werden. Einzige Ausnahme bildet das Verschweigen vorehelichen Verkehrs insbesondere dann, wenn er zu einer Schwangerschaft geführt hat. Denn nach muslimischem Verständnis ist der außereheliche Geschlechtsverkehr, die *Zina*-Sünde, so schwerwiegend, daß eine solche Ehe auch nach sunnitischem Recht von Anfang an nichtig (*batil*) ist[769].

### (3) Recht der Christen

Im Hinblick auf Willensmängel bei der Eheschließung schweigt das Eheschließungsgesetz. Das Ehescheidungsgesetz läßt allerdings in sec. 19 Abs. 2 die Befugnis der High Courts zur Nichtigkeitserklärung einer Ehe unberührt, wenn die Einwilligung der Parteien durch Gewalt oder Betrug erlangt worden ist. Aus dieser Bestimmung ist zu entnehmen, daß Mängel bei Abgabe der Ehewillenserklärungen nach christlichem Recht einen Nichtigkeitsgrund darstellen[770]. Ausschließlich instanziell zuständig für darauf gestützte Klagen sind die High Courts und nicht, wie bei allen anderen Nichtigkeitsgründen, alternativ auch das Distrikt-Gericht.

Die als Zuständigkeitsregel normierte Nichtigkeit aufgrund von Willensmängeln schweigt zu der Frage, was insbesondere hinsichtlich des Betruges relevant ist. In der Literatur wird verlangt, daß die Täuschung derart gewichtig sein muß, daß bei richtiger Würdigung eine Zustimmung zu jener Ehe, wie sie in der Realität besteht, nicht abgegeben worden wäre[771]. Fälle aus der Rechtsprechung sind kaum zu finden. Stattgegeben wurde einer Nichtigkeitsklage bei Vorspiegelung einer falschen Religionszugehörigkeit[772] und bei Ver-

---

[769] *Abdul Rahimankutty v. Aysha Beevi* AIR 1960 Ker. 101 (102 f.); *Qureshi* Marriage S. 223 f.

[770] Siehe *Jommon M.J. v. Mercy John* AIR 2000 Ker. 239 (239).

[771] Vgl. *Devadason* S. 97.

[772] *Aykut v. Aykut* AIR 1940 Cal. 75 (75 f.); *Vermani v. Vermani* AIR 1943 Lah. 51 f. geht auf S. 52 allerdings daneben auch von einem Scheidungsrecht aus, was mangels Normierung Schwierigkeiten aufwirft. In der Entscheidung *Leelamma v. Dilipkumar* AIR 1993 Ker. 57 ff. wurde eine Täuschung, gestützt auf die *Aykut*-Entscheidung, bejaht, weil der Bräutigam vorgespiegelt hatte, aus einer alten christlichen Familie zu stammen, obwohl er weder

schweigen einer unheilbaren Geschlechtskrankheit[773]. Bejaht wurde eine zur Anfechtung berechtigende Täuschung auch bei einer Schwangerschaft der Braut von einem anderen als ihrem zukünftigen Ehemann[774]. Bei der Abgabe einer Ehewillenserklärung kann wohl auch bei der Frage der Beachtlichkeit von Willensmängeln im Rahmen des Nichtigkeitsgrundes in sec. 19 Abs. 2 IDA im Hinblick auf Art. 44 der Verfassung auf die Einzelfallrechtsprechung zum HMA zurückgegriffen werden[775].

Entsprechend dem hinduistischen und muslimischen Recht ist auch nach christlichem Recht, wie sec. 19 Abs. 2 IDA zeigt, zu fordern, daß überhaupt ein Willenskonsens der Brautleute vorliegt[776]. Anders als nach hinduistischem und muslimischen Recht ergibt sich dies auch aus den Formvorschriften, insbesondere aus sec. 51 Abs. 3, sec. 60 Nr. 3 ICMA, die eine entsprechende ausdrückliche Erklärung beider Eheleute während der Trauungszeremonie verlangen.

#### (4) Recht der Parsen

Das Recht der Parsen kennt im Gegensatz zu den anderen religiösen Rechten grundsätzlich keine Möglichkeit der Eheauflösung bei Mängeln der Ehewillenserklärung. Einzig sec. 32 (c) PMaDA gewährt dem Mann ein Scheidungsrecht für den speziellen Fall, daß seine Frau ohne sein Wissen von einem anderen Mann zum Zeitpunkt der Trauung schwanger war. Dieses Recht wird dahingehend eingeschränkt, daß die Klage nur innerhalb eines Jahres nach der Eheschließung eingereicht werden kann und daß der Mann sein Recht

---

aus einer angesehenen Familie kam, noch zum Zeitpunkt seiner Behauptung Christ war. Allerdings war er zumindest im Jahr der Eheschließung als Christ getauft worden. Das Gericht ging jedoch der Frage, ob die Taufe vor oder nach der Eheschließung stattgefunden hatte, nicht weiter nach, da es annahm, daß ein frisch Konvertierter zumindest sozial niedriger stehe und die Braut ihn auch deshalb nicht geheiratet hätte.

[773] *Birendra Kumar Biswas v. Hemlata Biswas* AIR 1921 Cal. 459 (464).

[774] *P. V. Sabu v. Maria Kutty* AIR 1998 Ker. 86 (94 f.); *Jommon M.J. v. Mercy John* AIR 2000 Ker. 239 (239); *Pinto* S. 118 m. Hinw. auf weitere Entscheidungen. AA wohl *Qureshi* Marriage S. 224. Hier kann man sich nicht auf *J.Chandrasekhavan v. G. Rosaline Pushpamoni* AIR 1970 Mad. 211 ff. stützen, da dort lediglich abgelehnt wurde, in der vorehelichen Schwangerschaft von einem anderen Mann einen Scheidungsgrund nach sec. 10 IDA (Ehebruch) zu sehen.

[775] So wohl *Beri* S. 62.

[776] *Nigam* S. 474; wohl auch *Diwan* Family Law S. 93.

verwirkt, wenn er trotz Kenntniserlangung gleichwohl weiterhin ehelichen Verkehr mit seiner Frau hat[777].

Auch bei einer parsischen Eheschließung wird man die Zustimmung beider Heiratsaspiranten zur Eheschließung fordern müssen[778]. Zwar ergibt sich dies nicht aus dem PMaDA selbst. Doch Geist dieses Gesetzes, die Anlehnung der parsischen Ehevorstellungen zunächst an den Hinduismus, dann an das britische Recht und Art. 44 der Verfassung stützen eine solche Ansicht.

### (5) Ziviles Eherecht

Wie sich aus einem Erst-Recht-Schluß von sec. 25 (iii) sowie 4 (b) i.V.m. 24 (i) SMA ergibt, ist auch nach dem weltlichen Recht des Special Marriage Act eine Ehewillenserklärung beider Parteien erforderlich. Sec. 12 Abs. 2 SMA verlangt sogar diesbezüglich eine ausdrückliche Konsenserklärung beider Nupturienten während der Eheschließungsfeier vor dem Standesbeamten.

Wurde die Einwilligung einer Partei in die Eheschließung durch Zwang oder Betrug erlangt, gewährt auch der SMA in sec. 25 (iii) das Recht, die Ehe anzufechten. Anders als der HMA verweist der SMA allerdings hinsichtlich der Definition von Zwang und Betrug auf das indische Vertragsgesetz von 1872. Unter Zwang ist die Drohung mit einer i.S.d. indischen Strafgesetzbuches verbotenen Handlung zu verstehen. Darunter fällt auch die Drohung, Selbstmord zu begehen[779]. Zwar ist die Tötung des eigenen Lebens auch in Indien nicht strafbar, wohl aber Anstiftung und Versuch. Für den Erlaß eines Nichtigkeitsurteils ist neben dem Nachweis von Zwang oder Betrug wie bei sec. 12 Abs. 2 (a) HMA zu beachten, daß die Aufhebung nur binnen Jahresfrist ab Entdeckung der Täuschung bzw. Beendigung der Zwangslage beantragt werden kann und daß sie ausgeschlossen ist, wenn der Ehepartner, bei dem der Willensmangel vorliegt, durch sein Verhalten die Ehe gleichwohl bestätigt. Eine Bestätigung wird insbesondere darin gesehen, daß trotz Kenntnis des Mangels weiterhin freiwilliger Geschlechtsverkehr zwischen den Eheleuten stattgefunden hat[780].

---

[777] Nach *Shabbir/Manchanda* S. 43 ist zur Verwirkung seines Rechts bereits der einmalige geschlechtliche Verkehr ausreichend.

[778] So wohl *Diwan* Family Law S. 93.

[779] *Sm. Purabi Banerjee v. Basudeb Mukherjee* AIR 1969 Cal. 293 (299 f.).

[780] *S.C.Jain* S. 349.

Im Sonderfall des Verschweigens einer Schwangerschaft von einem anderen Mann ist die Ehe, so wie nach sec. 12 Abs. 1 (d) HMA, nach dem eigenen Anfechtungsgrund des sec. 25 (ii) SMA vernichtbar. Auch hier ist jedoch einschränkend zu beachten, daß mit Kenntniserlangung kein freiwilliger ehelicher Verkehr mehr stattgefunden haben darf und daß die Klage innerhalb eines Jahres nach Eheschließung erhoben werden muß.

Für den Foreign Marriage Act gilt entsprechendes. Auch er verlangt in sec. 13 Abs. 2 FMA eine ausdrückliche Konsenserklärung der Nupturienten und verweist bezüglich eventueller Willensmängel über sec. 18 FMA auf die diesbezüglichen Vorschriften des SMA.

### b) Vergleich

Wie auch das deutsche Recht gem. § 1310 Abs. 1 S. 1 BGB verlangen alle indischen Eherechte die Zustimmung beider Partner zur Eheschließung. Die Konsenserklärung soll selbstbestimmt und frei von Willensmängeln abgegeben werden. Ist dies nicht der Fall gewesen, gewähren alle indischen Rechte bis auf das parsische bei Willensmängeln die Möglichkeit, die Ehe ex tunc zu vernichten. Das nichtkodifizierte sunnitisch-muslimische Recht sieht die Ehe als unwirksam, aber heilbar an. Nur das parsische Recht mißt den Willensmängeln grundsätzlich keine Bedeutung bei. Alle Rechte, auch das parsische, kennen jedoch einen besonderen Auflösungsgrund für den Fall, daß eine Braut verschweigt, zum Zeitpunkt der Eheschließung bereits von einem anderen Mann als ihrem Bräutigam schwanger zu sein. Hier tritt neben die Täuschung noch eine weitere Komponente, nämlich das Unterschieben eines fremden Kindes als eigenes, für das Unterhalt zu zahlen ist.

Auch nach der Gesetzesänderung von 1998 mißt das deutsche Recht in § 1314 Abs. 2 Nrn. 2-4 BGB den Willensmängeln weiterhin eine entscheidende Bedeutung zu. Bei Vorliegen eines Irrtums über die Feier als Eheschließungszeremonie, bei relevanter arglistiger Täuschung[781] und bei widerrechtlicher Drohung kann die Ehe mit Wirkung für die Zukunft aufgehoben werden. Im Fall der Täuschung ist auch nach deutschem Recht insbesondere bei der Frage, ob eine Rechtspflicht zur Offenbarung besteht,

---

[781] Jedes Verhalten, das darauf abzielt, im anderen einen Irrtum zu erregen bzw. einen bereits vorhandenen Irrtum auszunutzen, um ihn zur Eingehung einer Ehe zu veranlassen; siehe nur RGRK-*Lohmann* § 1314 Rn. 9.

deren Verletzung das Unterlassen zur Täuschung durch Verschweigen macht, auf die Umstände des Einzelfalls bzw. das Wesen der Ehe, deren Grundlage gegenseitiges Vertrauen ist, abzustellen[782]. Ausdrücklich ist nach § 1314 Abs. 2 Nr. 3 S. 2 Alt. 1 BGB zwar die Täuschung über Vermögensverhältnisse ausgenommen, aber die soziale Stellung und der Beruf sind beispielsweise auch nach deutschem Recht grundsätzlich zur Täuschung geeignete Umstände[783]. Ebenso wird, wie nach allen indischen Rechten, eine Täuschung über eine bestehende Schwangerschaft als erheblich gewertet[784]. Außerdem kann das Unterschieben eines Kindes nach § 1579 Nr. 6 BGB zum Ausschluß des Unterhaltsanspruchs oder nach § 1587c BGB des Versorgungsausgleichs führen[785] bzw. als unzumutbare Härte i.S.v. § 1565 Abs. 2 BGB bewertet werden[786].

Wie der HMA und der SMA kennt das deutsche Recht in § 1317 Abs. 1 BGB eine Jahresfrist und in § 1315 Abs. 1 S. 1 Nr. 4 BGB die Bestätigung, also den Gedanken der Verwirkung des Rechts aufgrund eigenen Verhaltens, auf das der andere vertraut.

Im indischen wie im deutschen Recht ist auch die von einem Dritten verübte widerrechtliche Drohung relevant[787]. Gleiches gilt für die Täuschung, im deutschen Recht aber nur, wenn der täuschende Dritte mit Kenntnis des anderen Ehepartners gehandelt hatte § 1314 Abs. 2 Nr. 3 S. 2 Alt. 2 BGB. In diesem Punkt ist das indische Recht vor dem Hintergrund der überwiegend arrangierten Ehen jedoch großzügiger.

---

782 Siehe RGRK-*Lohmann* § 1314 Rn. 10.

783 AG Weinheim FamRZ 1995 1411 (1411); AG Krefeld FamRZ 1987 815 (815); Staudinger-*Klippel* § 1314 Rn. 50 f.

784 *Lüderitz* Rn. 151. In BGHZ 29 265 (268) wurde bereits das Verschweigen der *Möglichkeit,* daß das Kind von einem anderen Manne stamme, als ausreichend bewertet. In OLG Karlsruhe FamRZ 2000 1366 (1366) wurde eine Offenbarungspflicht über anderweitigen Geschlechtsverkehr während der Empfängniszeit auch ohne ausdrückliche Nachfrage in einem Fall bejaht, in dem die Ehe wegen der Schwangerschaft geschlossen worden war.

785 Siehe BGH FamRZ 1985 267 (268 f.); OLG Köln FamRZ 1998 S. 749 (749 f.).

786 AG Bielefeld FamRZ 1999 722 (722).

787 *Lüderitz* Rn. 153; Staudinger-*Klippel* § 1314 Rn. 59; MünchKomm-*Müller-Gindullis* § 1314 Rn. 26.

### *c) Anwendung in Deutschland*

Hinsichtlich der Anwendung der indischen Eherechte im Bereich der Ehewillenserklärungen und eventueller Willensmängel bestehen im Hinblick auf den ordre public keine Schwierigkeiten. Da es nach den indischen Rechten nicht zu Ehen ohne den Willen beider Partner kommen kann[788], ist ein Eingreifen von Art. 6 S. 2 EGBGB i.V.m. Artt. 1 Abs. 1, 2 Abs. 1, 6 Abs. 1 GG nicht erforderlich[789]. Im Hinblick auf Willensmängel ist zu bedenken, daß auch das deutsche Recht bis vor zwei Jahren in § 32 EheG die Eheaufhebung bei relevantem Irrtum über eine persönliche Eigenschaft des anderen Ehegatten kannte. Seit 1998 mißt das deutsche Recht diesem Irrtum im Rahmen der Aufhebungsgründe nur deshalb keine Bedeutung mehr bei, weil er von den enttäuschten Erwartungen, vom „normalen" Scheitern einer Ehe nicht mehr überzeugend abgrenzbar ist, es in diesen Fällen aber die Scheidungsmöglichkeit gibt[790]. Unser liberaleres Scheidungsrecht ist damit Ursache dafür, daß wir den reinen Irrtum als eigenen Aufhebungsgrund in der Praxis nicht mehr benötigen[791]. Und aufgrund der Tatsache, daß wir generell nur noch eine für die Zukunft wirkende Aufhebung kennen, führt selbst die arglistige Täuschung bzw. widerrechtliche Drohung nicht, wie nach den meisten indischen Rechten, zu einer rückwirkenden Vernichtbarkeit. Doch messen auch wir der Freiheit der Willensbildung Relevanz bei. Allein eine andere Gesetzesstruktur in diesem Bereich führt aber keinesfalls zu einem Eingreifen des ordre public[792].

---

788 Allerdings darf nicht übersehen werden, daß vor dem Hintergrund der arrangierten Ehen die Grenzen zum Teil fließend sind.

789 Siehe hierzu auch Staudinger-*v. Bar/Mankowski* Art. 13 Rn. 188.

790 OLG Köln FamRZ 2000 819 (820) und Begr. zum RegE des EheschlRG, BT-Drs. 13/4898 S. 19.

791 Das BGB kennt nur noch den Irrtum in § 1314 Abs. 2 Nr. 2, der allerdings kaum praktische Bedeutung hat.

792 Im Ergebnis ebenso MünchKomm-*Coester* Art. 13 Rn. 33; Staudinger-*v. Bar/Mankowski* Art. 13 Rn. 434.

## 6. Ehehindernis der Religions- und Kastenverschiedenheit

### *a) Die religiösen Eherechte*

#### (1) Hindu Marriage Act

#### *(a) Religionsverschiedenheit*

Das traditionelle hinduistische Recht verbot die Ehe zwischen Angehörigen verschiedener Religionen[793]. Der Hindu Marriages Validity Act hob dieses Verbot 1949[794] auf, indem er bestimmte, daß eine Ehe nicht nichtig ist, wenn die Ehegatten verschiedenen Religionen angehören[795]. Der 1955 erlassene Hindu Marriage Act hob jedoch den Hindu Marriages Validity Act in sec. 30 auf. Nach sec. 5 des HMA kann eine Ehe nach dem HMA nur geschlossen werden, wenn *beide* Parteien Hindus sind. Zwar sind Hindus i.S.d. HMA gem. sec. 2 nicht nur Hindus im religiösen Sinne, so daß eine Ehe zwischen Angehörigen bestimmter unterschiedlicher Religionen möglich ist. Allerdings besteht ein eingeschränktes Ehehindernis der Religionsverschiedenheit insofern, als ein Hindu i.S.d. HMA keinen Moslem, Christen, Parsen oder Juden nach dem HMA heiraten kann.

Für Eheschließungen zwischen 1949, dem Inkrafttreten des Hindu Marriages Validity Act, und 1955 bestimmt sec. 29 Abs. 1 HMA, daß diese Ehen auch dann, wenn sie nach dem HMA wegen Religionsverschiedenheit nicht zulässig wären, als gültige Ehen bestehen bleiben. Das Eheverbot der Religionsverschiedenheit des HMA gilt also nicht rückwirkend.

Unklar ist, wie sich ein Verstoß gegen das Eheverbot der Religionsverschiedenheit auswirkt. Während zum Teil eine Nichtehe angenommen wird[796], wird

---

[793] *Diwan* Family Law S. 42.

[794] Bereits 1937 hob der Arya Validation Act für die Arya Samajists das Verbot der Religionsverschiedenheit auf. Die 1875 gegründete Arya Samaj Bewegung vertritt einen monotheistischen Glauben, wendet sich gegen das Kastensystem und setzt sich insbesondere für die Rechte der Frauen auf Schulbildung ein; *Grandinger* S. 138 Fn. 2.

[795] Sec. 3 des Hindu Marriages Validity Act lautete: „Ungeachtet der Bestimmungen eines anderen derzeit geltenden Gesetzes oder Textes, der Vorschriften oder der Auslegung des Hindurechts oder seiner Gewohnheiten und Gebräuche ist eine Ehe nicht aus dem Grunde nichtig oder nichtig gewesen, weil die Ehegatten zu verschiedenen Religionen, Kasten, Unterkasten oder Sekten gehören.“

[796] *Diwan* Hindu Law S. 93; *Varghese v. Sukesh Thomas Varghese* KLT 1985 579 (581); *Jacintha Kamath v. Padmanabha Kamath* ILR 1992 Kar. 1233 (1239); wobei beide Entschei-

in einer Entscheidung, insbesondere wohl um die schwerwiegenden Konsequenzen für Kinder zu vermeiden[797], davon ausgegangen, daß es sich um eine gültige Ehe handelt[798]. Letzteres mag zwar rechtspolitisch sinnvoll sein[799], widerspricht jedoch dem Wortlaut insbesondere von sec. 2 HMA[800]. Es ist daher zu empfehlen, interreligiöse Ehen, die nach dem Hindu-Ritus geschlossen worden sind, unter dem SMA/FMA registrieren zu lassen.

#### *(b) Kastenverschiedenheit*

Nach dem nichtkodifizierten hinduistischen Recht mußten die Eheschließenden nicht nur derselben Religion, sondern auch der gleichen Kaste angehören[801]. Allerdings waren in einigen Gegenden nur die Ehen zwischen Männern einer niederen Kaste mit Frauen einer höheren Kaste nichtig[802]. Durch den Hindu Marriages Validity Act[803] wurde auch dieses Verbot 1949 aufgehoben[804], d.h. daß Ehen zwischen Angehörigen verschiedener Kasten für gültig

---

dungen zwar zur Ungültigkeit einer hinduistisch-christlichen Ehe nach dem HMA kamen, die Ehe aber nach dem ICMA als gültig ansehen konnten.

[797] Sec. 16 HMA würde mangels Nichtigkeit nach sec. 11, 12 HMA nicht eingreifen.

[798] *K. Devabalan v. M. Vijaya* Kumari KLT 1990 (2) 930 (936).

[799] *Otto* S. 186, der allerdings auch davon spricht, daß die Ansicht des High Court von Kerala in *K. Devabalan v. M. Vijaya Kumari* aaO. „zugegebenermaßen sehr weit" geht.

[800] So auch *Reddy* SCJ 1992 (2) J. 6 (8 ff.).

[801] *Subba Rao* S. 110; Bergmann/Ferid-*Agrawal* S. 24; siehe genauer *Ray* AIR 1998 J. 134 ff.

[802] Zumindest in Bombay, Assam und Bengalen war hingegen der umgekehrte Fall einer Eheschließung gültig, siehe *Bai Gulab v. Jiwanlal Harilal* ILR 46 (1922) Bom. 871 ff.; *Natha Nathuram v. Metha Chotalal Dajibhai* ILR 55 (1931) Bom. 1 ff.; vgl. *Ray* AIR 1998 J. 134 (136); *Derrett* § 252; *Diwan* Hindu Law S. 92. Siehe aber auch *Swayampakula Subbaramayya v. Swayampakula Venkatasubbama* AIR 1941 Mad. 513 ff., wo eine Ehe zwischen einem Mann mit einer höheren Kaste und eine Frau mit einer niederen Kaste mangels entsprechender Gesetze oder Gewohnheiten für ungültig erklärt wurde, während in *Smt. Kastoori Devi v. Chiranji Lal* AIR 1960 All. 446 (448 f.) solche Ehen auch vor Erlaß des HMA als stets gültig bezeichnet wurden.

[803] Sec. 3; die Vorschrift ist in Fn. 795 zitiert.

[804] Der Arya Validation Act hatte für Arya Samajists bereits 1937 auch das Verbot der Eheschließungen zwischen verschiedenen Kasten aufgehoben. Für alle Hindus hatte der Hindu Marriage Disabilities Removal Act 1946 Eheschließungen zwischen verschiedenen *Subkasten* innerhalb einer Hauptkaste erlaubt. Nach sec. 30 HMA ist auch der Hindu Marriage Disabilities Removal Act – ebenso wie der Hindu Marriages Validity Act – durch den Hindu Marriage Act 1955 aufgehoben worden.

erklärt wurden. Vor dem Hintergrund von Art. 15 der indischen Verfassung von 1950, der eine unterschiedliche Behandlung aufgrund der Kastenzugehörigkeit verbietet, kennt auch der 1955 verabschiedete Hindu Marriage Act das Ehehindernis der Kastenverschiedenheit ebenfalls nicht mehr.

### (2) Recht der Moslems

#### *(a) Religionsverschiedenheit*

Gestützt auf Sure 2 Vers 220[805] des Korans kann ein muslimischer *Mann* nach sunnitischem Recht eine Muslimin unabhängig davon, ob sie Sunnitin oder Schiitin ist und welcher Glaubensschule sie angehört, heiraten[806]. Er kann allerdings auch mit einer Angehörigen einer Buchreligion (*Kitabia*)[807], also einer Christin[808] oder Jüdin die Ehe schließen[809]. Verboten ist dem muslimischen Mann die Ehe mit der Angehörigen einer Nichtoffenbarungsreligion, in Indien damit vor allem mit einer Hindu, Buddhistin[810], einer Parsin[811] oder einer Angehörigen des Sikhismus. Eine gleichwohl geschlossene Ehe ist jedoch

---

805 „Und heirate nicht eher Heidinnen als sie gläubig geworden sind; wahrliche eine gläubige Sklavin ist besser als eine Heidin, auch wenn sie euch gefällt. [...]". Siehe auch Sure 5, Vers 5: „ Heute habe ich euch vollendet euren Glauben und habe erfüllt an euch meine Gnade, und es ist mein Wille, daß der Islam euer Glaube ist. [...]".

806 Siehe *Aziz Banu v. Mohammad Ibrahim Husain* AIR 1925 All. 720 ff.; *Mt. Ummatul Fatima v. Ali Akbar* AIR 1926 Oudh 521 (521); *Mahmood* Islamic Law S. 333.

807 *Kitabi* bedeutet übersetzt Buch; gemeint ist das Alte und das Neue Testament, auf die sich auch der Koran stützt; siehe auch Koran Sure 5, Vers 72.

808 Hierbei könnte sec. 4 des Indian Christian Marriage Act insofern Probleme verursachen, als nach dieser Vorschrift eine Ehe, bei der *eine* oder beide Parteien Christen sind, nichtig ist, wenn sie nicht nach den Vorschriften des ICMA geschlossen wird. Würde man sec. 4 ICMA hier anwenden, würde ein religiöses Recht (das christliche) ein anderes (das muslimische) überlagern. Siehe hierzu jedoch sogleich C.I.6.a)(3), S. 183 f.

809 *Mulla* Ch. XIV S. 259; *Verma* S. 88 f.; *Ameer Ali* S. 100; *Subba Rao* S. 367; *Diwan* Muslim Law S. 56; siehe *Pearl/Menski* S. 164.

810 Hinsichtlich einer Buddhistin allerdings offengelassen *Fyzee* S. 97; zweifelnd auch *Scheftelowitz* S. 53.

811 So *Diwan* Family Law S. 43. Nach *Pearl* S. 19, insbesondere Fn. 77 ist allerdings nach sunnitisch-hanafitischem Recht den Parsen zwar eine etwas weniger bevorzugte, aber doch den anderen Buchreligionen wohl gleichzusetzende Stellung einzuräumen.

nicht nichtig, sondern nur unregelmäßig (*fasid*)[812]. Begründen läßt sich dies damit, daß das Hindernis durch Konversion zum muslimischen Glauben beseitigt werden kann[813]. Hinzu kommt, daß Eheschließungen vor allem zwischen den muslimischen Mogulherrschern und hinduistischen Prinzessinnen in Indien geschichtliche Realität waren[814]. Die Kinder aus jenen Verbindungen wurden als legitime Thronfolger betrachtet[815], so daß man von einer gewohnheitsrechtlichen Anerkennung sprechen kann. Nach schiitischem Recht ist jede Ehe eines Mannes mit einer Andersgläubigen, also einer Nicht-Muslimin nichtig[816].

Sowohl nach sunnitischem als auch nach schiitischem Recht kann eine *Frau* gestützt auf Sure 2 Vers 220[817] keine Ehe mit einem Nicht-Moslem eingehen, auch nicht mit einem Kitabi[818]. Eine entgegen diesem Verbot geschlossene Ehe ist nach sunnitischem Recht allerdings nur *fasid*[819].

---

812 *Ihsan Hassan Khan v. Panna Lal* AIR 1928 Pat. 19 (21); *Mulla* Ch. XIV S. 259; *Ameer Ali* S. 101; *Diwan* Family Law S. 43; *Nigam* S. 352; *Nair* S. 169; *Verma* S. 102; *Saksena* S. 166. Zweifelnd *Fyzee* S. 99 angesichts des klaren Verbots im Koran. AA (*batil*): *Chellamma v. Parakal Hamza* ILR 1987 (1) Ker. 79 ff. sowie allgemein zum islamischen Recht: *Krüger*, *H.* StAZ 1984 336 (337); Bergmann/Ferid-*Prader*, Islam S. 15.

813 Mit einer Konversion wird die Ehe gültig; eine erneute Eheschließung ist nicht erforderlich – siehe auch *Ameer Ali* S. 101.

814 Obwohl jene Frauen ihre Religionen zumeist nicht aufgegeben haben, konnte die Eheschließung u.a. durch die Überlegung gerechtfertigt werden, daß der Hinduismus ja auch monotheistisch sein kann und religiöse Schriften besitzt.

815 *Ameer Ali* S. 101 Fn. 1; *Fyzee* S. 98; *Saksena* S. 81.

816 *Syed Amanullah Hussain v. Rajamma* AIR 1977 A.P. 152 (153 ff.); *Verma* S. 89, 103; *Diwan* Muslim Law S. 56; *Beri* S. 98; *Nigam* S. 352; *Qureshi* Muslim Law S. 70; siehe allerdings hierzu auch *Elwan* IPRax 1986 124 (125 ff.). Der muslimisch-schiitische Mann kann allerdings nach der Ithna-Ashari-Schule mit einer *Kitabia* und einer Parsin eine befristete Ehe eingehen, siehe oben B.II.2.b)(2), S. 29 ff.

817 „[...] Und verheiratet (eure Töchter) nicht eher an einen Heiden, als sie gläubig wurden [...]".

818 *Verma* S. 88; *Diwan* Muslim Law S. 56; *Fyzee* S. 97. Bezüglich eines Christen wird vertreten, daß eine Muslimin diesen wegen sec. 88 ICMA auch nicht nach dem christlichen Ehegesetz heiraten darf, da dieses eine Eheschließung verbietet, die nach dem Personalrecht eines der Nupturienten nicht zulässig ist. Diese Ansicht ist jedoch problematisch, siehe hierzu sogleich (3) sowie oben C.I.2.a)(3), S. 116 ff.

819 *Mulla* Ch. XIV S. 259; *Verma* S. 103; *Nair* S. 167; *Qureshi* Muslim Law S. 71. AA (*batil*): *Nigam* S. 352; *Fyzee* S.99; wohl auch *Diwan* Family Law S. 43. Im Hinblick auf eine An-

### *(b) Verbot der Ungleichheit*

Der Islam kennt zwar keine Kasten, allerdings gibt es nach muslimischen Recht ein Gebot der Gleichheit (*doctrine of equality*)[820]. Danach soll die Frau von gleichem Rang sein wie der Mann. Zulässig ist allerdings auch, daß die Frau von niederem Stand ist, da der Mann sie durch die Eheschließung in seinen erheben kann. Eine Verletzung des Gleichheitsgebotes zieht in Indien allerdings keine rechtlichen Konsequenzen nach sich, sondern ist im Sinne eines weisen Rates aufzufassen[821].

### (3) Recht der Christen

Der ICMA 1872 gestattet grundsätzlich Eheschließungen sowohl zwischen den verschiedenen christlichen Konfessionen als auch zwischen den verschiedenen Religionen. Nach sec. 4 kann eine Ehe nach dem ICMA geschlossen werden, wenn *einer oder beide* Christen sind. Das christliche Eherecht ist damit das einzige religiöse Recht, das einer Eheschließung seiner Angehörigen mit anderen Glaubensgemeinschaften offen gegenübersteht. Sec. 4 ICMA ist hingegen nicht so zu verstehen, daß Ehen, bei denen zumindest einer die christliche Religion ausübt, nur nach dem christlichen Eherecht geschlossen werden dürfen[822]. Andernfalls würde das christliche Recht eine gegenüber den anderen Eherechten bevorzugte Stellung einnehmen. Sec. 4 ICMA erlangt bei einer interreligiösen Eheschließung daher nur Relevanz, wenn die Nupturienten grundsätzlich die christliche Eheschließungsform wählen und sich damit dem ICMA unterstellen[823].

Es wird allerdings vertreten, daß im Hinblick auf sec. 88 ICMA ein Christ einen Andersgläubigen dann nicht heiraten darf, wenn nach dessen Personal-

---

näherung der Rechte der Frau an die des Mannes und getragen von dem Wunsch, interreligiösen Verbindungen zur Gültigkeit zur verhelfen, kann bei Meinungsverschiedenheit indisch-muslimischer Rechtsgelehrter die Ansicht bevorzugt werden, die eine solche Ehe nur für irregulär hält.

820 *Diwan* Family Law S. 45.

821 Siehe *Diwan* Muslim Law S. 60. *Mahmood* Muslim Law S. 68 und *Fyzee* S. 110 f. wollen allerdings im Einzelfall eine Auflösung der Ehe zulassen.

822 *Maha Ram v. Emperor* AIR 1918 All. 168 (172).

823 *Pearl/Menski* S. 70; *Devadason* S. 40.

recht eine solche Eheschließung nicht zulässig wäre[824]. Die jüngere Rechtsprechung lehnt dies jedoch ab[825]. Denn würde man einem Eheschließungsverbot bei Religionsverschiedenheit eines anderen Personalrechtes über sec. 88 auch im christlichen Eherecht zum Durchbruch verhelfen, so stünde dies im Widerspruch zu Geist und Wortlaut des ICMA, der in sec. 4 ausdrücklich die Ehe zwischen einem Christen und einem Nichtchristen gestattet. Sec. 4 ICMA hat diesbezüglich als lex specialis Vorrang.

#### (4) Recht der Parsen

Die Glaubensgemeinschaft der Parsen kennt, bedingt auch durch ihre Größe, keine Aufspaltung in verschiedene Sekten oder Konfessionen. Interreligiöse Eheschließungen sind allerdings nach dem Parsi Marriage and Divorce Act nicht möglich. Gem. sec. 2 (5) und (9) PMaDA müssen für eine Eheschließung nach parsischem Recht Braut und Bräutigam Parse sein.

### *b) Vergleich*

Bis auf das christliche Recht erlauben die religiösen Personalrechte auch heute eine Eheschließung nach ihren Regeln grundsätzlich[826] nur, wenn beide Nupturienten derselben Religion, nämlich der nach dem entsprechenden Gesetz definierten, angehören. Bei einem System mit verschiedenen religiösen Personalrechten liegt es nahe, daß sich die einzelnen Rechte gegenüber den anderen abgrenzen. Das Dogma alleiniger Rechtgläubigkeit wird aufrechterhalten, um nicht den eigenen Standpunkt zu relativieren, sowie um Macht und Einfluß zu erhalten. Denn eine Ehe mit dem Angehörigen einer anderen Glaubensgemeinschaft birgt aus Sicht der Religion, die ihr Eherecht normiert, stets die Gefahr, daß es durch den Einfluß des Ehepartners zu einem Abfall vom Glauben kommt und daß Kinder aus solch einer Verbindung die Reli-

---

[824] *Jude v. Jude* AIR 1949 Cal. 563 (565); *Mulla* Ch. XIV S. 259; *Chavan* S. 81; *Saksena* S. 166; *Rama Rao* RabelsZ 23 (1958) 259 (265).

[825] *Dubey v. Dubey* AIR 1951 All. 529 (539); *George Sebastian v. Molly Joseph* AIR 1996 Ker. 16 (16 ff.). Siehe bereits ausführlich zu sec. 88 ICMA oben C.I.2.a)(3), S. 116 ff.

[826] Eine Ausnahme gilt nach muslimischen-sunnitischem Recht, allerdings nur für den Mann und nur im Hinblick auf bestimmte Religionen.

gion des andersgläubigen Elternteils erhalten[827]. Allerdings könnte man auch umgekehrt argumentieren, daß man, überzeugt von der alleinigen Richtigkeit und Wahrhaftigkeit des eigenen Glaubens, durch die Zulassung interreligiöser Ehen die Chance hat, daß der Andersgläubige durch das gelebte Beispiel seines Ehepartners zum Glauben der das Eherecht normierenden Gemeinschaft bekehrt wird.

Im Interesse des gesamten indischen Staates kann man, vor allem auch in Anbetracht der gewaltsamen Auseinandersetzungen insbesondere zwischen Hindus und Moslems, für die Zulassung interreligiöser Eheschließungen ins Feld führen, daß familiäre Verbindungen zwischen den verschiedenen Religionsgemeinschaften einem gegenseitigen Verständnis und dem Zusammenwachsen zu einer indischen Nation dienen würden[828]. Diese Überlegungen haben wohl auch dazu geführt, daß der indische Gesetzgeber durch Erlaß des SMA jedem Inder einen Weg eröffnet hat, unabhängig von der religiösen Zugehörigkeit eine Zivilehe schließen zu können. Trotz dieser rechtlichen Möglichkeit kommen allerdings in der indischen Praxis Hochzeiten zwischen Angehörigen verschiedener Religionen oder Kasten auch heute noch kaum vor[829].

### c) Anwendung in Deutschland

Das Ehehindernis der unterschiedlichen Religionszugehörigkeit, wie es das hinduistische, muslimische und parsische Eherecht Indiens grundsätzlich kennen, ist im Hinblick auf den deutschen ordre public problematisch[830].

---

[827] Auch heute noch verlangt beispielsweise die katholische Kirche deshalb bei gemischt konfessionellen Eheschließungen eine schriftliche Verpflichtung, künftige Kinder im katholischen Glauben zu erziehen.

[828] *Ray* AIR 1998 J. 134 (139).

[829] Nach *Derrett/Iyer* S. 81 kommen Eheschließungen außerhalb der Kaste allenfalls in der Oberschicht vor.

[830] Einen ordre public Verstoß grundsätzlich bejahend, allerdings nicht ganz einheitlich hinsichtlich des Grads der Inlandsberührung, sowie der Frage, welche Grundrechte verletzt sind: BGHZ 56 180 (187 ff.); OLG München FamRZ 1970 656 (656); OLG München FamRZ 1970 408 (410); *Rohe* StAZ 2000 161 (167 f.); *Krüger, H.* StAZ 1984 336 (337); *Kropp* StAZ 1984 216 (216); *Zimmermann* StAZ 1980 137 (139); *Stöcker* RabelsZ 38 (1974) 79 (106); *Mergenthaler* StAZ 1965 134 (136); *Wengler* JZ 1964 621 (623); *Ferid* StAZ 1954 19 (20); siehe auch *Scheftelowitz* S. 112 ff.; MünchKomm-*Coester* Art. 13 Rn. 62; Staudinger-*v. Bar/Mankowski* Art. 13 Rn. 393 ff.; einschränkend allerdings *Neuhaus* StAZ

Artt. 3 Abs. 3, 4 Abs. 1, 6 Abs. 1 GG, die Verpflichtung zur weltanschaulichen Neutralität in Artt. 33 Abs. 3, 140 GG i.V.m. Art. 136 Abs. 1, 2 WRV, sowie auch Art. 16 § 1 S. 1 der Allgemeinen Erklärung der Menschenrechte der Vereinten Nationen von 1948[831] und die Präambel des Haager Übereinkommens von 1962[832] sprechen gegen ein solches Eheverbot. Gerade Deutschland ist in diesem Bereich besonders sensibel, da religiöse Ehehindernisse uns immer auch an das dunkle Kapitel in unserer Geschichte erinnern, als das sog. Blutschutzgesetz vom 15.09.1935 das Eheverbot zwischen Juden und „Trägern deutschen und artverwandten Blutes" normierte[833].

Jedoch ist zu bedenken, daß jeder Inder das in seinem Personalrecht bestehende Ehehindernis der Religionsverschiedenheit umgehen kann, indem er eine zivile Ehe nach dem SMA/FMA oder ggf. nach dem ICMA schließt. Das heißt, er kann das Ehehindernis der Religionsverschiedenheit ausschalten, ohne seine Religionszugehörigkeit wechseln oder aufgeben zu müssen. Nur wenn er sich nach den Riten und Vorschriften seiner Glaubensgemeinschaft

---

1965 279 (280); *ders.* FamRZ 1964 609 (612). Siehe zum Eheverbot der Religionsverschiedenheit ausführlich *Wuppermann* S. 79 ff.; *Liu* S: 44 ff. M. Hinw. auf RGZ 132 416 ff. verneint hingegen das OLG Oldenburg StAZ 1969 40 (40 f.) einen ordre public Verstoß, wenn die Ehe zwischen einer „Muselmanin" und einem „Nichtmuselmanen" verboten ist, da die in einem anderen Staate herrschenden religiösen Anschauungen zu achten seien. Ähnlich argumentiert das OLG Hamm StAZ 1971 86 (87 f.).

[831] Die Deklaration ist allerdings nur eine Empfehlung ohne rechtsverbindliche Kraft, siehe hierzu Staudinger-*Strätz* Einl. zu §§ 1303 ff. Rn. 64; *Scheftelowitz* S. 113.

[832] UN-Übereinkommen vom 10.12.1962 über die Erklärung des Ehewillens, das Heiratsmindestalter und die Registrierung von Eheschließungen (BGBl. 1969 II S. 161).

[833] In RGZ 132 416 (418 f.) sah das Reichsgericht 1931 in dem Verbot des österreichischen Rechts, das einer Jüdin die Eheschließung mit einem Christen untersagte, keinen Verstoß gegen die guten Sitten oder den Zweck eines deutschen Gesetzes. Die Entscheidung ist andererseits insofern mutig, als sie über Art. 17 a.F. EGBGB zum italienischen Recht kam, das ein Ehehindernis der Religionsverschiedenheit nicht kannte und damit im konkreten Fall die Eheschließung doch ermöglichte. In RGZ 148 383 (383 f.) ging es ebenfalls um das österreichische Verbot der Eheschließung zwischen Juden und Christen, die das Reichsgericht als geeignet bezeichnete, die damals vom deutschen Gesetzgeber verfolgte rassische Zielsetzung zu fördern. Auch das OLG Hamm StAZ 1971 86 (87 f.) verneinte hinsichtlich des Ehehindernisses der Religionsverschiedenheit einen ordre public Verstoß, nun allerdings – fast 30 Jahre nach Ende der nationalsozialistischen Herrschaft – in umgekehrter Richtung: Das Verbot des israelischen Rechts einer Ehe zwischen Jude und Nichtjude sei zu beachten, „um nicht dem Vorwurf mangelnder Neutralität und der Intoleranz ausgesetzt zu sein".

trauen lassen will, muß er sich auch deren Regeln unterwerfen. Hat er sich entgegen dem Hindernis der Religionsverschiedenheit nach den entsprechenden Riten seiner Glaubensgemeinschaft gleichwohl mit einem Andersgläubigen trauen lassen, so kann er seine Ehe nach sec. 15 SMA registrieren lassen. Auch wenn es an einer solchen Registrierung fehlt, ist die Ehe in Deutschland dennoch als gültig anzusehen. Denn in diesen Fällen würde die Anwendung des Ehehindernisses der Religionsverschiedenheit aus den eingangs genannten Gründen[834] selbst bei geringem Inlandsbezug[835] gegen den ordre public verstoßen[836].

## 7. Verbot der Wiederheirat

### *a) Die einzelnen Eherechte*

#### (1) Hindu Marriage Act

Nach traditionellem hinduistischen Recht durfte eine *Witwe* nach dem Tod ihres Mannes keine neue Ehe eingehen[837]. Bereits 1856 wurde dieses Verbot jedoch von der britischen Kolonialherrschaft durch den Hindu Widows Remarriage Act abgeschafft. Auch der 1955 kodifizierte HMA kennt kein Wiederverheiratungsverbot für Witwen[838].

Gem. sec. 15 a.F. HMA mußte bis 1976 allerdings nach einer *Scheidung eine Wartezeit von mindestens einem Jahr* eingehalten werden, bevor eine neue Ehe ge-

---

[834] Vgl. insbes. die Nachweise bei Fn. 830.

[835] MünchKomm-*Coester* Art. 13 Rn. 62.

[836] Das gleiche gilt in dem Fall, daß eine interreligiöse Ehe in Jammu & Kaschmir geschlossen worden ist und der SMA nicht angewandt werden kann, da die Eheleute ihr Domizil nicht außerhalb Jammu & Kaschmirs haben oder nicht indische Staatsangehörige sind. Auch eine solche Ehe sollte man wegen Art. 6 EGBGB als gültig betrachten.

[837] Siehe zum Verbot der Wiederheirat von Witwen genauer *Subba Rao* S. 108 f; *Saha* S. 9, sowie oben B.II.2.a), S. 23 ff.

[838] Obwohl damit rechtlich kein Hindernis mehr besteht, stößt die Wiederheirat einer Witwe zum Teil weiterhin auf gesellschaftliche Inakzeptanz und kommt allenfalls in der Oberschicht oder in den untersten Kasten vor, so *Derrett/Iyer* S. 81.

schlossen werden durfte. War über eine eingelegte Berufung noch nicht entschieden, so verlängerte sich die Frist bis zur Urteilsverkündung. Mit der Begründung, daß frisch Geschiedene von neuen Eheschließungen im Interesse des Allgemeinwohls und der Moral abgehalten und daß Unsicherheiten der Abstammungsverhältnisse vermieden werden sollten, hatten die High Courts innerhalb der Wartezeit geschlossene Ehen stets für nichtig erklärt[839]. 1978 entschied jedoch der Supreme Court[840], daß Ehen, die innerhalb der Jahresfrist geschlossen werden, gleichwohl gültig sind. Ausdrücklich betonte er allerdings, daß die Rechtskraft des Scheidungsurteils abgewartet werden müsse[841]. Diese noch aufgrund der alten Gesetzeslage ergangene Entscheidung ist vor dem Hintergrund zu sehen, daß der Gesetzgeber bereits zwei Jahre zuvor sec. 15 HMA dahingehend geändert hatte, daß er die Jahresfrist gestrichen hat und seither nur noch verlangt, daß eine erneute Ehe erst geschlossen werden darf, wenn die Frist zur Einlegung eines Rechtsmittels verstrichen bzw. ein eingelegtes Rechtsmittel vom Gericht verworfen worden ist[842]. Damit ist heute im Falle einer Scheidung eine erneute Eheschließung möglich, sobald das Scheidungsurteil rechtskräftig ist.

Unklar ist trotz der Gesetzesänderung allerdings weiterhin, ob sec. 15 HMA nur für den Fall der Scheidung gilt oder auch, wenn eine Ehe gem. sec. 11 oder sec. 12 HMA für nichtig erklärt worden ist. Entsprechend dem Wortlaut, den der Gesetzgeber 1976 diesbezüglich nicht geändert hat, hat die Rechtsprechung sec. 15 zunächst nur für den Fall der Scheidung, nicht jedoch im Fall eines Nichtigkeits- oder Anfechtungsurteils angewandt[843]. Damit war eine sofortige Eheschließung nach Erlaß eines Urteils i.S.v. sec. 11 und 12 HMA gültig[844]. Heiratete ein Ehepartner in einem solchen Falle unmittelbar

---

[839] *Lila Gupta v. Laxmi Narain* ILR 1969 All. (1) 92 (96 ff.); *Uma Charan Roy v. Smt. Kajal Roy* AIR 1971 Cal. 307 (309 f.); *Promod Sharma v. Smt. Radha* AIR 1976 P.&H. 355 (358).

[840] *Smt. Lila Gupta v. Laxmi Narain* S.C. 1978, Awasthi S. 211 ff.

[841] Siehe Ausführungen des Richters Pathak in *Smt. Lila Gupta v. Laxmi Narain* S.C. 1978, Awasthi S. 211 (224 f.).

[842] Siehe genauer: *Smt. Chandra Mohini Srivastava v. Shri Avinash Prasad Srivastava* AIR 1967 S.C. 581 ff; *Promod Sharma v. Smt. Radha* AIR 1976 P.&H. 355 ff.; *Mrs. Suresh Bala Dehradur v. Major Gurmohinder S. Bala New Delhi* AIR 1983 Del. 230 (232).

[843] *Promod Sharma v. Smt. Radha* AIR 1976 P.&H. 355 (356); *Jamboo Prasad Jain v. Smt. Malti Prabha* AIR 1979 All. 260 (266); *Lata v. Vilas* AIR 1987 Bom. 231 (234).

[844] *Promod Sharma v. Smt. Radha* AIR 1976 P.&H. 355 (357); *Lata v. Vilas* AIR 1987 Bom. 231 (235); bereits vor der Gesetzesänderung: *Mohanmurari v. Smt. Kusumkumari* AIR 1965 M.P. 194 (196).

nach Urteilserlaß erneut, wurde eine vom Partner der Erstehe dagegen eingelegte Berufung verworfen[845]. Durch die gültige neue Eheschließung habe sich eine Berufung gegen das Nichtigkeitsurteil der ersten Ehe erledigt, da bei ihrem Erfolg ein Fall von Bigamie vorliegen würde.

Die neuere Rechtsprechung wendet jedoch sec. 15 HMA über seinen Wortlaut hinaus für alle Fälle an, in denen eine Ehe durch gerichtliches Urteil aufgelöst worden ist, sei es durch Scheidung, sei es durch Nichtigkeitsurteil nach sec. 11, 12 HMA[846]. Denn andernfalls hat der eine Ehepartner es in der Hand, dem anderen das Rechtsmittel der Berufung zu nehmen, indem er die nicht wieder rückgängig zu machende Tatsache einer (zweiten) Ehe schafft. Sec. 15 HMA sollte daher wie folgt gelesen werden:

> „Ist eine Ehe durch Urteil gem. sec. 11, 12 oder 13 aufgelöst worden, so darf eine neue Ehe erst geschlossen werden, wenn das Urteil formelle Rechtskraft erlangt hat. Eine gleichwohl geschlossene neue Ehe ist nichtig".

### (2) Recht der Moslems

#### *(a) Wartezeit (iddat)*

Nach der Auflösung ihrer Ehe darf eine muslimische Frau nicht vor Ablauf einer bestimmten Wartezeit (*Iddat*)[847] erneut heiraten[848].

Bei der Länge der Wartezeit ist zu unterscheiden. Wurde die frühere Ehe durch *Scheidung* beendet, so beträgt der *Iddat*-Zeitraum drei Menstruations-

---

[845] *Mohanmurari v. Smt. Kusumkumari* AIR 1965 M.P. 194 (194 f.); *Jamboo Prasad Jain v. Smt. Malti Prabha* AIR 1979 All. 260 (266 f.); *Lata v. Vilas* AIR 1987 Bom. 231 (235); siehe aber auch *Promod Sharma v. Smt. Radha* AIR 1976 P.&H. 355 (357).

[846] *Smt. Lata Kamat v. Vilas* AIR 1989 S.C. 1477 (1480 ff.); der Supreme Court hob damit die Entscheidung des High Court von Bombay *Lata v. Vilas* AIR 1987 Bom. 231 ff. auf; *Smt. Veena Rani v. Romesh Kumar* AIR 1995 P.&H. 213 (215 f.); der High Court von Punjab & Haryana lehnt dabei seine Entscheidung von 1976, *Promod Sharma v. Smt. Radha* AIR 1976 P.&H. 355 ff., ausdrücklich ab; Überlegungen in diese Richtung bereits in *Smt. Chandra Mohini Srivastava v. Shri Avinash Prasad Srivastava* AIR 1967 S.C. 581 ff.

[847] Bedeutet wörtlich übersetzt „Zählen".

[848] Vgl. zum ganzen *Verma* S. 91 ff.

zyklen[849]; hat sie keine Menstruation, so beträgt die Wartezeit drei Monate[850]. Voraussetzung ist allerdings, daß die Ehe in sexueller Hinsicht vollzogen worden ist[851]. Wurde die frühere Ehe durch den *Tod* des Mannes aufgelöst, so kann die verwitwete Muslimin erst nach Ablauf von vier Monaten und zehn Tagen eine neue Ehe eingehen und zwar unabhängig davon, ob die Ehe vollzogen wurde oder nicht[852]. Dies gilt allerdings nur, wenn die Ehe mit dem Verstorbenen gültig war. War sie hingegen irregulär, besteht eine Wartezeit nur dann, wenn die Ehe geschlechtlich vollzogen worden ist[853]. Stellt sich während der *Iddat*-Periode, unabhängig davon, ob durch Scheidung oder Tod ausgelöst, eine Schwangerschaft heraus, so verlängert sich die Wartezeit bis zur Geburt[854].

Ein Verstoß gegen das Verbot der Wartezeit führt nach sunnitischem Recht allerdings nur zu einer irregulären (*fasid*) Ehe[855], da dieses Ehehindernis nur

---

849 Koran Sure 2 Vers 228 lautet: „Und die geschiedenen Frauen sollen warten, bis sie dreimal die Reinigung gehabt haben, [...]".

850 Koran Sure 65 Vers 4: „Und diejenigen eurer Weiber, welche keine Reinigung mehr zu erwarten haben – so ihr im Zweifel seid, so sei ihr Termin drei Monate; und ebenso derer, die noch keine Reinigung hatten. [...]". Siehe zur Wartzeit im Falle der Scheidung auch *Mulla* Ch. XIV S. 257; *Anderson* Encyclopedia S. 59; *Pearl/Menski* S. 148; *Diwan* Muslim Law S. 59; *Verma* S. 94; *Beri* S. 98; *Subba Rao* S. 366. In *Wahab Ali Qamro Bi* AIR 1951 Hyd. 117 (118) wird allerdings auch für den Fall der Scheidung von einer Wartezeit von 4 Monaten und 10 Tagen gesprochen. Dies steht im Widerspruch zu sämtlichen indisch-muslimischen Autoren; die Frage war jedoch in jenem Fall nicht entscheidungserheblich.

851 *Fyzee* S. 108; *Subba Rao* S. 366; *Verma* S. 93; *Diwan* Family Law S. 45, 166; *Pearl/Menski* S. 148, wobei der Vollzug nach sunnistischem Recht vermutet wird, wenn ausreichend Zeit zur Zweisamkeit besteht; siehe auch *Saksena* S. 170.

852 Siehe Sure 2, Vers 234: „Und diejenigen von euch, welche verschieden sind und Gattinnen hinterlassen – so müssen diese vier Monate und zehn Tage warten. [...]"; vgl. auch *Mohd. Shamsuddin v. Noor Jahan Begum* AIR 1955 Hyd. 141 (142).

853 *Verma* S. 93; *Nair* S. 171 f. – selbst wenn eine *fasid*-Ehe vollzogen worden ist, beträgt die *Iddat*-Periode im Todesfall jedoch nicht vier Monate und zehn Tage, sondern nur drei Monate; *Verma* S. 94; *Beri* S. 99.

854 *Jhandu v. Mt. Husain Bibi* AIR 1923 Lah. 499 (499); *Nigam* S. 358; *Beri* S. 98; *Pearl/Menski* S. 148; *Nair* S. 172; *Diwan* Muslim Law S. 59.

855 *Mohammad Shafi v. Raunaq Ali* AIR 1928 Oudh 231 (232); *Mt. Bakh Bibi v. Qaim Din* AIR 1934 Lah. 907 (907); *Muhammad Hayat v. Muhhammad Nawaz* AIR 1935 Lah 622 (622). Ebenso *Pearl/Menski* S. 147. *Diwan* Muslim Law S. 60; *Fyzee* S. 109; *Verma* S. 104; *Nair* S. 168, 171; *Qureshi* Muslim Law S. 80; *Subba Rao* S. 367; *Beri* S. 97.

vorübergehend ist. Die neue Ehe wird mit Ablauf der Wartezeit gültig[856], selbst wenn sich eine Schwangerschaft herausgestellt hat. Die Frage der Legitimität des Kindes ist jedoch nicht abschließend geklärt[857]. Nach Ansicht der Schiiten, die die Zwischenkategorie der unregelmäßigen Ehe nicht kennen, ist eine während der *Iddat*-Periode geschlossenen Ehe nichtig.

#### *(b) Wiederverheiratungsverbot nach* Triple-Talaq

Darüber hinaus kennt das muslimische Recht auch das Verbot einer Wiederheirat nach einer Scheidung in Form der dreifachen *Talaq*-Verstoßung. Hat ein Mann seine Frau durch *Triple-Talaq* verstoßen, so dürfen sie nicht erneut miteinander die Ehe eingehen. Eine gleichwohl geschlossene Ehe ist nichtig[858]. Eine Ausnahme von diesem Verbot besteht dann, wenn die Frau zwischenzeitlich einen anderen Mann geheiratet hat, die Ehe vollzogen und diese danach wieder aufgelöst worden ist[859].

### (3) Recht der Christen

Gem. sec. 57 Indian Divorce Act ist die Wiederheirat im Falle der gerichtliche Auflösung einer Ehe erst nach Ablauf bestimmter Zeiten zulässig[860]. Dabei ist zu unterscheiden: Wurde die frühere Ehe durch ein Distrikt-Gericht aufgelöst, so muß diese Entscheidung zweitinstanzlich bestätigt werden. Erst mit jener Bestätigung beginnt eine sechsmonatige Wartefrist[861]. Wurde die Ehe hingegen durch ein Obergericht aufgelöst, können beide Parteien eine neue

---

856 Nach *Verma* S. 104 wird die *fasid*-Ehe allerdings nicht automatisch mit Ablauf der Wartezeit gültig, sondern es muß dann erneut ein Ehevertrag geschlossen werden.

857 Vgl. *Pearl/Menski* S. 163.

858 *Saksena* S. 188 ff.; wohl auch *Pearl/Menski* S. 145 f., 163, m. Hinw. auf die Rechtsprechung, S. 163 Fn. 91. Nach anderer Ansicht ist eine solche Ehe allerdings nur irregulär, siehe *Verma* S. 104.

859 Koran Sure 2, Vers 230: „Und so er sie (ein drittes Mal) entläßt, so ist sie ihm nicht mehr erlaubt, ehe sie nicht einen anderen Gatten geheiratet hat. Wenn dieser sie entläßt, so begehen sie keine Sünde, wenn sie wieder zueinander zurückkehren, [...]"; siehe auch *Saksena* S. 168; *Nigam* S. 350; *Pearl/Menski* S. 146; *Diwan* Muslim Law S. 61; *Anderson* Encyclopedia S. 69; Bergmann/Ferid-*Prader*, Islam S. 9,19.

860 Nach Bergmann/Ferid-*Prader*, Protestanten S. 9 wird in der indischen Praxis Geschiedenen eine *kirchliche* Trauung allerdings versagt; siehe auch sec. 58 ICMA.

861 Die dann verlängert wird, wenn gegen die Bestätigung ein Rechtsmittel beim Obersten Gericht eingelegt wurde und darüber noch nicht entschieden ist.

Ehe bereits dann eingehen, wenn die Rechtsmittelfrist verstrichen bzw. wenn ein eingelegtes Rechtsmittel erfolglos geblieben ist. Gem. sec. 16 IDA ist allerdings auch ein solches obergerichtliches Urteil erst nach mindestens[862] sechs Monaten rechtskräftig. Eine Ehe, die innerhalb der Wartezeit geschlossen wird, ist nichtig[863].

#### (4) Recht der Parsen

Nach sec. 48 Parsi Marriage and Divorce Act können die Parteien erst nach Ablauf der Frist zur Einlegung eines Rechtsmittels bzw. seiner Zurückweisung nach Scheidung oder Eheauflösung eine neue Ehe eingehen.

#### (5) Ziviles Eherecht

Bis 1976 kannte auch das zivile Eherecht, wie das religiöse Recht der Hindus, eine einjährige Wartzeit. Seit 1976 kann, wortlautgleich mit der entsprechenden Bestimmung des Hindu Marriage Act, gem. sec. 30 Special Marriage Act im Falle einer Scheidung eine erneute Ehe erst geschlossen werden, wenn das Scheidungsurteil rechtskräftig ist. Der Foreign Marriage Act verweist in sec. 18 auch auf sec. 30 SMA.

### *b) Vergleich*

Alle indischen Eherechte kannten bzw. kennen nach Auflösung einer Ehe ein zeitlich befristetes Wiederverheiratungsverbot. Bei allen kodifizierten Rechten Indiens ist jedoch heute der Zeitpunkt der Rechtskraft des Auflösungsurteils allein entscheidend für die Frage, ab wann erneut eine Ehe geschlossen werden darf.

Bis zum 01.07.1998 verbot auch das deutsche Recht in § 8 EheG einer Frau, vor Ablauf von zehn Monaten nach Auflösung ihrer Ehe erneut zu heiraten. Im HMA und SMA hob der indische Gesetzgeber jenes Verbot der Wiederheirat innerhalb einer Wartezeit bereits 1976 auf, 22 Jahre bevor in Deutsch-

---

[862] Das Obergericht kann auch eine längere Frist bestimmen.

[863] *J.S. Battie v. G. E. Brown* AIR 1916 Mad. 847 (848); *J.J. Turner v. Mrs. A.E. Turner* AIR 1921 Cal. 517 ff.

land dieses seit langem kritisierte[864] Hindernis gestrichen wurde. Das nach HMA und SMA an die Stelle der alten Wartezeit getretene Verbot der Wiederheirat innerhalb noch offener Rechtsmittelfrist kennt das deutsche Recht in § 1564 S. 2 BGB. Eine Mischung aus Wartezeit und Rechtskrafterwägungen findet sich im christlichen Recht.

Allein das nichtkodifizierte muslimische Recht Indiens kennt auch heute noch eine von der formellen Rechtskraft unabhängige Wartezeit der Frau. Sie beruht im wesentlichen auf denselben Erwägungen wie die Wartezeit des deutschen § 8 EheG a.F. Ziel ist die Klärung von Abstammungsverhältnissen eventueller Kinder und der Schutz ihrer Rechtsstellung[865]. Im indisch-muslimischen Eherecht spielen daneben auch sittliche Erwägungen eine Rolle[866]. Dies zeigt sich anhand des Verbotes der sofortigen Wiederheirat auch für Frauen nach der Menopause bzw. vor Einsetzen der Menstruation sowie im Todesfall bei nichtvollzogener Ehe. Außerdem soll die muslimische Frau eine Trauerzeit einhalten, in der von ihr erwartet wird, daß sie abgeschieden lebt, keine schönen Kleider und Schmuck trägt oder Parfüms benutzt[867].

Weder das muslimisch-sunnitische Recht Indiens noch das deutsche Recht bis 1998 messen der Wartezeit allerdings eine so zentrale Bedeutung bei, daß ihre Nichtbeachtung zur völligen Ungültigkeit der neuen Ehe führen würde. Nach muslimisch-sunnitischem Recht ist eine Ehe nur unregelmäßig und wird durch Ablauf der drei- bzw. viermonatigen Wartezeit gültig. Nach deutschem Recht war das Eheverbot nur aufschiebend, eine dagegen verstoßende Ehe war wirksam. Außerdem wurde das Verbot auch durch die Ausführungsverordnung zum PStG aufgeweicht. Danach sollte der Standesbeamte die in § 8 Abs. 2 EheG vorgesehene Befreiung nur dann nicht erteilen, wenn ihm bekannt war, daß die Frau von ihrem früheren Ehemann schwanger war.

---

864 Siehe *Scholl* StAZ 1973 153 (156); *Böhmer* StAZ 1991 125 (129 f.); *Barth/Wagenitz* FamRZ 1996 833 (835 f.); *Bosch* FamRZ 1997 65 (74); *Gernhuber/Coester-Waltjen* S. 99 f.; *Beitzke/Lüderitz* S. 61 f.

865 Für Indien siehe: *Pearl/Menski* S. 147; *Beri* S. 98. Für Deutschland: es galt zu verhindern, daß ein neuer Ehepartner nach § 1600 BGB a.F. (heute § 1593 S. 3 BGB) als Vater eines Kindes galt, dessen Erzeuger er nicht war.

866 Dieser Gedanke findet sich auch im römischen Recht, das die zehnmonatige Wartezeit der Witwen ursprünglich als Zeit der Trauer begriff, so *Coester-Waltjen/Coester* S. 39, daß § 8 EheG a.F. auf sittlichen Erwägungen beruhte, wurde allerdings bestritten, *Scholl* StAZ 1973 153 (154).

867 *Nigam* S. 358; *Verma* S. 92; *Fyzee* S. 108.

### *c) Anwendung in Deutschland*

Bei der Anwendung des indischen Verbots der Wiederheirat innerhalb eines bestimmten Zeitraums nach Auflösung einer Ehe ergeben sich keine Probleme im Hinblick auf den ordre public. Dies gilt sowohl für den Fall, daß das Verbot allein auf Rechtskrafterwägungen beruht, als auch, wenn – wie im muslimischen Recht auch heute noch – eine davon unabhängige Einhaltung einer Wartezeit für Frauen verlangt wird. Das Ehehindernis ist nur aufschiebender Natur, d.h. es ist dem indisch-muslimischen Verlobten zuzumuten, selbst wenn die Voraussetzungen des Art. 13 Abs. 2 Nr. 1 EGBGB erfüllt sind, nach dem Gedanken des Art. 13 Abs. 2 Nr. 2 EGBGB bis zum Wegfall des Hindernisses zu warten[868]. Die Anwendung der Wartezeit führt auch nicht zu einer Kollision mit elementaren Prinzipien unseres Rechtes i.S.v. Art. 6 EGBGB[869], da wir bis 1998 in § 8 EheG ja selbst sogar eine zehnmonatige Wartezeit kannten, die im wesentlichen auf denselben Gründen beruhte[870].

Die Berechtigung dieser Regelung könnte hinsichtlich der Vermeidung von turbatio sanguinis angezweifelt werden. Denn während der Wartezeit geborene Kinder stammen in der Regel bereits vom neuen Partner, so daß eine alsbaldige erneute Eheschließung sogar im Interesse der Kinder liegt. Außerdem sind die medizinischen Möglichkeiten der finanzierbaren Vaterschaftsfeststellung auch in Indien entscheidend verbessert worden. Allerdings sind dies keinesfalls Erwägungen, die uns berechtigen würden, einen ordre-public-Verstoß bei Anwendung des muslimisch-indischen Eheverbots innerhalb der Wartezeit anzunehmen.

Unbekannt ist dem deutschen Recht nur das Widerverheiratungsverbot des muslimischen Rechts nach einem *Triple-Talaq*. Dieses Verbot dürfte mit seinem Sanktionscharakter primär dazu dienen, den scheidungswilligen Mann, dessen Scheidungsrecht ansonsten keine Hürde kennt, vor Übereilung zu

---

868 Nach *Schulz* StAZ 1991 32 (38) ist ein Abwarten nur dann nicht zumutbar, wenn ein Verlobter in Todesgefahr schwebt; dies wäre grundätzlich bedenkenswert, bei Anwendung des indischen Rechts ist allerdings dann an eine Eheschließung nach dem SMA zu denken.

869 Es ist umstritten, ob Art. 6 neben Art. 13 Abs. 2 EGBGB überhaupt anwendbar ist, wenn, wie hier, nur das Grundrecht der Eheschließungsfreiheit beeinträchtigt ist; hiergegen wendet sich *Spickhoff* JZ 1991 323 (326); es sollte jedoch zumindest dann, wenn es an der Nähebeziehung zum Inland fehlt und deshalb Art. 13 Abs. 2 EGBGB nicht eingreift, auch Art. 6 EGBGB zur Anwendung kommen; ebenso Staudinger-*v. Bar/Mankowski* Art. 13 Rn. 110.

870 Ebenso *Rohe* StAZ 2000 161 (165 f.).

schützen. Der Gedanke des Übereilungsschutzes ist zwar auch dem deutschen Recht grundsätzlich nicht fremd, wie etwa die Trennungszeit des § 1566 BGB zeigt. Allerdings sollte eine Anwendung des Wiederverheiratungsverbots in Deutschland wegen eines unverhältnismäßigen Eingriffs in die Eheschließungsfreiheit zu einem Verstoß gegen den ordre public führen.

## II. Form der Eheschließung

Wie auch bezüglich der materiellen Eheschließungsvoraussetzungen besteht hinsichtlich der Form von Eheschließungen im Verhältnis zu Indien kein Staatsvertrag. Damit ist das EGBGB heranzuziehen, das in Art. 11 bestimmt, daß eine Ehe dann formgültig ist, wenn sie die Erfordernisse des Wirkungsstatuts (lex causae, Art. 11 Abs. 1 HS 1) oder alternativ des Ortsrechts (lex loci celebrationis, Art. 11 Abs. 1 HS 2) erfüllt. Findet die Eheschließung allerdings in Deutschland statt, so beurteilt sich gem. Art. 13 Abs. 3 S. 1 EGBGB als lex specialis die Formfrage grundsätzlich nur nach deutschem Sachrecht. Eine Ausnahme hiervon gilt nach Art. 13 Abs. 3 S. 2 EGBGB. Nach dieser Vorschrift kann unter der Voraussetzung, daß keiner der beiden Nupturienten deutscher Staatsangehöriger ist, vor einer von der indischen Regierung ermächtigten Person nach indischen Formvorschriften auch im Inland eine Ehe wirksam geschlossen werden. In diesem Fall sowie bei Trauungen außerhalb Deutschlands, wenn Wirkungsstatut indisches Recht ist, oder bei Eheschließungen in Indien, richten sich alle Fragen der äußeren Gestaltung des Eheschließungsaktes, seiner Vorbereitung und seiner Registrierung sowie auch die Wirkung von Verstößen gegen jene Vorschriften[871] nach indischem Recht.

### 1. Die einzelnen Eherechte

#### *a) Hindu Marriage Act*

##### (1) Eheschließungszeremonie, sec. 7 HMA

Die Eheschließungszeremonie nach hinduistischer Tradition ist – besonders für einen Europäer – eine prächtige, farbenfrohe, oft mehrere Tage währende große Festlichkeit. Über die Jahrhunderte hat sich eine solche Vielfalt regional und kastenbedingt unterschiedlicher Eheschließungsformen herausgebildet, daß der Hindu Marriage Act von 1955 keine von ihnen zwingend vorsieht. Statt dessen überläßt er es in sec. 7 Abs. 1 den Parteien, nach ihren gemein-

---

[871] Zum Umfang des eherechtlichen Formtatbestandes des deutschen Kollisionsrechtes siehe nur Soergel-*Schurig* Art. 13 Rn. 8 ff. Das Formstatut regelt auch Fragen des Aufgebots, siehe BGHZ 29 137 (140); *Kegel/Schurig* S. 687; Soergel-*Schurig* Art. 13 Rn. 8; MünchKomm-*Müller-Gindullis* Vor. § 1303 Rn. 23; siehe allerdings auch MünchKomm-*Coester* Art. 13 Rn. 85.

samen oder aber nach den Riten und Gebräuchen nur eines Ehepartners zu heiraten.

Nach den Gesetzbüchern Manus gibt es acht verschiedene Formen, wie eine Jungfrau zur Ehefrau werden kann[872]. Für die oberste Kaste der Brahmanen waren fünf von ihnen erlaubt, nämlich *Brahma, Daiva, Arsha, Prajapatya* und *Gandharva*. Die letzte, *Gandharva*, bei der sich die Nupturienten selbst das Eheversprechen geben, wurde allerdings „mißbilligt“[873]. Die ersten vier Formen wurden hingegen gutgeheißen, da dort jeweils der Brautvater, nicht aber die Braut selbst, die entscheidende Rolle spielt. In der zweiten Kaste der Ksatriyas, der Krieger, konnte neben der *Gandharva*-Form eine Eheschließung auch durch die gewaltsame Entführung einer Jungfrau erfolgen. Obwohl als kriegsimmanent geduldet, wurde auch diese Form, *Rakshasa*, mißbilligt. Die dritte und die vierte Kaste, die der Vaisyas und Sudras, konnten nur in der *Gandharva*-Form eine Frau zur Ehefrau erhalten.

Im Laufe der geschichtlichen Entwicklung blieben vor allem drei Formen bestehen[874], *Brahma* (die Braut als Geschenk des Vaters an den Bräutigam), *Asura* (die Übergabe der Braut gegen Geld oder geldwerte Gegenleistungen)[875] und *Gandharva* (die Ehewillenserklärung von Braut und Bräutigam selbst ohne Zustimmung des Vaters der Braut)[876]. Auch heute noch finden sich bei den Hochzeitsfeierlichkeiten die drei Formen, ergänzt durch religiöse Riten, wieder. Vor allem die *Brahma*-Form spielte lange Zeit noch eine entscheidende Rolle. Seit der Anhebung des Ehemündigkeitsalters auf 18 Jahre und der

---

[872] *Diwan* Hindu Law S. 84 f., insbesondere Fn. 2 - 4 m. Hinw. auf Manu Kapitel III, Vers 27 - 32; siehe auch *Deivanai Achi v. R.M.Al.Ct. Chidambaram Chettiar* AIR 1954 Mad. 657; *Joyita Saha v. Rajesh Kumar Pandey* AIR 2000 Cal. 109 (114 f.); *Nandan* S. 236 ff., *Agarwala* S. 26 ff.; *Nigam* S. 9; *Nair* S. 17 ff.

[873] „*Disapproved forms*“. Die Unterscheidung zwischen „gebilligten“ und „mißbilligten“ Formen hatte auch im Erbrecht Bedeutung.

[874] *Nandan* S. 239 f.; *Derrett* § 222.

[875] Die eigentliche *Asura*-Form, der Verkauf der Braut gegen ein auszuhandelndes Entgelt, war allerdings mißbilligt – siehe *Veerappa Chettiar v. Michael* AIR 1963 S.C. 933 (942 f.). Siehe zum Brautkauf allgemein auch *Sturm* StAZ 1995 343 ff., sowie diesbezüglich zum germanischen Recht *Schwab* FamRZ 1981 1151 (1151 f.).

[876] Beachte aber *Ram Pearey v. Mt Kailasha* AIR 1930 Oudh 426 (427), wonach die *Gandharva*-Form im Zeitpunkt der Entscheidung, also 1930, obsolet sein soll, während sie nach *Ram Chandra Bhattacharjee v. Maniu Bhattacharjee* AIR 1975 Cal. 118 (119 ff.) – wo sie genau beschrieben wird – gerade nicht obsolet sein soll.

Streichung des Zustimmungserfordernisses des Vaters hat die Übergabe der Tochter durch ihren Vater an den Bräutigam allerdings nur noch symbolische Bedeutung[877].

Mit kleineren lokalen Abweichungen wird heute eine hinduistische Ehe in Indien meist wie folgt geschlossen[878]: Zunächst wird in den Verhandlungen zwischen den Familien in Anlehnung an die *Asura*-Form[879] die genaue Mitgift der Braut ausgehandelt[880]. Am Vormittag des Hochzeitstages wird dann im Hause der Braut den Ahnen ein Opfer dargebracht, um ihren Segen zu erhalten. Am Abend kommt der Bräutigam in einer feierlichen Prozession zum Hause der Braut und wird mit duftenden Wassern zum Waschen von Füßen und Kopf sowie einem Kissen zum Sitzen empfangen. Dann gießt der Vater der Braut ein Trankopfer aus Wasser aus[881] und überreicht dem Bräutigam seine Tochter, so wie in der *Brahma*-Form, als Geschenk. Er ermahnt seinen zukünftigen Schwiegersohn, ein guter Ehemann zu sein, der Bräutigam versichert ihm dies

---

877 Siehe hierzu auch *Smt. Shant Devi v. Ramla Agarwal* AIR 1998 A.P. 286 (288 ff.). Auch in vielen europäischen Ländern kennt man symbolische Übergabehandlungen wie beispielsweise das Hereinführen der Braut in die Kirche durch ihren Vater, der in die Hände des am Altar wartenden Bräutigams die Hände seiner Tochter legt.

878 Vgl. auch *Diwan* Hindu Law S. 86 ff.

879 Die *Asura*-Form sah ursprünglich vor, daß der Bräutigam für die Braut zu zahlen hatte, während heute genau umgekehrt die Familie der Braut Geld bzw. geldwerte Leistungen in Form der Mitgift zu entrichten hat.

880 Die Mitgift, für die sich die Familie der Braut zum Teil erheblich verschulden muß, verursacht große soziale Probleme. Dies wirkt sich zum einen dahingehend aus, daß Töchter abgetrieben bzw. umgebracht werden, nicht nur, weil sie im Gegensatz zu einem Sohn nicht die Ahnenreihe fortführen, sondern auch, weil sie bei einer Hochzeit den finanziellen Ruin einer Familie bedeuten können. Zum anderen führte die Mitgift vor allem in den achtziger Jahren zu einer Vielzahl sog. Mitgift-Morde. Wurde die Mitgift nicht rechtzeitig geleistet oder planten der Ehemann oder seine Familie die Anschaffung gewisser Konsumgüter – beispielsweise eines zweiten Kühlschranks oder einer Vespa –, so wurde die Frau in einigen Fällen umgebracht, um durch eine erneute Heirat eine erneute Mitgift verlangen zu können. Da die Frauen in der Regel ganz in der Familie des Mannes leben und mit ihren Saris an offenen Feuerstellen kochen, wurden sie häufig mit Kerosin übergossen und angezündet, um die Tat als Unfall kaschieren zu können. Die Rechtsprechung versucht den Frauen insofern zu helfen, als sie das Verlangen weiterer Mitgiftleistungen nach der Hochzeit als grausam bewertet und damit eine Scheidungsmöglichkeit einräumt, siehe *Smt. Prakashkaur v. Harjinderpal Singh* AIR 1999 Raj. 46 (46 f.).

881 Das Ausgießen des Trankopfers symbolisiert die Übergabe der Braut als Geschenk.

drei Mal. Dieser Teil der Zeremonie heißt *Kanyadan* – „die Braut als Geschenk".

Anschließend folgt der religiöse Teil der Zeremonie. Es wird ein Feuer entzündet, westlich des Feuers wird ein Mühlstein hingelegt, nordöstlich ein Gefäß mit Wasser. Während heilige Mantras rezitiert werden[882], bringt der Bräutigam dem Feuer Opfergaben dar (*Vivaha-homa* – „Opferdarbringung")[883]. Danach ergreift der Bräutigam, der Richtung Westen blickt, die Hände der Braut, die ihre Augen gen Osten richtet. Gemeinsam schreiten sie mehrmals um das Feuer und den Wassertopf[884]. Am Ende jeder Runde steigt die Braut auf den Mühlstein (*Panigrahana*). Schließlich folgt der wichtigste Teil, wenn Braut und Bräutigam in nordöstlicher Richtung sieben gemeinsame Schritte vor dem heiligen Feuer gehen (*Saptapadi*)[885]. Gem. sec. 7 Abs. 2 HMA ist die Eheschließung erst dann vollständig und bindend, wenn der siebte Schritt gemacht ist.

Die Brautleute können eine gültige Ehe aber auch in einer anderen Form als der schastrischen schließen. Die traditionelle Eheschließungsform der Sikhs, die *Anand*-Form, wurde 1909 im Anand Marriage Act festgeschrieben[886]. Für die Staaten Tamil Nadu und Pondicherry wurde durch den Tamil Nadu Act XXI 1967 und den Pondicherry Act Nr. 14 1971 sec. 7 HMA landesrechtlich dahingehend präzisiert, daß eine Ehe auch in der *Suyamariyathai* oder der

---

882 Der genaue Wortlaut der Mantras – Gebete und Versprechen – die Braut und Bräutigam während der ganzen Zeremonie sprechen, ist abgedruckt in *Smt. Parayankandryal Eravath Kanapravan Kalliani Amma v. K. Devi* AIR 1996 S.C. 1963 (1965 f.).

883 „Vivah" bedeutet Ehe, „Homa" Opfer. Bei Eheschließungen zwischen Angehörigen der Kaste der Sudras gehört *Vivaha-homa* und *Kanyadan* in der Regel nicht dazu, siehe *Kunta Devi v. Siri Ram Kalu Ram* AIR 1963 Punj. 235 (236 f.).

884 „Pheras", in der Praxis sind es meistens sieben, in manchen Gegenden aber auch nur fünf oder drei Runden, die die Brautleute um das Feuer gehen; siehe *Diwan* Hindu Law S. 87; *ders.* Family Law S. 46. Dies ist jedoch nicht zu verwechseln mit *Saptapadi*, den sieben Schritten vor dem Feuer, siehe beispielsweise *Sudershan Karir v. State* AIR 1988 Del. 368 (369), wo von vier Schritten um das heilige Feuer gesprochen wird.

885 „Saptam" bedeutet übersetzt sieben und „pad, pades" Fuß; siehe hierzu auch *Sitabai Sadasheo v. Vithabai Namdeo* AIR 1959 Bom. 508 (509).

886 Die *Anand*-Zeremonie wurde bereits seit dem 16. Jahrhundert als rechtmäßige Trauungsform anerkannt. Der dritte Guru der Sikhs, Amar Das Sahib, hatte, als diebezüglich Unruhe und Beschwerden aufkamen, seinen Schwiegersohn zum Moghulherrscher Akbar geschickt, der nach eingehenden Überlegungen die *Anand*-Zeremonie für gut befand.

*Seerthiruththa* Form geschlossen werden kann[887]. Fehlt eine solche Normierung, so ist Voraussetzung, daß eine Eheschließungsform gewohnheitsrechtlich anerkannt ist[888]. Dazu muß sie seit langer Zeit ununterbrochen in der Kaste oder Gemeinschaft, in der einer oder beide Nupturienten leben, als zwingend beachtet worden sein[889]. Die in sec. 7 Abs. 2 HMA ausdrücklich genannte *Saptapadi* Zeremonie als Teil der schastrischen Eheschließungsform wird in der indischen Rechtsprechung als so zentral erachtet, daß dort, wo das Gewohnheitsrecht andere Riten vorsieht, die Parteien diese im Bestreitensfall beweisen müssen[890]. Gelingt ihnen dieser Nachweis, so akzeptiert der Hindu Marriage Act selbst solche Ehen als formell rechtmäßig geschlossen, wo entsprechend dem geltenden Brauchtum überhaupt keine Feierlichkeiten stattfinden, wie beispielsweise bei den Jats im Punjab, bei denen unter gewissen Umständen bloßes Zusammenleben genügt[891].

---

[887] Dabei werden u.a. Blumengirlanden oder Ringe ausgetauscht und/oder der Thali, ein bestimmter ritueller Knoten, um den Hals der Braut geknotet; siehe hierzu auch *Raghuvir Kumar v. Smt. Shanmughavadivu* AIR 1971 Mad. 330 (341 f.); *Annathai v. Murugaiah* AIR 2000 Mad. 356 ff. Zurückzuführen sind die beiden landesrechtlichen Bestimmungen auf *Deivanai Achi v. R.M.Al.Ct. Chidambaram Chettiar* AIR 1954 Mad. 657 (659, 670), eine Entscheidung, in der eine Eheschließung in der *Suyamariyathai*-Form noch als formunwirksam abgelehnt worden war mit der Begründung, sie entspreche nicht den Smritis oder Kommentaren. Dieses Urteil ist allerdings noch vor Inkrafttreten des HMA erlassen worden, so daß die beiden landesrechtlichen Präzisierungen nicht zwingend waren, wohl aber der Rechtsklarheit und den Parteien als Beweiserleichterung dienen.

[888] Eine Darstellung der unterschiedlichen lokalen Formen würde den Rahmen dieser Arbeit übersteigen; es sei daher hingewiesen auf: *In re Dolgonti Raghava Reddy* AIR 1968 A.P. 117 (118 ff. – zur Eheschließungszeremonie der Reddy-Gemeinde in Talanga); *Smt. Baby v. Jayant Mahadeo Jagtab* AIR 1981 Bom. 283 (293 ff. – zur Zeremonie von Neo-Buddhisten) sowie vor 1955: *Mt. Jalsi Kuar v. Emperor* AIR 1933 Pat. 471 (Sinduran-Ritus unter den Rajputs); *Dhuma Manjhi v. Emperor* AIR 1943 Pat. 109 ff. (Itut Form der Santals).

[889] Sec. 3 a HMA; siehe auch *Rabindra Nath Dutta v. The State* AIR 1969 Cal. 55 (58 f.); *Chakki v. Ayappan* AIR 1989 Ker. 89 (92); vor 1955 bereits *Deivandi Achi v. R.M.Al.Ct. Chidambaram Chettiar* AIR 1954 Mad. 657 (665 ff.).

[890] *Phankari v. The State* AIR 1965 J.&K. 105 (107 f.); *Rabindra Nath Dutta v. The State* AIR 1969 Cal. 55 (58); *Smt. Bibbe v. Smt. Ram Kali* AIR 1982 All. 248 ff.; *S.C.Jain* S. 23; *Mahmood* HMA S. 56. Vgl. auch *S.C.Shanthi v. P. Venkatesh* AIR 1996 Mad. 150 (151).

[891] *Charan Singh Harnam Singh v. Gurdial Singh Harnam Singh* AIR 1961 Punj. 301 (303); vor 1955: *Sohan Singh v. Kabla Singh* AIR 1928 Lah. 706 (707); *Derrett* § 258; *Diwan* Hindu Law S. 89, *ders.* Family Law S. 47. Vgl. die ausdrückliche Normierung diesbezüglich für Tamil Nadu in sec. 7-A (b).

Wird eine Ehe weder nach den schastrischen Riten noch nach regionalen Bestimmungen oder den anerkannten Gebräuchen geschlossen, so ist sie aufgrund des Verstoßes gegen sec. 7 HMA eine Nichtehe, nicht jedoch eine i.S.v. sec. 11 HMA für nichtig erklärbare[892]. Begründet wird diese Ansicht mit sec. 4 HMA, wonach das alte Hindurecht nur für all jene Angelegenheiten außer Kraft tritt, für welche der HMA eine Bestimmung getroffen hat. Zu Verstößen gegen sec. 7 schweigt der HMA, d.h. diese sind weder in sec. 11 als Nichtigkeits-, noch in sec. 12 als Aufhebungs- oder in sec. 13 als Scheidungsgrund aufgeführt. Daraus kann jedoch nicht geschlossen werden, daß die Ehe in diesen Fällen gültig ist. Der Umstand, daß die Form in sec. 7 HMA zwar erwähnt wird, daß aber bis auf sec. 7 Abs. 2 HMA hinsichtlich der Bindungswirkung des siebten Schrittes der Gesetzgebers den gesamten Formbereich dem traditionellen Recht überläßt, zeigt vielmehr, daß auch die Folgen des Formverstoßes gem. sec. 4 HMA aus dem nichtkodifizierten Hindurecht zu entnehmen sind. Danach war eine Ehe, die nicht entsprechend den formellen Erfordernissen geschlossen worden war, keine Ehe[893].

Allerdings wird die Formgültigkeit der Ehe grundsätzlich vermutet, vor allem wenn beide als Mann und Frau über einen längeren Zeitraum zusammengelebt haben und von ihrer sozialen Umgebung als Ehepaar behandelt worden sind[894]. Sind Beweise vorhanden, daß zumindest Teile von einer Eheschließungszeremonie stattgefunden haben, so wird vermutet, daß diese sowie auch die übrigen Teile formgerecht vorgenommen worden sind[895].

---

892 *Laxmansingh Chandrasingh v. Kesharbai Laxmansingh* AIR 1966 M.P. 166 (169); *Rabindra Nath Dutta v. The State* AIR 1969 Cal. 55 (56); *Garja Singh v. Surjit Kaur* AIR 1991 P.&H. 177 (182); *S.C.Shanthi v. P. Venkatesh* AIR 1996 Mad. 150 (152).

893 *Nair* S. 29; *Derrett* § 288 allerdings mit der Einschränkung, daß es sich nicht um unwesentliche Bestandteile der Eheschließungszeremonie handeln durfte. Siehe auch *N. Padayachi v. Ammal* AIR 1938 Rang. 59 (59).

894 *Badri Prasad v. Dy. Director of Consolidation* AIR 1978 S.C. 1557 (1557); *Ningu Vithu Bamane v. Sadashiv Ningu Bamane* AIR 1987 Bom. 27 (31).

895 *Veerappa Chettiar v. Michael* AIR 1963 S.C. 933 (945); *Sitabai Sadasheo v. Vithabai Namdeo* AIR 1959 Bom. 508 (508). Dies gilt allerdings nicht bei Klagen auf Wiederherstellung der ehelichen Rechte gem. sec. 9 HMA; ist dort die Formgültigkeit der Ehe bestritten, muß positiv festgestellt werden, daß alle Formerfordernisse beachtet worden sind, siehe *Kunta Devi v. Siri Ram Kalu Ram* AIR 1963 Punj. 235 (238); ähnlich auch im Erbrecht siehe hierzu *Garja Singh v. Surjit Kaur* AIR 1991 P.&H. 177 ff.

### (2) Registrierung, sec. 8 HMA

Der Hindu Marriage Act selbst kennt keine Registrierungspflicht. Jedoch ermächtigt sec. 8 HMA die Exekutive, durch Verordnung[896] Regelungen zur fakultativen (Abs. 1) oder obligatorischen (Abs. 2) Registrierung von Ehen, die unter dem HMA geschlossen worden sind, zu erlassen[897]. Davon haben mehrere Bundesstaaten Gebrauch gemacht[898]. Obwohl einige dieser auf sec. 8 Abs. 2 HMA gestützten Rechtsverordnungen eine Registrierung zwingend vorschreiben, berührt eine Verletzung dieser landesrechtlichen Vorschriften gem. sec. 8 Abs. 5 HMA die Gültigkeit der Ehe nicht, sondern führt gem. sec. 8 Abs. 2 a.E. HMA lediglich zu einer Geldstrafe von bis zu 25 Rupien (ca. € 0,50). Den Einzelstaaten ist durch Bundesrecht mithin nur die Kompetenz zur Verhängung von Sanktionen gegeben.

---

[896] Vgl. sec. 3 (e) HMA.

[897] Gem. sec. 8 Abs. 3 HMA muß die Rechtsverordnung dem Parlament vorgelegt werden.

[898] In alphabetischer Reihenfolge sind dies:

Andhra Pradesh 1965
Assam 1961
Karnataka 1966
Kerala 1957
Madhya Pradesh 1984
Madras 1967
Pondicherry 1969
Rajasthan 1956
Uttar Pradesh 1973
West Bengalen 1958

Auch im Punjab gibt es seit 1960 die Punjab Hindu Marriage Registration Rules basierend auf dem landesrechtlichen Ehegesetz. Bis auf die Verordnung von Madhya Pradesh sind alle vor den Änderungen des HMA 1976/1978 ergangen. Sie enthalten deshalb zum Teil überholte Bestimmungen und sind im Zusammenhang mit den geänderten Vorschriften des HMA zu lesen. In Maharashtra und Gujarat gilt noch der Local Registration of Marriages Act, Bombay Act V, 1954. Das Gesetz wurde durch den ein Jahr später erlassenen HMA nicht aufgehoben. Es bestimmt in seinem sec. 7 ebenfalls, daß die Registrierungsvorschriften auf die Gültigkeit der Ehe keinerlei Auswirkung haben.

Trotz Forderungen in der Literatur[899] hat der Gesetzgeber bisher keine bundesweite Registrierungspflicht eingeführt. Dies beruht zum einen wohl darauf, daß hinduistische Ehen traditionellerweise nie beurkundet wurden[900]. Zum anderen liegt es daran, daß ein Bedürfnis dafür fehlt. Denn angesichts der in der Regel vielen als Zeugen in Betracht kommenden anwesenden Gäste sowie der – zumindest bei Hochzeiten wohlhabenderer Inder in den Großstädten – nicht mehr hinwegzudenkenden Videoaufzeichnungen, erscheint eine weitere Beweissicherung durch Führung eines Eheregisters nicht nötig[901]. Wird allerdings ein landesrechtliches Eheregister geführt, so dient dieses gem. sec. 8 Abs. 4 HMA als zusätzliches Beweismittel[902].

### *b) Recht der Moslems*

Die formellen Erfordernisse für eine Eheschließung indischer Moslems sind gering. Denn da nach muslimischer Auffassung die Ehe im wesentlichen ein zivilrechtlicher Vertrag ist, besteht Einigkeit darüber, daß eine religiöse Zeremonie nicht notwendig ist[903]. Dennoch haben sich in Indien, wohl auch bedingt durch die räumliche Nähe zum Hinduismus, religiös orientierte Bräuche

---

899 *Beri* S. 27; *S.C.Jain* S. 27; *Diwan* Family Law S. 52; siehe auch *Mahmood* HMA S. 61, der darauf hinweist, daß eine Registrierungspflicht helfen könnte, sozial unerwünschte Folgen zu vermeiden.

900 *Derrett* § 259; *S.C.Jain* S. 26 f.; *Diwan* Hindu Law S. 91; Bergmann/Ferid-*Agrawal* S. 32 Fn. 24.

901 *Otto* S. 169 weist darüber hinaus darauf hin, daß in vielen ländlichen Gebieten keine entsprechenden Verwaltungseinrichtungen vorhanden bzw. erreichbar sind.

902 Das Eheregister ist gem. sec. 8 Abs. 4 HMA zu angemessenen Zeiten zur Einsichtnahme offen zu legen bzw. die Behörde hat auf Antrag einen beglaubigten Abschrift zu fertigen.

903 *Aklemannessa Bibi v. Mahomed Hatem* ILR 31 (1904) Cal. 849 (856); *Mt. Nafisunnisa v. Mira Mumtaz Husain* AIR 1922 All. 363 (365 f.); *Abdul Nabi v. Syed Ajmat Hussen* AIR 1935 Nag. 123 (124); *Mt. Bashiran v. Mohammad Husain* AIR 1941 Oudh 284 (287); *Mt. Zainaba v. Abdul Rahman* AIR 1945 Pesh. 51 (53); *Syed Amanullah Hussain v. Rajamma* AIR 1977 A.P. 152 (155); *Noor Mohammad v. Mohammad Jiajddin* AIR 1992 M.P. 244 (247); *Musstt. Rahima Khatoon v. Musstt. Saburjanessa* AIR 1996 Gau 33 (34). Siehe auch *Mulla* Ch. XIV S. 252; *Saksena* S. 149, 152 ff.; *Mahmood* Muslim Law S. 52, 54 f.; *Beri* S. 42 f.; *Nigam* S. 342; *Verma* S. 79; *Qureshi* Muslim Law S. 58.

bei der Eheschließung herausgebildet, denen von den indischen Gerichten Beweisfunktion zuerkannt wird[904].

Typischerweise[905] erfolgt eine muslimische Eheschließung in Indien, indem ein Verwandter der Braut sie in ihrem Elternhaus im Beisein von Zeugen fragt, ob sie ihn ermächtige, der Ehe mit der vereinbarten Morgengabe in ihrem Namen zuzustimmen. Die Braut bejaht dies, ausdrücklich oder konkludent, woraufhin der somit Ermächtigte und die Zeugen das Haus verlassen und sich mit dem zukünftigen Bräutigam vor dem Mullah (Geistlicher) einfinden. Dieser richtet sich nun zunächst an den Bräutigam und fragt ihn, ob er anbiete, die Braut zur vereinbarten Morgengabe zu ehelichen. Antwortet dieser mit Ja, so wendet sich der Mullah an den Repräsentanten der Braut und fragt ihn, ob er das Angebot für die Braut annehme. Nachdem dieser ebenfalls mit Ja geantwortet hat, rezitiert der Mullah aus dem Koran und es werden Gebete gesprochen. Anschließend wird im Hause der Braut ein großes Fest gefeiert.

Rechtlich zwingend ist die Anwesenheit des Mullahs, die Lesung aus dem Koran und das Sprechen der Gebete allerdings nicht. Zu den rechtlichen Voraussetzungen einer formgültigen Ehe gehört lediglich ein eindeutiges Angebot der einen Seite und dessen Annahme durch die andere Seite während ein und derselben Zusammenkunft[906]. Die Eheschließenden müssen ihre Erklärung nicht persönlich abgeben, sondern können ihre Ehewillenserklärungen durch einen Repräsentanten übermittelt lassen[907].

Nach sunnitischem Recht[908] ist neben Angebot und Annahme noch die Anwesenheit von zwei männlichen, volljährigen und geistig[909] gesunden (Trau-)

---

904 *Mahmood* Muslim Law S. 54.

905 Vgl. hierzu auch *Mt. Ghulam Kubra Bibi v. Mohammad Shafi Mohammad Din* AIR 1940 Pesh. 2 (3); *Mahmood* Muslim Law S. 54 f.; *Fyzee* S. 93.

906 *Aklemannessa Bibi v. Mahomed Hatem* ILR 31 (1904) Cal. 849 (856 f.); *Jogu Bibi v. Mesel Shaikh* ILR 63 (1935/1936) Cal. 415 (415); *Mt. Ghulam Kubra Bibi v. Mohammad Shafi Mohammad Din* AIR 1940 Pesh. 2 (3); *Noor Mohammad v. Mohammad Jiajddin* AIR 1992 M.P. 244 (247); *Mulla* Ch. XIV S. 252; *Mahmood* Muslim Law S. 52, 54; *Saksena* S. 149 ff.; *Diwan* Muslim Law S. 49; *Fyzee* S. 91; *Beri* S. 42.

907 *Saksena* S. 151, 175; *Qureshi* Muslim Law S. 59; *Mahmood* Muslim Law S. 47, 53.

908 Es besteht Einigkeit, daß innerhalb der *Sunniten*, die Hanafiten und Schafeiten die Anwesenheit von Zeugen verlangen. Unklar ist jedoch, ob dies auch für die Malikiten gilt oder ob es nach dieser Rechtsschule ausreicht, wenn genügend Öffentlichkeit besteht – so *Anderson* Encyclopedia S. 59; wohl auch *Mahmood* Muslim Law S. 53; *Saksena* S. 152. Nach

Zeugen muslimischen Glaubens Voraussetzung für eine formgültige Ehe[910]. Die Hanafitische Schule gestattet hierbei, daß ein männlicher durch zwei weibliche Zeugen ersetzt wird[911]. Allerdings wird in der indisch-muslimischen Literatur auch vertreten[912], daß die Anforderungen bezüglich Geschlecht und Religionszugehörigkeit der Zeugen keine Auswirkungen auf die Gültigkeit der Ehe haben sollten. Ohnehin führt das Nichtvorhandensein von Zeugen nach sunnitischem Recht nur zur Unregelmäßigkeit (*fasid*) der Ehe[913]. Sie kann geheilt werden durch erneute Bestätigung des Ehewillens, nun im Beisein von Zeugen, oder durch den Vollzug der Ehe[914].

Der Hochzeitsvorgang, insbesondere Angebot und Annahme, müssen nicht schriftlich festgehalten werden[915]. In der Regel wird allerdings eine Urkunde erstellt, in der alle ausgehandelten Bedingungen, wie Höhe der Morgengabe, Zahlungsmodalitäten, Kindererziehung u.ä. festgelegt sind[916].

Üblicherweise wird die Eheschließung in Indien auch anschließend im Eheregister eingetragen[917]. Diese gewohnheitsrechtliche Registrierung haben einige

---

*schiitischem* Recht ist die Gegenwart von Zeugen nach wohl überwiegender Ansicht nach allen Rechtsschulen keine zwingende Formvoraussetzung; vgl. *Mt. Nafisunnisa v. Mira Mumtaz Husain* AIR 1922 All. 363 (365); *Mulla* Ch. XIV S. 252; *Beri* S. 44; *Nigam* S. 349; *Saksena* S. 167; *Diwan* Private International Law S. 273; siehe allerdings auch *Mahmood* Muslim Law S. 53.

909 Ein blinder oder stummer Muslim kann hingegen Zeuge sein, nicht aber ein tauber; *Beri* S. 44.

910 *Aklemannessa Bibi v. Mahomed Hatem* ILR 31 (1904) Cal. 849 (856).

911 Gestützt auf Sure 2, Vers 282 des Korans: „[...] ‚und nehmet von euren Leuten zwei zu Zeugen. Sind nicht zwei Mannspersonen da, so sei es ein Mann und zwei Frauen, die euch zu Zeugen passend erscheinen, [...]". Siehe auch *Mahmood* Muslim Law S. 53.

912 *Mahmood* Muslim Law S. 53.

913 *Mulla* Ch. XIV S. 254; *Subba Rao* S. 365; *Nigam* S. 349; *Saksena* S. 167.

914 *Nair* S. 167; siehe auch *Diwan* Family Law S. 48.

915 *Beri* S. 42 f.; *Diwan* Muslim Law S. 44; *Mahmood* Muslim Law S. 55.

916 *Diwan* Muslim Law S. 50. Damit beschränkt sich der Ehevertrag im muslimischen Recht – anders als in § 1408 Abs. 1 BGB – nicht allein auf güterrechtliche Fragen, sondern ist eine umfassende Vereinbarung insbesondere über persönliche und güterrechtliche Beziehungen.

917 *Mahmood* Muslim Law S. 55; aA *Pearl/Menski* S. 151.

Bundesstaaten in Gesetzesform gegossen[918]. Mit Ausnahme von Jammu & Kaschmir[919] ist eine Registrierung aber weder nach jenen landesrechtlichen Normen noch nach ungeschriebenem muslimischem Recht zwingend; sie dient allerdings der Beweiserleichterung[920].

### *c) Recht der Christen*

Bezüglich der Form von Eheschließungen zwischen Christen ist der Indian Christian Marriage Act, 1872 heranzuziehen. Dieser beschäftigt sich in seinen über achtzig Paragraphen ganz überwiegend mit der Form der Eheschließung. Allerdings gilt jenes älteste bis heute im wesentlichen unverändert gültige Ehegesetz Indiens auch hinsichtlich der Formfragen als unübersichtlich und reformbedürftig[921].

Sec. 4 ICMA bestimmt zunächst, daß jede Ehe mit einem Christen nichtig ist[922], wenn sie nicht in der in sec. 5 ff. ICMA vorgeschriebenen Form vollzogen worden ist[923]. Entscheidend ist dabei, wer die Eheschließung vornimmt. Dazu ermächtigt sec. 5 ICMA verschiedene Personen.

---

918 Siehe hierzu genauer *Mahmood* Muslim Law S. 56.

919 Im Bundesstaat Jammu & Kaschmir ist eine Registrierung muslimischer Eheschließungen seit 1981 nach dem Muslim Marriage Registration Act zwingend vorgeschrieben; allerdings berührt ein Verstoß hiergegen die Gültigkeit der Ehe nicht. In Pakistan ist die Registrierung seit 1961 Pflicht; ihre Sanktionierung mit strafrechtlichen Konsequenzen hat erheblichen Widerstand ausgelöst, da viele die islamischen Grundsätze der formfreien Eheschließung in Frage gestellt sahen; siehe hierzu *Rauscher* StAZ 1985 101 (104).

920 *Mahmood* Muslim Law S. 55 f.; *Saksena* S. 150; *Pearl/Menski* S. 150 f.; siehe auch *M. Jainoon v. M. Ammanulla Khan* AIR 2000 Mad. 381 (385 f.).

921 Siehe *Devadason* S. 28 f.

922 Die Ehe kann allerdings, mangels entsprechender Normierung, nicht nach dem IDA für nichtig erklärt werden, so *Mt. Titli v. Alfred Robert Jones* AIR 1934 All. 273 (275); der High Court von Madras geht allerdings in *Mariasoosai v. Clara Mary* AIR 1995 Mad. 35 (38 ff.) über sec. 7 IDA den Weg zum englischen Recht.

923 Ein Verstoß gegen die Formvorschriften ist nach sec. 66 ff. ICMA darüber hinaus auch strafbewehrt.

### (1) Eheschließung durch einen Geistlichen

Erfolgt die christliche Trauung durch einen Geistlichen, so richtet sich die Zeremonie nach den Vorschriften der entsprechenden Kirche, der der Geistliche angehört. Nimmt ein *Bischof oder Geistlicher der Kirche von Schottland* die Eheschließung vor, so hat sie gem. sec. 5 Nr. 1 und Nr. 2 ICMA nach den Regeln, Riten oder Gebräuchen der jeweiligen Kirche zu erfolgen.

Darüber hinaus kann auch jeder andere, nicht der schottischen Kirche angehörende, aber von der Staatsregierung dazu *gem. sec. 6 ICMA ermächtigte einfache Priester* die Ehe im Rahmen der erteilten Berechtigung[924] schließen. Grundsätzlich überläßt der ICMA in sec. 25 S. 1 auch in diesem Fall die Wahl der Eheschließungszeremonie ganz dem handelnden Priester. Gem. sec. 25 S. 2 ICMA ist allerdings zwingend, daß die Trauung in Gegenwart von mindestens zwei Zeugen erfolgt; andernfalls ist die Ehe nichtig[925]. Abgesehen hiervon ist eine Ehe, die gegen die Bestimmungen der jeweiligen Kirchen über die Hochzeitszeremonie verstößt, allerdings nur dann formungültig, wenn es sich um wesentliche Bestimmungen handelt[926].

Des weiteren sind bei einer Trauung durch einen nach sec. 6 berechtigten Priester vor der eigentlichen Eheschließungszeremonie aber noch die sec. 12 - 26 ICMA zu beachten. Sie enthalten genaue Regelungen über das Aufgebotsverfahren[927]. Danach ist die beabsichtigte Eheschließung von einem der Nupturienten[928] dem Priester schriftlich anzuzeigen[929]. Die Anzeige wird ent-

---

924 Siehe hierzu den Fall des Missionars Redwood aus dem Jahr 1929, Bergmann/Ferid-*Agrawal* S. 36 Fn. 29.

925 Bereits durch das Konzil von Trient (1545 - 1563) wurde nach dem Dekret „Tametsi“ die Gegenwart eines Priesters und zweier Zeugen bei der Eheschließungszeremonie verlangt.

926 *Mt. Titli v. Alfred Robert Jones* AIR 1934 All. 273 (277, 282); nicht unumstritten ist allerdings, ob bei der Frage, was wesentliche Bestandteile einer Eheschließungszeremonie sind, die Ansicht der jeweiligen Kirche entscheidend ist (so Richter Mukerji S. 277) oder ob die Gerichten hieran nicht gebunden sind (so Richter Sulaiman S. 282).

927 Schon seit Beginn des 13. Jahrhunderts wird die Bestellung des kirchlichen Aufgebots vom kanonischen Recht anbefohlen (4. Laterankonzil), siehe auch can. 1067 CIC.

928 *Rao* (S. 193) schlägt vor, sec. 12 ICMA dahingehend zu ändern, daß beide Brautleute die beabsichtigte Eheschließung anzeigen müssen, um sicherzustellen, daß sie auch von beiden gewollt ist.

929 Sec. 12 ICMA.

weder in der Kirche ausgehängt[930] oder, falls die Trauung in einer Privatwohnung erfolgen soll, dem Standesbeamten zum Aushang zugesandt[931]. Außerdem muß einer der beiden Verlobten eine feierliche Erklärung abgeben, daß keine rechtlichen Hindernisse, insbesondere verwandtschaftlicher Art, der geplanten Eheschließung entgegenstehen. Nach Ablauf einer Frist von mindestens vier Tagen hat der Priester eine Bescheinigung über das Stellen der Anzeige und die Abgabe dieser Erklärung auszustellen[932].

Zwar ordnet sec. 4 ICMA grundsätzlich die Nichtigkeit bei Verstößen gegen die vorgeschriebene Form an, doch machen sec. 77 Nr. 2 und Nr. 3 ICMA bei Unregelmäßigkeiten bezüglich der Eheschließungsanzeige und der Bescheinigung eine Ausnahme. Die Vorschrift wird so verstanden, daß grundsätzlich alle Verstöße gegen die Vorschriften über das Aufgebotsverfahren, also beispielsweise auch gegen die Bestimmung über den öffentlichen Aushang der Aufgebotsbestellung, für die Gültigkeit der Ehe unbeachtlich sind. Eine Ehe ist nur dann gem. sec. 26 ICMA nichtig, wenn die Eheschließung nicht innerhalb von zwei Monaten nach Erteilung der Bescheinigung stattgefunden hat.

#### (2) Eheschließung durch einen Standesbeamten

Des weiteren können auch nicht zum Priester geweihte christliche Laien, die gem. sec. 7 ICMA von der Staatsregierung zu Standesbeamten bestimmt worden sind (*marriage registrars*), gem. sec. 5 Nr. 4 ICMA die Eheschließung vornehmen. Teil V, also sec. 38 - 59 ICMA, legt hierfür Einzelheiten fest. Nach

---

[930] Sec. 13 ICMA; beachte auch sec. 23 ICMA.

[931] Sec. 14 ICMA. Die Pflicht zur Zusendung der Eheschließungsanzeige an den Standesbeamten und zum dortigen Aushang besteht immer auch dann, wenn einer der Heiratsaspiranten minderjährig ist, siehe genauer sec. 15, 16 ICMA sowie bezüglich der Verfahrensweise hinsichtlich einer Einwilligung des gesetzlichen Vertreters in eine solche Eheschließung die sec. 19 bis 22 ICMA, siehe auch oben C.I.3.a)(3)(b), S. 138 ff.

[932] Siehe hierzu genauer sec. 17, 18 ICMA; beachte auch sec. 23, 24 ICMA. Nach sec. 23 ICMA, der 1950 durch die unabhängige indische Republik eine Korrektur erfahren hat, hat der Priester vor Erteilung einer Bescheinigung an christliche Inder sicherzustellen, daß sich die Verlobten der Bedeutung und Wirkung ihres Schrittes bewußt sind und ggf. die Anzeige bzw. Bescheinigung in eine Sprache übersetzen, die sie verstehen; dies sollte jedoch nicht nur für „christliche Inder" gelten, sondern, sogar erst-recht, wenn sich ein christlicher Ausländer nach dem ICMA vermählen lassen will; gleiches gilt hinsichtlich sec. 57, 58 ICMA.

sec. 51 Abs. 1 ist jede Eheschließungszeremonie, die die *Parteien* als geeignet erachten, zulässig. Gefordert wird gem. sec. 51 Abs. 2 und 3 lediglich zweierlei: Zum einen, daß die Trauung in Gegenwart des Standesbeamten und zwei weiterer glaubwürdiger Zeugen erfolgt, und zum anderen, daß folgende Worte gesprochen werden: „Ich erkläre hiermit feierlich, daß ich kein gesetzliches Hindernis kenne, weshalb ich, A, nicht mit B in den Stand der Ehe treten darf. Ich rufe die hier anwesenden Personen zu Zeugen an, daß ich, A, dich B zu meiner(m) gesetzlich angetrauten Ehefrau (Ehemann) nehme" oder daß eine „gleichartige Erklärung" abgegeben wird.

Auch bei einer Eheschließung vor dem Standesbeamten verlangen die sec. 38 ff. ICMA ein vorausgehendes Aufgebotsverfahren, eine Anzeige der Heiratsaspiranten von der geplanten Hochzeit, den öffentlichen Aushang jener Anzeige[933] und eine Bescheinigung des Standesbeamten über die Anzeige sowie über einen von einem der Nupturienten zu leistenden Eid[934] darüber, daß gewisse Hindernisse der Eheschließung nicht entgegenstehen. Doch ist sec. 77 Nr. 2, Nr. 3 ICMA hier ebenfalls umfassend dahingehend zu verstehen, daß Unregelmäßigkeiten bei Anzeige, Aushang und Bescheinigung auf die Gültigkeit der Eheschließung durch den Standesbeamten keine Auswirkungen haben. Zwingend ist gem. sec. 52 ICMA, ebenso wie nach sec. 26 ICMA, lediglich, daß die Ehe innerhalb von zwei Monaten nach der Anzeige geschlossen wird; andernfalls ist sie unwirksam.

#### (3) Eheschließung durch einen gem. sec. 9 ICMA ermächtigten Christen

Schließlich ist gem. sec. 5 Nr. 5 ICMA auch eine Eheschließung vor Personen möglich, die gem. sec. 9 ICMA von der Staatsregierung dazu ermächtigt worden sind, Bescheinigungen (*certificates*) zur Schließung von Ehen zu erteilen. Hierbei ist – anders als in den übrigen Fällen des ICMA – allerdings nicht nur entscheidend, vor wem die Ehe geschlossen wird, sondern auch, wer getraut werden will. Nach sec. 5 Nr. 5, sec. 60 i.V.m. sec. 3 ICMA müssen die Nupturienten beide „indische Christen" (*Indian Christians*) sein, d.h. christliche Nachfahren von Indern, die zum Glauben der britischen Kolonialherren, dem Christentum, übergetreten waren oder die selbst konvertiert sind[935].

---

933 Die Anzeige muß auch in ein öffentlich zugängliches Eheanzeigenbuch (*marriage notice book*) eingetragen werden.

934 Bei Eheschließung durch einen Geistlichen genügt gem. sec. 18 ICMA hingegen eine feierliche Erklärung.

935 Siehe oben C.I.1.a)(3), S. 99 ff.

Außerdem dürfen sie gem. sec. 65 ICMA nicht der römisch-katholischen Kirche angehören. Nach kanonischem Recht erfolgt die Eheschließung in der Kirche in Gegenwart von zwei Zeugen durch eine Konsenserklärung vor dem katholischen Geistlichen, der die Ehe einsegnet[936]. Ansonsten gilt sec. 60 Abs. 1 Nr. 3 ICMA, der fordert, daß in Gegenwart der gem. sec. 9 ermächtigten Person sowie zwei weiterer glaubwürdiger Zeugen jeder Ehepartner zum anderen sagt: „Ich rufe diese hier anwesenden Personen zu Zeugen an, daß ich, A, vor dem allmächtigen Gott und im Namen unseres Herrn Jesus Christus dich, B, zu meiner(m) gesetzlich angetrauten Ehefrau (Ehemann) nehme" oder daß „Worte gleichen Inhalts" gesprochen werden. Daher unterscheiden sich die Anforderungen an Eheschließungszeremonien unter Beteiligung weltlicher Personen, nämlich entweder des Standesbeamten oder eines dazu nach sec. 9 ICMA Ermächtigten, kaum voneinander. In beiden Fällen wird für die Gültigkeit der Zeremonie nur die Erklärung der Verlobten, daß sie einander zu Mann und Frau nehmen, in Gegenwart der in sec. 5 ICMA bezeichneten Person sowie zweier weiterer Zeugen verlangt. Bei einer Trauung vor dem Standesbeamten sind allerdings zusätzlich die Vorschriften für das Aufgebotsverfahren zu beachten, während bei einer Eheschließung durch eine nach sec. 9 ermächtigte Person ein Aufgebotsverfahren nicht erforderlich ist.

### (4) Zeit und Ort, Registrierung

Sec. 10 und 11 ICMA enthalten ferner Vorschriften bezüglich Zeit und Ort der Eheschließung. Traut ein Geistlicher der Kirche von England, so muß die Ehezeremonie nach sec. 11 grundsätzlich in der Kirche selbst erfolgen[937]. Nach sec. 10 S. 1 ICMA soll die Trauung grundsätzlich[938] nicht vor sechs Uhr morgens oder nach sieben Uhr abends erfolgen[939]. Unklar ist, ob die Zeit-Bestimmungen nur für Bischöfe und Geistliche der schottischen Kirche

---

[936] Can. 1108 ff. CIC.

[937] Nach *Rao* S. 178 sollte sec. 11 ICMA mit der Begründung aufgehoben werden, daß seit der Unabhängigkeit Indiens von Großbritannien nicht mehr verständlich sei, warum es für die Kirche von England hier eine Sonderbestimmung gebe.

[938] Sec. 10 S. 2 Nr. 1 - 3 ICMA sieht hiervon gewisse Ausnahmen für Trauungen durch einen Geistlichen der Kirche von England, der katholischen und der schottischen Kirche vor.

[939] *Rao* S. 178, fordert, auch sec.10 ICMA aufzuheben, da die Zeitbestimmungen nicht „geistesverwandt" (*congenial*) zur indischen Tradition seien.

gelten, wofür der Aufbau sprechen würde, oder ob sec. 10 für jede Eheschließung Geltung beansprucht[940]. Dies kann aber dahinstehen, weil sec. 77 Nr. 4 ICMA Unregelmäßigkeiten bezüglich Zeit und Ort für die Gültigkeit der Ehe unbeachtlich sein läßt[941].

Bezüglich der Registrierung christlicher Ehen[942] sind bei Trauungen durch einen Geistlichen (sec. 5 Nr. 1, 2, 3 ICMA) die secs. 27 bis 36 ICMA zu beachten. Handelt es sich allerdings um eine Ehe zwischen „indischen Christen", so sind nach sec. 37 ICMA anstatt der secs. 27 - 36 nur die Bestimmungen in sec 37 ICMA zu beachten[943]. Bei Eheschließungen vor dem Standesbeamten gelten die Registrierungsvorschriften der secs. 54 bis 59 ICMA. Bei Hochzeiten vor einer nach sec. 9 ermächtigten Person trägt diese gem. secs. 61 - 64 ICMA die Eheschließung in ein Kirchenbuch ein und stellt darüber eine Urkunde in der vorgeschriebenen Form aus. Ein Verstoß gegen Registrierungsvorschriften hat allerdings – unabhängig davon, wer die Eheschließung vorgenommen hat – gem. sec. 77 Nr. 5 ICMA keine Auswirkung auf den Bestand der Ehe.

### *d) Recht der Parsen*

#### (1) Eheschließungszeremonie, sec. 3 Abs. 1 b) PMaDA

Gem. sec. 3 Abs. 1 b) PMaDA ist eine parsische Eheschließung nur dann gültig, wenn sie nach dem sogenannten *Ashirvad*-Ritus durch einen Geistlichen[944] in der Gegenwart von zwei parsischen Zeugen erfolgt. Ist dies nicht der Fall gewesen, so ist die Ehe gem. sec. 3 Abs. 2 PMaDA nichtig.

---

940 So wohl *Beri* S. 31; *Pinto* S. 37.

941 Ein Verstoß führt jedoch gem. sec. 69 ICMA zur Strafbarkeit.

942 In deutscher Übersetzung sind die Registrierungsvorschriften der sec. 27 ff., 54 ff., 61 ff. ICMA in Bergmann, Länderteil Indien 2. Auflage 1940 S. 122 ff. abgedruckt.

943 Heute ist daher meist sec. 37, nicht aber die ausführlichen Vorschriften der secs. 27 - 36 ICMA, anzuwenden.

944 Siehe sec. 2 Abs. 8 PMaDA; die Ehe kann sowohl durch einen „*Morbed*", einen einfachen Priester, als auch von einem „*Dastur*", einem höheren Geistlichen geschlossen werden.

Bei der traditionellen *Ashirvad*-Zeremonie[945] sitzen Braut und Bräutigam auf reich verzierten Stühlen nebeneinander, ohne daß sie sich sehen können, da zwischen ihnen ein großes Tuch gespannt ist. Als Zeugen sitzen rechts und links neben ihnen Männer aus den jeweiligen Familien. Braut und Bräutigam reichen sich nun unterhalb des Tuches ihre rechte Hand. Dann wird ein weiteres, großes Tuch um beide Körper geschlungen und verknotet. Gebete rezitierend[946], bindet der Priester ein Seil sieben Mal um das Hochzeitspaar und knotet es am Ende sieben Mal über ihren Händen zusammen. Damit sind sie – symbolisch betrachtet – für immer aneinander gebunden und miteinander als Einheit verbunden. Nun wird das Tuch zwischen ihnen fallengelassen und sie bewerfen sich mit der freien linken Hand gegenseitig mit Reis, während alle Anwesenden laut klatschen. Der Priester spricht dabei Gebete und segnet schließlich das junge Paar.

### (2) Registrierung, sec. 6, 17 PMaDA

Die so geschlossene Ehe ist dann gem. sec. 6 PMaDA von dem Priester, den Eheschließenden sowie zwei weiteren Zeugen zu beurkunden[947]. Anschließend ist jene Urkunde dem örtlich zuständigen Standesbeamten zuzuleiten, der die Eheschließung in einem Heiratsbuch einträgt. Gem. sec. 8 PMaDA dienen Urkunde und Registereintragung der Beweisführung[948]. Im Gegensatz zur Eheschließungszeremonie selbst sind Beurkundung und Registrierung jedoch nicht Voraussetzung für die Gültigkeit einer Ehe. Dies ergibt sich aus sec. 17 PMaDA, der ausdrücklich normiert, daß ein Verstoß gegen sec. 6 nicht zur Ungültigkeit der Ehe führt[949]. Die Nichteinhaltung der Formalitäten des sec. 6 PMaDA führt allerdings gem. sec. 12 ff. PMaDA zu Strafen.

---

945 Siehe hierzu auch *Beri* S. 50 f.

946 Überwiegend in alt-Parsisch, aber z.T. auch, ihrer Geschichte entsprechend, in Sanskrit.

947 Vgl. Anhang II PMaDA.

948 Obwohl auch jeder andere schlüssige Beweis zulässig ist, siehe *Bai Awabai v. Khodadad Ardesher Koochabiogi* 22 (1920) Bom LR 913 (913).

949 Vgl. auch *Bai Awabai v. Khodadad Ardesher Koochabiogi* 22 (1920) Bom LR 913 (913).

## e) *Ziviles Eherecht*

### (1) Special Marriage Act

Soll eine bürgerlich-rechtliche Ehe ohne Rücksicht auf die Religionszugehörigkeit nach dem SMA geschlossen werden, so sind die formellen Anforderungen der secs. 5 ff. SMA zu beachten. Der Eheschließung geht das Aufgebot voraus. Dieses muß auf einem besonderen Antragsformular[950] von den Brautleuten beim zuständigen Standesbeamten (*marriage registrar*) bestellt werden. Der Antrag wird dann sowohl in ein öffentlich zugängliches sog. Eheanzeigenbuch (*marriage notice book*) gem. sec. 6 Abs. 1 eingetragen als auch gem. sec. 6 Abs. 2 und ggf. sec. 6 Abs. 3 SMA öffentlich ausgehängt. Sind innerhalb der Einspruchsfrist von 30 Tagen keine Einwände i.S.d. sec. 7 Abs. 1 SMA gegen die beabsichtigte Trauung erhoben worden[951], so kann die Ehe gem. sec. 7 Abs. 2 SMA geschlossen werden. Nach sec. 14 SMA dürfen allerdings seit Bestellung des Aufgebots nicht mehr als drei Monate verstrichen sein.

Bezüglich der Eheschließungszeremonie stellt der SMA nur geringe Anforderungen. Er läßt jede von den Parteien gewählte Form zu[952]. Für eine bindende Eheschließung ist nach sec. 12 Abs. 2 S. 2 SMA allein Voraussetzung, daß jede Partei zu der anderen in Gegenwart des Standesbeamten und dreier Zeugen in einer den Parteien geläufigen Sprache sagt: „Ich (A) nehme dich (B) zu meiner(m) gesetzmäßigen Ehefrau (Ehemann)."

Die Eheschließung ist sodann gem. sec. 13 Abs. 1 SMA in ein Eheregister (*marriage certificate book*) einzutragen[953]. Die Eintragung ist von den Anwesenden zu unterschreiben. Bei Verstößen gegen die in sec. 12 geforderte Konsenserklärung liegt eine Nichtehe vor, während Verstöße gegen Vorschriften des Aufgebots- oder des Registrierungsverfahrens auf die Gültigkeit der Ehe keine Auswirkung haben[954].

---

[950] Sec. 5, Anhang 2 des SMA.

[951] Im Falle eines Einspruchs sind sec. 7 Abs. 3, 8 ff. SMA zu beachten.

[952] Siehe sec. 12 Abs. 2 S. 1 SMA; siehe bzgl. des Trauungsortes sec. 12 Abs. 1 SMA.

[953] Siehe hierzu Anlage 4 sowie auch sec. 47 SMA.

[954] Siehe auch *Nirmal Dass Bose v. Km. Mamta Gulati* AIR 1997 All. 401 (406 f., 410).

Ist die Ehe zwar nicht in der Form des SMA geschlossen worden, so kann sie allerdings gleichwohl später gem. secs. 15 ff. als Zivilehe registriert werden[955]. Auf Antrag beider Ehegatten hat der Standesbeamte die Ehe in das Eheregister einzutragen, wenn innerhalb einer Frist von 30 Tagen keine Einwände hiergegen erhoben worden sind und wenn die Bedingungen des sec. 15 SMA erfüllt sind[956]. Dabei ist gem. sec. 15 (a) SMA nur entscheidend, daß irgendeine Eheschließung erfolgt ist und die Nupturienten seither als Ehepaar zusammengelebt haben; die Form der Eheschließung ist irrelevant.

### (2) Foreign Marriage Act

Wollen indische Staatsangehörige im Ausland heiraten, so ist für sie der Foreign Marriage Act von Bedeutung. Dieser ermöglicht es ihnen, vor einem von der Zentralregierung ermächtigten Vertreter des diplomatischen oder konsularischen Dienstes (*marriage officer*) die Ehe zu schließen. Die formellen Voraussetzungen des Aufgebotsverfahrens nach secs. 5 ff. FMA sind nahezu identisch mit denen des SMA. Auch der FMA verlangt, daß die Nupturienten ihre geplante Eheschließung anzeigen[957]. Diese Anzeige wird in einem öffentlich zugänglichen sog. Eheanzeigenbuch (*marriage notice book*) eingetragen und 30 Tage öffentlich ausgehängt. Wurden innerhalb dieser Frist keine Einwände erhoben, müssen die Parteien eine Erklärung darüber abgeben, daß gewisse materielle Ehevoraussetzungen gegeben sind[958]. Nach sec. 13 Abs. 2 FMA ist bei der Eheschließung jede Zeremonie zulässig. Verlangt wird, wie nach dem SMA, lediglich die Anwesenheit von dem gem. sec. 3 FMA ermächtigten Angehörigen des diplomatischen oder konsularischen Dienstes und dreier Zeugen bei der Abgabe der Ehewillenserklärungen. Diese lautet: „Ich (A) nehme dich (B) zu meiner (m) gesetzmäßigen Ehefrau (Ehemann)“. Anschließend wird die Ehe bescheinigt und in ein Heiratsbuch (*marriage certificate book*) eingetragen[959].

Die Unterschiede zum SMA sind minimal. Zum einen verlangt der FMA, anders als der SMA, einen Aushang nicht nur in den – im Ausland belegenen –

---

[955] Siehe hierzu bereits B.III.3.a), S. 45 f.

[956] Lehnt der Standesbeamte eine Eintragung ab, so kann entsprechend sec. 18 SMA hiergegen beim Bezirksgericht Klage erhoben werden.

[957] Vgl. sec. 5 sowie Anhang I des FMA.

[958] Sec. 12 i.V.m. Anhang II des FMA.

[959] Sec. 13 i.V.m. Anhang III des FMA.

Amtsräumen, sondern auch in Indien und im Land des gewöhnlichen Aufenthaltes, falls es sich bei diesem noch um einen dritten Staat handelt. Aus diesem Grunde und weil die Vorbereitungen für eine Eheschließung im Ausland zeitaufwendiger sein können, ist des weiteren die Frist, innerhalb derer die Eheschließung nach Bestellung des Aufgebots erfolgen muß, nach dem FMA länger, nämlich sechs Monate, während sie beim SMA nur drei Monate beträgt. Und schließlich kennt der FMA in sec. 11 Abs. 1 eine wichtige Einschränkung, nämlich daß die Eheschließung nicht den Gesetzen des ausländischen Trauungsortes widersprechen darf.

Ebenso wie der SMA räumt der FMA in sec. 17 die Möglichkeit ein, eine Ehe, die unter einem anderen Gesetz geschlossen worden ist, nach dem FMA registrieren zu lassen[960]. Formalitäten bestehen bei der Registrierung kaum. Die Eheleute müssen lediglich einen entsprechenden Antrag bei der Botschaft bzw. konsularischen Vertretung stellen. Dadurch erfolgt eine Art Nostrifizierung ausländischer Ehen, wobei aber deren Übereinstimmung mit indischem Eherecht überprüft wird.

## 2. Vergleich und Wertung

### a) *Eheschließungszeremonie*

In Indien besteht eine große Formenvielfalt im Eheschließungsrecht. So können die Nupturienten zunächst zwischen einer staatlichen und einer religiösen Trauung wählen. Und die *religiösen Rechte der Hindus, Christen und Parsen* überlassen die Form der Eheschließung weitgehend den überlieferten Formen der jeweiligen Religionsgemeinschaft. Am engsten ist dabei das parsische Recht, das als einziges nur einen genau festgelegten Hochzeitsritus zuläßt. Der Hindu Marriage Act verweist auf die verschiedenen traditionellen Gebräuche, und auch das christliche Recht regelt die Trauungszeremonie durch einen Geistlichen nicht, sondern überläßt diese den Riten der jeweiligen Kirche. Durch die weitgehende Verweisung der nach außen tretenden Hochzeitszeremonie, die für den Eheschließenden und für die jeweilige Religionsgemeinschaft zentrale Bedeutung hat, in den traditionell-religiösen Bereich hat der indische Gesetzgeber auf die tiefverwurzelten Gefühle Rücksicht genommen, ohne dabei von eigenen Vorstellungen weit abweichen zu müs-

---

[960] Siehe bereits B.III.3.b), S. 46.

sen[961]. Außerdem hätte die Nichtanerkennung von Traditionshochzeiten in der indischen Realität wohl zu weitreichenden Konsequenzen insbesondere für Kinder geführt.

Das nichtkodifizierte *muslimische Recht* stellt die geringsten formellen Anforderungen, was auf dem islamischen Verständnis der Ehe als einem zivilen Vertrag beruht. Hinzu kommt, daß so das schwere Unheil der *Zina*-Sünde, der Sünde des außerehelichen Geschlechtsverkehrs, und der Makel der Bastardisierung leichter abgewehrt werden sollen. Die Formfreiheit geht so weit, daß nicht einmal die persönliche Anwesenheit der Brautleute verlangt wird. Die Ehewillenserklärungen können durch einen Boten abgegeben werden.

Erfolgt eine *christliche* Trauung nicht durch einen Geistlichen, sondern durch einen *Laien*, so ist die Gegenwart von zwei weiteren Zeugen und das Sprechen gewisser festgelegter Worte zwingend. Außerdem ist ein Aufgebotsverfahren einzuhalten. Interessanterweise folgen die beiden *zivilen* Eherechte, der Special Marriage Act und der Foreign Marriage Act, in ihren formellen Anforderungen nicht dem jüngsten, ebenfalls erst nach der Unabhängigkeit Indiens verabschiedeten Gesetz der Hindus, sondern dem ältesten personalen, weitgehend von der britischen Gesetzgebung beeinflußten christlichen Recht und der dort geregelten Eheschließungsform durch nicht geistliche Personen. Auch der SMA und FMA sehen ein Aufgebotsverfahren vor und verlangen bezüglich der Zeremonie selbst ebenfalls nur das Sprechen gewisser, an das christliche Recht angelehnter Worte und die Anwesenheit von Zeugen, wobei die weltlichen Rechte hier die Zahl auf drei erhöht haben. U.a. im Hinblick auf diese nahezu identischen Bestimmungen wird überlegt, das christliche Eherecht von 1872 dahingehend zu ändern, daß zumindest die Vorschriften sec. 5 Nr. 5 i.V.m. secs. 60 ff. ICMA, also die Trauung durch eine weltliche Person, gestrichen werden[962]. Denn will ein Christ nicht im Rahmen seiner Kirche, sondern vor einer von der Staatsregierung bevollmächtigten Amts-

---

[961] *Diwan* Family Law S. 51 f. macht dagegen einen sehr konkreten und detaillierten Vorschlag für ein einheitliches Eheschließungsformgesetz, einen „Ceremonies of Marriage Act“, der zwei alternative Formen zwingend vorsehen soll: die zweite Möglichkeit ist an den SMA angelehnt, während die erste an hinduistische Traditionen anknüpft.

[962] *Rao* S. 190; für eine Streichung der Vorschriften im Zusammenhang mit einer Eheschließung nach sec. 5 Nr. 4 ICMA i.V.m. secs. 38 ff., also der Eheschließung durch einen Standesbeamten, spricht er sich hingegen nicht aus.

person heiraten, so stehen ihm hierfür seit 1954 die Vorschriften des zivilen Eherechts zur Verfügung.

Die Formvorschriften des christlichen und des zivilen Eherechts Indiens gleichen am ehesten den Bestimmungen des *deutschen Rechts*, das bis 1998 ebenfalls ein Aufgebotsverfahren vorsah und heute in §§ 1310, 1311, 1312 BGB verlangt, daß beide Verlobte persönlich und bei gleichzeitiger Anwesenheit vor dem Standesbeamten ihren Ehekonsens erklären. Erfolgt die Erklärung nicht vor einem Standesbeamten, so liegt, wenn nicht § 1310 Abs. 2, 3 BGB eingreift, eine Nichtehe vor[963]. Seit 1998 führt allerdings ein Verstoß gegen die Pflicht zur gleichzeitigen und persönlichen Anwesenheit nur noch zur Aufhebbarkeit der Ehe, es sei denn es liegt der Fall des § 1315 Abs. 2 Nr. 2 BGB vor.

### b) Registrierung

Eine anschließende Beurkundung der Eheschließung ist zwar nach einigen Rechten vorgesehen, ein Verstoß gegen solche Beurkundungs- und Registrierungspflichten hat jedoch nach keiner Rechtsordnung Auswirkungen auf den Bestand der Ehe. Auch in Deutschland haben Verletzungen bei der Eintragung der Eheschließung keinen Einfluß auf die Gültigkeit der Ehe. Denn würde man bis zur Eintragung eine schwebende Unwirksamkeit annehmen, würde dies zu Rechtsunsicherheit in Statusfragen führen.

### c) Fakultative oder obligatorische Zivilehe

Ein wesentlicher struktureller Unterschied zwischen den beiden Eherechten ist, daß das indische Recht dem System der fakultativen Zivilehe folgt, während das deutsche Recht die obligatorische Zivilehe fordert. In Deutschland kann keine gültige Ehe ohne Erklärung vor dem Standesbeamten geschlossen werden. Gesichert wird dies durch die Anordnung des zeitlichen Vorrangs der Zivilehe vor der kirchlichen Trauung in §§ 67, 67a PStG. Der Grundsatz der obligatorischen Zivilehe wurde durch das Reichspersonenstandsgesetz[964] für das ganze deutsche Reich als Maßnahme des sog. Kulturkampfes im Jahre

---

[963] Siehe nur *Lüderitz* Rn. 129, 177 ff.; *Hohage* S. 44; MünchKomm-*Gindullis* § 1310 Rn. 22; RGRK-*Lohmann* § 1310 Rn. 3. *Firsching/Graba* Rn. 69 sprechen hingegen von nichtiger Ehe.

[964] Reichsgesetz über die Beurkundung des Personenstandes und die Eheschließung vom 06.02.1875, RGBl. S. 23.

1875 eingeführt[965]. Es fragt sich jedoch, ob diese „Kulturkampfgesetzgebung" auch heute noch Bestand haben sollte, oder ob wir nicht vielmehr, dem Beispiel Indiens folgend, als materielles Recht weiterhin das staatliche Eherecht anwenden, hinsichtlich der Form es aber alternativ auch zulassen, daß der Ehekonsens vor einem kirchlichen Amtsträger erklärt werden kann.

Einen Eingriff in die durch Art. 4 Abs. 1 und 2 GG garantierte Religionsfreiheit durch § 1310 BGB und §§ 67, 67a PStG wird man wohl nicht bejahen können[966]. Wie § 1588 BGB zeigt, sind staatlicher und kirchlicher Bereich getrennt zu sehen. Die Duplizität von staatlichem und kirchlichem Ehebegriff ist allerdings rechtspolitisch bedenklich. Sie birgt die Gefahr in sich, daß religiöse Menschen sich bis zur kirchlichen Trauung weiterhin als unverheiratet betrachten und beispielsweise daher keinen gemeinsamen Ehenamen führen oder keine gemeinsame Ehewohnung beziehen. Sie wollen nur den staatlichen Akt der Eheschließung möglichst bald „hinter sich bringen", um durch Ehegattensplitting und ggf. Verheiratetenzuschläge ein möglichst großes „eigentliches" Hochzeitsfest anläßlich der kirchlichen Trauung finanzieren zu können. Der Staat verliert in diesen Fällen dadurch Autorität, daß er diesbezüglich nicht ernstgenommen wird[967]. Auch ansonsten sprechen heute keine überzeugenden Argumente mehr dafür, an der obligatorischen Zivilehe festzuhalten[968]. Das häufig eingewandte Dammbruch-Argument, nach dem sich

---

[965] *Gernhuber/Coeser-Waltjen* § 11 I 2 sprechen von einer Belastung des Instituts der obligatorischen Zivilehe „mit dem Odium einer zweifelhaften Geburt". Siehe zur Geschichte der Säkularisierung des Trauungsaktes in Deutschland ausführlich MünchKomm-*Koch* Band 7, Einl. Rn. 11 ff.

[966] Einen Grundrechtseingriff ebenfalls ablehnend: *Firsching/Graba* Rn. 67; *Hohloch* Rn. 285; *Meyer-Teschendorf* StAZ 1982 325 (329 ff.). Eine Verfassungswidrigkeit bejahte hingegen insbesondere die Literatur der fünfziger Jahre, siehe: *Mörsdorf* FamRZ 1954 123 (124 f.), der sowohl hinsichtlich der „Zwangszivilehe" als auch hinsichtlich § 67 PStG eine Verletzung von Art. 4 GG annimmt. *Becker* FamRZ 1957 40 ff. und *Dürig* FamRZ 1955 337 ff. sehen hingegen nur § 67 PStG als verfassungswidrig an. Auch *Gernhuber/Coester-Waltjen* § 11 I 2, 3 differenzieren: Sie verneinen hinsichtlich § 1310 (früher § 11 EheG) einen Grundrechtseingriff, während sie der Ansicht sind, daß §§ 67, 67a PStG verfassungswidrig sind. Generelle verfassungsrechtliche Bedenken gegen die obligatorische Zivilehe erhebt auch *Bosch* StAZ 1981 360 (360).

[967] Ähnlich *Neuhaus* FamRZ 1972 59 (63), der davon spricht, daß insbesondere dann, wenn zwischen staatlicher und kirchlicher Eheschließung ein langer Zeitraum liegt, im Bewußtsein der Beteiligten ein „ungesunder" Zwischenzustand entstehe, der Ernst und Würde beider Eheakte und damit die Ehe selbst gefährde.

[968] AA beispielswiese *Hegnauer* in Bosch/Hegnauer/Hoyer FamRZ 1997 1313 (1314 ff.).

bei Aufgabe der obligatorischen Zivilehe als nächstes die Forderung anschließen würde, daß bestimmte Ehen grundsätzlich unauflösbar und von Staats wegen nicht mehr scheidbar sein sollen[969], überzeugt nicht. Denn die katholischen Kirchen, gegen welche sich diese Argumentation richtet, halten sich ja nach geltender Rechtslage auch an die sanktionslosen[970] §§ 67, 67 a PStG und respektieren damit die von ihrem eigenen Verständnis abweichenden staatlichen Regelungen. Außerdem müßte der Staat einer solchen Forderung nach Unscheidbarkeit, sollte sie erhoben werden, ja nicht nachkommen. Wie man z.B. in Indien sieht, kann man sehr wohl zwischen staatlichem materiellen Eherecht und staatlicher Eheauflösung einerseits, aber religiöser Eheschließungsform andererseits trennen. Auch ein weiterer Einwand gegen die Zulassung der fakultativen Zivilehe überzeugt nicht. Angesichts der immer stärkeren Säkularisierung der Gesellschaft muß nicht (mehr) befürchtet werden, daß ein Gewissenszwang zugunsten der kirchlichen Eheschließung ausgeübt wird[971].

Für die obligatorische Zivilehe sprechen im wesentlichen noch drei Funktionen, die allerdings bei genauerem Hinsehen auch durch eine fakultative Zivilehe ausgefüllt werden können:

- Dies ist zum einen die *Beweis- und Offenkundigkeitsfunktion*. Durch die Eheschließung vor dem Standesbeamten soll die Klarheit der Rechtsverhältnisse gewährleistet werden[972]. Dieser Funktion könnte auch Genüge getan werden, indem man eine anschließende Registrierung vorschreibt – ein Gedanke, der sich in Art. 13 Abs. 3 S. 2 HS 2 EGBGB ebenfalls findet.

- Auch die *Warn- und Schutzfunktion* kann die Anordnung des zeitlichen Vorrangs der standesamtlichen Trauung nicht rechtfertigen. Mit Abschaffung des Aufgebotsverfahrens und der Möglichkeit, für die Trauung eine äußerst kurze und sachliche Zeremonie zu wählen, wird dieser Funktion in der Praxis ohnehin kaum mehr Rechnung getragen.

- Allenfalls mit der *Sicherungsfunktion*, die garantieren soll, daß keine Trauungen vorgenommen werden, wenn nicht alle Eheschließungsvoraussetzun-

---

969 So *Böhmer* StAZ 1975 5 (7).

970 Bis 1957 enthielt § 67 PStG noch eine Strafandrohung von – zuletzt – bis zu fünf Jahren Gefängnis für den mitwirkenden Geistlichen.

971 So noch *Neuhaus* FamRZ 1972 59 (64).

972 BVerfGE 29 166 (176); 56 363 (386).

gen gegeben sind[973], könnte die zwingende Vorwegnahme der Zivilehe gerechtfertigt werden. Allerdings kann die Einhaltung der wenigen seit 1998 verbliebenen Eheverbote und Ehehindernisse auch dadurch erreicht werden, daß eine religiöse Trauung erst vorgenommen werden darf, wenn die Brautleute eine staatliche „Unbedenklichkeitsbescheinigung" vorlegen, nach der ihrer Eheschließung keine rechtlichen Hindernisse entgegenstehen. Diese Bescheinigung könnte nach der Durchführung des heutigen Anmeldeverfahrens erteilt werden. Die Bescheinigung und eine anschließende Registrierung der kirchlichen Eheschließungszeremonie würden eine der standesamtlichen Trauung gleichwertige Sicherungsfunktion erfüllen.

Schließlich ist zu bedenken, daß in der indischen Gesellschaft der Ehe als solcher ein wesentlich höherer Stellenwert beigemessen wird als in Deutschland. Wenn der indische Staat gleichwohl den so bedeutsamen ehelichen Status nicht von einer obligatorischen Zivilehe abhängig macht, so ist erst recht nicht einzusehen, weshalb der deutsche Gesetzgeber die konstitutive Zuerkennung des Ehestatus weiterhin nicht aus der Hand geben will. Es ist widersprüchlich, wenn allein die Eheschließung vor dem Standesbeamten für den staatlichen Bereich von Bedeutung sein soll, andererseits aber dem Zusammenleben ohne jede Form immer mehr eheähnliche Rechte zugebilligt werden[974].

Die obligatorische Zivilehe sollte deshalb in Deutschland abgeschafft werden[975]. Statt dessen könnte, wie in Indien, fakultativ die religiöse Eheschlie-

---

973 Siehe hierzu auch BVerfGE 29 166 (176).

974 Siehe beispielsweise AG Dortmund NJW-RR 2000 151 (152), wo dem nichtehelichen Lebenspartner ein Kündigungsrecht analog § 569b BGB gewährt wurde.

975 Ebenso *Neuhaus* FamRZ 1955 305 f., *ders.* FamRZ 1972 59 (63 ff.); *ders.* auch Encyclopedia S. 25; Staudinger-*Strätz* Einl. zu §§ 1303 ff. Rn. 41; *Schwab* Rn. 48. Nach *Renck* NJW 1996 907 (907 f.) entfällt zumindest hinsichtlich § 67 PStG jede Rechtfertigung. *Bosch* in Bosch/Hegnauer/Hoyer FamRZ 1997 1313 (1320) empfiehlt hingegen das Prinzip der Eheschließungsauswahlfreiheit *entgegen seiner früheren Ansicht* (siehe beispielsweise *Bosch* FamRZ 1980 849 (850)) nicht mehr. Er begründet dies insbesondere damit, daß es schwer sei, den Kreis jener Vereinigungen festzulegen, die statt des Standesbeamten die Befugnis erhalten sollen, bei der Eheschließung mitzuwirken. Er spricht sich allerdings (S. 1321 f.) für ein Zusammenwirken von Kirche und Staat dergestalt aus, daß entweder der Standesbeamte bei der kirchlichen oder der Pfarrer bei der standesamtlichen Trauung anwesend sein soll, d.h. die „doppelte" durch eine „gleichzeitige" Eheschließung abgelöst wird. Außerdem spricht er sich in NJW 1998 2004 (2009) und FamRZ 1997 65

ßungsform mit zivilrechtlicher Wirkung[976] zugelassen werden, die jedoch von der vorherigen Erteilung einer staatlichen Unbedenklichkeitsbescheinigung abhängig sein sollte und die anschließend im Standesamt zu registrieren wäre.

## 3. Anwendung in Deutschland

### *a) Eheschließungszeremonien*

Wird die Ehe in der Bundesrepublik Deutschland geschlossen, so sieht Art. 13 Abs. 3 S. 1 EGBGB obligatorisch die Inlandsform vor. Die Ehe kann gem. §§ 1310, 1311 BGB nur persönlich und bei gleichzeitiger Anwesenheit vor dem deutschen Standesbeamten geschlossen werden. Art. 13 Abs. 3 S. 1 i.V.m. Art. 11 EGBGB bedeutet aber andererseits, daß Eheschließungen im Ausland grundsätzlich anerkannt werden, wenn sie der dortigen Ortsform entsprechen. Dies gilt auch dann, wenn die „Ortsform“ keine Formalitäten verlangt[977]. Deshalb ist die nach dem Hindu Marriage Act und dem muslimischen Recht zulässige formlose Eheschließung in Deutschland anzuerkennen. Außerdem würde es bei einer solchen formlosen Auslandstrauung wohl meist an dem für ein Eingreifen des deutschen ordre public erforderlichen Inlandsbezug fehlen. Schließlich mißt auch das deutsche Recht in § 1310 Abs. 3 BGB der Willensübereinstimmung und der gelebten Ehe eine entscheidende Bedeutung bei.

Die Heilungsvorschriften des § 1310 Abs. 2 und 3 BGB werfen aber andererseits die Frage auf, ob nicht sehr harte Sanktionen, insbesondere die des par-

---

(69) für eine Ergänzung der obligatorischen Zivilehe durch Anerkennung außergewöhnlicher Eheschließungsformen wie beispielsweise die Notklerikalehe aus. Für die obligatorische Zivilehe u.a.: *Firsching/Graba* Rn. 67; *Hohloch* Rn. 67, 285 f.; *Böhmer* StAZ 1975 5 (7); *Schlüter* S. 4, der die obligatorische Zivilehe als Strukturprinzip der in Art. 6 GG geschützten Ehe bewertet; ähnlich *Henrich* RabelsZ 37 (1973) 230 (242 f.). AA *Meyer-Teschendorf* StAZ 1982 325 (329 ff.), der richtigerweise ausführt, daß die obligatorische Zivilehe keinen verfassungsmäßigen Bestandschutz genießt und damit revisibel ist.

[976] Wenn beide hingegen völlig unverbunden nebeneinander stehen, d.h. eine religiöse Ehe ohne Zivilrechtswirkung geschlossen werden kann, besteht die Gefahr, daß Personen einerseits eine sozial legitimierte Bindung wollen, die aber andererseits zivilrechtlich nicht gültig sein soll, um beispielsweise den Verlust oder die Herabsetzung der Rente zu vermeiden.

[977] Staudinger-*v. Bar/Mankowski* Art. 13 Rn. 712; *Stöcker* RabelsZ 38 (1974) 79 (104); *Wuppermann* S. 115 ff. m.w.N.

sischen Rechts bei Verstoß gegen die *Ashirvad*-Zeremonie, gegen den ordre public verstoßen. Hier sollte im Einzelfall bei geringfügigen Formverstößen im Hinblick auf die Schutzwürdigkeit gelebter Ehegemeinschaften das Ergebnis mit Hilfe von Art. 6 EGBGB gemildert werden, indem auf die Gedanken des § 1310 Abs. 2 und 3 BGB und die Aussagen des BVerfG im Witwenrentenurteil[978] zurückgegriffen wird[979].

Die Pflicht zur Zuziehung von Zeugen während der Eheschließungszeremonie, wie sie grundsätzlich alle indischen Eherechte kennen, ist im Hinblick auf Art. 6 EGBGB unproblematisch, da nach § 1312 Abs. 1 S. 2 BGB Zeugen auch nach deutschem Recht weiterhin zugezogen werden können[980]. Außerdem ist zu bedenken, daß nach den indischen Rechten Trauungen ohne Mitwirkung eines staatlichen Amtsträgers und ohne anschließende Registrierung möglich sind, so daß Zeugen einen weitaus höheren Beweiswert verkörpern als in Deutschland.

### b) Aufgebotsverfahren

Auch hinsichtlich des dem deutschen Recht nicht mehr bekannten Aufgebotsverfahrens bestehen in Deutschland im Hinblick auf den ordre public keine Bedenken. Denn das deutsche Recht kannte bis 1998 eine über achthundertjährige Tradition des Aufgebots[981]. Es sollte, wie heute noch in Indien, dazu beitragen, etwaige Ehehindernisse und Verbotstatbestände aufzudecken und wurde nur deshalb abgeschafft, weil es aufgrund geänderter Sozialstrukturen diesen Zweck nicht mehr erfüllte, sondern eher Firmenvertretern dazu diente, gezielt Webematerial zu versenden[982]. In Indien kann es

[978] Nach BVerfG JZ 1983 257 (258) komme der im deutschen Recht vorgesehene Mitwirkung des Standesbeamten zwar wesentliche Bedeutung zu. *Nicht minder wesentlich sei aber auch die Willensübereinstimmung der Verlobten, eine Ehe eingehen zu wollen.*

[979] Siehe auch MünchKomm-*Coester* Art. 13 Rn. 127.

[980] Siehe auch Art. 1 Abs. 1 des UN Übereinkommens über die Erklärung des Ehewillens, das Heiratsalter und die Registrierung von Eheschließungen vom 10.12.1962, der vorsieht, daß die Ehewillenserklärungen in Gegenwart von Zeugen abgegeben werden sollen.

[981] Siehe hierzu genauer *Gernhuber/Coester-Waltjen* § 11 II 1, 2.

[982] *Muscheler* JZ 1997 1142 (1142); *Bornhofen* StAZ 1997 362 (367); *Hepting* StAZ 1996 257 (258); *Hohloch* Rn. 308; siehe auch die Begr. zum Reg-E des EheschlRG, BT-Drs. 13/4898 S. 13; RGRK-*Lohmann* § 1303 Rn. 4; Staudinger-*Strätz* Vorb. zu §§ 1310 ff. Rn. 14; *Lüderitz* Rn. 132; siehe auch bereits *Böhmer* StAZ 1975 5 (6 f.). Die Vorteile des Aufgebotsverfahrens noch verteidigend *Coester* StAZ 1988 122 (124 f.).

hingegen angesichts des dortigen Sozialgefüges sehr wohl seinem eigentlichen Ziel weiterhin dienen.

### c) Handschuhehe

Problematisch erscheint jedoch, daß nach muslimischem Recht, welches die Ehe als zivilen Vertrag begreift, die Konsenserklärung nicht persönlich abgegeben werden muß, sondern daß die Verlobten ihren Ehewillen durch Mittelspersonen erklären lassen können. Die kollisionsrechtliche Behandlung einer solchen sog. Handschuhehe[983] ist insofern problematisch, als nach deutschem Recht die Ehe gem. § 1311 S. 1 BGB ein höchstpersönliches Rechtsgeschäft ist und es sich hierbei um einen wesentlichen Grundsatz des deutschen Rechts handeln könnte.

Zunächst ist fraglich, ob es sich bei der Möglichkeit der Vertretung während der Trauungszeremonie um eine materielle Voraussetzung handelt, die sich demzufolge nach Art. 13 Abs. 1 EGBGB richtet, oder ob sie als Formvorschrift zu qualifizieren ist. Für ersteres spricht, daß das Verbot der Stellvertretung im deutschen Recht auch die Freiwilligkeit und Ernsthaftigkeit des Willens schützen will, es mithin auch um den Schutz der Willensbildung und nicht nur der Willensäußerung geht. Aber die persönliche Anwesenheit dient, wie die Zuziehung von Zeugen, in erster Linie dazu, die Tatsache, daß eine Ehe von genau den beiden Personen geschlossen worden ist, über jeden Zweifel zu erheben und den Verlobten die Tragweite ihrer Erklärung bewußt zu machen. Die Sicherung des Beweises, der Hinweis auf die Bedeutung der abzugebenden Erklärung und damit die Verhinderung übereilter Rechtsgeschäfte sowie Feststellung der Identität sind aber gerade Sinn und Zweck von Formvorschriften. Hinzu kommt, daß der Gesetzgeber des alten EheG die Höchstpersönlichkeit in § 17 EheG selbst als Formvorschrift qualifiziert hat. Entgegen früheren Stimmen in der Literatur ist zumindest die Stellvertretung in der Erklärung, wie sie das indisch-muslimische Recht vorsieht, eine Frage der Form i.S.v. Art. 11 EGBGB[984].

---

983 Rechtshistorisch diente der Handschuh auch als Boten- und Vollmachtszeichen – siehe hierzu auch Staudinger-*v. Bar/Mankowski* Art. 13 Rn. 746; *Wuppermann* S. 120 ff.

984 BGHZ 29 137 (139 ff.); BayObLG FamRZ 2001 1610 (1610); OLG Karlsruhe StAZ 1994 286 (286); LG Stuttgart StAZ 1992 379 (380); OLG Hamm StAZ 1986 134 (135); OLG Bremen FamRZ 1975 209 (210); *Kegel/Schurig* S. 696; *Rohe* StAZ 2000 161 (166); *Rauscher* StAZ 1985 101 (102); *Henrich* StAZ 1960 100 (101); *ders.* S. 34 f.; Soergel-*Schurig* Art. 13 Rn. 80; RGRK-*Lohmann* § 1311 Rn. 11. Würde es sich hingegen um eine Stellver-

Dabei ist Ort der Eheschließung der Staat, in dem der Mittler die Erklärung für den abwesenden Verlobten abgibt[985]. Dies ergibt sich aus Art. 11 Abs. 3 EGBGB. So soll die Gefahr ungültiger Ehen verringert werden, indem man bei dem Wissen ansetzt, das sich die Parteien notwendigerweise beschaffen müssen. So muß der in Deutschland weilende Verlobte sich zumindest darüber informieren, wo und wie sein Vermittler in Indien die Erklärung abgeben kann, während er sich über die deutschen Formerfordernisse keine Gedanken machen wird.

Im Hinblick auf den ordre public ist dann zu unterscheiden, wo der Ort der Erklärungsabgabe liegt. Ist dieser in Deutschland, so ist wegen des speziellen Art. 13 Abs. 3 S. 1 EGBGB i.V.m. § 1311 S. 1 BGB eine Vertretung in der Erklärung nicht zulässig. Wird jedoch nur die entsprechende Bevollmächtigung in Deutschland erteilt, findet die Trauung selbst aber in Indien statt, so verstößt dies nicht gegen unseren ordre public[986]. Zwar sprechen durchaus gewichtige Gründe für die Höchstpersönlichkeit, nämlich daß dadurch die Wichtigkeit der Eheschließung unterstrichen wird, die Ernstlichkeit und Freiheit des Willens besser geschützt werden kann und daß Personenverwechslungen vermieden werden. Aber diese hinter der Normierung von § 1311 S. 1 BGB stehenden Erwägungen rechtfertigen es nicht, bei der Anwendung der indisch-muslimischen Botenschaft von einer offensichtlichen Unvereinbarkeit mit wesentlichen Grundsätzen des deutschen Rechts zu sprechen. Denn auch

---

tretung im Willen, d.h. eine Vertretung, die ein Auswahl- und Abschlußermessen zubilligt, handeln, so fände unzweifelhaft Art. 13 Abs. 1 EGBGB Anwendung – siehe Staudinger-*v. Bar/Mankowski* Art. 13 Rn. 744. Allerdings würden Staudinger-*v. Bar/Mankowski* Art. 13 Rn. 207 f. die Institution des *wali* nach indisch-muslimischen Recht wohl als sachliche Eheschließungsvoraussetzung qualifizieren. Dies ist jedoch abzulehnen. Zwar ist es richtig, daß der *wali*, wie jeder andere übrigens auch, auf die Konditionen des Ehevertrages Einfluß nehmen kann, die letzte Entscheidung liegt allerdings beim Nupturienten. Der Heiratsvormund ist ein bloßer gebundener Vertreter in der Erklärung.

985 BGHZ 29 137 (146); OLG Bremen FamRZ 1975 209 (210); *Sturm* StAZ 1995 343 (347); *Rauscher* StAZ 1985 101 (102); *Kegel/Schurig* S. 696; *Henrich* S. 35; Staudinger-*v. Bar/Mankowski* Art. 13 Rn. 755.

986 Im Ergebnis ebenso LG Stuttgart 1992 379 (380); OLG Bremen FamRZ 1975 209 (210); OLG Celle FamRZ 1958 31 (31); *Stöcker* RabelsZ 38 (1974) 79 (105); *Kegel/Schurig* S. 696; Soergel-*Schurig* Art. 13 Rn. 80; RGRK-*Lohmann* § 1311 Rn. 12. Nach Staudinger-*v. Bar/Mankowski* Art. 13 Rn. 758 verstößt zwar eine Eheschließung unter Abwesenden nicht per se gegen den deutschen ordre public, bei der Eheschließung mittels eines Heiratsvormundes bejaht er allerdings bei hinreichendem Inlandsbezug den ordre public Verstoß, siehe Staudinger-*v. Bar/Mankowski* Art. 13 Rn. 209.

im deutschen Rechtsraum ist der Gedanke der Eheschließung durch Repräsentanten nicht fremd. Bereits das römische Recht kannte die Möglichkeit der Eheschließung unter Abwesenden[987]. Noch lange Zeit wurden Ehen in Europa insbesondere im Hochadel nicht selten mittels Vertreter geschlossen. Bei der Kodifizierung des BGB hat der deutsche Gesetzgeber die Einführung der Eheschließung durch Stellvertretung erwogen und er hat diese in Form der Ferntrauungen während des Krieges zugelassen[988]. Zwar kennt das deutsche Recht die Abwesenheitsehe seit 1945 nicht mehr[989]. Aber nicht nur islamische, sondern auch einige Rechtsordnungen der EU kennen noch heute die Eheschließung unter Abwesenden[990]. Und schließlich ist zu bedenken, daß seit 1998 der Verstoß gegen die Pflicht zur gleichzeitigen und persönlichen Anwesenheit nur noch zur Aufhebbarkeit der Ehe führt und auch diese im Fall von § 1315 Abs. 2 Nr. 2 BGB ausgeschlossen ist. Mithin kann nicht davon gesprochen werden, daß die in Indien vorgenommene Eheschließung unter Verzicht auf das Erfordernis der persönlichen Anwesenheit der Brautleute mit Grundgedanken des deutschen Rechts und der in ihnen liegenden Gerechtigkeitsvorstellung in untragbarem Widerspruch steht.

### *d) Art. 13 Abs. 3 S. 2 EGBGB*

Und schließlich entstehen hinsichtlich Art. 13 Abs. 3 S. 2 EGBGB, durch den der deutsche Staat unter bestimmten Bedingungen sein inländisches Eheschließungsmonopol aufgegeben hat, im Zusammenhang mit der indischen Republik keinerlei Schwierigkeiten. Nach Art. 13 Abs. 3 S. 2 EGBGB kann eine Trauung, bei der zumindest einer der Nupturienten die indische Staatsangehörigkeit besitzt, aber keiner der Brautleute die deutsche, von einer vom indischen Staat dazu ermächtigten Person des diplomatischen oder konsularischen Dienstes nach dem Foreign Marriage Act formgemäß vorgenommen werden. Zwar verlangt der FMA nur, daß einer der Nupturienten indischer Staatsangehöriger ist, so daß nach dem FMA grundsätzlich auch eine Eheschließung zwischen einem Deutschen und einem Inder denkbar wäre. Eine

---

[987] Siehe hierzu *Sturm* StAZ 1995 343 (344).

[988] BGHZ 29 137 (147); siehe auch *Coester-Waltjen/Coester* S. 83.

[989] *Bosch* FamRZ 1997 65 (68) und NJW 1998 2004 (2009) sieht dies als einen Mangel des deutschen Rechts. *Neuhaus* Encyclopedia S. 25 fordert, daß der Staat für Notfälle auch weiterhin die Möglichkeit einer Eheschließung unter Abwesenden vorsieht.

[990] Auch nach kanonischem Recht ist eine Eheschließung unter Abwesenden möglich, siehe can. 1104 § 1, 1105 CIC.

solche scheitert aber an sec. 11 Abs. 1 FMA, da Art. 13 Abs. 3 S. 2 EGBGB als Vorschrift des Eheschließungsortes eine solche Trauung nicht zuläßt.

Keine Schwierigkeiten ergeben sich auch insoweit, als Art. 13 Abs. 3 S. 2 HS 1 EGBGB eine ordnungsgemäße Ermächtigung verlangt. Ausreichend ist hierfür jedenfalls, daß sie, wie hier, auf einem Gesetz des Entsendestaates, nämlich auf sec. 3 FMA beruht[991]. Die beglaubigte Abschrift der Eintragung im Heiratsbuch (*marriage certificate book*) erbringt den vollen Beweis i.S.v. Art. 13 Abs. 3 S. 2 HS 2 EGBGB.

[991] Siehe hierzu nur Staudinger-*v. Bar/Mankowski* Art. 13 Rn. 630.

## III. Scheidungs- und Trennungsgründe

### 1. Die einzelnen Eherechte

Alle indischen Eherechte kennen enumerativ aufgelistete Gründe, auf die ein Scheidungsbegehren gestützt werden kann. In den meisten Fällen kann nach den kodifizierten Rechten statt einer Scheidung eine gerichtliche Trennung beantragt werden. Nach dem Hindu Marriage Act, Parsi Marriage and Divorce Act und den beiden zivilen Ehegesetzen wird im Rahmen der gerichtlichen Trennung auf die Schuld-Scheidungsgründe verwiesen[992]. Nur nach dem christlichen Ehegesetz sind Scheidungs- und Trennungsgründe unterschiedlich ausgestaltet[993].

#### *a) Verlassen (der ehelichen Lebensgemeinschaft) – Desertion*

##### (1) Hindu Marriage Act

Hat ein Ehegatte den anderen verlassen, so kann der Verlassene gem. sec. 13 Abs. 1 (ib) HMA die Scheidung einreichen oder gem. sec. 10 HMA einen Antrag auf gerichtliche Trennung stellen[994]. Voraussetzung für die Durchsetzung seiner Rechte ist dreierlei[995]:

Zum einen muß sich der Antragsgegner *mit animus deserendi der ehelichen Lebensgemeinschaft entzogen* haben[996], d.h. die Trennung muß von dem Willen getragen

---

[992] Sec. 10 HMA, sec. 34 PMaDA, sec. 23 Abs. 1 (a) SMA, auf den sec. 18 FMA verweist.

[993] Sec. 10 und sec. 22 IDA.

[994] Bis 1976 war das Verlasen der ehelichen Lebensgemeinschaft *(desertion)* hingegen nur ein Trennungs-, nicht aber ein Scheidungsgrund.

[995] Siehe hierzu die Erläuterung von sec. 13 Abs. 1 a.E. HMA; diese ist wortlautgleich mit der Erläuterung von sec. 27 Abs. 1 a.E. SMA, nicht aber, so die deutsche Übersetzung von Bergmann/Ferid, Länderteil Indien irrtümlich, mit der Erläuterung von sec. 26 Abs. 3 SMA. Zur Frage des Beweises siehe *Sukumar Mukherjee v. Tripti Mukherjee* AIR 1992 Pat. 32 (35); *Smt. Elokeshi Chakraborty v. Sri Sunil Kumar* AIR 1991 Cal. 176 (179).

[996] *Bipinchandra Jaisinghbai Shah v. Prabhavati* AIR 1957 S.C. 176 (183) – noch zu „*desertion*" nach dem Bombay Hindu Divorce Act; *Lachman Utamchand Kirpalani v. Meena* AIR 1964 S.C. 40 (48); *Smt. Rohini Kumari v. Narendra Singh* AIR 1972 S.C. 459 (462); *Smt. Shanti Devi v. Govind Singh* AIR 1983 Raj. 211 (214); *Smt. Sukhama Devi v. Niranjan Singh* AIR 1983 Del. 469 (473); *Kamal Kumar Basu v. Kalyani Basu* AIR 1988 Cal. 111 (113); *K. Narayanan v. K. Sreedevi* AIR 1990 Ker. 151 (153 f.); *Sukumar Mukherjee v. Tripti Mukherjee* AIR 1992 Pat. 32 (35); *Smt. Indira Gangele v. Shailendra Kumar Gangele* AIR 1993 M.P. 59 (64). Es ist

sein, die eheliche Verbindung endgültig zu beenden. Hinsichtlich des Faktums der Trennung ist nicht entscheidend, wer physisch die eheliche Wohnstätte verläßt. Hat das Verhalten eines Ehepartners dazu geführt, daß der andere seiner Gegenwart entfliehen mußte, so gilt der erstere als derjenige, der die eheliche Gemeinschaft aufgehoben hat[997]. Eine räumliche Trennung ist zwar die Regel, doch kann auch bei einem Zusammenleben im gleichen Haushalt ein Verlassen bejaht werden[998]. Eine entsprechende Klage kann allerdings erst eingereicht werden, wenn der Zustand des Verlassenseins seit mindestens zwei Jahren besteht. Der schuldige Partner hat es also in der Hand, den Zustand wieder zu beenden, und damit den gegen ihn gerichteten Antrag zu Fall zu bringen. Kehrt er mit der ernst gemeinten Absicht, das eheliche Leben wiederaufzunehmen, mit animus revertendi, zurück, ist das Verlassen beendet[999].

Zum zweiten muß die Trennung *ohne triftigen Grund* erfolgt sein. Wann ein solcher vorliegt, ist nach den Umständen des Einzelfalles zu entscheiden[1000]. Bejaht werden kann ein triftiger Grund insbesondere, wenn Umstände vorliegen, die denjenigen, der den anderen verlassen hat, dazu berechtigen würden, die Scheidung auf einen anderen anerkannten Scheidungsgrund zu stützen[1001].

---

ausreichend, wenn der Wille zur endgültigen Aufhebung der ehelichen Gemeinschaft sich erst im Laufe der Trennung bildet, *Bipinchandra Jaisinghbai Shah v. Prabhavati* AIR 1957 S.C. 176 (190); *Lachman Utamchand Kirpalani v. Meena* AIR 1964 S.C. 40 (48); *Smt. Sukhama Devi v. Niranjan Singh* AIR 1983 Del. 469 (473); *A. Bhagavathi Ammal v. Sethu* AIR 1987 Mad. 224 (228 f.).

997 Sog. konstruktives Verlassen (*constructive desertion*) siehe *Bipinchandra Jaisinghbai Shah v. Prabhavati* AIR 1957 S.C. 176 (188); *Devi Singh v. Smt. Sushila Devi* AIR 1980 Raj. 48 (54); *Smt. Sukhama Devi v. Niranjan Singh* AIR 1983 Del. 469 (477 f.); *Smt. Asha Handa v. Baldev Raj Handa* AIR 1985 Del. 76 (81 f.); *Kamal Kumar Basu v. Kalyani Basu* AIR 1988 Cal. 111 (111 f.); *A. Bhagavathi Ammal v. Sethu* AIR 1987 Mad. 224 (228 f.).

998 Siehe die Erläuterung zu sec. 13 Abs. 1 S. 2 HMA nach der unter „Verlassen" auch „Vernachlässigung" zu verstehen ist sowie *Tapankumar Chatterjee v. Smt. Kamala Chatterjee* AIR 1989 Cal. 74 (78).

999 *Bipinchandra Jaisinghbai Shah v. Prabhavati* AIR 1957 S.C. 176 (183); die einmalige Aufnahme sexueller Beziehungen reicht hingegen nicht aus.

1000 *Jagdish Lal v. Smt. Shyama Nadan* AIR 1966 All. 150 (155).

1001 Insbesondere in Fällen körperlicher und seelischer Grausamkeit vgl. *Smt. Mango v. Prem Chand* AIR 1962 All. 447 (450); *Smt. Shanti Devi v. Balbir Singh* AIR 1971 Del. 294 (299 f.); *Chand Narain Gautam v. Smt. Saroj Gautam* AIR 1975 Raj. 88 (92 f.); *Chemari Balan Nair v. Manikhoth Vilasini* AIR 1998 Ker. 313 (314).

Hier hat die Rechtsprechung in den letzten Jahren verstärkt aber auch gesellschaftlichen Änderungen vor allem im Hinblick auf die Rolle der Frau Rechnung getragen. So wurde beispielsweise als sachliche Rechtfertigung für eine Trennung seitens der Frau akzeptiert, daß ihr Eheleben nur innerhalb der Großfamilie stattfand und keinerlei Rückzug in eine Privatsphäre möglich war[1002]. Auch im Hinblick darauf, daß heute immer mehr Frauen einer eigenständigen beruflichen Tätigkeit nachgehen und teilweise nicht mehr bereit sind, dem nach traditionellen Wertvorstellungen dem Mann gebührenden Aufenthaltsbestimmungsrecht bedingungslos Folge zu leisten, hat die Rechtsprechung in den letzten Jahren den „triftigen Grund" immer stärker ausgeweitet[1003].

Aufgrund der geänderten gesellschaftlichen Bedingungen wird andererseits der Vorwurf des Mannes, seine Frau sei unkeusch, als nicht mehr ausreichend erachtet, um ihre Trennung von ihm zu rechtfertigen[1004]. Auch eine Berufung auf Vereinbarungen zwischen den Eheleuten oder auf gewohnheitsrechtliche Regeln wird nicht zugelassen, wenn jene unwirksam sind, da sie gegen geltendes Recht oder gegen das Allgemeinwohl verstoßen. So kann man sich beispielsweise nicht auf eine Vereinbarung, nach der die Eheleute dauernd ge-

---

[1002] Vgl. *Kamal Kumar Basu v. Kalyani Basu* AIR 1988 Cal. 111 (113); *Om Prakash Narang v. Smt. Prabha Narang* AIR 1978 Del. 240 (246 f.). AA allerdings *Krishnabai v. Punamchand* AIR 1967 M.P. 200 (200 f.) für den Fall, daß es sich um den einzigen Sohn handelt; hier könne die Frau nicht verlangen, daß ihr Eheleben außerhalb seines Elternhauses stattfinde; siehe hierzu auch *Diwan* Family Law S. 116.

[1003] Siehe *Pravinaben v. Sureshbhai Tribhovan Arya* AIR 1975 Guj. 69 (71 f.); *Mirchumal v. Smt. Devi Bai* AIR 1977 Raj. 113 (116); *Umesh Kumar v. Shashi Kumari* AIR 1987 Del. 235 (238 f.); *Smt. Indira Gangele v. Shailendra Kumar Gangele* AIR 1993 M.P. 59 (64); *Smt. Kosuri Dhanum Kumari v. Kosuri Venkata Vara Prasad* AIR 1998 A.P. 225 (230 f.). Z.T. wird in den Fällen auch bereits der animus deserendi verneint. Außerdem wird in jenen Fällen oft die ökonomische Notwendigkeit, daß auch die Frau zum familiären Unterhalt beiträgt, betont. Nur in diesem Falle und auch nur dann, wenn sie keinerlei Beschäftigung am Wohnort findet, will dies *S.C.Jain* S. 37 akzeptieren. A.A. noch *Smt. Tirath Kaur v. Kirpal Singh* AIR 1964 Punj. 28 (29 f.); *Gaya Prasad v. Mst. Bhagwati* AIR 1966 M.P. 212 (213 ff.). Siehe auch *Vuyyuru Pothuraju v. Vuyyuru Radha* AIR 1965 A.P. 407 (407 f.), wo das Gericht entschied, daß das Aufenthaltsbestimmungsrecht des Mannes auch nicht durch eine voreheliche Vereinbarung eingeschränkt werden könne.

[1004] *Lachman Utamchand Kirpalani v. Meena* AIR 1964 S.C. 40 ff.; der Supreme Court hob die Entscheidung *Meena v. Lachman Utamchand Kirpalani* AIR 1960 Bom. 418 ff. auf; der High Court von Bombay hatte noch die gegenteilige Auffassung vertreten (424); siehe aber *J. Shyamala v. P. Sundar Kumar* AIR 1991 NOC 29 (Mad.).

trennt leben[1005], oder ein Gewohnheitsrecht, das einem der Ehepartner erlaubt, sich seinem Ehepartner zu entziehen, wenn dieser aus der Kaste ausgeschlossen wurde[1006], stützen. Auch enttäuschte einseitige Erwartungen hinsichtlich einer Ausbildung oder des Lebensstandards genügen zur Bejahung eines triftigen Grundes nicht[1007].

Um der Gefahr des Mißbrauchs entgegenzuwirken, ist schließlich noch zu prüfen, ob seitens des Antragsstellers der ernsthafte Wille zur Aufrechterhaltung der ehelichen Lebensgemeinschaft besteht. Die Trennung muß also *ohne oder gegen den Willen* des Antragstellers stattgefunden haben[1008] und auch gegen seinen Willen andauern[1009].

Das Verlassen der ehelichen Lebensgemeinschaft berechtigt den Verlassenen allerdings nicht nur zu einer Scheidungs- oder Trennungsklage, sondern auch zu einer auf Bewahrung der Ehe gerichteten Wiederherstellungsklage[1010].

---

1005 *A.E. Thirumal Naidu v. Rajammal* AIR 1968 Mad. 201 ff.; *S.C.Jain* S. 38.

1006 Siehe *Mohan Lal v. Smt. Shanti Devi* AIR 1964 All. 21 (21 f.); zwar ist die Entscheidung, da Klage vor 1955 eingereicht worden war, nicht auf den HMA gestützt, doch hat sie nach wie vor Gültigkeit.

1007 *Rajesh Kumar Upadhyay v. Varanasi* AIR 1998 All. 350 (350).

1008 Vgl. Erläuterung zu sec. 13 Abs. 1 HMA.

1009 *Dave Kantilal Kalyanji v. Bai Indumati Kalyanji* AIR 1956 Saur. 115 (115 f.), noch zum Saurashtra Hindu Divorce Act 1952. Die Berufung auf das Verlassen durch die Gattin wurde z.B. nicht anerkannt in *Smt. Maya Chatterji v. Shiv Chandra Chatterji* AIR 1984 All. 40 (43 f.). Dort hatte der Kläger seinen Antrag sowohl darauf gestützt, daß seine Frau ihn verlassen hatte, als auch darauf, daß sie Ehebruch begangen hatte. Das Gericht begründete seine Entscheidung damit, daß kein Mann, der annimmt, daß seine Frau außerehelichen Verkehr hatte, gewillt ist, noch weiter mit ihr zusammenzuleben. Siehe hierzu auch, im Rahmen einer Wiederherstellungsklage, *Smt. Sushil Kumari Dang v. Prem Kumar Dang* AIR 1976 Del. 321 (324 ff.).

1010 Siehe genauer oben B.IV.3.a), S. 76 ff.; im Rahmen der Wiederherstellungsklage kann sofort, also nicht erst zwei Jahre nach dem Verlassen, Klage erhoben werden; außerdem ist im Rahmen einer Scheidungs- oder Trennungsklage das Nichtvorliegen eines triftigen Grundes vom Kläger zu beweisen, also von demjenigen, der verlassen worden ist, während bei sec. 9 HMA den Klagegegner, also denjenigen, der die eheliche Gemeinschaft aufgehoben hat, die Beweislast für das Vorliegen eines rechtfertigenden Grundes für sein Verhalten trifft, so die Erläuterungen zu sec. 9 HMA.

### (2) Recht der Moslems

Durch eine gültige Eheschließung erhält die Frau das Recht, im Haus des Mannes zu wohnen. Andererseits ist sie aber auch verpflichtet, stets bei ihm zu leben. Hat sich die Frau der ehelichen Gemeinschaft entzogen, so kann der *Mann*, wie in allen anderen Fällen auch, seine Frau verstoßen. Die Eheleute können allerdings wirksam im Ehevertrag eine Vereinbarung treffen, daß sie trotz bestehender Ehe getrennt voneinander leben[1011].

Der *Frau* ist in sec. 2 (4) DoMMA ein Scheidungsrecht gewährt worden, wenn der Mann drei Jahre seine ehelichen Pflichten zur häuslichen und geschlechtlichen Gemeinschaft ohne triftigen Grund nicht erfüllt hat. Wann ein triftiger Grund vorliegt, ist von der Rechtsprechung, soweit ersichtlich, bislang nicht entschieden worden. Jedoch könnte man hier im Hinblick auf das Staatsziel eines einheitlichen indischen Familienrechts (Art. 44 der Verfassung) unter Berücksichtigung muslimischer Besonderheiten[1012] möglicherweise ebenso entscheiden wie im Rahmen einer auf sec. 13 Abs. 1 (ib) HMA gestützten Scheidungsklage.

### (3) Recht der Christen

Auch das christliche Recht kennt eine Möglichkeit der Eheauflösung bei ungerechtfertigtem Verlassen der ehelichen Lebensgemeinschaft über einen Zeitraum von mindestens zwei Jahren. Zwar konnte sich ursprünglich nur die Ehefrau auf den Scheidungsgrund des sec. 10 Abs. 1 Nr. 7 IDA stützen und dies auch nur, wenn sich ihr Mann gleichzeitig des Ehebruchs schuldig gemacht hatte. Doch ist dieser Scheidungsgrund gestützt auf die jüngere Rechtsprechung dahingehend auszudehnen, daß sich auch der Ehemann darauf berufen kann und daß allein das Verlassen ausreichend ist[1013]. Im Rahmen einer Klage auf gerichtliche Trennung ergibt sich dies aus dem Gesetzestext des sec. 22 IDA selbst.

---

[1011] *Muhammad Yasim v. Mumtaz Begam* AIR 1936 Lah. 716 (717); *Mt. Sakina Faruq v. Shamshad Khan* AIR 1936 Pesh 195 (196); *Mohd. Khan v. Mst. Shahmali* AIR 1972 J.&K. 8 (9 f.); aA noch *Khatun Bibi v. Rajjab* AIR 1926 All. 615 (616).

[1012] So ist ein triftiger Grund für ein Getrenntleben der Frau beispielsweise zu bejahen, wenn der Mann die bei der Eheschließung bereits zu entrichtende Morgengabe nicht gezahlt hat oder wenn er die *Zina*-Sünde begangen hat.

[1013] Siehe hierzu bereits oben B.IV.2.c), S. 71 ff.

### (4) Recht der Parsen

1988 wurde auch sec. 32 (g) des Parsi Marriage and Divorce Acts dahingehend geändert, daß, wie nach dem HMA, ein Ehegatte die Scheidung einreichen kann, wenn er vom anderen seit mindestens zwei Jahren[1014] mit animus deserendi verlassen worden ist[1015]. Gem. sec. 2 Abs. 3 PMaDA ist darüber hinaus noch zu prüfen, ob nicht für das Verlassen der ehelichen Gemeinschaft ein rechtfertigender Grund vorliegt. Hierbei kann auf die Rechtsprechung im Rahmen des HMA zurückgegriffen werden[1016]. Außerdem verlangt sec. 2 Abs. 3 PMaDA, daß die Trennung ohne bzw. gegen den Willen des Ehepartners, der verlassen worden ist, erfolgt.

### (5) Ziviles Eherecht

Sec. 27 Abs. 1 (b) i.V.m. der Erläuterung zu sec. 27 Abs. 1 SMA und sec. 23 Abs. 1 (a) SMA gewähren inhaltsgleich zu sec. 13 Abs. 1 (ib), sec. 10 HMA ein Recht auf Scheidung oder gerichtliche Trennung, wenn über einen Zeitraum von mindestens zwei Jahren ein Ehegatte den anderen mit animus deserendi ohne rechtfertigenden Grund verlassen hat[1017]. Diese Vorschriften finden über den Verweis in sec. 18 FMA auch im Rahmen des Foreign Marriage Act Anwendung.

## *b) Grausamkeit – Cruelty*

### (1) Hindu Marriage Act

Gem. sec. 13 Abs. 1 (ia), 10 HMA kann ein Ehegatte seinen Scheidungs- bzw. Trennungsantrag darauf stützen, daß er vom anderen nach der Eheschließung grausam behandelt worden ist[1018]. Der Tatbestand kann sowohl durch aktives

---

[1014] Vor 1988 war eine dreijährige Zeit des Verlassenseins erforderlich.

[1015] Siehe zum Verlassen nach parsischen Recht genauer die Entscheidung *Dina Dinshaw v. Dinshaw Ardeshir* AIR 1970 Bom. 341 ff.

[1016] So *Shabbir/Manchanda* S. 51 vgl. Fn 24, 25, 1; aA *Qureshi* Marriage S. 139, der das englische Recht heranziehen will.

[1017] Siehe hierzu *Jyotish Chandra Guha v. Sm. Meera Guha* AIR 1970 Cal. 266 (275 ff.); *Dhrubajyoti Chatterjee v. Dila Mukherjee* AIR 1979 Ori. 93 ff.

[1018] Bis 1976 war auch die Grausamkeit kein Scheidungs-, sondern lediglich ein Grund, gerichtliche Trennung zu beantragen.

Tun als auch durch Unterlassen verwirklicht werden. Letzteres ist insbesondere im Rahmen des Zusammenlebens in der Großfamilie denkbar, wenn ein Ehepartner duldet, daß sich seine Verwandten gegenüber dem angeheirateten Partner grausam verhalten[1019]. Des weiteren reicht zur Bejahung der Grausamkeit auch aus, daß das Verhalten den Partner nur indirekt, beispielsweise durch Grausamkeiten gegenüber den Kindern, berührt[1020].

Was jedoch genau unter den Begriff der Grausamkeit zu subsumieren ist, ist dem Hindu Marriage Act selbst nicht zu entnehmen. Unumstritten wird darunter die körperliche Gewaltanwendung verstanden, doch hat die Rechtsprechung auch seelische Übelzufügungen unter den Grausamkeitsbegriff gefaßt[1021]. Die Grenze zwischen Verhaltensweisen, die im Rahmen einer ehelichen Lebensgemeinschaft hinzunehmen sind[1022], und solchen, die als seelische Grausamkeit bewertet werden müssen, ist nach den Umständen des Einzelfalls zu ziehen[1023]. Entscheidend ist hierbei, ob das Verhalten des einen Ehegatten gegenüber dem anderen gerade diesem das eheliche Zusammenleben unerträglich macht[1024]. Abzustellen ist dabei auf die Sicht des Opfers, d.h. es

---

1019 *Diwan* Family Law S. 130, der die Entscheidung *Gopal Krishan Sharma v. Dr. Mithilesh Kumari Sharma* AIR 1979 All. 316 ff. ablehnt.

1020 *Trimbak Narayan Bhagwat v. Smt. Kumudini Trimbak Bhagwat* AIR 1967 Bom. 80 ff.; *Derrett* § 340.

1021 „Leading case" *Dr. N.G. Dastane v. Mrs. S. Dastane* AIR 1975 S.C. 1534 (1544 f.) – hier wurde seelische Grausamkeit seitens der Ehefrau gegenüber ihrem Mann bejaht, allerdings wurde eine Scheidung schließlich doch abgelehnt, da Verzeihung angenommen wurde. In *N. Sreepadachar v. Vasantha Bai* AIR 1970 Mys. 232 (236) wurde ein (seelisch) grausames Verhalten der Ehefrau darin gesehen, daß sie ihren Mann u.a. in einem Bus beschimpfte und ihn an seiner Krawatte zog, ihn zwang, für sie Essen zu kochen und dieses dann gegen seinen Kopf warf. In *Smt. Kamla Devi v. Balbir Singh* AIR 1979 J.&K. 4 (6) sowie *Meenakshi Mehta v. Major Atul Mehta* AIR 2000 H.P. 73 ff. und *Smt. Surbhi Agrawal v. Sanjay Agrawal* AIR 2000 M.P. 139 ff. wurde ebenfalls die Ausübung seelischer Grausamkeit seitens der *Frau* bejaht. Siehe auch *Smt. Putul Devi v. Gopi Mandal* AIR 1963 Pat. 93 (96); *Rita Nijhawan v. Shri Balkishan Nijhawan* AIR 1973 Del. 200 (208 ff.); *Rama Kanta v. Mohinder Laxmidas Bhandula* AIR 1996 P.&H. 98 (101 f.); *Satya Narain v. Smt. Mamta* AIR 1997 Raj. 118 ff.

1022 Siehe hierzu beispielsweise *Sri Tapan Chakraborty v. Smt. Anjali Chakraborty* AIR 1993 Cal. 10 ff.; *Smt. Indira Gangele v. Shailendra Kumar Gangele* AIR 1993 M.P. 59 (62 ff.).

1023 *Bhagwanti v. Laxmandas Panjwani* AIR 2000 M.P. 190 (191).

1024 *Dr. Keshaorao Krishnaji Londhe v. Mrs. Nisha Londhe* AIR 1984 Bom. 413 (419); *Smt. Nirmala Manohar Jagesha v. Manohar Shivram Jagesha* AIR 1991 Bom. 259 (266, 272); *Rama*

ist unerheblich, ob der grausam Handelnde dies auch tatsächlich wollte, ob ihn überhaupt ein Vorwurf trifft[1025]. Zu berücksichtigen ist neben den im Einzelfall konkret Betroffenen auch deren soziales Umfeld sowie Änderungen der dortigen Anschauungen[1026]. So wurde beispielsweise in neueren Entscheidungen, angelehnt an die Rechtsprechung zum Verlassen der ehelichen Lebensgemeinschaft, der Wunsch einer hinduistischen Ehefrau, entgegen der Tradition nicht mehr mit der Großfamilie ihres Mannes unter einem Dach oder aus beruflichen Gründen an einem anderen Ort zu leben, nicht als Fall von seelischer Grausamkeit gegenüber ihrem Gatten bewertet[1027]. Ein Tatbestand, der sogar eine Trennung rechtfertigt, kann keine Grausamkeit begründen. Andererseits jedoch wird die grundlose Anschuldigung, daß die eigene Frau einen unmoralischen Lebenswandel führe, meist als Fall seelischer

---

*Kanta v. Mohinder Laxmidas Bhandula* AIR 1996 P.&H. 98 (102); siehe auch *Smt. Asha Handa v. Baldev Raj Handa* AIR 1985 Del. 76 (80).

1025 In *P.L. Sayal v. Smt. Sarla Rahi* AIR 1961 Punj. 125 ff. wurde Grausamkeit in einem Fall bejaht, in dem die Ehefrau ihrem Gatten einen – angeblichen – Liebestrank verabreicht hatte, von dem dieser aber, statt wie von ihr erhofft, in Liebe zu ihr zu entflammen, schwer krank wurde. In *Rup Lal v. Kartaro Devi* AIR 1970 J.&K. 158 (158 f.) wurde entschieden, daß die abstoßende Krankheit allein den gesunden Ehepartner berechtigte, sich auf unerträgliches Zusammenleben und damit auf seelische Grausamkeit zu stützen. Siehe auch *Trimbak Narayan Bhagwat v. Smt. Kumudini Trimbak Bhagwat* AIR 1967 Bom. 80 ff.; *Rita Nijhawan v. Shri Balkishan Nijhawan* AIR 1973 Del. 200 (208 f.); *Smt. Asha Handa v. Baldev Raj Handa* AIR 1985 Del. 76 (80); *Smt. Nirmala Manohar Jagesha v. Manohar Shivram Jagesha* AIR 1991 Bom. 259 (272). A.A. *Shri Pranab Biswas v. Smt. Mrinmayee Dassi* AIR 1976 Cal. 156 (163 f.), allerdings noch zum alten Trennungsgrund der Grausamkeit nach sec. 10 Abs. 1 (b) HMA a.F.

1026 *Jia Lal Abrol v. Sarla Devi* AIR 1978 J.&K. 69 (73); *Parihar v. Parihar* AIR 1978 Raj. 140 (146); *Sukumar Mukherjee v. Tripti Mukherjee* AIR 1992 Pat. 32 (36). *Derrett* (§ 336) bewertet beispielsweise in seinem 1963 erschienenen Werk das Verhalten eines Mannes, der nie mit seiner Frau spricht oder der von ihr verlangt, daß sie harte körperliche Arbeit verrichtet, während er nichts tut, außer sie gelegentlich zu schlagen, generell als nicht grausam.

1027 *Om Parkash v. Smt. Rajni* AIR 1988 Del. 107 (108 f.); *Smt. Vibha Shrivastava v. Dinesh Kumar Shrivastava* AIR 1991 M.P. 346 (353). In *Madan Mohan Manna v. Smt. Chitra Manna* AIR 1993 Cal. 33 (37) wurde die Grausamkeit in einem Fall verneint, in dem sich die Ehefrau geweigert hatte, mit einer nicht mit dem Mann verwandten Frau (angeblich die Frau seines Cousins) unter einem Dach zu leben, zumal hinzu kam, daß es objektive Anhaltspunkte für ein außereheliches Verhältnis zwischen den beiden gegeben hatte. In *Smt. Indira Gangele v. Shailendra Kumar Gangele* AIR 1993 M.P. 59 (63 f.) wurde sowohl bösliches Verlassen *(desertion)* als auch Grausamkeit in einem Fall abgelehnt, in dem die Frau ihr Studium an einem anderen Ort beenden wollte.

Grausamkeit bewertet[1028]. Im Hinblick auf den in der Entscheidung des Supreme Court im Rahmen des Verlassens festgestellten Wandel in den Wertvorstellungen wird dies inzwischen z.T. relativiert[1029]. Ist der Vorwurf der Unkeuschheit keine Rechtfertigung mehr für die Frau, die eheliche Lebensgemeinschaft aufzuheben, so ist es im Hinblick auf die Entscheidungsharmonie zwischen den beiden Scheidungsgründen problematisch, ihn als seelisch grausam zu bewerten. Andererseits wird allerdings auch die grundlose Anschuldigung der Frau, daß ihr Mann impotent sei, als seelisch grausam bewertet[1030].

Generell ist in der Rechtsprechung der letzten Jahre eine Tendenz festzustellen, den Begriff der Grausamkeit immer weiter auszudehnen und sec. 13 Abs. 1 (ia) HMA als Auffangnorm zu verstehen. So wurde beispielsweise[1031] abweichendes Sexualverhalten, das nicht zur Auflösung der Ehe nach dem speziell hierfür normierten sec. 13 Abs. 2 (2) HMA berechtigt, als Fall seelischer Grausamkeit gewertet. Die Ausdehnung könnte insofern problematisch sein, als der Gesetzgeber die zur Scheidung berechtigenden Gründe enumerativ aufgelistet hat. So zeigt sich – im Beispiel fortfahrend – in sec. 13 Abs. 2 (2) HMA sein Wille, in gewissen Fällen abweichenden Sexualverhaltens eine Auflösung der Ehe zuzulassen, aber eben auch nur in diesen[1032]. Häufig wird

---

1028 *A. Kuppuswami v. Alagammal* AIR 1961 Mad. 391 (392); *Smt. Kamla Devi v. Amar Nath* AIR 1961 J.&K. 33 (34); *Iqbal Kaur v. Pritam Singh S. Nanak Singh* AIR 1963 Punj. 242 (242 f.); *Smt. Putul Devi v. Gopi Mandal* AIR 1963 Pat. 93 (97); *Kusum Lata v. Kampta Prasad* AIR 1965 All. 280 (284 f.); *Smt. Umri Bai v. Chittar* AIR 1966 M.P. 205 (206 f.); *A. v. B.* AIR 1985 Guj. 121 (123 f.).

1029 So werden in einigen Entscheidungen vorsichtige Einschränkungen vorgenommen. In *Paras Ram v. Kamlesh* AIR 1982 P.&H. 60 ff. wird der Vorwurf des Ehebruchs allein als nicht ausreichend bewertet, um eine Scheidung auf Grausamkeit zu stützen, sondern es wird verlangt, daß der Antragssteller nachweist, daß der Vorwurf falsch ist. In *Mukesh Kumar Gupta v. Smt. Kamini Gupta* AIR 1984 Del. 368 (375) wird dann, wenn der Ehepartner von einem ehebrecherischen Verhalten ausging und auch ausgehen konnte, sein Vorwurf diesbezüglich nicht als seelische Grausamkeit angesehen; ebenso *Madan Mohan Manna v. Smt. Chitna Manna* AIR 1993 Cal. 33 (35).

1030 *Smt. Nirmala Manohar Jagesha v. Manohar Shivram Jagesha* AIR 1991 Bom. 259 (272); *Smt. G. Padmini v. G. Sivananda Babu* AIR 2000 A.P. 176 ff.

1031 *A. v. B.* AIR 1985 Guj. 121 (125 f.).

1032 Siehe auch die Entscheidung *Dr. Srikant Rangachary Adya v. Smt. Anuradha* AIR 1980 Kant. 8 (11), in der Grausamkeit aufgrund gestörten ehelichen Sexuallebens bejaht wurde, weil die Ehe wegen Impotenz nicht vollzogen worden war. In *Madan Lal v. Smt. Sudesh Kumari* AIR 1988 Del. 93 (99 f.) wurde eine Scheidung aufgrund Grausamkeit gewährt,

Grausamkeit auch neben einem weiteren Scheidungsgrund, wie beispielsweise Bigamie oder Ehebruch, angenommen[1033]. Die Rechtsprechung hat die Grausamkeit in einer Entscheidung sogar mit der Begründung gewährt, die Ehe sei emotional und tatsächlich tot[1034].

Zu beachten ist bei einer auf Grausamkeit gestützten Scheidungs- oder Trennungsklage schließlich noch sec. 23 Abs. 1 (b) HMA, d.h. ob der Antragsteller nicht ausdrücklich oder konkludent das grausame Verhalten seinem Ehepartner bereits verziehen hat[1035].

#### (2) Recht der Moslems

Gem. sec. 2 (8) DoMMA kann auch eine muslimische Frau die Scheidung einreichen, wenn sie von ihrem Ehemann grausam behandelt worden ist. Was darunter zu verstehen ist, wird in sechs Untergruppen näher spezifiziert:

Zunächst fällt unter den Begriff der Grausamkeit nach sec. 2 (8) (a) die gewohnheitsmäßige körperliche Gewaltanwendung sowie auch nicht nur einmalige seelische Übelzufügungen, die das Zusammenleben unerträglich

---

weil bereits sechs Monate nach der Trauung ein Kind zur Welt kam. Diese Fälle regelt jedoch eigentlich sec. 12 Abs. 1 (d) HMA, der u.a. eine Frist von einem Jahr zur Klageeinreichung vorsieht, die über den Weg der Grausamkeitsscheidung ausgehebelt werden könnte. Man kann allerdings in beiden Fällen argumentieren, daß eine Nichtigkeitsklage nach sec. 12 HMA etwas anderes ist als eine Scheidung und es daher nicht zu einer Umgehung oder Aushebelung kommen kann.

1033 In *Smt. Ambujam v. T.S. Ramaswamy* AIR 1973 Del. 46 (53) wurde das Verlassen der ehelichen Lebensgemeinschaft, das gleichzeitig bedeutete, das kein geschlechtlicher Verkehr mehr stattgefunden hatte, auch als seelische Grausamkeit bewertet. In *Dr. Suneer Sharma v. Dr. Madhurlata Sharma* AIR 2000 M. P. 26 ff. bejahte das Gericht den Tatbestand der Grausamkeit, da der Mann mit einer zweiten Frau zusammenlebte und diese geheiratet hatte.

1034 *Romesh Chander v. Smt. Savitri* AIR 1995 S.C. 851 ff. Siehe allerdings auch *Smt. Asha Handa v. Baldev Raj Handa* AIR 1985 Del. 76 (80), wo darauf hingewiesen wird, daß die Gerichte vorsichtig sein müssen, um die Tür nicht zu weit zu öffnen, indem sie eine Unvereinbarkeit der Charaktere oder kleinere Versäumnisse eines Ehepartners gleich als Grausamkeit und damit als Scheidungsgrund begreifen.

1035 Siehe hierzu auch *Sm. Santana Banerjee v. Sachindra Nath Banerjee* AIR 1990 Cal. 367 (377 ff.); *Bhagwanti v. Laxmandas Panjwani* AIR 2000 M.P. 190 (191).

machen[1036]. Dies ist insofern bemerkenswert, als nach islamischen Recht der Mann seine Frau notfalls auch mit Schlägen angemessen züchtigen darf, wenn sie die gebotene Gehorsamkeit nicht beachtet[1037].

Des weiteren fällt unter den Scheidungsgrund der Grausamkeit nach Unterabschnitt (b) und (c) jeder Angriff auf die sexuelle Ehre der Frau. Ein solcher kann zum einen darin liegen, daß ihr Mann mit Frauen von schlechtem Ruf verkehrt oder ein vergleichbar ehrloses Leben führt. Zum anderen kann der Angriff auf ihre Ehre auch darin bestehen, daß nicht der Mann selbst ehrlos lebt, sondern daß er versucht, seine Frau zu einem unmoralischen Lebenswandel zu nötigen.

Ferner ist Grausamkeit nach sec. 2 (8) (d) und (e) zu bejahen, wenn der Mann die Trennung der Vermögensmassen nach muslimischen Recht nicht respektiert[1038] oder wenn er seine Frau an ihrer Religionsausübung hindert.

Als sehr wichtig hat sich der letzte Unterfall der Grausamkeit, sec. 2 (8) (f), herausgestellt. Dieser gewährt der Frau eine Scheidungsmöglichkeit, wenn ihr Mann mehrere Frauen hat und diese nicht gleich behandelt[1039].

### (3) Recht der Christen

Das christliche Eherecht kannte die Möglichkeit der Scheidung auch im Falle der Grausamkeit nur in sehr eingeschränktem Maße. Zum einen mußte gem.

---

1036 Auch hier können die Grenzen zwischen hinnehmbaren Höhen und Tiefen eines Ehelebens und seelischer Grausamkeit unterschiedlich gezogen werden. In *Mohd. Sharif v. Smt. Nasrine* AIR 1996 Raj. 23 ff. wurde beispielsweise das Verhalten eines Mannes, der seine Frau zwang, zusammen mit Verwandten in einer Einzimmer-Hütte zu leben, als nicht grausam bewertet, während *Mahmood* Islamic Law S. 442 f., in jenem Fall den Scheidungsgrund wegen Grausamkeit bejaht hätte. Im Hinblick auf das unbeschränkte Scheidungsrecht des Mannes sollte im Rahmen von sec. 2 (8) DoMMA im Zweifel eine weite Auslegung bevorzugt werden. Siehe zu sec. 2 (8) (a) DoMMA auch *Asmabai v. Umer Mahomed Sidik Mirza* AIR 1941 Sind. 23 ff.; *Smt. Shahina Praveen v. Mohd. Shakeel* AIR 1987 Del. 210 ff.

1037 Siehe oben B.II.2.b), S. 27 ff. Daher war es bis zur Einführung des DoMMA 1939 unklar, ob eine muslimische Ehefrau bei körperlicher Gewaltanwendung ihre Ehe auflösen konnte; vgl. *Qureshi* Marriage S. 178 f.

1038 Siehe hierzu genauer *Mt. Umat-ul-Hafiz v. Talib Hussain* AIR 1945 Lah. 56 (57 f.).

1039 Siehe hierzu genauer *Itwari v. Smt. Asghari* AIR 1960 All. 684 ff. sowie oben C.I.1.a)(2)(a), S. 94 ff.

sec. 10 Abs. 2 Nr. 6 IDA zur Grausamkeit hinzukommen, daß gleichzeitig ein Ehebruch begangen worden war[1040]. Zum anderen konnte sich nur die Ehefrau hierauf stützen. Dies ist im Hinblick auf die Realität, in der die körperliche Gewalt nahezu ausschließlich von Männern ausgeübt wird, zu sehen. Allerdings ist zu bedenken, daß nach der Rechtsprechung auch im christlichen Recht der körperlichen die seelische Grausamkeit gleichzustellen ist[1041] und daß diese durchaus häufiger auch von Frauen ausgeübt werden kann. Gestützt auf die neuere Rechtsprechung kann jedoch sec. 10 Abs. 2 Nr. 6 IDA ebenfalls erweiternd ausgelegt werden, so daß einerseits allein ein grausames Verhalten ausreicht und sich zum anderen auch der christliche Ehemann auf diesen Scheidungsgrund stützen kann. Im Rahmen einer gerichtlichen Trennung ergibt sich beides aus sec. 22 IDA.

#### (4) Recht der Parsen

Entsprechend dem 1988 eingefügten sec. 32 (*dd*) PMaDA kann eine Scheidung auch nach dem Recht der Parsen darauf gestützt werden, daß der Antragsteller grausam behandelt wurde oder daß ihm aus sonstigen Gründen ein weiteres Zusammenleben mit dem Ehepartner nicht zugemutet werden kann[1042].

Gem. sec. 32 (*e*) PMaDA kann Scheidung begehrt werden, wenn ein Ehepartner dem anderen schuldhaft schwere körperliche Verletzungen zugefügt, ihn

---

[1040] Siehe aus jüngerer Zeit *Mrs. Lavina Yorke v. Terence Basil Yorke* AIR 1997 Del. 346 ff., wo einer Scheidung stattgegeben wurde, da der Mann ein außereheliches Verhältnis zugegeben hatte und die Frau nachweisen konnte, daß er ihr u.a. mit brennenden Zigaretten auf der Haut körperliche Schmerzen zugefügt hatte.

[1041] *Soosannamma Kurien v. Varghese Abraham* AIR 1957 Trav.-Co. 277 (281); siehe auch *Pinto* S. 138 m. Hinw. auf weitere Rspr.

[1042] Siehe zum Begriff der Grausamkeit und der Unzumutbarkeit des ehelichen Zusammenlebens genauer *Shabbir/Manchanda* S. 65 ff.; S. 72 ff.; allerdings verweisen *Shabbir/Manchanda* oftmals auf das englische Recht. Ein anderer Weg wäre, die indische Rechtsprechung zum HMA und SMA hier heranzuziehen. Zumindest die Entscheidungen zum HMA allerdings ausdrücklich ablehnend *Pistonji Kekobund Bharucha v. Mrs. Aloo* AIR 1984 Bom. 75 (80 f.); das Gericht stützt sich dabei auf eine Entscheidung aus dem Jahre 1938, wo auf das englische Recht Bezug genommen worden war. Jener Fall von 1938, *Cowasji Nusserwanji Patuck v. Shehra Cowasji Patuck* AIR 1938 Bom. 81 ff., wurde jedoch zu einer Zeit entschieden, als Indien noch Kolonie Großbritanniens war und es weder einen HMA noch einen SMA gab.

mit einer Geschlechtskrankheit infiziert[1043] oder zur Prostitution[1044] gezwungen hat. Hinsichtlich der schweren Körperverletzung ist nach sec. 2 Abs. 4 PMaDA Voraussetzung, daß die verletzte Person infolge der Körperverletzung die Zeugungs- bzw. Empfängnisfähigkeit, das Sehvermögen auf einem Auge, das Hörvermögen auf einem Ohr, ein Glied oder Gelenk des Körpers verloren hat oder dauerhaft nicht mehr gebrauchen kann, Kopf oder Gesicht dauerhaft entstellt sind oder die Körperverletzung mittels einer das Leben gefährdenden Behandlung erfolgte. Eine auf sec. 32 (e) PMaDA gestützte Klage ist innerhalb von zwei Jahren nach Verletzung bzw. Zwang zur Prostitution einzureichen.

Das Verhältnis des neu eingefügten sec. 32 (dd) und des sec. 32 (e) wird in Rechtsprechung und Literatur, soweit ersichtlich[1045], nicht behandelt. Der neue sec. 32 (dd) wird wohl dazu führen, daß sec. 32 (e) an Bedeutung verliert. Zwar können die drei Scheidungsgründe des sec. 32 (e) durch die Einfügung von 32 (dd) vor 32 (e) als gesetzliche Regelbeispiele für das Vorliegen von Grausamkeit betrachtet werden, allerdings ist hierbei stets die Einschränkung der Zweijahresfrist zu beachten. Liegt keine schwere Körperverletzung, Ansteckung mit einer Geschlechtskrankheit oder erzwungene Prostitution vor, so ist die Generalklausel des sec. 32 (dd) heranzuziehen, die keine weitere Einschränkung kennt. Dabei räumt sec. 32 (dd) PMaDA dem Gericht auf der Rechtsfolgenseite ein Ermessen dahingehend ein, statt des Scheidungsausspruchs ein Urteil auf gerichtliche Trennung zu erlassen. Der Antragsteller kann auch selbst statt einer Scheidung nach sec. 34 PMaDA die gerichtliche Trennung beantragen.

### (5) Ziviles Eherecht

Schließlich gewährt auch das zivile Eherecht des SMA in sec. 27 (d), sec. 23 Abs. 1 (a) ein Recht zur Scheidung bzw. gerichtlichen Trennung für den Fall, daß ein Ehepartner den anderen grausam behandelt hat. Zur Ausfüllung des Begriffs kann wohl im Hinblick auf Art. 44 der Verfassung auf die diesbezüglich im Rahmen des HMA umfangreich ergangene Rechtsprechung zurückge-

---

[1043] Verschulden ist nicht erforderlich.

[1044] Auf diesen Scheidungsgrund kann sich nur die Ehefrau stützen.

[1045] *Shabbir/Manchanda* S. 65 ff. handeln beispielsweise die Grausamkeit insgesamt noch unter der gerichtlichen Trennung ab.

griffen werden[1046]. Nach sec. 34 (b) SMA ist zu prüfen, ob der Kläger das grausame Verhalten seines Ehepartners nicht bereits verziehen hat. Sec. 18 FMA verweist auch bezüglich der Grausamkeit auf die entsprechenden Vorschriften des SMA.

### *c) Ehebruch – Adultery*

Das indische Strafgesetzbuch sieht für Ehebruch eine Freiheitsstrafe von bis zu fünf Jahren vor. Vor diesem Hintergrund gewähren alle Personalrechte im Falle des Ehebruchs die Möglichkeit der Eheauflösung.

#### (1) Hindu Marriage Act

Nach den Gesetzesbüchern Manus wurde bereits das Gespräch mit der Frau eines anderen im Wald oder an den Ufern eines Flusses sowie das Sitzen nebeneinander auf einem Kissen als Ehebruch gewertet[1047]. Allerdings führte ein Ehebruch nicht dazu, daß das heilige Band der Ehe durchtrennt wurde. Erst 1955 normierte der Gesetzgeber des HMA als ersten aller Scheidungsgründe den Ehebruch. Gem. sec. 13 Abs. 1 (i) HMA kann ein Ehepartner dann, wenn der andere nach der Eheschließung mit einem Dritten freiwilligen[1048] Geschlechtsverkehr hatte, die Scheidung einreichen. Seit der Gesetzesänderung im Jahre 1976 ist dabei bereits der einmalige außereheliche Akt ausreichend[1049].

Wegen der naturgemäß schwierigen Beweissituation reicht es aus, allein diejenigen Umstände darzulegen, die einen Ehebruch nahelegen[1050]. Dabei vermuten die indischen Gerichte in Anbetracht der gesellschaftlichen Verhältnisse

---

1046 *S.C.Jain* S. 354 f.

1047 Vgl. *Qureshi* Marriage S. 192.

1048 Also insbesondere nicht in Fällen der Vergewaltigung, siehe *S.C.Jain* S. 54, 95. AA, allerdings noch zu sec. 10 a.F., *Derrett* § 347.

1049 Bis 1976 war für sec. 13 Abs. 1 (i) HMA Voraussetzung, daß ein Ehepartner ein außerehliches Verhältnis von gewisser Dauer und Festigkeit führt („living in adultery") – siehe hierzu nur *Maganlal Budhaiabhai v. Bai Dahi* AIR 1971 Guj. 33 (36 f.).

1050 Vgl. *Bachhanidhi Das v. Kamala Devi* AIR 1980 Ori. 171 (172 f.); *Patta Dhanlakshmi v. Patta Ramachandra Rao* AIR 1998 A.P. 341 ff.; siehe zur Beweiswürdigung ausführlich *Shabbir/Manchanda* S. 44 ff.

in ihrem Land, in dem die Geschlechter in der Regel, sei es in der Schule, sei es in der Freizeit, getrennt sind, daß es in Situationen, in denen zwei Unverheiratete die Möglichkeit zur ungestörten Zweisamkeit hatten, zwischen ihnen zum Geschlechtsverkehr gekommen ist[1051]. Zu prüfen ist allerdings stets, ob das außereheliche Verhalten des einen Ehepartners nicht vom anderen gebilligt oder sogar unterstützt worden ist bzw. ob er ihm nachträglich verziehen hat. Denn dies würde gem. sec. 23 (b) HMA zur Abweisung der Klage führen[1052].

### (2) Recht der Moslems

Nach islamischem Strafrecht[1053] steht auf Ehebruch die Todesstrafe[1054]. Im indisch-muslimischen Familienrecht führt eine außereheliche Beziehung in der Regel dazu, daß der Mann auch in diesen Fall von seinem unbeschränkten Verstoßungsrecht Gebrauch machen kann. Seit 1939 gewährt der DoMMA in sec. 2 (8) (b) der muslimischen Frau ebenfalls das Recht zur Scheidung, wenn ihr Mann mit Frauen von schlechtem Ruf verkehrt oder ein ehrloses Leben führt. Unter ehrlosem Leben ist wohl der außereheliche Geschlechtsverkehr, die Begehung der *Zina*-Sünde, zu verstehen[1055]. Zu bedenken ist allerdings, daß das Leben eines muslimischen Mannes, der Beziehungen zu einer weiteren Frau pflegt, nicht notwendigerweise ehrlos sein muß. Denn es ist ihm schließlich gestattet, jederzeit und ohne Einhaltung bedeutender formeller Voraussetzungen einen Ehevertrag mit bis zu drei weiteren Frauen zu schließen, so daß sein Umgang mit ihnen legal, also nicht ehrlos ist.

---

1051 Siehe allerdings *Devyani Kantilal Shroff v. Kantilal Gamantal Shroff* AIR 1963 Bom. 98 (99 f.), wo darauf hingewiesen wird, daß an den Beweis ähnlich hohe Anforderungen wie im Strafrecht gestellt werden müssen; auch *Shabbir/Manchanda* S. 46 mahnen wegen der moralischen Stigmatisierung zur Zurückhaltung.

1052 Siehe hierzu genauer folgende Entscheidungen: *Smt. Chandra Mohini Srivastava v. Shri Avinash Prasad Srivastava* AIR 1967 S.C. 581 (585); *Ganta Nagamani v. Ganta Lakshmana Rao* AIR 1992 A.P. 76 ff.; *Arun Kumar Bhardwaj v. Smt. Anila Bhardwaj* AIR 1993 P.&H. 33 (37).

1053 Das islamische Strafrecht findet in Indien allerdings keine Anwendung.

1054 *Qureshi* Marriage S. 197; *Anderson* Encyclopedia S. 78. Zwar wird der illegitime Geschlechtsverkehr theoretisch mit Steinigung geahndet, aber durch strenge Beweisregeln – Geständnis oder vier Augenzeugen – kann dies weitgehend abgewehrt werden; siehe hierzu *Pauli* S. 15.

1055 *Diwan* Family Law S. 109.

### (3) Recht der Christen

Nach dem Wortlaut des Indian Divorce Act ist der Ehebruch seitens der Frau gem. sec. 10 Abs. 1 IDA der einzige Grund, auf den ein *Mann* ein Scheidungsbegehren stützen kann. Die christliche *Frau* kann sich nach dem Gesetzeswortlaut indes nur dann auf Ehebruch berufen, wenn dieser qualifiziert ist[1056], d.h. entweder blutschänderisch ist oder mit der Schließung einer weiteren Ehe, mit Grausamkeit oder einem Verlassen der ehelichen Lebensgemeinschaft einhergeht. Die neuere Rechtsprechung sieht in dieser Ungleichbehandlung der Frau einen Verfassungsverstoß[1057], so daß – wie im Fall von Inzest, einer Zweitehe, Religionswechsel, Grausamkeit oder böslichem Verlassen – auch bei einem einfachen Ehebruch über den Wortlaut der Vorschrift hinaus der Frau eine Scheidung ermöglicht werden kann. Für einen Antrag auf gerichtliche Trennung folgt dagegen direkt aus sec. 22 IDA, daß allein der Ehebruch ausreichend ist und daß sich sowohl der Ehemann als auch die Ehefrau darauf stützen können.

### (4) Recht der Parsen

Gem. sec. 32 (d) und sec. 34 PMaDA können beide Ehegatten die Scheidung einreichen bzw. einen Antrag auf gerichtliche Trennung stellen, wenn der andere Ehebruch begangen hat[1058]. Die Klage muß innerhalb von zwei Jahren nach Kenntniserlangung eingereicht werden. Ein Ehebruch ist dann zu bejahen, wenn ein in gültiger Ehe Verheirateter freiwillig mindestens ein Mal außerehelichen geschlechtlichen Verkehr hatte[1059].

### (5) Ziviles Eherecht

Im Wortlaut identisch mit sec. 13 Abs. 1 (i) HMA kennt auch der SMA in sec. 27 Abs. 1 (a) als ersten Scheidungsgrund den Ehebruch. Nach sec. 23 SMA kann in diesem Fall statt dessen auch eine gerichtliche Trennung beantragt werden. Auch hier ist sec. 34 (b) SMA zu beachten, der sec. 23 (b) HMA entspricht. Nach dieser Vorschrift ist die Klage abzuweisen, wenn der

---

[1056] Siehe auch die Erläuterungen in sec. 3 Abs. 6 ff. IDA.

[1057] *Ammini E.J. v. Union of India* AIR 1995 Ker. 252 (264 ff.). Vgl. insgesamt oben B.IV.2.c), S. 71 ff.

[1058] Siehe auch sec. 33 PMaDA.

[1059] *Shabbir/Manchanda* S. 44.

Kläger den Ehebruch gebilligt, verziehen oder gar unterstützt hat. Der Foreign Marriage Act verweist auch bezüglich des Ehebruchs auf die entsprechenden Vorschriften des SMA über Scheidung oder Trennung.

### *d) Sexualstraftaten*

Alle Personalrechte gewähren darüber hinaus der *Frau* ein Scheidungsrecht, wenn sich ihr Ehemann der Vergewaltigung oder der „widernatürlichen Unzucht" schuldig gemacht hat.

#### (1) Vergewaltigung

Hat ein Ehemann entsprechend sec. 375 des indischen Strafgesetzbuches eine weitere Frau durch Gewalt, durch Drohung mit dieser oder durch Täuschung zum außerehelichen Beischlaf genötigt, so kann seine Ehefrau gem. sec. 13 Abs. 2 (ii) HMA, sec. 10 Abs. 2 Nr. 5 IDA, sec. 32 (d) PMaDA[1060] und sec. 27 Abs. 1a (i) SMA die Scheidung einreichen[1061] bzw. nach sec. 10 HMA, sec. 22 IDA, sec. 34 PMaDA und sec. 23 SMA, 18 FMA gerichtliche Trennung beantragen. Eine Vergewaltigung innerhalb der Ehe berechtigt die Frau hingegen nur dann zur Eheauflösung, wenn ein Urteil auf gerichtliche Trennung besteht.

Das muslimische Recht nennt zwar die Vergewaltigung einer dritten Frau nicht ausdrücklich als Scheidungsgrund. Allerdings dürften solche Fälle auch unter sec. 2 (8) (b) DoMMA zu subsumieren sein. Denn jede Vergewaltigung einer dritten Frau ist zugleich ein Ehebruch. Wenn bereits der Ehebruch als solcher „ehrlos" im Sinne von sec. 2 (8) (b) DoMMA ist[1062], muß dies erst recht für einen Ehebruch gelten, der durch Vergewaltigung verübt wird.

---

[1060] Das parsische Recht kennt allerdings eine Einschränkung insoweit, als die Scheidung innerhalb von zwei Jahren ab Kenntniserlangung beantragt werden muß. HMA und SMA sehen zwar keine starre Ausschlußfrist vor, aber eine Scheidungsklage kann gegebenenfalls nach sec. 23 HMA bzw. sec. 34 SMA wegen „unnötigen oder unangemessenen Verzugs" abgewiesen werden.

[1061] Die Scheidung kann unabhängig von einer strafrechtlichen Verfolgung gewährt werden; siehe *Derrett* § 387.

[1062] Vgl. soeben C.III.1.c)(2), S. 241 f.

### (2) Sodomie und Bestialität

Ist dem Ehemann nach sec. 377 des indischen Strafgesetzbuches Sodomie oder Bestialität vorzuwerfen, so ist seine Ehefrau berechtigt, nach sec 13 Abs. 2 (ii) HMA, sec. 2 (8) (b) DoMMA, sec. 10 Abs. 2 Nr. 5 IDA, sec. 32 (d) PMaDA[1063] und sec. 27 Abs. 1a (i) SMA die Scheidung einzureichen. Dies gilt auch, wenn sie selbst bei Vornahme der entsprechenden Handlungen Partnerin war[1064]. Sie kann, statt eine Scheidung zu beantragen, im Rahmen der kodifizierten Eherechte gem. sec. 10 HMA, sec. 22 IDA, sec. 34 PMaDA und sec. 23 SMA, sec. 18 FMA auch auf gerichtliche Trennung klagen.

Entscheidend für die Bejahung von Sodomie bzw. Bestialität ist, daß ein Mann widernatürliche sexuelle Handlungen mit einem anderen Mann, einer Frau oder einem Tier vornimmt. Anders als im deutschen Sprachraum, wo unter Sodomie die Vornahme beischlafsähnlicher Handlungen zwischen Mensch und Tier verstanden wird[1065], findet der Begriff im anglo-indischen Gebrauch auch Anwendung auf den heterosexuellen und homosexuellen Analverkehr[1066].

Allerdings gibt es in der indischen Rechtsprechung kaum Fälle, wo sich eine Frau auf „widernatürliche Unzucht" ihres Mannes berufen hat[1067]. In der Literatur werden daher vor allem Entscheidungen aus Großbritannien, Kanada oder Australien zitiert und diskutiert[1068]. Das Schattendasein dieses allein der Frau gewährten Eheauflösungsgrundes dürfte wohl auf der anerzogenen Scheu der Frauen beruhen, öffentlich, d.h. auch vor Gericht, über sexuelle Dinge zu sprechen.

---

1063 Auch hier ist im parsischen Recht zu beachten, daß die Scheidung nur innerhalb von zwei Jahren ab Kenntniserlangung beantragt werden kann, während im HMA und SMA sec. 23 HMA bzw. sec. 34 SMA zu berücksichtigen sind.

1064 Unklar ist, wie sich eine Zustimmung zu den sexuellen Handlungen auswirkt, siehe *Beri* S. 193; *Derrett* § 387 lehnt im Falle einer Zustimmung der Frau ein Scheidungsrecht ab.

1065 *Maisch* in Arnold/Eysenck/Meili, Stichwort „Sodomie"; Creifelds, Stichwort „Sodomie".

1066 Siehe *S.C.Jain* S. 358; *Beri* S. 192.

1067 Einer der wenigen ist *Mrs. Annu J. Thomas v. Thomas Koshy* AIR 1997 Del. 345 (zu sec. 10 IDA).

1068 Vgl. *Beri* S. 192 f.; *Qureshi* Marriage S. 256 ff.; *Diwan* Family Law S. 149 f.; *Derrett* § 387.

### e) Übertritt zu einer anderen Religionsgemeinschaft

Bis auf das fakultative Zivilrecht des SMA stützen alle Eherechte Indiens ihre Anwendbarkeit auf die Zugehörigkeit der Nupturienten zu einer bestimmten Glaubensgemeinschaft. Ändert sich jene Zugehörigkeit während einer bestehenden Ehe, so sehen die religiösen Rechte Möglichkeiten ihrer Auflösung vor.

#### (1) Hindu Marriage Act

Nach hinduistischem Recht bleibt die Ehe beim Religionswechsel eines Ehepartners zwar bestehen. Sie kann jedoch gem. sec. 13 Abs. 1 (ii) HMA auf Antrag des anderen Ehegatten geschieden werden. Voraussetzung ist, daß jener Ehegatte, der sich einer anderen Glaubensgemeinschaft angeschlossen hat, nicht mehr Hindu i.S.d. sec. 2 HMA ist.

#### (2) Recht der Moslems

Nach traditionellem islamischen Recht wurde durch die Apostasie eines Ehegatten die Ehe ipso facto aufgelöst[1069]. Sec. 4 Abs. 1 DoMMA bestimmt jedoch, daß die Aufgabe des muslimischen Glaubens seitens der Frau nicht dazu führt, daß die Ehe automatisch endet. Das gleiche gilt nach gefestigter Rechtsprechung auch, wenn der Ehemann den muslimischen Glauben aufgibt.

Gibt die muslimische Frau ihren Glauben auf, so kann ihr Ehemann allerdings von seinem Verstoßungsrecht Gebrauch machen. Eine muslimische Frau kann dagegen wegen sec. 4 Abs. 1 DoMMA aufgrund ihres *eigenen* Glaubenswechsels nicht über den Verweis des sec. 2 Abs. 9 DoMMA auf den nach traditionellem Recht anerkannten Auflösungsgrund der Apostasie zurückgreifen. Sie kann sich aber, wie sec. 4 Abs. 2 DoMMA ausführt, auch weiterhin auf das muslimische Recht stützen und Scheidung beantragen, wenn einer der in sec. 2 DoMMA genannten anderen Gründe vorliegt. Ändert hingegen *ihr Mann* seine Religionszugehörigkeit, greift sec. 4 Abs. 1 nicht ein, so daß sich seine muslimische Ehefrau in diesem Fall nach sec. 2 Abs. 9 DoMMA von ihm scheiden lassen kann[1070]. Allerdings gilt dann auch für den konvertierten

---

[1069] Siehe hierzu bereits oben B.III.2, S. 42 ff.

[1070] *Pearl* S. 67 f. und *Qureshi* Marriage S. 231 gehen allerdings davon aus, daß die Ehe ipso facto aufgelöst ist.

Mann weiterhin muslimisches Recht als gemeinsames Personalrecht im Zeitpunkt der Eheschließung, so daß der Mann von seinem unbeschränkten Verstoßungsrecht Gebrauch machen könnte und die Ehe damit auf seine Initiative hin geschieden wäre.

#### (3) Recht der Christen

Im Gegensatz zum hinduistischen und zum muslimischen Recht sieht das christliche bei Übertritt eines Ehegatten zu einer anderen Religionsgemeinschaft als der christlichen grundsätzlich keine Möglichkeit vor, die bestehende Ehe aufzulösen. Dies ist vor dem Hintergrund konsequent, daß der Indian Christian Marriage Act das einzige religiöse Ehegesetz Indiens ist, das Eheschließungen zwischen Angehörigen verschiedener Glaubensgemeinschaften zuläßt.

Eine Ausnahme besteht nach sec. 10 Abs. 2 Nr. 1 IDA allerdings für den Fall, daß ein christlicher Ehemann einen anderen Glauben annimmt und anschließend eine nach dem Recht jener neuen Religionsgemeinschaft zulässige weitere Ehe schließt. Hier hat die Frau der (Erst)ehe das Recht, sich scheiden zu lassen. Die gesetzgeberische Intention bei Erlaß von sec. 10 Abs. 2 Nr. 1 IDA war es zu verhindern, daß ein Mann nur deshalb seinen Glauben wechselt, um dem monogam-unauflöslichen Ehesystem des christlichen Rechts zu entfliehen, indem er zum Hinduismus oder Islam übertritt. Seit Abschaffung der Polygamie im hinduistischen Recht kann sich eine christliche Frau nur noch dann auf sec. 10 Abs. 2 Nr. 1 IDA stützen, wenn ihr Mann zum Islam konvertiert und anschließend eine weitere Ehe schließt. Da das muslimische Recht bei Übertritt einer verheirateten Frau ihr keine weitere Eheschließung gestattet, ist die Beschränkung des Scheidungsrechtes auf die Frau in sec. 10 Abs. 2 Nr. 1 IDA unproblematisch. Die neuere Rechtsprechung gewährt jedoch auch allein bei einem Religionswechsel ohne anschließende weitere Eheschließung ein Scheidungsrecht[1071].

Es gilt allerdings noch ein weiteres Gesetz zu beachten, den Native Convert's Marriage Dissolution Act von 1866. Dieser bestimmt, daß jemand, der *zum*

---

[1071] *Vimala Shantha Bai v. Vinod Reuben Vedanayagam* AIR 2000 Mad. 218 (221 f.).

Christentum konvertiert und dessen Ehepartner sich aufgrund dessen weigert, die eheliche Lebensgemeinschaft fortzuführen, sich scheiden lassen kann[1072].

#### (4) Recht der Parsen

Wie der Hindu Marriage Act und das muslimische Recht gewährt der PMaDA in sec. 32 (j) einem Parsen, dessen Ehepartner zu einer anderen Religionsgemeinschaft übergetreten und damit kein Parse i.S.v. sec. 2 Abs. 7 PMaDA mehr ist, ein Recht zur Scheidung[1073]. Allerdings kennt das parsische Recht in sec. 32 (j) eine Frist zur Klageeinreichung von zwei Jahren ab Kenntniserlangung vom Religionswechsel des Ehepartners.

### *f) Körperliche Erkrankungen: Lepra und Geschlechtskrankheiten*

#### (1) Hindu Marriage Act, Recht der Moslems

Bei Vorliegen einer Erkrankung an Lepra in virulenter und unheilbarer Form oder einer Geschlechtskrankheit in ansteckendem Stadium[1074] kann der gesunde Ehepartner gem. sec. 13 Abs. 1 (iv) und (v) HMA die Scheidung einreichen bzw. nach sec. 10 HMA einen Antrag auf gerichtliche Trennung stellen. Da eine Erkrankung an Lepra heute weitgehend heilbar ist, wird sec. 13 Abs. 1 (iv) HMA dahingehend ausgelegt, daß es auf die Heilbarkeit der Symptome ankommt. Ist es aus medizinischer oder finanzieller Sicht, d.h.

---

[1072] Basierend auf 1. Kor. 7, 12 - 15, wo Paulus dem zum Christentum Bekehrten gestattet, erneut zu heiraten, wenn sein bisheriger Ehegatte sich wegen des Glaubenswechsels von ihm trennt. Siehe auch das sog. Paulinische Privileg des kanonischen Rechts in can. 1143 CIC. In Indien ist dieses Privileg dahingehend verändert worden, daß der Getaufte seine Ehe durch Scheidung beenden kann.

[1073] In der deutschen Fassung im Bergmann/Ferid, Länderteil Indien, müßte es richtigerweise heißen, daß nicht der *Kläger*, sondern der *Beklagte* eines Scheidungsverfahrens derjenige sein muß, der seinen Glauben gewechselt hat.

[1074] Hierunter fällt auch eine Erkrankung an AIDS, siehe *Mr. 'X' v. Hospital 'Z'* AIR 1999 S.C. 495 (502 f.). Der Supreme Court aaO. entnimmt aus Art. 21 der Verfassung (Recht auf Leben) auch die Pflicht, wenn bereits zum Zeitpunkt der Eheschließung die AIDS-Erkrankung bekannt ist, dem anderen dies vor der Heirat mitzuteilen. Vgl. zu den Geschlechtskrankheiten allgemein genauer *Beri* S. 179 ff., der – für den deutschen Juristen ungewohnt – ausführlich die Krankheitsbilder und den Verlauf verschiedener Geschlechtskrankheiten erklärt.

objektiv oder subjektiv, nicht möglich, daß entstellte Extremitäten derart wiederhergestellt werden, daß eine Teilnahme am gesellschaftlichen Leben wieder möglich ist, kann der gesunde Partner die Scheidung verlangen[1075].

Das muslimische Recht gewährt in sec. 2 (6) DoMMA ebenfalls ein Scheidungsrecht, wenn der Mann mindestens in den beiden dem Scheidungsantrag vorangegangenen Jahren an Lepra oder an einer akuten Geschlechtskrankheit leidet.

### (2) Recht der Christen und Parsen

Grundsätzlich kennen hingegen weder das christliche noch das parsische Recht eine Möglichkeit der Eheauflösung bei einer Erkrankung an Lepra oder einer Geschlechtskrankheit. Im letzteren Fall sieht das parsische Recht in sec. 32 (e) PMaDA allerdings dann eine Scheidungsmöglichkeit vor, wenn ein Ehepartner den anderen, wissentlich oder unwissentlich, mit einer Geschlechtskrankheit infiziert hat. Ein hierauf gestützter Scheidungsantrag muß innerhalb von zwei Jahren nach Kenntnis von der Ansteckung eingereicht werden.

### (3) Ziviles Eherecht

Mit sec. 13 Abs. 1 (iv), (v) HMA vergleichbar, gewähren sec. 27 Abs.1 (f) und (g) SMA dem Ehepartner ein Scheidungsrecht, wenn der andere an einer ansteckenden Geschlechtskrankheit oder aber an Lepra leidet. Die Lepraerkrankung muß zwar nicht, wie nach dem HMA, virulent und unheilbar sein. Allerdings macht der SMA zusätzlich zur Bedingung, daß sich der andere die Erkrankung nicht vom scheidungsbegehrenden Ehepartner selbst zugezogen hat. Obwohl nur hinsichtlich der Erkrankung an Lepra normiert, ist aus dem Zusammenhang von sec. 27 Abs. 1 (f) und (g) SMA und dem allgemeinen Verbot, aus seinem eigenem Fehlverhalten Vorteile zu ziehen, auch bei einer Geschlechtskrankheit Voraussetzung, daß sich der Scheidungsgegner nicht durch erzwungenen Geschlechtsverkehr beim Scheidungswilligen selbst infiziert hat[1076].

---

[1075] Vgl. *Derrett* § 342; ; siehe auch *Dr. G.G. Padma Rao v. Swarajya Lakshmi* AIR 1970 A.P. 300 (302 ff.); bestätigt durch den Supreme Court in *Swarajya Lakshmi v. Dr. G.G. Padma Bao* AIR 1974 S.C. 165 (170).

[1076] *S.C.Jain* S. 356.

Nach sec. 23 SMA kann statt einer Scheidung auch eine gerichtliche Trennung beantragt werden. Der FMA verweist in sec. 18 auch bezüglich Lepra und Geschlechtskrankheiten auf die entsprechenden Vorschriften des SMA zur Scheidung oder Trennung.

### *g) Störung der ehelichen Lebensgemeinschaft*

#### (1) Verschollenheit

Das hinduistische, muslimische, parsische und zivile Eherecht sehen des weiteren die Möglichkeit der Scheidung bzw. Eheauflösung vor, wenn ein Ehepartner verschollen ist. Nach sec. 13 Abs. 1 (vii) HMA, sec. 31[1077] PMaDA[1078] und sec. 27 Abs. 1 (h) SMA ist dafür Voraussetzung, daß es über einen Zeitraum von mindestens sieben Jahren kein Lebenszeichen mehr gegeben hat[1079], nach sec. 2 (1) DoMMA seit mindestens vier Jahren[1080].

Allein das christliche Eherecht kennt keine Möglichkeit der Eheauflösung bei Verschollenheit eines Ehepartners. Will der andere erneut heiraten, so ist dies allerdings nach sec. 108 Evidence Act möglich[1081]. Nach dieser Vorschrift wird der Tod einer Person vermutet, wenn seit sieben Jahren kein Lebenszeichen mehr vorliegt. Freilich bleibt die Ehe mit dem Verschollenen hier im Prinzip bestehen. Deshalb ist die zweite Ehe von Anfang an wegen Bigamie nichtig, wenn sich später herausstellt, daß der Partner der ersten Ehe noch lebt[1082].

---

1077 Diese Vorschrift wird bei Bergmann/Ferid, Länderteil Indien, unter sec. 30 aufgeführt.

1078 Allein das parsische Recht sieht für den Fall des Verschollenseins eines Ehepartners keinen Scheidungsgrund, sondern die Möglichkeit vor, eine Eheauflösungsklage einzureichen.

1079 *Davda* AIR 1998 J. 191 (192) hält den Zeitraum von sieben Jahren im HMA für zu lang und fordert, daß bereits nach drei bis vier Jahren ohne Lebenszeichen vom anderen Ehegatten die Scheidung eingereicht werden kann.

1080 Siehe auch Anhang (b) zu sec. 2 sowie sec. 3 DoMMA.

1081 *Qureshi* Marriage S. 239 will hingegen über sec. 7 IDA englisches Recht anwenden.

1082 Das gleiche gilt auch für Ehen nach dem hinduistischen, muslimischen, parsischen und zivilen Eherechten, wenn dort nicht von den eingangs dargestellten Scheidungsmöglichkeiten Gebrauch gemacht worden ist, sondern eine neue Ehe allein gestützt auf die

#### (2) Verurteilung zu einer mehrjährigen Gefängnisstrafe

Der SMA, das muslimische und das parsische Eherecht gewähren bei Verurteilung zu einer mindestens siebenjährigen Freiheitsstrafe dem in Freiheit befindlichen Ehegatten das Recht, die Scheidung einzureichen[1083]. Diese Regelungen tragen dem Umstand Rechnung, daß die eheliche Lebens- und Geschlechtsgemeinschaft in dieser Zeit faktisch nicht gelebt werden kann.

#### (3) Verletzung von Unterhaltspflichten

Nach dem HMA und dem SMA kann die Frau, nach dem PMaDA können beide Ehepartner des weiteren Scheidung in dem Fall begehren, daß nach einer Verurteilung zur Unterhaltszahlung das eheliche Leben über einen Zeitraum von mindestens einem Jahr nicht wieder aufgenommen wurde[1084]. Das muslimische Eherecht sieht hingegen allein bei einer Unterhaltspflichtverletzung ein Scheidungsrecht der Frau vor[1085]. Der DoMMA sanktioniert damit die im Islam definierte eheliche Pflicht des Mannes, für den Unterhalt zu sorgen.

### *h) „Entsagung von den weltlichen Dingen"*

Darüber hinaus kennt das hinduistische Recht in sec. 13 Abs. 1 (vi) HMA einen weiteren Scheidungsgrund, wenn sich ein Ehepartner von den weltlichen

---

Todesvermutung des sec. 108 Evidence Act geschlossen wurde, so *Derrett* § 357 f.; *Pinto* S. 150; wohl auch *Ramamurti* S. 34. Nach *Beri* S. 58 wäre allerdings ein Beharren auf einem Scheidungsurteil „inhuman und wirklichkeitsfremd", da es in solchen Situationen weder den Parteien, noch den Gerichten zuzumuten sei, zuvor noch ein kostenintensives Scheidungsverfahren durchzuführen. A.A. wohl *Shabbir/Manchanda* S. 36, die eine ohne Scheidungsurteil geschlossene zweite Ehe für gültig halten, jedoch dem Verschollenen, wenn er zurückkehrt, ein Recht einräumen wollen, die neue Ehe anzugreifen.

[1083] Sec. 27 Abs. 1 (c) SMA, sec. 2 (3) DoMMA, sec. 32 (f) PMaDA; nach parsischem Recht darf eine Ehe erst geschieden werden, wenn wenigstens ein Jahr der Gefängnisstrafe bereits verbüßt ist. *Davda* AIR 1998 J. 191 (192) fordert, auch im HMA einen solchen Scheidungsgrund zu normieren.

[1084] Siehe sec. 27 Abs. 1a (ii) SMA; sec. 13 Abs. 2 (iii) HMA, sec. 32 (h) PMaDA.

[1085] Sec. 2 (2) DoMMA; siehe hierzu im einzelnen genauer *Tabassum Shaikh v. Shaikh S. J. Shaikh* AIR 2000 Bom. 1 (4 f.).

Dingen losgesagt hat, um ein rein spirituelles Leben zu führen[1086]. Hintergrund dieser Regelung ist das hinduistische Verständnis verschiedener Lebensabschnitte[1087]. In der ersten Lebensphase studiert der Gläubige die Veden, in der zweiten heiratet er und zeugt Söhne. In der dritten Phase bringt er den Göttern Opfer dar, um in seinem letzten Lebensabschnitt sich ganz von den weltlichen Dingen zur Führung eines rein spirituellen Lebens loszusagen[1088]. Auch hinter der Normierung dieses Scheidungsgrundes steht daher der Gedanke, daß dem anderen Ehegatten eine Ehe ohne tatsächlich gelebte Gemeinschaft nicht zugemutet werden kann.

## 2. Vergleich

### *a) Scheidungsgründe, die auf dem Verschuldensprinzip beruhen*

Alle indischen Rechte kennen vergleichbare Scheidungs- bzw. Trennungsgründe, die auf dem Verschuldensprinzip beruhen. So gewähren alle Eherechte dem unschuldigen Partner die Möglichkeit der Eheauflösung in Fällen, in denen er ohne triftigen Grund verlassen worden ist, bei grausamem Verhalten des anderen Ehepartners und bei Ehebruch. Alle indischen Eherechte sehen des weiteren eine Scheidungsmöglichkeit für die Frau für den Fall vor, daß ihr Ehemann nach dem Indian Penal Code strafbare sexuelle Handlungen vornimmt.

Nach deutschem Familienrecht ist seit der Aufgabe des Verschuldensprinzips im Jahre 1977 im Unterschied zu allen indischen Rechten hingegen nur noch

---

[1086] Die Führung eines rein spirituellen Lebens muß nicht notwendigerweise mit dem Anschluß an eine religiöse Gruppierung einhergehen, obwohl der Gesetzestext an dieser Stelle vom Eintritt in einen Orden (*entering any religious order*) spricht. Gemeint ist damit allein die Loslösung von den weltlichen Dingen (*Sanyasa*). Diese wird im „*order of Sayasa*" erreicht, der im Hinduismus nicht nur durch den Eintritt in eine Glaubensgemeinschft, sondern auch in Form der Einsiedelei erfolgen kann; siehe genauer *Krishna Singh v. Mathura Ahir* AIR 1980 S.C. 707 (712 ff.); sowie (zwar vor 1955, aber gleichwohl diesbezüglich noch gültig) *Sital Das v. Sant Ram* AIR 1954 S.C. 606 (612 f.); *Baldeo Prasad v. Arya Priti Nidhi Sabha* AIR 1930 All. 643 f.

[1087] Siehe *Qureshi* Marriage S. 234.

[1088] Einer der notwendigen Zeremonien, um ein *Sanyasa* zu werden, ist die Vornahme der eigenen Beerdigungsriten.

relevant, daß zwischen den Ehepartnern seit mindestens einem Jahr[1089] keine häusliche Gemeinschaft mehr besteht. Gründe und Motive hierfür sind nicht von Bedeutung. Allerdings finden sich im deutschen Recht, insbesondere im Scheidungsfolgenrecht auch heute noch Verschuldenselemente. Z.B. kennt das deutsche Recht seit 1977 keinen Scheidungsgrund des Ehebruchs mehr[1090], doch spielt die Zuwendung zu einem anderen Partner nach wie vor im Rahmen des Unterhaltsrechts in § 1579 Nr. 6, Nr. 7 oder bei § 1565 Abs. 2 BGB eine Rolle[1091]. Ferner kann grausames Verhalten eines Ehepartners nach § 1565 Abs. 2 BGB dazu führen, daß eine Ehe ohne Einhaltung einer einjährigen Trennungszeit geschieden werden kann[1092].

### *b) Religionswechsel*

Ein Religionswechsel führt im indischen Recht zwar grundsätzlich nicht dazu, daß die bestehende Ehe ipso facto aufgelöst ist oder daß der Konvertierende selbst ein Scheidungsrecht erhält[1093]. Doch sowohl das Recht der Hindus als auch das Recht der Moslems und der Parsen gewähren demjenigen, der die Religion, der beide Ehegatten im Zeitpunkt ihrer Eheschließung angehört haben, beibehält, das Recht, beim Glaubenswechsel des anderen die Scheidung zu begehren. Zwar wurde überlegt, ob sich der Caste Disabilities Removal Act von 1850 dergestalt auf das Familienrecht auswirkt, daß ein Glaubenswechsel auch zu keinem Nachteil in der Form führt, daß sich der andere Ehepartner scheiden lassen kann[1094]. Die indische Rechtsprechung gewährt jedoch gleichwohl die Scheidung. Denn die Ehegesetze, die die Konversion

---

[1089] Ausnahme gem. § 1565 Abs. 2 BGB.

[1090] Bis 1977 aber sah § 42 EheG a.F. in diesen Fällen eine Scheidungsmöglichkeit vor; bis zum 1. StRG v. 25.06.1969 (BGBl. I S. 645) war der Ehebruch auch in Deutschland strafbar.

[1091] Siehe beispielsweise BGH FamRZ 1989 1279 (1280); OLG Hamm FamRZ 2002 753 (753 f.); OLG Karlsruhe FamRZ 2000 1417 (1417); OLG Frankfurt FamRZ 1999 1135 (1135 f.); OLG Köln FamRZ 1999 723 (723); OLG Stuttgart FamRZ 1999 722 (722 f.); OLG Stuttgart FamRZ 1977 646 (646 f.).

[1092] Unter das grausame Verhalten fallen nach deutscher Rechtsprechung vor allem auch Mißhandlungen des anderen Ehegatten, siehe Palandt-*Brudermüller* § 1565 Rn. 10, sowie OLG München FamRZ 1978 29 (29 ff.); OLG Düsseldorf FamRZ 1977 804 (804 f.); OLG Stuttgart FamRZ 1977 646 (646 f.).

[1093] Siehe hierzu bereits B.III.2, S. 42 ff.

[1094] *Hussain* IBR 11 (1984) 32 (39); offengelassen bei *Otto* S. 100.

als Scheidungsgrund vorsehen, sind später als der noch aus der Zeit britischer Herrschaft stammende Caste Disabilities Removal Act erlassen worden und genießen deshalb nach dem Grundsatz „lex posterior derogat legi priori“ Vorrang.

Zwar kennt das christliche Recht, das als einziges religiöses Recht einer interreligiösen Trauung offen gegenübersteht, seinem Wortlaut nach kein Scheidungsrecht beim Glaubenswechsel eines Ehepartners, es sei denn, der Übertritt erfolgte allein deshalb, um eine weitere Ehe schließen zu können, jedoch gewährt die Rechtsprechung über den Wortlaut hinaus dem Nicht-Konvertiten die Scheidung allein bei einem Glaubenswechsel seines EhepartnerS. Daneben gewährt der Native Convert's Marriage Dissolution Act von 1866 auch dem Christen ein Scheidungsrecht, der seine Religion wechselt. Dieses heute noch gültige Gesetz nimmt damit insofern eine Sonderrolle ein, als es demjenigen, der seine Religion wechselt, ein Recht gibt, seine Ehe aufzulösen, während alle anderen religiösen Rechte vorsehen, daß nur derjenige, der den Glauben behält, sich entscheiden kann, ob er am Fortbestand der Ehe festhalten will. Die britisch-christliche Kolonialverwaltung wollte durch dieses Gesetz Hindus den Übertritt zum Christentum erleichtern, da nach traditionellem Hindu-Recht ja auch ein Religionswechsel das ewige Band der Ehe nicht durchtrennen konnte. Zumindest seit Kodifizierung des HMA wird die Privilegierung desjenigen, der zum Christentum übertritt, im Hinblick auf ein gleichberechtigtes Nebeneinander aller religiösen Rechte als problematisch angesehen[1095].

### c) Körperliche Erkrankungen

Bei einer Erkrankung an Lepra oder einer Geschlechtskrankheit sehen nur das weltliche Recht des SMA sowie die religiösen Rechte der Hindus und Moslems einen Scheidungsgrund vor, während das Recht der Christen und Parsen körperlichen Krankheiten grundsätzlich keinerlei Bedeutung beimessen.

---

1095 *Qureshi* Marriage S. 233 und *Pearl* S. 68 fordern daher, den Native Convert's Marriage Dissolution Act von 1866 aufzuheben, während *Diwan* Private International Law S. 251 an den Gesetzgeber appelliert, eine ähnliche Regelung als sozial wünschenswerte Lösung für derartige Konfliktfälle für Mitglieder aller Religionsgemeinschaften in Indien zu erlassen.

Auch das deutsche Recht kannte bis zum 01.01.1977 nach § 46 EheG a.F. eine Scheidungsmöglichkeit bei ansteckender oder ekelerregender Krankheit. Bis 1998 konnte eine zumindest als Anlage bei der Eheschließung vorhandene, schwere und unheilbare oder übertragbare Erkrankung zur Aufhebung der Ehe gem. § 32 oder § 33 EheG führen[1096]. Seit 1998 kann dagegen eine körperliche Erkrankung allenfalls zu einer Scheidung nach dem Zerrüttungsprinzip des § 1565 BGB führen.

### d) Störung der ehelichen Lebensgemeinschaft, „Entsagung von den weltlichen Dingen"

Die indischen Eherechte sehen schließlich Möglichkeiten der Scheidung bzw. gerichtlichen Trennung dann vor, wenn die eheliche Lebensgemeinschaft nicht gelebt werden kann, sei es, weil der andere Partner verschollen ist, sei aufgrund der Tatsache, daß er zu einer Gefängnisstrafe verurteilt worden ist oder den anderen infolge einer Verurteilung zur Unterhaltsleistung verlassen hat[1097].

Zwar wird in Deutschland durch eine Trennung beispielsweise infolge der Verbüßung einer Strafhaft allein die Ehe nicht beendet[1098], doch können auch hier solche Ehen aufgrund der Trennung nach einem bzw. drei Jahren nach dem Zerrüttungsprinzip geschieden werden. Für den speziellen Fall des Verschollenseins trifft das deutsche BGB im Vergleich zu den indischen Rechten eine etwas abweichende Regelung. Zwar wird durch die Todeserklärung nach § 9 VerschG die Ehe ebenfalls nicht aufgelöst[1099], jedoch bedarf es zur Wiederheirat nach Todeserklärung des anderen Teils keiner gerichtlichen Scheidung. Für den Fall, daß der für tot Erklärte gleichwohl am Leben ist, löst aber eine Wiederheirat nach der Todeserklärung gem. § 1319 Abs. 2 BGB die erste Ehe grundsätzlich[1100] auf. Die neue Ehe ist allerdings nach § 1320 BGB auf-

---

[1096] *Schlüter* S. 23; siehe auch das obiter dictum in BGH FamRZ 1958 314 (315).

[1097] Nur das muslimische Recht läßt allein die Verletzung der Unterhaltspflicht, einer Hauptpflicht des verheirateten Mannes, genügen.

[1098] HessVGH FamRZ 1998 616 (616 f.).

[1099] Die Todeserklärung nach § 9 VerschG begründet lediglich eine Todesvermutung.

[1100] Dies gilt nur dann nicht, wenn beide Partner der neuen Verbindung die Unrichtigkeit der Todeserklärung kannten. Dann besteht die alte Ehe trotz Wiederheirat nach Todeserklärung weiter und die neue Ehe ist wegen Verstoßes gegen das Verbot der Doppelehe aufhebbar.

hebbar, um den früheren Ehegatten die Möglichkeit zur Wiederheirat zu eröffnen.

Den hinduistischen Scheidungsgrund der „Entsagung von den weltlichen Dingen“ kennen dagegen weder die übrigen religiösen Rechte Indiens noch das indische Zivilrecht noch das deutsche Bürgerliche Gesetzbuch. Allerdings ist dieser tief im Hinduismus verwurzelte Scheidungsgrund des HMA den anderen Eherechten insofern nicht fremd, als es sich dabei im Grunde genommen lediglich um eine Sonderform des Verlassens der ehelichen Lebensgemeinschaft handelt. Nach traditioneller hinduistischer Sicht läge hier aber ein triftiger Grund für das Verlassen des anderen Ehegatten vor. Um Streitigkeiten darüber aus dem Wege zu gehen, ob es sich hier auch aus Sicht der Gerichte um einen „triftigen Grund“ handelt, hat der indische Gesetzgeber für den verlassenen Ehegatten diesen eigenen Scheidungsgrund geschaffen.

### 3. Anwendung in Deutschland

Auch wenn das indische Ehescheidungsrecht z.T. auf dem Verschuldensprinzip fußt, welches das deutsche Recht nicht mehr kennt, liegt darin grundsätzlich kein Verstoß gegen den ordre public. Denn die Anwendung der indischen Scheidungsnormen wird in der Regel nicht allein deshalb zu einem Ergebnis führen, das mit wesentlichen Grundsätzen des deutschen Rechts offensichtlich unvereinbar ist, weil das deutsche Recht inzwischen einem anderen Strukturprinzip, der Zerrüttungsscheidung, folgt. Man kann zwar erwägen, ob aus Art. 17 Abs. 4 EGBGB a.F. der allgemeine Gedanke in die ordre public Prüfung im Rahmen des Art. 6 EGBG „hinübergerettet“ werden kann, daß eine Ehe nach fremdem Recht nur geschieden werden kann, wenn sie auch nach deutschem Recht scheidbar ist[1101]. Doch sind kaum Fälle denkbar, in denen dies zu einem anderen Ergebnis führen würde. Denn das deutsche Recht ist im Vergleich zum indischen sehr scheidungsfreundlich.

Anders könnte dies allenfalls im Hinblick auf den Scheidungsgrund des HMA im Falle der Entsagung von den weltlichen Dingen sein. Doch da das deutsche Recht nicht nach Ursachen und Motiven des Scheiterns der Ehe fragt, wird eine solche Ehe infolge der Tatsache, daß die eheliche Lebensgemeinschaft nicht mehr besteht, meist auch nach deutschem Recht i.S.v. §§ 1565 Abs. 1 S. 1, 1566 BGB gescheitert sein. Die übrigen Fälle der Störung der

---

1101 So Staudinger-*v. Bar/Mankowski* Art. 17 Rn. 107.

ehelichen Lebensgemeinschaft sind ebenfalls unproblematisch, da sie ihre Entsprechung in der Zerrüttungsscheidung bzw. in §§ 1319, 1320 BGB finden.

Im Hinblick auf den ordre public unproblematisch ist auch eine Scheidung aufgrund einer Geschlechtskrankheit oder einer Erkrankung an Lepra. Bis 1998 kannte das deutsche Recht in diesen Fällen sogar ein Aufhebungsrecht. Bei Einhaltung der Trennungsfrist könnte heute auch eine solche Ehe nach dem Zerrüttungsprinzip des § 1565 BGB geschieden werden, wobei die Ehescheidung allerdings nach § 1568 BGB nicht zu besonders schweren Härten führen darf[1102]. Für Geschlechtskranke besteht bei Kenntnis der Erkrankung im Zeitpunkt des Antragsverfahrens eine Untersuchungs- und Informationspflicht[1103]. Im Hinblick auf AIDS wird sogar als verfassungsrechtlich geboten gefordert, ein Ehehindernis der Beibringung eines Gesundheitszeugnisses einzuführen[1104].

Das in den religiösen Rechten Indiens bestehende Scheidungsrecht bei Religionswechsel des Ehepartners könnte allerdings problematisch sein. Doch wird in solchen Fällen – auch vor dem Hintergrund, daß die Religionszugehörigkeit eine ganz andere Rolle spielt als in Deutschland – die Ehe deshalb wohl oft auch zerrüttet sein. Hier sollte man daher eine Scheidung dann zulassen, wenn die Ehe durch den Glaubenswechsel gescheitert ist und eine Trennungsfrist eingehalten wurde. Denn dann wäre die Ehe auch nach deutschem Recht scheidbar, so daß keine offensichtliche Unvereinbarkeit des Anwendungs*ergebnisses* mit wesentlichen Grundsätzen des deutschen Rechts bestünde.

Generell problematisch ist bei der Anwendung indischer Rechte im Scheidungsfalle schließlich die Ungleichbehandlung der Geschlechter. Dies gilt zum einen in Fällen der Vergewaltigung oder „widernatürlichen Unzucht", in denen die indischen Rechte nur ein Scheidungsrecht zugunsten der Frau ken-

---

1102 Siehe OLG Karlsruhe FamRZ 1979 512 (512 f.).

1103 § 6 Abs. 2, 3 Gesetz zur Bekämpfung von Geschlechtskrankheiten, BGBl. 1953 I S. 700.

1104 *Tiedemann* NJW 1988 729 (730); siehe auch *Coester* StAZ 1988 122 (125). Dies ist im Hinblick auf das Schutzbedürfnis des künftigen Ehepartners und eventueller Kinder verständlich, im Hinblick auf die Eheschließungsfreiheit des Erkrankten allerdings nicht unproblematisch. Das Ehegesundheitsgesetz der nationalsozialistischen Partei vom 18.10.1935 verbot sogar die Eheschließung bei Vorliegen von Erb- oder ansteckenden Krankheiten.

nen. Dies beruht sicher darauf, daß in der Praxis bei derartigen Sexualstraftaten Männer in der Regel nicht die Opfer sind, doch sollte für den umgekehrten Fall dem Mann gegebenenfalls eine Scheidung nach deutschem Recht gewährt werden. Allerdings gilt es vorher zu prüfen, ob sich ein entsprechendes Verhalten der Frau nicht unter den durch die indische Rechtsprechung weit ausgedehnten Begriff der Grausamkeit subsumieren läßt. Zum zweiten kennen sowohl das muslimische als auch – dem Gesetzeswortlaut nach – das christliche Scheidungsrecht generell eine Ungleichbehandlung von Mann und Frau. Hinsichtlich des christlichen Rechts ist jedoch nicht der Wortlaut entscheidend, sondern es sollte auf die indische Rechtsprechung zurückgegriffen werden, die beide Geschlechter gleich behandelt. Bezüglich des muslimischen Rechts sollte entgegen der früheren Rechtsprechung deutscher Gerichte[1105] der ordre-public-Vorbehalt des Art. 6 EGBGB wegen des Verstoßes gegen Art. 3 Abs. 2 GG hier dergestalt eingreifen, daß der *Frau*, wenn die entsprechenden Voraussetzungen auf Mannesseite gegeben sind, eine Scheidung nach deutschem Recht zu gewähren ist[1106].

1105 Siehe hierzu Staudinger-*v. Bar/Mankowski* Art. 17 Rn. 111 m. Hinw. auf verschiedene Fälle aus der Rechtsprechung bis in die sechziger Jahre.

1106 Staudinger-*v. Bar/Mankowski* Art. 17 Rn. 112 f.; ähnlich *Henrich* S. 137.

# D. Schluß

## I. Gemeinsamkeiten und Unterschiede der Eherechte

Das Eherecht, welches einen innersten Lebensbereich des Menschen berührt, unterliegt verschiedensten Einflüssen. Wie in keinem anderen Rechtsgebiet spielen auch Geschichte, Religion, wirtschaftliche und soziale Umstände eine entscheidende Rolle. Diese Faktoren sind in Deutschland und Indien, aber auch innerhalb Indiens selbst sehr unterschiedlich. Trotzdem ist ein Vergleich der Eherechte, wie dargestellt, möglich. Es sind ähnliche Strömungen und Tendenzen erkennbar, die durch das Interesse jeden Staates an der Stabilität der Familie als der kleinsten gesellschaftlichen Zelle bedingt sind. So kennen beispielsweise beide Länder ein Inzestverbot. Außerdem ist sowohl in Indien als auch in Deutschland eine gewisse Dynamik erkennbar. So sind beide Staaten seit Inkrafttreten ihrer Verfassungen (Indien 1950, Deutschland 1949) den – oftmals allerdings langwierigen – Weg von einem grundsätzlich patriarchalischen Eherecht hin zur Gleichberechtigung der Geschlechter gegangen[1107].

Grundsätzliche Unterschiede in der sozialen Wirklichkeit der beiden Ländern bedingen allerdings auch erhebliche Abweichungen der Eherechte voneinander. So kennt das deutsche Recht beispielsweise kein Verbot der Schwägerschaft mehr, die Endogamieverbote sind weniger weitreichend als in Indien. Dies ist vor allem darauf zurückzuführen, daß in Deutschland weitgehend nur noch die Kernfamilie Bedeutung hat, während in Indien das Zusammenleben in der Großfamilie nach vor die Regel ist. Ein weiterer Unterschied zwischen beiden Ländern ist die Verwurzelung in religiösen und traditionellen Vorstellungen, die beispielsweise in Indien zur Normierung des Eheverbots der Sapinda-Verwandtschaft und des Scheidungsgrundes der Entsagung von den weltlichen Dingen geführt hat. Weitere gesellschaftliche Unterschiede schlagen sich in der Normierung der Ehescheidungsvoraussetzungen nieder. Während in Deutschland ein eher liberales Scheidungsrecht gilt, reagiert der indische Gesetzgeber mit der Normierung weitaus restriktiverer[1108] Scheidungsmöglichkeiten auf eine soziale Wirklichkeit, in der geschiedene Frauen nach

---

1107 Das weitgehend nicht kodifizierte muslimische Eherecht wirft hingegen im Hinblick auf die Gleichberechtigung nach wie vor Probleme auf.

1108 Nur im muslimischen Recht hat der Gesetzgeber dagegen in das einseitige und unbeschränkte Scheidungsrecht des Mannes aus politischen Gründen nicht eingegriffen, vgl. oben S. 19.

wie vor mit gesellschaftlicher Ausgrenzung konfrontiert werden und Frauen deshalb vor übereilten Scheidungsanträgen geschützt werden müssen. Auch die Kinder bedürfen in Indien eines stärkeren Schutzes vor dem gesellschaftlichen Makel der Unehelichkeit als in Deutschland. Aufgrund dieser vielerorts anzutreffenden gesellschaftlichen Inakzeptanz gegenüber der Ehescheidung werden in der indischen Rechtspraxis selbst die im Vergleich zu Deutschland restriktiveren Scheidungsmöglichkeiten häufig nicht einmal ausgeschöpft[1109].

Das Eherecht ist allerdings nicht nur Reaktion auf soziale Gegebenheiten, sondern es kann auch aktiv gestaltend auf die Gesellschaft einwirken. Indem der Staat bzw. eine religiöse Gemeinschaft entscheidet, wer den ehelichen Status erhält und wie der eheliche Bund ausgestaltet ist, übt er eine gewisse gesellschaftliche Steuerung auS. So hat der indische Staat beispielsweise im Jahre 1955 für Hindus das Verbot der Doppelehe normiert. In Deutschland ist dagegen festzustellen, daß solche Steuerungen kaum mehr stattfinden und sich der Staat aus diesem Bereich immer stärker zurückzieht. Seit 1998 existieren z.B. kaum noch Eheverbote.

Mit der Erleichterung der formellen und materiellen Eheschließungsvoraussetzungen in Deutschland geht – wie auch in anderen Ländern[1110] – ein im Vergleich zu Indien liberaleres Scheidungsrecht einher. Denn je schwieriger es ist, den Ehebund wieder aufzulösen, desto mehr müssen an seinem Anfang Ehehindernisse und Formalitäten verhindern, daß unglückliche und instabile Lebensbünde geschlossen werden. Das liberale deutsche Scheidungsrecht hat des weiteren zur Folge, daß andere Formen der Eheaufhebung, wie in Indien z.B. die Nichtigkeitserklärung, kaum noch eine Rolle spielen.

Trotz oder vielleicht auch gerade wegen des Abbaus von Hürden am Beginn Ehe und der im Vergleich zu Indien auch einfacheren Möglichkeiten, eine Ehe wieder zu beenden, ist in der Bundesrepublik Deutschland seit der zweiten Hälfte des zwanzigsten Jahrhunderts allerdings zu beobachten, daß immer mehr Menschen in nichtehelichen Lebensformen zusammenleben. Die Bereiche Ehe und Familie werden zunehmend als voneinander getrennt gesehen. Dies beruht wohl auch auf einem veränderten EheverständniS. Das institutionelle Verständnis der Ehe als sozialer Institution, die primär durch die Elemente der Zeugung und Erziehung von Kindern sowie der Wirtschaftsgemeinschaft bestimmt ist, ist in Deutschland durch die Vorstellung von der

---

1109 Vgl. z.B. oben B.II.2.a), S. 23 ff. für den hinduistischen Rechtskreis.

1110 Siehe *Coester-Waltjen/Coester* S. 3.

reinen „Liebesheirat" und die damit verbundene Individualisierung zurückgedrängt worden. Die „Liebe" aber läßt sich schwer zwingen oder reglementieren. In Indien hingegen ist die Ehekonzeption nach wie vor in die traditionellen Vorstellungen von Familie, Religion, Geschichte und Kultur weiterhin fest eingebunden. Die Ehe spielt durch diese Erfüllung zusätzlicher gesellschaftlicher Funktionen eine vergleichsweise starke Rolle. Vor diesem Hintergrund ist auch die nach wie vor hohe Zahl arrangierter Ehen nachvollziehbar.

## II. Ordre public

Die aufgezeigten Unterschiede zwischen den indischen Eherechten und dem deutschen Recht führen allerdings nur in einigen Fällen dazu, daß die Anwendung der indischen Normen in Deutschland zu einem Ergebnis führen würde, das mit wesentlichen Grundsätzen unseres Rechts offensichtlich unvereinbar ist (Artt. 13 Abs. 2, 6 EGBGB).

### 1. Ziviles Eherecht, Hindu Marriage Act, Parsi Marriage and Divorce Act, Indian Christian Marriage Act, Indian Divorce Act

Im Hinblick auf die indischen zivilen Eherechte ist ein Eingreifen des ordre public grundsätzlich in keinem Fall erforderlich. Denn die inhaltlichen und strukturellen Unterschiede zwischen dem Special Marriage Act sowie dem Foreign Marriage Act einerseits und dem deutschen Recht führen nicht zu einer offensichtlichen Unvereinbarkeit[1111].

Auch hinsichtlich der beiden religiösen Ehegesetze Hindu Marriage Act und Parsi Marriage and Divorce Act ergeben sich trotz der festgestellten Unterschiede zum deutschen Recht im Bereich der Eheschließung kaum Anwendungsprobleme. Im Hinblick auf das parsische Recht ist bei geringfügigen Verstößen gegen die Formerfordernisse der *Ashirvad*-Zeremonie das Ergebnis mit Hilfe von Art. 6 EGBGB zu mildern[1112].

---

[1111] Anders war dies wohl bis Dezember 1999 hinsichtlich der generellen Unfähigkeit zur Abgabe einer Ehewillenserklärung bei einer epileptischen Erkrankung zu sehen, vgl. oben Fn. 725, S. 164.

[1112] Siehe genauer oben C.II.2.a), S. 215 f.

Allein das Ehehindernis der Religionsverschiedenheit kann gegen den ordre public verstoßen, wenn eine Ehe in Indien unter Verstoß gegen dieses Ehehindernis in religiöser Form geschlossen wurde, ohne anschließend als Zivilehe registriert worden zu sein[1113]. Im Bereich der Eheauflösung führt das Scheidungsrecht bei einem Religionswechsel des Ehepartners dann nicht zum Eingreifen des ordre public, wenn die Ehe durch den Glaubenswechsel auch i.S.v. § 1565 Abs. 1 S. 1 BGB gescheitert ist[1114]. Im Falle der Vergewaltigung und „widernatürlichen Unzucht" ist mit Hilfe des Art. 6 EGBGB wegen des Verstoßes gegen Art. 3 Abs. 2 GG dem Mann eine Scheidung nach deutschem Recht zu gewähren, wenn er sein Begehren nicht auf den indischen Scheidungsgrund der Grausamkeit stützen kann[1115].

Die Anwendung des noch nahezu unveränderten christlichen Eherechts aus dem Jahr 1869 bzw. 1872 in Deutschland kann dagegen gewisse Schwierigkeiten bereiten. Hier sollte der weitestmöglichen Auslegung indischer Gerichte im Hinblick auf die Angleichung der unterschiedlich ausgestalteten Teile des Indian Christian Marriage Act und der Gleichbehandlung der Geschlechter gefolgt werden.

## 2. Muslimisches Recht

Das nichtkodifizierte muslimische Recht wirft im Hinblick auf den deutschen ordre public dagegen mehrere Probleme auf.

- So kennt das deutsche Recht keine befristete Ehe (*muta*-Ehe). Hier ist zu differenzieren. Während eine in Indien geschlossene und dort bereits wieder aufgelöste befristete Ehe grundsätzlich als frühere Ehe anzuerkennen ist, kann in Deutschland selbst keine *muta*-Ehe geschlossen werden. Bei einer in Indien geschlossenen *muta*-Ehe, deren zeitliches Ende in Deutschland eintreten würde, ist der abgeschlossene Vorgang der Eheschließung anzuerkennen, während die automatische Eheauflösung am Scheidungsmonopol des Art. 17 Abs. 2 EGBGB scheitert[1116].

---

[1113] Vgl. oben C.I.6.c), S. 185 ff.

[1114] Siehe genauer oben C.III.3, S. 255 ff.

[1115] A.a.O.

[1116] Hierzu im einzelnen oben B.II.3.a), S. 33 ff.

- Anders als das deutsche Recht kennt das muslimische Recht kein Verbot der Doppelehe. Auch hier ist im Hinblick auf den ordre public zu differenzieren. In Deutschland steht der Schließung einer aktuell polygamen Ehe bzw. der Klage auf Herstellung einer solchen der ordre public wegen der in Art. 3 Abs. 2 GG normierten Gleichberechtigung der Geschlechter und der Institutionsgarantie des Art. 6 Abs. 1 GG entgegen. Eine im Ausland wirksam geschlossene Mehrehe ist hingegen auch in der Bundesrepublik Deutschland anzuerkennen[1117].

- Des weiteren ist im Hinblick auf das dem deutsche Recht unbekannte Verbot der Milchverwandtschaft sowie der (fingierten) Schwägerschaft aufgrund außerehelicher Intimitäten zu prüfen, ob der Anwendung des indisch-muslimischen Rechts der ordre public wegen übermäßiger Einschränkung der Eheschließungsfreiheit entgegensteht[1118].

- Im Interesse des internationalen Entscheidungseinklangs sollte bei der Frage der Ehemündigkeit der deutsche ordre public erst bei Eheschließungen unterhalb der 15-Jahresgrenze bzw. im Falle nachgewiesener Geschlechtsreife im Hinblick auf § 19 StGB, § 1 Abs. 2 JGG bei Trauungen unterhalb des 14. Lebensjahres eingreifen[1119].

- Das Wiederverheiratungsverbot nach einem *Triple-Talaq* verstößt wegen eines unverhältnismäßigen Eingriffs in die Eheschließungsfreiheit gegen den ordre public[1120].

- Bei der Zulässigkeit der sog. Handschuhehe ist nach dem Ort der Erklärungsabgabe durch den Mittler zu unterscheiden. In Deutschland scheitert die Abgabe der Konsenserklärung durch eine Mittelsperson an dem Höchstpersönlichkeitserfordernis des § 1311 S. 1 BGB, das über Art. 13 Abs. 3 S. 1 EGBGB zwingende Geltung beansprucht. Findet die Trauung jedoch in Indien statt, so verstößt die Stellvertretung in der Erklärung nicht gegen unseren ordre public[1121].

---

[1117] Siehe hierzu ausführlich oben C.I.1.c), S. 103 ff.

[1118] Siehe hierzu oben C.I.2.c), S. 124 f.

[1119] Siehe hierzu oben C.I.3.c)(3), S. 144 ff.

[1120] Vgl. oben C.I.7.a)(2)(b), S. 191; C.I.7.c), S. 194.

[1121] Siehe im einzelnen genauer oben C.II.3.c), S. 223 ff.

- Bei Anwendung des muslimischen Scheidungsrechts ist die generelle Ungleichbehandlung der Geschlechter wegen Art. 3 Abs. 2 GG problematisch[1122]. Der deutsche ordre public greift hier dahingehend ein, daß der muslimischen Frau zusätzlich zu den Scheidungsgründen des DoMMA die Scheidung dann gewährt wird, wenn die Voraussetzungen hierzu nach deutschem Recht vorliegen. Hinsichtlich der außergerichtlichen Scheidungsform *Talaq* ist des weiteren wie folgt zu differenzieren: Eine in Deutschland vorgenommene *Talaq*-Scheidung ist wegen des staatlichen Scheidungsmonopols nicht anzuerkennen. Möglich ist allerdings unter gewissen Voraussetzungen, daß deutsche Gerichte eine Scheidung aufgrund *Talaqs* aussprechen. Wurde die *Talaq*-Scheidung im Ausland vorgenommen und ist indisches Recht Scheidungsstatut, so kann ihre Anerkennung bei hinreichendem Inlandsbezug am ordre public wegen eines Verstoßes gegen Art. 3 Abs. 2 oder Art. 103 Abs. 1 GG scheitern.[1123]

## III. Ausblick

Es hat sich gezeigt, daß sich die jeweiligen indischen Eherechte nicht nur vom deutschen Recht, sondern auch untereinander teils erheblich unterscheiden. Gleichwohl führt eine Anwendung der indischen Eherechte in Deutschland nur in wenigen Fällen zu einem Eingreifen des ordre public. Möglicherweise kann eine kritische Reflexion der aufgezeigten Unterschiede sogar dazu führen, daß die Rechtsordnungen positive Impulse aufeinander ausüben. So könnte etwa überdacht werden, in Deutschland die fakultative Zivilehe wieder einzuführen[1124]. Wie in Indien könnte als materielles Eheschließungs- und Scheidungsrecht weiterhin staatliches Recht maßgeblich sein, während hinsichtlich der Form es den Eheschließenden überlassen bleibt, ob sie den Trauungsakt von einer religiösen oder von einer weltlichen Instanz vornehmen lassen wollen. Eine staatliche „Unbedenklichkeitsbescheinigung" und die anschließende Registrierung von religiös geschlossenen Ehen würden die Funktionen der obligatorischen Zivilehe in gleicher Weise erfüllen.

---

1122 Siehe ausführlich oben C.III.3, S. 255 ff.

1123 Vgl. oben B.IV.4.b)(3), S. 84 ff.

1124 Siehe hierzu eingehend oben C.II.2.c), S. 217 ff.

# LITERATURVERZEICHNIS


*Agarwala, R.K.* Hindu Law, Allahabad 1971

*Agrawal, K.B.* Länderteil Indien, in Bergmann/Ferid: Internationales Ehe- und Kindschaftsrecht (Loseblatt), Stand 1989, *zitiert: Bergmann/Ferid-Agrawal*

*Ahmad, Iqbal* Position of women in Islam, AIR 1995 Journal S. 145 f.

*Ameer Ali, Syed* Student's Handbook of Mahommedan Law, 7. Auflage Calcutta 1925

*Anderson, J.N.D.* Codification in the Muslim World – Some Reflections, RabelsZ 30 (1966) S. 241 ff.

*Anderson, J.N.D.* Family Law in Asia and Africa, London 1968

*Anderson, Norman* Law Reform in the Muslim World, London 1976, *zitiert: Anderson Reform*

*Anderson, Norman* Islamic Family Law, in: International Encyclopedia of Comparative Law, Volume IV (Persons and Family), Chapter 11 S. 55 ff., Tübingen/The Hague/Boston/London 1983, *zitiert: Anderson Encyclopedia*

*Aquiar, A.S.* Christian Marriage and Divorce – an historical perspective, AIR 1997 Journal S. 30 f.

Arnold, Wilhelm/ Eysenck, Hans Jürgen/ Meili, Richard (Hrsg.) Lexikon der Psychologie, Freiburg 1980, *zitiert: Bearbeiter in Arnold/Eysenck/Meili*

*Awasthi, Shailendra Kumar* Supreme Court on Hindu Law Cases 1950 - 1991, Allahabad o.J.

*Bachmann* Dürfen Moslems bei uns eine polygame Ehe eingehen?, StAZ 1975, S. 195

Baratta, Mario von (Hrsg.) Der Fischer Weltalmanach 2003, Frankfurt am Main 2002

*Barth, Thomas/Wagenitz, Thomas* — Zur Neuordnung des Eheschließungsrechts, FamRZ 1996 S. 833 ff.

*Becker, Hans-Joachim* — Nochmals: Die Verfassungswidrigkeit des § 67 Personenstandsgesetzes, FamRZ 1957 S. 40 ff.

*Beitzke, Günther* — Scheidung sunnitischer Libanesen, IPRax 1993 S. 231 ff.

*Beitzke, Günther/Lüderitz, Alexander* — Familienrecht, 26. Auflage München 1992

*Bergmann, Alexander/Ferid, Murad* — Internationales Ehe- und Kindschaftsrecht (Loseblatt), 6. Auflage 1983 ff., Frankfurt am Main/Berlin 2002

*Beri, B.P.* — Law of Marriage and Divorce in India, 2. Auflage Lucknow 1989

*Berreman, Gerald D.* — Himalayan Polyandry and the Domestic Cycle, aus Uberoi S. 257 ff.

*Beule, Dieter* — Die Anerkennung ausländischer Entscheidungen in Ehesachen, insbesondere bei Privatscheidungen, StAZ 1979 S. 29 ff.

*Bhatnagar, J. P.* — Manual of Marriage and Divorce, 2. Auflage Jodhpur 1994

*Böhmer, Christof* — Die Gültigkeit der „Tondern-Ehen" in Deutschland, StAZ 1969 S. 85 ff.

*Böhmer, Christof* — Die Neuregelung des Eheschließungsrechts, StAZ 1975 S. 5 ff.

*Böhmer, Christof* — Der Ledigkeitsnachweis bei Angehörigen außereuropäischer Staaten, StAZ 1986 S. 273 ff.

*Böhmer, Christof* — Sind noch alle Eheverbote zeitgemäß?, StAZ 1991 S. 125 ff.

*Bojarajan, M./Rabindran T.* — The crying need to amend section 13B(2) of the Hindu Marriage Act, 1955, AIR 2000 Journal S. 170 f.

*Bolz, Michael* Verstoßung der Ehefrau nach islamischem Recht und deutscher ordre public, NJW 1990 S. 620 ff.

*Bornhofen, Heinrich* Die Reform des Kindschaftsrechts und die Neuordnung des Eheschließungsrechts in der standesamtlichen Praxis, StAZ 1997 S. 362 ff.

*Bosch, Friedrich Wilhelm* Neuordnung oder nur Teilreform des Eheschließungsrechts?, NJW 1998 S. 2004 ff.

*Bosch, Friedrich Wilhelm* Die geplante Neuregelung des Eheschließungsrechts – Zustimmung und kritische Anmerkung (Teil I), FamRZ 1997 S. 65 ff.

*Bosch, Friedrich Wilhelm* Rückblick und Ausblick oder De legibus ad familiam pertinentibus – reformatis et reformandis?, FamRZ 1980 S. 849 ff.

*Bosch, Friedrich Wilhelm* Ziviltrauung vor religiöser Trauung – sinnvoll oder ünerholt? Beitrag von Bosch/Hegnauer/Hoyer in FamRZ 1997 S. 1313 ff. – Erwiderung auf die Anmerkung von B. Weismann, FamRZ 1998 S. 939, FamRZ 1998 S. 939 f.

*Bosch, Friedrich Wilhelm/ Hegnauer, Cyril/ Hoyer, Hans* Ziviltrauung vor religiöser Trauung – sinnvoll oder überholt? Zum Verhältnis Staat - Kirche im Bereich der Eheschließung: Die Rechtslage in Deutschland, der Schweiz, Österreich und Liechtenstein de lege lata und de lege ferenda, FamRZ 1997 S. 1313 ff.

*Bosch, Friedrich Willhelm* Anmerkung zu OLG Hamburg, StAZ 1981 S. 360

*Bousquet, Georges-Henri* Le droit musulman, Paris 1963

*Brandhuber, Rupert/ Zeyringer, Walter* Standesamt und Ausländer (Loseblatt), 24. Lieferung, Länderteil Indien Stand 1996, Frankfurt am Main/Berlin 2002

Brockhaus Enzyklopädie in 24 Bänden, 20. Auflage Leipzig/Mannheim 1996 - 1999

*Carroll, Lucy* Kerala Hindu Joint Family System (Abolition) Act 1976: Women and Society the Beneficiaries, KLT 1993 (1) Journal S. 45 ff.

*Chavan, R.S.* Indian Private International Law, New Delhi 1982

*Coester, Michael* Probleme des Eheschließungsrechts in rechtsvergleichender Sicht, StAZ 1988 S. 122 ff.

*Coester-Waltjen, Dagmar/ Coester, Michael* Formation of Marriage, in: International Encyclopedia of Comparative Law, Volume IV (Persons and Family), Chapter 3, Tübingen/The Hague/Boston/London 1997

*Coulson, Noel J.* A history of Islamic law, Edinburgh 1990

Creifelds Rechtswörterbuch, hrsg. v. Weber, Klaus, 16. Auflage München 2000

*Cullmann, Peter* Die Behandlung polygamer Ehen im internationalen Privatrecht von England, Frankreich und Deutschland, Dissertation Bonn 1976

*Cullmann, Peter* Anerkennung polygamer Ehen in der Bundesrepublik Deutschland, FamRZ 1976 S. 313 ff.

*Davda, C.R.* Changes necessary to be introduced in the Hindu Marriage Act 1955, AIR 1998 Journal S. 191 f.

*Demmeler, Petra* Zur Zeit keine Legalisation indischer „Affidavits“ als Ehefähigkeitsbescheinigung, StAZ 1992 S. 49 f.

*Derrett, John Duncan M.* Introduction to Modern Hindu Law, Oxford 1963

*Derrett, John Duncan M./Iyer, T.K. Krishnamurthy* Hindu Family Law, in: International Encyclopedia of Comparative Law, Volume IV (Persons and Family), Chapter 11 S. 80 ff., Tübingen/The Hague/Boston/London 1983

*Devadason, E.D.* Handbook on Christian Law, 2. Auflage Madras 1989

*Dilger, Konrad* Buchbesprechung – Fyzee, Asaf A.A.: Cases in the Muhammadan Law of India and Pakistan, RabelsZ 37 (1973) S. 827 f.

*Diwan, Paras* Private International Law – Indian and English, 2. Auflage New Delhi 1988, *zitiert: Diwan Private International Law*

*Diwan, Paras/Diwan, Peeyushi* Family Law, 2. Auflage Allahabad 1994, *zitiert: Diwan Family Law*

*Diwan, Paras/Diwan, Peeyushi* Modern Hindu Law – codified and uncodified, 9. Auflage Allahabad 1993, *zitiert: Diwan Hindu Law*

*Diwan, Paras/Diwan, Peeyushi* Muslim Law in Modern India, 6. Auflage Allahabad 1993, *zitiert: Diwan Muslim Law*

*Dürig, Günter* Die Verfassungswidrigkeit des § 67 des Personenstandsgesetzes, FamRZ 1955 S. 337 ff.

*Elwan, Omaia* Neues Familien- und Erbrecht in Kuwait, IPRax 1985 S. 305 ff.

*Elwan, Omaia* Zur Eheschließung zwischen muslimischen Iranern und deutschen nicht-muslimischen Frauen, IPRax 1986 S. 124 ff.

*Elwan, Omaia/Otto, Dirk* Die Polygamie im pakistanischen Recht, StAZ 2000 S. 97 ff.

*Falk, Ze'ev W.* Jewish Family Law, in: International Encyclopedia of Comparative Law, Volume IV (Persons and Family), Chapter 11 S. 28 ff., Tübingen/The Hague/Boston/London 1983

*Ferid, Murad* Sind ausländische Verbote der Eheschließung mit Nichtstaatsangehörigen zu beachten?, StAZ 1954 S. 19 f.

*Ferid, Murad/Kegel, Gerhard/Zweigert, Konrad* Gutachten zum internationalen und ausländischen Privatrecht, veröffentlicht im Auftrage des Deutschen Rates für Internationales Privatrecht

*Ficker, Hans* Doppelehe nach englischem und ungarischen Recht – Staatsangehörigkeitswechsel bei nichtiger Ehe, StAZ 1952 S. 116 f.

*Forstner, Martin* Das neue algerische Ehe- und Kindschaftsrecht – Gesetz und soziale Wirklichkeit, StAZ 1987 S. 197 ff.

*Fyzee, Asaf Ali Asghar* Cases in the Muhammadan Law of India and Pakistan, Oxford 1965; *zitiert: Fyzee Cases*

*Fyzee, Asaf Ali Asghar* Outlines of Muhammadan Law, 4. Auflage Delhi/Oxford 1974, 7. Nachdruck Delhi 1993

Galling, Kurt (Hrsg.) Die Religion in Geschichte und Gegenwart, Bd. II – Handwörterbuch für Theologie und Religionswissenschaften, 3. Auflage Tübingen 1958 S. 314 ff.

*Gamillscheg, Franz* Doppelehe und hinkende Ehe im internationalen Privatrecht, in: Göttinger Festschrift für das Oberlandesgericht Celle (1961) S. 61 ff.

*Ganai, Nisar Ahmad* Right to Inheritance of Muslim Women under Customary Law in Jammu and Kashmir, KLJ 1987 Journal S. 1 ff.

*Gernhuber, Joachim/Coester-Waltjen, Dagmar* Lehrbuch des Familienrechts, 4. Auflage München 1994

*Giesen* Allgemeine Ehewirkungen gem. §§ 1353, 1356 BGB im Spiegel der Rechtsprechung, JR 1983 S. 89 ff.

*Goldziher, Ignaz* Muhammedanische Studien, Teil II, Halle 1890, Nachdruck Hildesheim 1961

*Gour, Hari Singh* The Hindu Code, 6. Auflage Allahabad 1992

*Graba, Hans-Ulrich* Familiensachen, 6. Auflage des bis zur 4. Auflage von Karl Firsching bearbeiteten Handbuchs, München 1998, *zitiert: Firsching/Graba*

*Grandinger, Karl Heinz* Das Eherecht In Indien und Pakistan, Monatsschrift der Vereinigung deutscher Auslandsbeamten Jg. 24, 1961 S. 137 ff.

*Grasmann, Günther* Einführung in die großen Rechtssysteme der Gegenwart: auf der Grundlage „Les grands systèmes de droit contemporains" von René David und Camille Jauffret Spinosi, 8. Auflage Paris 1982, 2. deutsche Auflage München 1989, *zitiert: David/Grasmann*

*Guggumos, Michael* Zum Problem der Befreiung von der Beibringung des Ehefähigkeitszeugnisses, StAZ 1964 S. 54 f.

*Haq, M. Fazlul* Polygamy in Islam: misrepresented and ill-judged, KLT 1990 (2) Journal S. 14 ff.

*Hartmann, Richard* Die Religion des Islam, Berlin 1944

*Heldrich, Andreas* Heimwärtsstreben auf neuen Wegen, Festschrift Ferid (1978) S. 209 ff.

*Henrich, Dieter* Nichtehe und nichtige Ehe, Rechtsvergleichende Betrachtungen zu einer fragwürdigen Unterscheidung, RabelsZ 37 (1973) S. 230 ff.

*Henrich, Dieter* Internationales Familienrecht, 2. Auflage Frankfurt am Main/Berlin 2000

*Henrich, Dieter* Anmerkung zu LG Hamburg, Urteil vom 16.10.1958 – 72 R 264/58 (StAZ 1960 99 f.), StAZ 1960 S. 100 ff.

*Hepting, Reinhard* Neuerungen im Eheschließungsrecht, StAZ 1996 S. 257 ff.

*Heßler, Hans-Joachim* Islamisch-rechtliche Morgengabe: vereinbarter Vermögensausgleich im deutschen Scheidungsfolgenrecht, IPRax 1988 S. 95 ff.

*Hohage, Marina* Deutsch-deutsches Eherecht und Ehekollisionsrecht, Neuwied/Berlin 1996

*Hohloch, Gerhard* Nochmals: Der heiratslustige Hadschi, Diskussionsbeitrag, JuS 1977 S. 679 f.

*Hohloch, Gerhard* Familienrecht, Stuttgart/München/Hannover/Berlin/ Weimar/Dresden 2002

*Hussain, S. Jaffer* A Hindu Convert's Right to Divorce, IBR 11 (1984) S. 32 ff.

*Irani, Phiroze K.* The personal law of the Parsis of India, aus: Family Law in Asia and Africa, herausgegeben von J.N.D. Anderson, London 1968, S. 273 ff.

*Jain, M.L.* Can a Parsi be not a Hindu?, AIR 1985 Journal S. 81 ff.

*Jain, S. C.* French Legal System in Pondicherry, JILI 12 (1970) S. 573 ff.

*Jain, S.N.* The Marriage Law in Goa: Some Comparisons with the Special Marriage Act in: Sardesai, Glimpses of Family Laws of Goa, Daman and Diu S. 24 ff.

*Jain, Sagar Chand* The Law relating to marriage and divorce, 3. Auflage Delhi 1983, 3. Nachdruck 1986

*Jain, Shailendra/Diwan, Peeyushi* Grounds of divorce: Do they need a second look?, AIR 1999 Journal S. 164 ff.

*Jayme, Erik* Anmerkung zu VG Gelsenkirchen, Urteil vom 18.07.1974 – 2 K 763/72 – (FamRZ 1975 338 ff.), FamRZ 1975 S. 340 f.

*Jayme, Erik* „Talaq" nach iranischem Recht und deutscher ordre public, IPRax 1989 S. 223 f.

*Jayme, Erik* Anmerkung zu AG München, FamG, Urteil vom 5.12.1980 – 82 F 6399/80, IPRax 1982 S. 250 f.

*Juynboll, Theodoor Willem Jan* Handbuch des islamischen Gesetztes, Leipzig u.a., 1910

*Kamat, Gopal Apa* Is there a uniform Civil Code in Goa, Daman & Diu? in: Sardesai, Glimpses of Family Laws of Goa, Daman and Diu S. 54 ff.

*Kamat, Gopal Apa* Family Laws in Goa as Compared to those in the Rest of India in: Sardesai, Glimpses of Family Laws of Goa, Daman and Diu S. 64 ff.

*Kapadia, K.M.* Marriage and Family in India, 3. Auflage 1966, 9. Nachdruck Calcutta 1986

*Karim, S.A.* Muslim Polygamy and the Special Marriage Act, KLT 1992 (1) Journal S. 6

*Kegel, Gerhard/Schurig, Klaus* Internationales Privatrecht, 8. Auflage München 2000

*Khan, M. Mustafa Ali* Islamic polygamy – a blessing in disguise, KLT 1989 (1) Journal S. 47 ff.

*Knappert, Jan* Lexikon der indischen Mythologie, Weyarn 1997

*Kronke, Herbert* Beweisrechtliche Havarie – Internationalsachenrechtliche gute Reise: Venezolanische Schiffspfandrechte vor deutschen Gerichten, IPRax 1992 S. 303 ff.

*Kropp, Wolfgang* Eheschließungen einer deutschen Staatsangehörigen mit einem Iraner in der Bundesrepublik Deutschland, StAZ 1984 S. 216

*Krüger, Hilmar* Ehe und Brautgabe – Rechtliche Probleme bei Ehen mit Angehörigen islamischer Staaten, FamRZ 1977 S. 114 ff.

*Krüger, Hilmar* Zur Eheschließung deutscher Frauen mit Iranern, StAZ 1984 S. 336 f.

*Krüger, Inge* Das Eherecht Indiens, FamRZ 1968 S. 564 ff.

*Krzywon, Hagen* Die Anerkennung ausländischer Entscheidungen in Ehesachen, StAZ 1989 S. 93 ff.

*Kumar, Ajay* Need for modernizing the modern Hindu law, AIR 1999 Journal S. 17 ff.

*Lingat, Robert* Les sources du droit dans le système traditionnel de l'Inde, Paris 1967

*Liu, Wen-Chao* Zur international-privatrechtlichen Problematik der Eheschließungen der Ausländer in der Bundesrepublik Deutschland und die Anerkennung von Privatscheidungen, Dissertation Regensburg 1986

*Lück, Heiner* Zu den Anfängen des evangelischen Eherechts in Wittenberg, FamRZ 1999 S. 1549 ff.

*Lüderitz, Alexander* Familienrecht, 27. Auflage München 1999

*Luther, Gerhard* Spannungen bei der Anwendung italienischen Familienrechts durch deutsche Gerichte, FamRZ 1962 S. 346 f.

*Magnus, Ulrich* Das Adoptionsrecht in Indien, StAZ 1977 S. 248 ff.

*Mahmood, Tahir* Divorce in Muslim Law: Repercussions of a Recent Kerala Verdict, The Hindustan Times vom 18.02.1973, *zitiert: Mahmood Divorce, Hindustan Times*

*Mahmood, Tahir* Islamic Law in Indian Courts since Independence, 1997, *zitiert: Mahmood Islamic Law*

*Mahmood, Tahir* Marriage Legislation in Post-Independence India and the Family law of Goa in: Sardesai, Glimpses of Family Laws of Goa, Daman and Diu S. 34 ff., *zitiert: Mahmood in Sardesai*

*Mahmood, Tahir* The Hindu Marriage Act, 2. Auflage Allahabad 1986; *zitiert: Mahmood HMA*

*Mahmood, Tahir* The Muslim Law of India, 2. Auflage Allahabad 1982 mit Ergänzungen 1988; *zitiert: Mahmood Muslim Law*

*Manchanda, S.C/Shabbir, Mohammad* Parsi Law in India, 5. Auflage Allahabad 1991, *zitiert: Shabbir/Manchanda*

*Menski, Werner* Comparative legal training in action: A reluctant defence of polygamy, KLT 1990 (1) Journal S. 50 ff.

*Menski, Werner* Crocodile tears and Muslim polygamy in India, KLT 1991 (2) Journal S. 20 ff.

*Menski, Werner/ Pearl, David* Muslim Family Law, 3. Auflage London 1998, *zitiert: Pearl/Menski*

*Mergenthaler, Erich* Das ausländische Ehehindernis der Religionsverschiedenheit, StAZ 1965 S. 134 ff.

*Meyer-Teschendorf, Klaus G.* Standesamtliche Eheschließungsform und Grundgesetz, StAZ 1982 S. 325 ff.

*Milliot, Louis/Blanc, François-Paul* Introduction à l'Étude du Droit musulman, 2. Auflage Paris 1987

*Mörsdorf, K.* Der hohe Preis der zivilen Ehe, FamRZ 1954 S. 123 ff.

*Mulla* Principles of Mahomedan Law, 18. Auflage by Hidayatullah, M. und Arshad, Bombay 1977

*Murty, K.S.N.* Marriages of Hindu Minors, AIR 1969 Journal S. 72 ff.

*Muscheler, Karlheinz* Der Entwurf eines Gesetzes zur Neuordnung des Eheschließungsrechts, JZ 1997 S. 1142 ff.

*Nagpal, Ramesh Chandra* Modern Hindu Law, Lucknow 1983

*Nair, M. Krishnan* Family Law, Trivandrum 1985

*Nandan, Deoki* Hindu Law – Marriage and Divorce, Allahabad 1993

*Nasir, Jamal* The Islamic Law of Personal Status, 2. Auflage London 1990

*Neuhaus, Heinrich* Ehehindernisse der Religionsverschiedenheit und ordre public, StAZ 1965 S. 279 ff.

*Neuhaus, Paul Heinrich* Staatliche und kirchliche Ehschließung in rechtsvergleichender Sicht, FamRZ 1955 S. 305 ff.

*Neuhaus, Paul Heinrich* Internationales Familienrecht und Grundrechte, FamRZ 1964 S. 609 ff.

*Neuhaus, Paul Heinrich* Zur Reform des deutschen formellen Eheschließungsrechts, FamRZ 1972 S. 59 ff.

*Neuhaus, Paul Heinrich* Internationales Familienrecht und Grundrechte, FamRZ 1964 S. 609 ff.

*Neuhaus, Paul Heinrich* Christian Family Law, in: International Encyclopedia of Comparative Law, Volume IV (Persons and Family), Chapter 11 S. 3 ff., Tübingen/The Hague/Boston/London 1983, *zitiert: Neuhaus Encyclopedia*

*Nigam, Kr.D.P.* Law of marriage and divorce in India, Delhi 1990

| | |
|---|---|
| *Otto, Dirk* | Das Weiterleben des portugiesischen Rechts in Goa – Entwicklung und kollisionsrechtliche Probleme vom deutschen Standpunkt, in: 2. Deutsch-Lusitanische Rechtstage (Hrsg. Erik Jayme), S. 124 ff., Baden-Baden 1994, *zitiert: Otto, Goa* |
| *Otto, Dirk* | Rechtsspaltung im indischen Erbrecht: Bedeutung und Auswirkung auf deutsch-indische Nachlaßfälle, Dissertation Heidelberg 1996, Frankfurt am Main/Berlin/Bern/New York/Paris/Wien 1997 |
| *Otto, Dirk* | Indisches Adoptionsrecht und deutsche Praxis, StAZ 1993 S. 39 ff. |
| *Otto, Dirk* | Zur Adoption eines christlichen indischen Kindes durch christliche Inder in Deutschland, IPRax 1992 S. 309 f. |
| Palandt | Kommentar zum Bürgerlichen Gesetzbuch, bearbeitet von Bassenge, Peter u.a., 62. Auflage München 2003 |
| *Papadimas, Vassilios* | Die Form der Eheschließung im deutschen materiellen Kollisionsrecht, Dissertation Hamburg 1968 |
| *Pauli, Hans-Georg* | Islamisches Familien- und Erbrecht und ordre public, Dissertation München 1994 |
| *Pearl, David* | Interpersonal Conflict of Laws in India, Pakistan and Bangladesh, London/Bombay 1981 |
| *Pearl, David/Menski, Werner* | Muslim Family Law, 3. Auflage London 1998, *zitiert: Pearl/Menski* |
| *Pinto, William E.* | Law of Marriage and Matrimonial Reliefs for Christians in India, Bengalore 1991 |

*Prader, Josef* Die religiösen Eherechte, Stand 1972, in Bergmann/Ferid: Internationales Ehe- und Kindschaftsrecht (Loseblatt):

– Das islamische Eherecht, *zitiert: Bergmann/Ferid-Prader, Islam*

– Das jüdische Eherecht, *zitiert: Bergmann/Ferid-Prader, Juden*

– Das Eherecht der orthodoxen Kirchen, *zitiert: Bergmann/Ferid-Prader, Orthodoxe*

– Das Eherecht der protestantischen Kirchen, *zitiert: Bergmann/Ferid-Prader, Protestanten*

*Qureshi, Muhammad Ahmed* Marriage and Matrimonial Remedies. A uniform civil code for India, Delhi 1978, *zitiert: Qureshi Marriage*

*Qureshi, Muhammad Ahmed* Muslim law of marriage, divorce and maintenance, New Delhi 1992, *zitiert: Qureshi Muslim Law*

*Raape, Leo* Die bigamische Ehe eines Engländers und einer Deutschen, FamRZ 1959 S. 478 ff.

*Rama Rao, T.S.* Conflict of laws in India, RabelsZ 23 (1958) S. 259 ff.

*Ramamurti, Mantha* Special Marriage Act, Allahabad 1964

*Ramanathan, Uma* Indian Divorce Act – A critique, AIR 2000 Journal S. 12 ff.

*Ramm, Thilo* Eheverbot und Ehenichtigkeit, JZ 1963 S. 47 ff.

*Rao, Kande Prasada* The law relating to marriages of Christians in India, Hyderabad 1991

*Rauscher, Thomas* Pakistanisch-islamische Eheschließungen, StAZ 1985 S. 101 ff.

*Rauscher, Thomas* Talaq und deutscher ordre public, IPRax 2000 S. 391 ff.

*Ray, Alok* Inter-caste and inter-religion marriages: The secularism in a plural society, AIR 1998 Journal S. 134 ff.

| | |
|---|---|
| Rebmann, Kurt/Säcker, Franz Jürgen/Ricker, Roland (Hrsg.) | Münchener Kommentar zum Bürgerlichen Gesetzbuch<br>Band 7: Familienrecht I, 4. Auflage München 2000<br>Band 10: Einführungsgesetz, Internationales Privatrecht, 3. Auflage München 1998<br>*zitiert: MünchKomm-Bearbeiter* |
| *Reddy, V. Raveendra* | Validity of Inter-religious Marriage under the Hindu Marriage Act 1955: Recent Trends, SCJ 1992 (2) Journal S. 6 ff. |
| *Renck, Ludwig* | Staatliche und kirchliche Eheschließung, NJW 1996 S. 907 f. |
| RGRK | Das Bürgerliche Gesetzbuch: mit besonderer Berücksichtigung der Rechtsprechung des Reichsgerichts und des Bundesgerichtshofes, Kommentar, hrsg. von Mitgliedern des Bundesgerichtshofes, Band IV/2 (§§ 1303 ff. BGB), 12. Auflage, Berlin/New York 1999, *zitiert: RGRK-Bearbeiter* |
| *Rohe, Mathias* | Rechtsfragen bei Eheschließungen mit muslimischen Beteiligten, StAZ 2000 S. 161 ff. |
| *Rohe, Mathias* | Das neue ägyptische Familienrecht: Auf dem Weg zu einem zeitgemäßen Islamischen Recht?, StAZ 2001 S. 193 ff. |
| *Saha, Amar.N.* | Marriage and Divorce, 5. Auflage Calcutta/Neu Delhi 1996 |
| *Saksena, Kashi Prasad* | Muslim Law as administered in India & Pakistan, 4. Auflage Lucknow 1963 |
| *Samtleben, Jürgen* | Der unfähige Gutachter und die ausländische Rechtspraxis, NJW 1992 S. 3057 ff. |
| Sardesai, Libia Lobo (Hrsg.) | Glimpses of Family Laws in Goa, Daman and Diu, Margao 1982 |

*Saxena, Shobha* Child marriages in Rajasthan a challange to Child Marriage Restraint Act, AIR 2000 Journal S. 44 ff.

*Schacht, Joseph* An Introduction to Islamic Law, Oxford 1964, Nachdruck Oxford 1991

*Scheftelowitz, Erwin Elchanan* Das religiöse Eherecht im Staat, Köln/Berlin/Bonn/München 1970

*Schimmel, Annemarie* Einleitung zur Koran-Übertragung von Max Hennings, Stuttgart 1960

*Schlüter, Wilfried* BGB-Familienrecht, 8. Auflage Heidelberg 1998

*Schmidt, Hans* Legalisation indischer Ehefähigkeitsbescheinigungen, StAZ 1993 S. 155

*Scholl, Claus* Die statistische Relevanz relativer Eheverbote, StAZ 1973 S. 153 ff.

*Schulz, Wolfgang* Verfahren und materielle Voraussetzungen der Befreiung von der Beibringung des Ehefähigkeitszeugnisses, StAZ 1991 S. 32 ff.

*Schütt, Heinrich* Indisches Familienrecht und deutsche Praxis, FamRZ 1999 S. 1330 ff.

*Schwab, Dieter* Familienrecht, 11. Auflage München 2001

*Schwab, Dieter* Eheschließungsrecht und nichteheliche Lebensgemeinschaft – Eine rechtsgeschichtliche Skizze, FamRZ 1981 S. 1151 ff.

*Schwab, Dieter* Geschichtliches Recht und moderne Zeiten – ausgewählte rechtshistorische Aufsätze, Heidelberg 1995, *zitiert: Schwab Geschichtliches Recht*

*Shabbir, Mohammad/ Manchanda, S.C.* Parsi Law in India, 5. Auflage Allahabad 1991

*Sharma, O.P.* Hindu Marriage Act – a Commentary, New Delhi 1977

*Singh, Subhash Chandra* Polygamy, Islam and Change, AIR 1996 Journal S. 178 ff.

*Singh, Subhash Chandra* Equal partnership in marriage and family relations, AIR 1999 Journal S. 64 ff.

*Singhal, Bhagwati Prasad* Uniform Civil Code – Framing is Imperative, AIR 1998 Journal S. 164 ff.

Soergel, Hs. Th. Kommentar zum Bürgerlichen Gesetzbuch mit Einführungsgesetz und Nebengesetzen, 12. Auflage Stuttgart/Berlin/Köln 1996, *zitiert: Soergel-Bearbeiter*

*Spellenberg, Ulrich* Deutsch-Indische Scheinehen, IPRax 1992 S. 233 ff.

*Spickhoff, Andreas* Eheschließung, Ehescheidung und ordre public – Art. 6 Abs. 1 GG und die Anwendung ausländischen Rechts, JZ 1991 S. 323 ff.

Staudinger, Julius von (Begr.), Hübner, Heinz; Klippel, Diethelm; Strätz, Hans-Wolfgang (Bearb.) Kommentar zum Bürgerlichen Gesetzbuch mit Einführungsgesetz und Nebengesetzen, Einleitung zu Paragraph 1297 ff., Paragraphen 1297-1302, Nichteheliche Lebensgemeinschaft (Anhang zu Paragraph 1297 ff.), 13. Bearbeitung Berlin 2000, *zitiert: Staudinger-Bearbeiter*

Staudinger, Julius von (Begr.), von Bar, Christian; Henrich, Dieter, Albrecht, Karl-Dieter (Bearb.) Kommentar zum Bürgerlichen Gesetzbuch mit Einführungsgesetz und Nebengesetzen, Einführungsgesetz zum Bürgerlichen Gesetzbuche/IPR, Art. 13 - 18 EGBGB, Anh. zu Art. 13 EGBGB: Verlöbnis und nichteheliche Lebensgemeinschaft; Anh. I zu Art. 18 EGBGB: Haager Unterhaltsübereinkommen 1973; Anh. II zu Art. 18 EGBGB: Haager Kindesunterhaltsübereinkommen 1956; Anh. III zu Art. 18 EGBGB: Internationales Unterhaltsverfahrensrecht. 13. Barbeitung Berlin 1996, *zitiert: Staudinger-Bearbeiter*

*Stöcker, Hans A.* Der internationale ordre public im Familien- und Familienerbrecht, RabelsZ 38 (1974) S. 79 ff.

*Sturm, Fritz* Eheschließungsformen im Ausland, ihre Gültigkeit und Nachweisbarkeit im Inland, StAZ 1995 S. 343 ff.

*Subba Rao, G.C.V.* Family law in India: Hindu law and Mohamedan law 6. Auflage 1984, Nachdruck Hyderabad 1993

*Tiedemann, Inge Karin* Aids – Familienrechtliche Probleme, NJW 1988 S. 729 ff.

*Tulzapurkar* Uniform Civil Code, AIR 1987 Journal S. 17 ff.

*Uday Singh, Chander* „Just good friends“ , aus: India Today vom 15.12.1981

*Verma, Babu Ram* Islamic Law-Personal, Commentaries on Mohammedan Law in India , Pakistan and Bangladesh, 6. Auflage 1989, reprint mit Ergänzungen Allahabad 1995

*Vishnupriya, Y.* Property Rights of Hindu Women in India, MLJ 1990 (2) Journal S. 37 ff.

*Wähler, Klaus* Interreligiöses Kollisionsrecht im Bereich privatrechtlicher Rechtsbeziehungen, Köln/Berlin/Bonn/München 1978

*Weitz, Barbara* Inlandsbeziehungen und ordre public in der deutschen Rechtsprechung zum internationalen Familienrecht, Frankfurt/Main 1981

*Wengler, Wilhelm* Anmerkung zu BGH Beschluß vom 12.02.1964 – IV AR (VZ) 39/63 (JZ 1964 617 ff.) – JZ 1964 S. 621 ff.

*Wiedensohler, Günter* Grundbegriffe des islamischen Rechts, RabelsZ 35 (1971) S. 632 ff.

*Wuppermann, Michael* Die deutsche Rechtsprechung zum Vorbehalt des ordre public im Internationalen Privatrecht seit 1945 vornehmlich auf dem Gebiet des Familienrechts, Frankfurt/Main 1977

*Yücelen, Yüksel* Was sagt der Koran dazu?, 3. Auflage München 1991

*Ziegler, Eberhard/Mäuerle, Karl-Heinz* Familienrecht, 2. Auflage Baden-Baden 2000

*Zimmermann, Heinz-August* Befreiung vom ausländischen Ehefähigkeitszeugnis – Grundzüge, besondere Fälle, Einzelfragen, StAZ 1980 S. 137 ff.

*Zweigert, Konrad/Kötz, Hein* Einführung in die Rechtsvergleichung: auf dem Gebiet des Privatrechts, 3. Auflage Tübingen 1996

# ENTSCHEIDUNGSVERZEICHNIS

*A. Bhagavathi Ammal v. Sethu* AIR 1987 Mad. 224

*A. Kuppuswami v. Alagammal* AIR 1961 Mad. 391

*A. Premchand v. V. Padmapriya* AIR 1997 Mad. 135

*A. v. B.* AIR 1985 Guj. 121

*A.E. Thirumal Naidu v. Rajammal* AIR 1968 Mad. 201

*A.V. Janardhana Rao v. M. Aruna Kumari* AIR 2000 A.P. 127

*Abdul Ahad v. Shah Begum* AIR 1977 J.&K. 22

*Abdul Ghani v. Azizul Huq* ILR 39 Cal 409

*Abdul Kadir v. Salima* (1880) ILR 8 All. 149

*Abdul Kadir v. Salima* (1886) 8 Allahabad 149 (Full Bench), abgedruckt in Fyzee Cases 103

*Abdul Nabi v. Syed Ajmat Hussen* AIR 1935 Nag. 123

*Abdul Rahiman v. Aminabai* ILR 59 (1934/1935) Bom. 426

*Abdul Rahimanhutty v. Aysha Beevi* AIR 1960 Ker. 101

*Abdurahim Haji Ismail Mithu v. Halimabai* MLJ 30 (1916) 227

*Abraham v. Abrahan* (1863) 9 Moore`s Indian Appeals 195, abgedruckt in Fyzee Cases 39

*Abual Kasim v. Jamila Khatun Bibi* AIR 1940 Cal. 251

*Adam v. Mammad* KLT 1990 (1) 705

*Ahmad Bux v. Smt. Nathoo* AIR 1969 All. 75

*Ahmad Husain v. Mt. Amir Bano* AIR 1940 All. 63

*Aizunissa Khatoon v. Karimunnissa Khatoon* ILR 23 (1895) Cal. 130

*Ajay Chandrakar* AIR 2000 NOC 32 (M.P.)

*Ajitrai Shivprasad Mehta v. Bai Vasumati* AIR 1969 Guj. 48

*Aklemannessa Bibi v. Mahomed Hatem* ILR 31 (1904) Cal. 849

*Alka Sharma v. Abhinesh Chandra Sharma* AIR 1991 M.P. 205

*Amarlal Goru v. Vijayabai* AIR 1959 M.P. 400

*Ambabai Bhaichand Gujar v. Keshav Bandochand Gujar* AIR 1941 Bom. 233

*Amina v. Hassan Koya* KLT 1985 596

*Amirthammal v. Vallimayil Ammal* AIR 1942 Mad. 693

*Ammini E.J. v. Union of India* AIR 1995 Ker. 252

*Anath Nath De v. Smt. Lajjabati Devi* AIR 1959 Cal. 778

*Anil Jayantilal Vyas v. Sudhaben* AIR 1978 Guj. 74

*Anil Kumar Mahsi v. Union of India* SCJ 1995 (1) 90

*Anima Roy v. Probodh Mohan Roy* AIR 1969 Cal. 304

*Anju Sharma v. Maresh Kumar* AIR 1998 Del. 47

*Annathai v. Murugaiah* AIR 2000 Mad. 356

*Anurag Anand v. Sunita Anand* AIR 1997 Del. 94

*Arun Kumar Bhardwaj v. Smt. Anila Bhardwaj* AIR 1993 P.&H. 33

*Asha Rani v. Gulshan Kumar* AIR 1995 P.&H. 287

*Asmabai v. Umer Mahomed Sidik Mirza* AIR 1941 Sind. 23

*Atma Ram v. Smt. Kala Wati* AIR 1982 P.&H. 83

*Aykut v. Aykut* AIR 1940 Cal. 75

*Ayub Hasan v. Mt. Akhtari* AIR 1963 All. 525

*Aziz Banu v. Mohammad Ibrahim Husain* AIR 1925 All. 720

*Aziz v. Mt. Naro* AIR 1955 H.P. 32

*B. R. Syal v. Smt. Ram Syal* AIR 1968 P.&H. 489

*Babui Panmato Kuer v. Ram Agya* Singh AIR 1968 Pat. 190

*Bachhanidhi Das v. Kamala Devi* AIR 1980 Ori. 171

*Badal Aurat v. Queen-Empress* ILR 19 (1899) Cal 79

*Badri Prasad v. Dy. Director of Consolidation* AIR 1978 S.C. 1557

*Bai Awabai v. Khodadad Ardesher Koochabiogi* 22 (1920) Bom LR 913

*Bai Gulab v. Jiwanlal Harilal* ILR 46 (1922) Bom. 871

*Bala Krishna v. V. Lalitha* AIR 1984 A.P. 225

*Balbir Kaur v. Maghar Singh* AIR 1984 P.&H. 417

*Baldeo Prasad v. Arya Priti Nidhi Sabha* AIR 1930 All. 643

*Balusami Reddiar v. Balakrishna Reddiar* AIR 1957 Mad. 97

*Bani Devi v. A.K. Banerjee* AIR 1972 Del. 50

*Banshidhar Jha v. Chhabi Chatterjee* AIR 1967 Pat. 277

*Batoolan v. Zahoor Shah Roshan Shah* AIR 1952 M.P. 30

*Beena Cherian v. K.J. Varghese* AIR 2000 Ker. 181 ff.

*Bhagwan Bakhsh v. Digbijai Singh* AIR 1931 Oudh 301

*Bhagwanti v. Laxmandas Panjwani* AIR 2000 M.P. 190

*Bhagwati Saran Singh v. Kumar Parmeshwari Nandan Singh* AIR 1942 All. 267

*Bhaswati Sarkar v. Angshuman Sarkar* AIR 2000 Cal. 210

*Bhaurao Shankar Lokhande v. State of Maharashtra* AIR 1965 S.C. 1564

*Bikkar Singh v. Smt. Mohinder Kaur* AIR 1981 P.&H. 391

*Bimla Bai v. Shankerlal* AIR 1959 M.P. 8

*Bipinchandra Jaisinghbai Shah v. Prabhavati* AIR 1957 S.C. 176

*Birendra Bikram Singh v. Kamal Devi* AIR 1995 All. 243

*Birendra Kumar Biswas v. Hemlata Biswas* AIR 1921 Cal. 459

*Bobbaladi Gettappa v. Bobbaladi Eramma* ILR 1926 Mad. 228

*Boodapati Ankamma v. Boodapati Bamanappa* AIR 1937 Mad. 332

*Buffatan Bibi v. Sheikh Abdul Salim* AIR 1950 Cal. 304

*C. Solomon v. Josephine* AIR 1959 Mad. 151

*C.S. Rangabhattar v. C. Chodamani* AIR 1992 A.P. 103

*Capt. A.C. Smyth v. Mrs. Hannah Smyth* AIR 1951 Cal. 293

*Central Bank of India v. Ram Narain* AIR 1955 S.C. 36

*Chakki v. Ayappan* AIR 1989 Ker. 89

*Chanchal Kumari v. Kewal Krishan* AIR 1972 P.&H. 474

*Chand Narain Gautam v. Smt. Saroj Gautam* AIR 1975 Raj. 88

*Chandrasekhara Mudaliar v. Kulandaivelu Mudaliar* AIR 1963 S.C. 185

*Charan Singh Harnam Singh v. Gurdial Singh Harnam Singh* AIR 1961 Punj. 301

*Chellamma v. Parakal Hamza* ILR 1987 (1) Ker. 79

*Chellappan Nair v. Madhavi Amma* AIR 1961 Ker. 311

*Chemari Balan Nair v. Manikhoth Vilasini* AIR 1998 Ker. 313

*Commissioner of Income Tax, Andhra Pradesh v. Nawab Mir Barkat Ali Khan* AIR 1991 S.C. 331

*Commissioner of Wealth Tax, Madras v. Late R. Sridharan by Lrs.*, S.C. 1976, Awasthi 226

*Cowasji Nusserwanji Patuck v. Shehra Cowasji Patuck* AIR 1938 Bom. 81

*D.P. Joshi v. State of Madhya Bharat* 1955 (1) SCR 1215

*Dave Kantilal Kalyanji v. Bai Indumati Kalyanji* AIR 1956 Saur. 115

*David Sasson Ezekiel v. Najia Noori Reuben* 33 BomLR (1931) 725

*Deivanai Achi v. R.M.Al.Ct. Chidambaram Chettiar* AIR 1954 Mad. 657

*Delhi Cloths & General Mills Co. v. Harnam Singh* AIR 1955 S.C. 590

*Devi Singh v. Smt. Sushila Devi* AIR 1980 Raj. 48

*Devyani Kantilal Shroff v. Kantilal Gamantal Shroff* AIR 1963 Bom. 98

*Dharmendra Kumar v. Usha Kumar* AIR 1977 S.C. 2218

*Dhrubajyoti Chatterjee v. Dila Mukherjee* AIR 1979 Ori. 93

*Dhuma Manjhi v. Emperor* AIR 1943 Pat. 109

*Dina Dinshaw v. Dinshaw Ardeshir* AIR 1970 Bom. 341

*Dr. Dwaraka Bai v. Professor Nainan Mathews* AIR 1953 Mad. 792

*Dr. G.G. Padma Rao v. Swarajya Lakshmi* AIR 1970 A.P. 300

*Dr. Keshaorao Krishnaji Londhe v. Mrs. Nisha Londhe* AIR 1984 Bom. 413

*Dr. N.G. Dastane v. Mrs. S. Dastane* AIR 1975 S.C. 1534

*Dr. Srikant Rangachary Adya v. Smt. Anuradha* AIR 1980 Kant. 8

*Dr. Suneer Sharma v. Dr. Madhurlata Sharma* AIR 2000 M. P. 26

*Dubey v. Dubey* AIR 1951 All. 529

*Durgaprasada Rao v. Sudarsanaswami* AIR 1940 Mad. 513

*Durjyodhan Pradhan v. Bengabati Dei* AIR 1977 Ori. 36

*Especiosa Nunes of Bicholim v. Francisco Nicolau Fernandes of Merces* AIR 1974 Goa 46

*G. Ramakrishna Pillai v. J. Vijayakumari Amma* AIR 1990 Ker. 55

*G. Venkatanarayana v. Kurupati Laxmi Devi* AIR 1985 A.P. 1

*Gajara Naran Bhura v. Kanbi Kunverbai Parbat* AIR 1997 Guj. 185

*Ganta Nagamani v. Ganta Lakshmana Rao* AIR 1992 A.P. 76

*Garja Singh v. Surjit Kaur* AIR 1991 P.&H. 177

*Gaya Prasad v. Mst. Bhagwati* AIR 1966 M.P. 212

*George Sebastian v. Molly Joesph* AIR 1996 Ker. 16

*Ghul Mohammad v. Emperor* AIR 1947 Nag. 121

*Ghulam Mohammad v. Emperor* AIR 1933 Lah. 88

*Gindan v. Barelal* AIR 1976 M.P. 83

*Gitabai v. Fattoo* AIR 1966 M.P. 130

*Gnanasoundari v. Nallathambi* AIR 1945 Mad. 516

*Gogireddy Sambireddy v. Gogireddy Jayamma* AIR 1972 A.P. 156

*Gopal Krishan Sharma v. Dr. Mithilesh Kumari Sharma* AIR 1979 All. 316

*Gopal Lal v. State of Rajasthan* AIR 1979 S.C. 713

*Gowri Ammal v. Thulasi Ammal* AIR 1962 Mad. 510

*Gudivada Venkateswararao v. Smt Gudivada Nagamani* AIR 1962 A.P. 151

*Gurubasawwa v. Irawwa* AIR 1997 Kant. 87

*H.B.Singh v. T.N.H. Ongbi Bhani Devi* AIR 1959 Manipur 20

*Harbhajan Singh v. Smt. Brij Balab Kaur* AIR 1964 Punj. 359

*Hasan Kutti Beary v. Jainabha* AIR 1928 Mad. 1285

*Hitesh Narendra Doshi v. Jesal Hitesh Doshi* AIR 2000 A.P. 362

*Ihsan Hassan Khan v. Panna Lal* AIR 1928 Pat. 19

*In re Dolgonti Raghava Reddy* AIR 1968 A.P. 117

*In the Goods of Inanendranath* N.R. ILR 49 (1922) Cal. 1069

*Iqbal Kaur v. Pritam Singh S. Nanak Singh* AIR 1963 Punj. 242

*Itwari v. Smt. Asghari* AIR 1960 All. 684

*J. Shyamala v. P. Sundar Kumar* AIR 1991 NOC 29 (Mad.).

*J.Chandrasekhavan v. G. Rosaline Pushpamoni* AIR 1970 Mad. 211

*J.J. Turner v. Mrs. A.E. Turner* AIR 1921 Cal. 517

*J.S. Battie v. G. E. Brown* AIR 1916 Mad. 847

*Jacintha Kamath v. Padmanabha Kamath* ILR 1992 Kar. 1233

*Jagarlamudi Sujatar Jagarlamudi Jadadish Krishna Prasad* AIR 1992 A.P. 291

*Jagdish Kumar v. Sita Devi* AIR 1963 Punj. 114

*Jagdish Lal v. Smt. Shyama Nadan* AIR 1966 All. 150

*Jamboo Prasad Jain v. Smt. Malti Prabha* AIR 1979 All. 260

*Jayalakshmi v. Gayathri* AIR 1998 Kant. 169

*Jayaraj Antony v. Mary Seeniammal* AIR 1967 Mad. 242

*Jaygun Nessa Bibi v. Mahhammed Ali* AIR 1938 Cal. 71

*Jeoronimo Francisco Sacrafamilla Eric D'Souza v. Florence Martha D'Souza* AIR 1980 Del. 275

*Jessie Grant Khambatta v. Mancherji Cursetji Khambatta* AIR 1934 Bom. 93

*Jethabhai Ratanshi Lodaya v. Manabai Jethabhai Lodaya* AIR 1975 Bom. 88

*Jhandu v. Mt. Husain Bibi* AIR 1923 Lah. 499

*Jia Lal Abrol v. Sarla Devi* AIR 1978 J.&K. 69 ff.

*Joao Gloria Pires v. Mrs. Ana Joaquina Rodrigues e Pires* AIR 1967 Goa 113

*Jogu Bibi v. Mesel Shaikh* ILR 63 (1935, 1936) Cal. 415

*Jommon M.J. v. Mercy John* AIR 2000 Ker. 239

*Joygun Nessa Bibi v. Mahammad Ali* AIR 1938 Cal. 71

*Joyita Saha v. Rajesh Kumar Pandey* AIR 2000 Cal. 109

*Jude v. Jude* AIR 1949 Cal. 563

*Jyotish Chandra Guha v. Sm. Meera Guha* AIR 1970 Cal. 266

*K. Devabalan v. M. Vijaya Kumari* KLT 1990 (2) 930

*K. I. Mohanan v. Smt. Jeejabai* AIR 1988 Ker. 28

*K. Narayanan v. K. Sreedevi* AIR 1990 Ker. 151

*K.J.B. David v. Nilamoni Devi* AIR 1953 Ori. 10

*Kamal Kumar Basu v. Kalyani Basu* AIR 1988 Cal. 111

*Kaniza v. Hasam Ahmad Khan* AIR 1926 Oudh 231

*Kanthy Balavendram v. Harry* AIR 1954 Mad. 316

*Kanwal Ram v. The Himachal Pradesh Administration* AIR 1966 S.C. 614

*Kaura Devi v. Indra Devi* AIR 1943 All. 310

*Kedar Nath Gupta v. Sm. Suprava* AIR 1963 Pat. 311

*Khatun Bibi v. Rajjab* AIR 1926 All. 615

*Krishna Singh v. Mathura Ahir* AIR 1980 S.C. 707

*Krishnabai v. Punamchand* AIR 1967 M.P. 200

*Kshitish Chandra Chakraburty v.* Emperor AIR 1937 Cal. 214

*Kummali Abubukker v. Verrgatt Marakkar* AIR 1970 Ker. 277

*Kunta Devi v. Siri Ram Kalu Ram* AIR 1963 Punj. 235

*Kusum Lata v. Kampta Prasad* AIR 1965 All. 280

*Kuttialikutty Marakkar Haji v. Thazhatil Kandankutty* AIR 1967 Ker. 78

*Lachman Utamchand Kirpalani v. Meena* AIR 1964 S.C. 40

*Lakshmamma v. Thayamma* AIR 1974 A.P. 255

*Lakshmi Ammal v. Ramaswami Naicker* AIR 1960 Mad. 6

*Lakshmi Sanyal v. Sachit Kumar Dhar* AIR 1972 S.C. 2667

*Lala v. Rasula* AIR 1957 J.&K. 3

*Lata v. Vilas* AIR 1987 Bom. 231

*Laxmansingh Chandrasingh v. Kesharbai Laxmansingh* AIR 1966 M.P. 166

*Leelamma v. Dilipkumar* AIR 1993 Ker. 57

*Lila Gupta v. Laxmi Narain* ILR 1969 All. (1) 92

*Lily Thomas v. Union of India* AIR 2000 S.C. 1650

*Lingappa Goundan v. Esudasan* ILR 27 (1904) Mad. 13

*Lingari Obulamma v. L. Venkata Reddy* AIR 1979 S.C. 848

*Lopez v. Lopez* ILR 12 (1885) Cal. 706

*Loya Padmaja v. Loya Veera Venkata Govindarajulu* AIR 2000 A.P. 284

*M. Govindaraju v. K. Munisami Gounder* AIR 1997 S.C. 10

*M. Jainoon v. M. Ammanulla Khan* AIR 2000 Mad. 381

*M. Mohanraj v. Violet Chandra* AIR 1994 NOC 55 (Kant.)

*Madan Lal v. Smt. Sudesh Kumari* AIR 1988 Del. 93

*Madan Mohan Manna v. Smt. Chitra Manna* AIR 1993 Cal. 33

*Madhavrao Raghavendra v. Raghavendrarao* AIR 1946 Bom. 377

*Madhusudan v. Smt. Chandrika* AIR 1975 M.P. 174

*Mafizuddin Mandal v. Rahima Bibi* AIR 1934 Cal. 104

*Maganlal Budhaiabhai v. Bai Dahi* AIR 1971 Guj. 33

*Maha Ram v. Emperor* AIR 1918 All. 168

*Mahammad Amin v. Mt. Aimna Bibi* AIR 1931 Lah. 134

*Mancherji Cursetji Khambatta v. Jessie Grant Khambatta* AIR 1935 Bom. 5

*Mangila Bibi v. Noor Hossain* AIR 1992 Cal. 92

*Maria v. K. Ignatius* AIR 2000 Mad. 202

*Mariasoosai v. Clara Mary* AIR 1995 Mad. 35

*Mary Kurian v. T.T. Joseph* AIR 1980 Ker. 131

*Mathuram Augustine v. Vijayavani* AIR 1980 Mad. 1

*Meena Dutta v. Anirudh Dutta* DMC (1984) 2 388

*Meena v. Lachman Utamchand Kirpalani* AIR 1960 Bom. 418

*Meenakshi Mehta v. Major Atul Mehta* AIR 2000 H.P. 73

*Mirchumal v. Smt. Devi Bai* AIR 1977 Raj. 113

*Mirjan Ali v. Mt. Maimuna Bibi* AIR 1949 Ass. 14

*Miss Shireen Mall v. John James Taylor* AIR 1952 Punj. 277

*Mohammad Azim Khan v. Raja Saiyid Mohammad Saddat Ali Khan* AIR 1931 Oudh 177

*Mohammad Shafi v. Raunaq Ali* AIR 1928 Oudh 231

*Mohan Lal v. Smt. Shanti Devi* AIR 1964 All. 21

*Mohanmurari v. Smt. Kusumkumari* AIR 1965 M.P. 194

*Mohd. Ahmed Khan v. Shah Bano Begum* AIR 1985 S.C. 945

*Mohd. Ikram Hussain v. State of Uttar Pradesh* AIR 1964 S.C. 1625

*Mohd. Khan v. Mst. Shahmali* AIR 1972 J.&K. 8

*Mohd. Shamsuddin v. Noor Jahan Begum* AIR 1955 Hyd. 141

*Mohd. Sharif v. Smt. Nasrine* AIR 1996 Raj. 23

*Mohinder Kaur v. Major Singh* AIR 1972 Punj. 184

*Mohinder Singh v. Harbans Kaur* AIR 1992 P.&H. 8

*Molly Joseph v. George Sebastian* AIR 1997 S.C. 109

*Mouji Lal v. Chandrabati Kumari* ILR 38 (1911) Cal. 700

*Mr. 'X' v. Hospital 'Z'* AIR 1999 S.C. 495

*Mrs. Annu J. Thomas v. Thomas Koshy* AIR 1997 Del. 345

*Mrs. Beatrice Honor Agatha Goodal v. Mr. Harrylock Charles David Goodal* AIR 1933 All. 135

*Mrs. Lavina Yorke v. Terence Basil Yorke* AIR 1997 Del. 346

*Mrs. Neena v. John Pormer* AIR 1985 M.P. 85

*Mrs. Rita Nijhawan v. Shri Balkishan Nijhawan* AIR 1973 Del. 200

*Mrs. Suresh Bala Dehradur v. Major Gurmohinder S. Bala New Delhi* AIR 1983 Del. 230

*Mrs. Veena James v. Krishan James* AIR 1982 Punj. 47

*Mst. Atika Begam v. Muhammad Ibrahim Rashid Nawah* AIR 1916 P.C. 250

*Mst. Bawi v. Nath* AIR 1970 J.&K. 130

*Mst. Jani v. Mohd. Khan* AIR 1970 J.&K. 154

*Mst. Shewanti Bhaurao Dongre v. Bhaurao Daulatrao Dongre* AIR 1971 M.P. 168

*Mt. Ayesha Bibi v. Subodh Ch. Chakravaty* AIR 1949 Cal. 436

*Mt. Bakh Bibi v. Qaim Din* AIR 1934 Lah. 907

*Mt. Bashiran v. Mohammad Husain* AIR 1941 Oudh 284

*Mt. Bibi Ahmad-un-Nisa Begum v. Ali Akbar Shah* AIR 1942 Pesh. 19

*Mt. Ghulam Kubra Bibi v. Mohammad Shafi Mohammad Din* AIR 1940 Pesh. 2

*Mt. Ghulam Sakina v. Falak Sher Allah Baksh* AIR 1950 Lah. 45

*Mt. Jalsi Kuar v. Emperor* AIR 1933 Pat. 471

*Mt. Kishan Dei v. Mangal Sen* AIR 1935 All. 927

*Mt. Nafisunnisa v. Mira Mumtaz Husain* AIR 1922 All. 363

*Mt. Nandi v. Emperor* AIR 1920 Lah. 379

*Mt. Rahmate v. Nikka* AIR 1928 Lah. 954

*Mt. Sadiqa Begam v. Ata Ullah* AIR 1933 Lah. 885

*Mt. Sakina Faruq v. Shamshad Khan* AIR 1936 Pesh. 195

*Mt. Titili v. Alfred Robert Jones* AIR 1934 All. 273

*Mt. Umar Bibi v. Mohammad Din* AIR 1945 Lah. 51

*Mt. Umat-ul-Hafiz v. Talib Hussain* AIR 1945 Lah. 56

*Mt. Ummatul Fatima v. Ali Akbar* AIR 1926 Oudh 521

*Mt. Zainaba v. Abdul Rahman* AIR 1945 Pesh. 51

*Muhammad Baksh v. The Crown* AIR 1950 Lah. 133

*Muhammad Hayat v. Muhammad Nawaz* AIR 1935 Lah. 622

*Muhammad Sharif v. Khuda Bakhsh* AIR 1936 Lah. 683

*Muhammad Yasim v. Mumtaz Begam* AIR 1936 Lah. 716

*Mukesh Kumar Gupta v. Smt. Kamini Gupta* AIR 1984 Del. 368

*Munishwar Datt Vashisht v. Indra Kumari* AIR 1963 Punj. 449

*Munshi Ram v. Emperor* AIR 1936 All. 11

*Musstt. Rahima Khatoon v. Musstt. Saburjanessa* AIR 1996 Gau. 33

*Muthuraj Koilpillai v. Esther Victoria Kannammal* AIR 1970 Mad. 237

*N. G. Rama Prasad v. B. C. Vanamala* AIR 1988 Kant. 162

*N. Padayachi v. A. Ammal* AIR 1938 Rang. 59

*N. Sarada Mani v. G. Alexander* AIR 1998 A.P. 157

*N. Sreepadachar v. Vasantha Bai* AIR 1970 Mys. 232

*Nagavva v. Parvathavva* AIR 1974 Mys. 8

*Nanikaram Gellaram v. Smt. Drupadiben* AIR 1974 Guj. 111

*Narantakath v. Parakkal* (1922) 45 Madras 986, abgedruckt in Fyzee Cases 57

*Narasimha Reddy v. Boosamma* AIR 1976 A.P. 77

*Nasrat Husain v. Hamidan* ILR 4 (1882) All. 205

*Natha Nathuram v. Metha Chotalal Dajibhai* ILR 55 (1931) Bom. 1

*Naumi v. Narotam* AIR 1963 H.P. 15

*Nawab Bibi* v. *Allah Ditta* AIR 1924 Lah. 183

*Neelakantan v. Neelakantan* AIR 1959 Raj. 133

*Ningu Vithu Bamane v. Sadashiv Ningu Bamane* AIR 1987 Bom. 27

*Nirmal Dass Bose v. Km. Mamta Gulati* AIR 1997 All. 401

*Nizamuddin v. Huseni* AIR 1960 M.P. 212

*Noor Mohammad v. Mohammad Jiajddin* AIR 1992 M.P. 244

*O.P. Mehta v. Smt. Saroj Mehta* AIR 1986 Del. 327

*Om Parkash v. Smt. Rajni* AIR 1988 Del. 107

*Om Prakash Narang v. Smt. Prabha Narang* AIR 1978 Del. 240

*P. v. K.* AIR 1982 Bom. 400

*P. V. Sabu v. Maria Kutty* AIR 1998 Ker. 86

*P.L. Sayal v. Smt. Sarla Rahi* AIR 1961 Punj. 125

*Pakkiam Solomon v. Chelliah Pillai* AIR 1924 Mad. 18

*Panchireddi Appala Suramma v. Gadela Ganapatlu* AIR 1975 A.P. 193

*Paramasami Pillai v. Sornathammal* AIR 1969 Mad. 124

*Paras Ram v. Kamlesh* AIR 1982 P.&H. 60

*Parihar v. Parihar* AIR 1978 Raj. 140

*Patta Dhanlakshmi v. Patta Ramachandra Rao* AIR 1998 A.P. 341

*Perumal v. Ponnuswami* AIR 1971 S.C. 2352

*Peshotam Homasji Dustoor v. Meherbai* ILR 13 (1888) Bom. 302

*Phankari v. The State* AIR 1965 J.&K. 105

*Philomena Mendoza v. Dara Nusserwanji Mishy* AIR 1943 Bom. 338

*Phiroze Bomanshaw Pothiwalla v. Shirinbai Phiroze Pothiwalla* AIR 1938 Bom. 65

*Pirmohammad Kukaji v. The State of Madhya Pradesh* AIR 1960 M.P. 24

*Pistonji Kekobund Bharucha v. Mrs. Aloo* AIR 1984 Bom. 75

*Pravinaben v. Sureshbhai Tribhovan Arya* AIR 1975 Guj. 69

*Prem Singh v. Sm. Dulari Bai* AIR 1973 Cal. 425

*Promod Sharma v. Smt. Radha* AIR 1976 P.&H. 355

*R. Sankaranarayanan v. Anandhavalli* AIR 1998 Mad. 198

*Rabindra Nath Dutta v. The State* AIR 1969 Cal. 55

*Rabindra Prasad v. Sita Devi* AIR 1986 Pat. 128

*Rachel Benjamin v. Benjamin Solomon Benjamin* 28 BomLR (1926) 328

*Raghunath Gopal Daftardar v. Sau Vijaya Raghunath Daftardar* AIR 1972 Bom. 132

*Raghuvir Kumar v. Smt. Shanmughavadivu* AIR 1971 Mad. 330

*Rahiman Bibi Saheba v. Mahboob Bibi Saheba* AIR 1938 Mad. 141

*Rajaram Vishwakarma v. Deepabai* AIR 1974 M.P. 52

*Rajendar Pershad Bhardwaj v. Shanti Devi* AIR 1978 P.&H. 181

*Rajesh Kumar Upadhyay v. Varanasi* AIR 1998 All. 350

*Rajesh Premchand Suryawanshi v. Sau. Ujwala Rajesh Suryawanshi* AIR 2000 Bom. 369

*Rajesh v. Smt. Rukmani* AIR 2000 M.P. 227

*Rajinder Singh v. Smt. Pomilla* AIR 1987 Del. 285

*Ram Chandra Bhattacharjee v. Maniu Bhattacharjee* AIR 1975 Cal. 118

*Ram Kumari in re* ILR 18 (1891) Cal. 264

*Ram Narain Gupta v. Smt. Rameshwari Gupta* AIR 1988 S.C. 2260

*Ram Pearey v. Mt Kailasha* AIR 1930 Oudh 426

*Ram Prasad Seth v. The State of Uttar Pradesh* AIR 1961 All. 334

*Rama Kanta v. Mohinder Laxmidas Bhandula* AIR 1996 P.&H. 98

*Rameshwari Devi v. State of Bihar* AIR 2000 S.C. 735

*Rangaswami v. Aravindammal* AIR 1957 Mad. 243

*Rangaswamy v. Smt. Nagamma* AIR 1973 Mys. 178

*Ratneshwari Nandan Singh v. Bhagwati Saran* Singh AIR 1950 F.C. 142

*Rayudu Pallamsetti v. Dommeti Sriramulu* AIR 1968 A.P. 375

*Re Ullee* (1885) 53 Law Times Reports N.S. 711, abgedruckt in Fyzee Cases 124

*Reynold Rajamani v. Union of India* AIR 1982 S.C. 1261

*Rita Nijhawan v. Shri Balkishan Nijhawan* AIR 1973 Del. 200

*Romesh Chander v. Smt. Savitri* AIR 1995 S.C. 851

*Rosa Marie v. Commissioner of Wealth Tax* AIR 1970 Mad. 249

*Rup Lal v. Kartaro Devi* AIR 1970 J.&K. 158

*S. v. B.* ILR 16 (1892) Bom. 639

*S. v. R.* AIR 1968 Del. 79

*S.C.Shanthi v. P. Venkatesh* AIR 1996 Mad. 150

*S.P.S. Balasubramanyam v. Suruttayan* AIR 1992 S.C. 756

*Saburannessa v. Sabdu Sheikh* AIR 1934 Cal. 693

*Saifuddin Sekh v. Mst. Soneka Bibi* AIR 1955 Ass. 153

*Saldanha v. Saldanha* AIR 1930 Bom. 105

*Samar Roy Chowdhury v. Snigdha Roy Chowdhury* AIR 1977 Cal. 213

*Samar Som v. Sm. Sadhana Som* AIR 1975 Cal. 413

*Sankaran Govindan v. Lakshmi Bharathi* AIR 1974 S.C. 1764

*Sarwar Merwan v. Merwan Rashid* AIR 1951 Bom. 14

*Satya Narain v. Smt. Mamta* AIR 1997 Raj. 118

*Savalaram Kacharoo v. Yeshodabai Savalaram Mhatre* AIR 1962 Bom. 190

*Sayad Mohiuddin Sayad Nasiruddin v. Khatijabi* AIR 1939 Bom. 489

*Seethalakshmi Ammal v. Ponnuswamy Nadar* ILR 1966 (2) Mad. 373

*Sh. Brijinder Bir Singh v. Mst. Vinod* AIR 1995 P.&H. 42

*Shafi Ullah v. Emperor* AIR 1934 All. 589

*Shaib Ali Biswas v. Jinnathan Nahar* AIR 1960 Cal. 717

*Shamla Devi v. Surjit Singh* AIR 1998 H.P. 32

*Shankerappa v. Sushilabai* AIR 1984 Kant. 112

*Shantabai v. Tarachand* AIR 1966 M.P. 8

*Shastri Yagnapurushdasji v. Muldas Bhundardas Vaisnya* AIR 1966 S.C. 1119

*Shazada Qanum v. Fakher Jung* AIR 1953 Hyd. 6

*Sheel Wati v. Ram Nandani* AIR 1981 All. 42

*Shihabuddin Imbichi Koya Tangal v. K.P. Ahammed Koya* AIR 1971 Ker. 206

*Shri Pranab Biswas v. Smt. Mrinmayee Dassi* AIR 1976 Cal. 156

*Sir Dinshaw M. Petit v. Sir Jamsetji Jijibhai* (1908) 11 BomLR 85

*Sitabai Sadasheo v. Vithabai Namdeo* AIR 1959 Bom. 508

*Sital Das v. Sant Ram* AIR 1954 S.C. 606

*Sk. Salam v. Sant Singh* AIR 1990 Cal. 315

*Sm. Mita Gupta v. Prabir Kumar Gupta* AIR 1989 Cal. 248

*Sm. Purabi Banerjee v. Basudeb Mukherjee* AIR 1969 Cal. 293

*Sm. Santana Banerjee v. Sachindra Nath Banerjee* AIR 1990 Cal. 367

*Smt. Ambujam v. T.S. Ramaswamy* AIR 1973 Del. 46

*Smt. Asha Handa v. Baldev Raj Handa* AIR 1985 Del. 76

*Smt. Asha Srivastava v. R.K. Srivastava* AIR 1981 Del. 253

*Smt. Baby v. Jayant Mahadeo Jagtab* AIR 1981 Bom. 283

*Smt. Bibbe v. Smt. Ram Kali* AIR 1982 All. 248

*Smt. Bimla Devi v. Singh Raj* AIR 1977 P.&H. 167

*Smt. Bindu Sharma v. Ram Prakash Sharma* AIR 1997 All. 429

*Smt. Chander Kanta v. Hans Kumar* AIR 1989 Del. 73

*Smt. Chandra Mohini Srivastava v. Shri Avinash Prasad Srivastava* AIR 1967 S.C. 581

*Smt. Elokeshi Chakraborty v. Sri Sunil Kumar* AIR 1991 Cal. 176

*Smt. G. Padmini v. G. Sivananda Babu* AIR 2000 A.P. 176

*Smt. Guru Bachand Kaur v. Pretam Singh* AIR 1998 All. 140

*Smt. Indira Gangele v. Shailendra Kumar Gangele* AIR 1993 M.P. 59

*Smt. Jayashree Ramesh Londhe v. Ramesh Bhikaji* AIR 1984 Bom. 302

*Smt. Kamla Devi v. Amar Nath* AIR 1961 J.&K. 33

*Smt. Kamla Devi v. Balbir Singh* AIR 1979 J.&K. 4

*Smt. Kanwal Jit v. N.K.Singh* AIR 1961 Punj. 331

*Smt. Kastoori Devi v. Chiranji Lal* AIR 1960 All. 446

*Smt. Kosuri Dhanum Kumari v. Kosuri Venkata Vara Prasad* AIR 1998 A.P. 225

*Smt. Krishni Devi v. Smt. Tulsan Devi* AIR 1972 P.&H. 305

*Smt. Lata Kamat v. Vilas* AIR 1989 S.C. 1477

*Smt. Laxmi Devi v. Babu Lal* AIR 1973 Raj. 89

*Smt. Lila Gupta v. Laxmi Narain* S.C. 1978, Awasthi 211

*Smt. Mandakini Pundalik Salkar v. Chandrasen Raikar* AIR 1986 Bom. 172

*Smt. Maneka Gandhi v. Smt. Indira Gandhi* AIR 1984 Del. 428

*Smt. Mango v. Prem Chand* AIR 1962 All. 447

*Smt. Maya Chatterji v. Shiv Chandra Chatterji* AIR 1984 All. 40

*Smt. Mohinder Kaur v. Bikkar Singh* AIR 1979 P.&H. 248

*Smt. Nirmala Manohar Jagesha v. Manohar Shivram Jagesha* AIR 1991 Bom. 259

*Smt. Nirmoo v. Nikka Ram* AIR 1968 260

*Smt. Parayankandryal Eravath Kanapravan Kalliani Amma v. K. Devi* AIR 1996 S.C. 1963

*Smt. Parkash Kaur v. Bikramjit Singh* AIR 1989 P.&H. 46

*Smt. Praveen Kumari v. Man Mohan Kumar* AIR 1984 Del. 139

*Smt. Priya Bala Gosh v. Suresh Candra Gosh* AIR 1971 S.C. 1153

*Smt. Putul Devi v. Gopi Mandal* AIR 1963 Pat. 93

*Smt. Ram Pyari v. Dharam Das* AIR 1984 All. 147

*Smt. Rita Rani v. Ramesh Kumar* AIR 1995 P.&H. 337

*Smt. Rohini Kumari v. Narendra Singh* AIR 1972 S.C. 459

*Smt. Santosh Kumari v. Kewal Krishnan Sabharwal* AIR 1985 Del. 393

*Smt. Sarla Mudgal v. Union of India* AIR 1995 S.C. 1531

*Smt. Shahina Praveen v. Mohd. Shakeel* AIR 1987 Del. 210

*Smt. Shakuntala Kumari v. Om Prakash Ghai* AIR 1981 Del. 53

*Smt. Shant Devi v. Ramla Agarwal* AIR 1998 A.P. 286

*Smt. Shanti Devi v. Balbir Singh* AIR 1971 Del. 294

*Smt. Shanti Devi v. Govind Singh* AIR 1983 Raj. 211

*Smt. Sheel Wati v. Smt. Ram Nandani* AIR 1981 All. 42

*Smt. Snigdha Chaya Devi v. Sri Akhill Chandra Sarma* AIR 1992 Gau. 95

*Smt. Sukhama Devi v. Niranjan Singh* AIR 1983 Del. 469

*Smt. Sumanbai v. Anandrao Onkar Panpatil* AIR 1976 Bom. 212

*Smt. Surbhi Agrawal v. Sanjay Agrawal* AIR 2000 M.P. 139

*Smt. Sureshta Devi v. Om Prakash* AIR 1992 S.C. 1904

*Smt. Sushil Kumari Dang v. Prem Kumar Dang* AIR 1976 Del. 321

*Smt. Sushila Aggarwal v. Vijay Kumar Aggarwal* AIR 1982 Del. 272

*Smt. Tirath Kaur v. Kirpal Singh* AIR 1964 Punj. 28

*Smt. Umri Bai v. Chittar* AIR 1966 M.P. 205

*Smt. Veena Rani v. Romesh Kumar* AIR 1995 P.&H. 213

*Smt. Vibha Shrivastava v. Dinesh Kumar Shrivastava* AIR 1991 M.P. 346

*Smt. Yamunabai Anantrao Adhav v. Anantrao Shivram Adhav*, AIR 1988 S.C. 644

*Sohan Singh v. Kabla Singh* AIR 1928 Lah. 706

*Somm Dutt v. Smt. Raj Kumari* AIR 1986 P.&H. 191

*Soosannamma Kurien v. Varghese Abraham* AIR 1957 Trav.-Co. 277

*Sri Aulvin V. Singh v. Smt. Chandrawati* AIR 1974 All. 278

*Sri Tapan Chakraborty v. Smt. Anjali Chakraborty* AIR 1993 Cal. 10

*Srikantaradhya v. Kamalamma* AIR 1984 Kant. 236

*Srinivasa Aiyar v. Saraswathi Ammal* AIR 1952 Mad. 193

*Sudershan Karir v. State* AIR 1988 Del. 368

*Suganchand Bhikamchand v. Mangibai Gulabchand* AIR 1942 Bom. 185

*Sukram v. Mishri Bai* AIR 1979 M. P. 144

*Sukumar Mukherjee v. Tripti Mukherjee* AIR 1992 Pat. 32

*Sumitra Manna v. Gobinda Chandra Manna* AIR 1988 Cal. 192

*Surjit Kumar Harichand v. Smt. Raj Kumari* AIR 1967 Punj. 172

*Swarajya Lakshmi v. Dr. G.G. Padma Bao* AIR 1974 S.C. 165

*Swayampakula Subbaramayya v. Swayampakula Venkatasubbama* AIR 1941 Mad. 513

*Syed Ahmad Khan v. Imrat Jahan Begum* AIR 1982 All. 155

*Syed Amanullah Hussain v. Rajamma* AIR 1977 A.P. 152

Syed Fateyab Ali Meerza v. Union of India 1990 (2) CLJ 441

*T. Sareetha v. T. Venkata Subbaiah* AIR 1983 A.P. 356

*T. Srinivasan v. Mrs. T. Varalakshmi* AIR 1999 S.C. 595

*Tabassum Shaikh v. Shaikh S. J. Shaikh* AIR 2000 Bom. 1

*Tajbi Abalal Desai v. Mowlakhan Alikhan Desai* ILR 19 (1917) Bom. 300

*Taliamand v. Md. Din* AIR 1930 Lah. 907

*Tapankumar Chatterjee v. Smt. Kamala Chatterjee* AIR 1989 Cal. 74

*Teja Singh Subedar Santa Singh v. Sarjit Kaur* AIR 1962 Punj. 195

*Tekait Mon Mohini Jemadai v. Basanta Kumar Singh* ILR 28 (1901) Cal. 751

*The State of Bombay v. Narasu Appa Mali* AIR 1952 Bom. 84

*Thulasi Ammal v. Gowri Ammal* AIR 1964 Mad. 118

*Trimbak Narayan Bhagwat v. Smt. Kumudini Trimbak Bhagwat* AIR 1967 Bom. 80

*Uma Charan Roy v. Smt. Kajal Roy* AIR 1971 Cal. 307

*Umesh Kumar v. Shashi Kumari* AIR 1987 Del. 235

*V. Mallikarjunaiah v. H.C. Gowramma* AIR 1997 Kant. 77

*V. Shankar Ram v. Mrs. Sukanya* AIR 1997 Mad. 394

*Valsa v. Moore* KLT 1991 (1) 132

*Varghese v. Sukesh Thomas Varghese* KLT 1985 579

*Veerappa Chettiar v. Michael* AIR 1963 S.C. 933

*Vellinayagi v. T. Subramaniam* AIR 1969 Mad. 479

*Venkataramana v. State of A.P.* AIR 1977 A.P. 43

*Vermani v. Vermani* AIR 1943 Lah. 51

*Vilayat Raj. v. Smt. Sunila* AIR 1983 Del. 351

*Vimala Shantha Bai v. Vinod Reuben Vedanayagam* AIR 2000 Mad. 218

*Vincent Adolf Godinho v. Jume Beatrice Rama Godinho* AIR 1985 Bom. 103

*Vohra Bai Khatija Isabhai v. Vohra Karimbhai Issabhai* AIR 1974 Guj. 4

*Vuyyuru Pothuraju v. Vuyyuru Radha* AIR 1965 A.P. 407

*Wahab Ali Qamro Bi* AIR 1951 Hyd. 117

*Wilayat Husain v. Allah Rakhi* ILR 2 (1880) All. 831

*William Hudson v. Mrs. K.M. Webster* AIR 1937 Mad. 565

*Y. Narasimha Rao v. Y. Venkata Lakshmi* 1991 (3) SCC 451

*Yagnapurushdasji v. Muldas* AIR 1966 S.C. 1119

*Yezdiar v. Yezdiar* (1950) 52 BomLR 876

*Yusuf v. Mt. Zainab* AIR 1923 Lah. 102

*Yuvraj Digvijay Singh v. Yuvrani Pratab Kumari* AIR 1970 S.C. 137

*Zubeda Begum v. Vazir Mahomed Rahimbux* AIR 1940 Sind 145

# INDISCHE ZEITSCHRIFTEN UND ENTSCHEIDUNGSSAMMLUNGEN

**All India Reporter (AIR)**

Supreme Court (S.C.)
Federal Court (F.C.)
Privy Council (P.C.)*
Notes of Cases (NOC)
Journal section (J.)
Allahabad (All.)
Andhra Pradesh (A.P.)
Assam (Ass.)
Bombay (Bom.)
Calcutta (Cal.)
Gauhati (Gau.)
Goa (Goa)
Gujarat (Guj.)
Himachal Pradesh (H.P.)
Hyderabad (Hyd.)
Jammu & Kashmir (J.&K.)
Karnataka (Kant.)
Kerala (Ker.)
Lahore (Lah.)
Madhya Pradesh (M.P.)
Madras (Mad.)
Manipur (Man.)
Mysore (Mys.)
Nagaland (Nag.)

---

* Dies war einst die oberste koloniale Rechtsprechungsinstanz für Britisch-Indien.

Orissa (Ori.)

Oudh (Oudh)

Patna (Pat.)

Punjab & Haryana (P. & H.)

Punjab (Punj.)

Rajasthan (Raj.)

Rangun (Rang.)

Saurashtra (Saur.)

Sikkim (Sikkim)

Sind (Sind)

Travancore-Cochin (Trav.-Co.)

**Indian Law Reports (ILR)**

Allahabad series (All.)

Bombay series (Bom.)

Madras series (Mad.)

Calcutta series (Cal.)

Kerala series (Ker.)

Karnataka series (Kar.)

**Bombay Law Reporter (BomLR)**

**Calcutta Law Journal (CLJ)**

**Kerala Law Times (KLT)**

**Madras Law Journal (MLJ)**

**Supreme Court Cases (SCC)**

**Supreme Court Journal (SCJ)**

**Supreme Court Reports (SCR)**